D1881681

कितने कठघरे

कितने कठघरे

रजनी गुप्त

वाणी प्रकाशन

वाणी प्रकाशन

4695, 21-ए, दरियागंज, नयी दिल्ली 110 002

शाखा

अशोक राजपथ, पटना 800 004

फ़ोन : +91 11 23273167 फ़ैक्स : +91 11 23275710

www.vaniprakashan.in
vaniprakashan@gmail.com

KITNE KATHGHARE
by Rajni Gupt

ISBN : 978-93-5072-960-1
Novel

© रजनी गुप्त

प्रथम संस्करण 2015

मूल्य : ₹ 475

इस पुस्तक के किसी भी अंश को किसी भी माध्यम में प्रयोग करने के लिए प्रकाशक से लिखित अनुमति लेना अनिवार्य है।

ग्लोबल प्रिंटिंग सर्विसेज, दिल्ली-110 092 में मुद्रित

वाणी प्रकाशन का लोगो मक़बूल फ़िदा हुसेन की कूची से

विधि विशेषज्ञ मित्र कुसुम जैन
एवं
कथाजगत के सहयात्री व
जानेमाने कथाशिल्पी
राकेश कुमार सिंह
के लिए

–रजनी गुप्त

"छोटे-से इस तंग पिंजरे में
कुछ बैठे थे, कुछ लेटे थे
लेकिन सब कुछ सोच रहे थे
शायद अपनी-अपनी सजाएँ
या फिर अपने-अपने जरायम
या उन लोगों के बारे में
जो पिंजरे से बाहर बैठे
आजादी पर नाजां थे।"

—कवयित्री नीलमा सरवर

आत्मकथ्य

सचमुच! एक कौंध-सा बिखेरता था वो निष्कलुष चेहरा, आम कैदियों से अलग, बेहद संजीदा। गम्भीरता और तल्लीनता के साथ जेल के रुटीन कामों को करती राधिका, जी हाँ, यही नाम था उसका। नामालूम-सी कशिश या कुछ ऐसा जरूर था उस मासूम चेहरे में जिसके भीतर परत-दर-परत झाँकने की जबरदस्त इच्छा कब और कैसे एक जुनून में तब्दील होती गयी, पता ही नहीं चला।

फिर क्या था, परत-दर-परत छीलती रही प्याजनुमा व्यक्तित्व की अन्दरूनी परतों को और इसी सिलसिले में मिलती गयीं अनगिनत सच्ची कहानियाँ व दिल दहलाने वाले प्रसंग। एक चेहरे के भीतर कितना अनकहा दर्द चस्पाँ होता है, कितनी घुटन फड़फड़ा रही होती है सीने में, इसका अन्दाजा इनके चेहरे को देखकर नहीं लगाया जा सकता। इन बेनाम-से चेहरों के जरिये तमाम जेलों की महिला कैदियों के अन्तस्तल तक पहुँचने की जद्दोजहद शुरू हो गयी। फिर तो ये सिलसिला इतनी तेजी से चल पड़ा जो समुन्दर की वेगवान लहरों की तरह थमाये नहीं थमता था। महिला जेलों में जाकर उनसे मेल मुलाकात या बातचीत के सिलसिले में तमाम लोगों के अलावा किताबों से अध्ययन मनन की प्रक्रिया भी अनवरत चलती रही। इस क्रम में देश की पहली आई.पी.एस. अधिकारी डॉ. किरन बेदी की किताब 'यह सम्भव है' और 'मोर्चा दर मोर्चा' एवं मेरी टाइलर—कृत, 'भारतीय जेलों में मेरे 5 वर्ष' का जिक्र करना जरूरी है जिन्हें पढ़ते हुए मेरा विजन विस्तृत हुआ एवं अन्तर्दृष्टि का यथेष्ट विकास भी, सो इनके प्रति हार्दिक आभार।

हालिया अखबारों पर नजर पड़ी जिसमें राष्ट्रीय अपराध ब्यूरो के नवीनतम आँकड़े चौंकाने वाले थे—'देश में दो फीसदी से भी कम जेल महिलाओं के लिए आरक्षित हैं जिनमें कुल महिला कैदियों की 18 फीसदी हैं। देश की कुल 1394 जेलों में से केवल 20 जेल ही महिलाओं के लिए आरक्षित हैं जिनमें देश की 16951 महिला कैदियों में 3200 सजा काट रही हैं। तमिलनाडु और केरल में सबसे ज्यादा तीन तीन महिला जेल हैं जिनमें 312 और 127 महिला कैदी बन्द हैं। उत्तर प्रदेश और दिल्ली में सिर्फ एक एक महिला जेल हैं। राजधानी की एकमात्र महिला जेल में 540 कैदी हैं। आँकड़े यह भी बताते हैं कि देश की जेलों में कुल महिला कैदियों का 25 फीसदी

स्टाफ ही तैनात है। 31 दिसम्बर 2012 को महिला जेलकर्मियों की संख्या 3935 थी जिनमें से 189 अधिकारी स्तर और 2543 जेल कैडर कर्मचारी हैं। आँकड़ों में कुछ चौंकाने वाले तथ्य सामने आये हैं मसलन, 245 महिला कैदियों पर केवल एक सुधारक कर्मचारी है।' सचमुच ये स्थिति चिन्ताजनक है सो इस समस्या की तरफ प्रशासन व आमजन का ध्यान आकृष्ट करना भी मेरा अभिप्रेत रहा है।

अन्त में, भारतीय जेलों में रह रहीं गुनहगार/बेगुनाह महिला कैदियों के प्रति उपजी मेरी संवेदना के तन्तु यत्किंचित सुधी हिन्दी पाठकों की संवेदना संसार से एकाकार हो पाये तो समझूँगी कि मेरी मेहनत सफल हुई।

रजनी गुप्त

20 नवम्बर, 2014, लखनऊ

पिंजरे में बन्द बेचेहरा पड़ी हैं वे

फिर से नहीं लौटता कुछ भी, कुछ भी तो नहीं। ऊब भरे सूने पलों में अक्सर अपनी खाली हथेलियों से मिट रही लकीरों को देखती रही वह। यहाँ सब तरफ असुविधाओं का जंगल बिखरा रहता। झाड़-झंखाड़ और आसपास उगी खरपतवार के बीच अपने लिए रास्ता बनाना आसान कहाँ हो पाता है? उसका उचाट मन अक्सर उसके जीवन को दो भागों में बाँट देता, पहला, जहाँ उसने जीवन के 34-35 साल बिताये, दूसरा, यहाँ जेल के अन्दर जहाँ उसने पूरे 14 साल बिता दिये। दो पटरियों पर चल रही समान्तर गाड़ियों की तरह उसकी सोच के पहिये अक्सर दो हिस्सों में बँट जाते और वह उन्हीं रास्तों पर घिसटती लिथड़ती फिर भटकती रही किसी अभिशप्त आत्मा की तरह। जागती आँखों का चलने वाला लम्बा सफर है ये जो शायद ही कभी खत्म हो। अक्सर खुद को मौके-बेमौके धिक्कारती रहती, आखिर क्यूँकर उसने अपने बारे में उस डायरी में अनापशनाप बातें लिख डाली थीं जिनके अनगिनत अनर्गल मतलब निकाले गये जबकि ऐसा-वैसा तो उसने कभी सपने में भी नहीं सोचा था। तब तो दूर-दूर तक ये ख़याल नहीं आया कि इन सीधे-सादे जुमलों को कैसे तोड़मरोड़कर क्या-क्या गलत या कुत्सित अर्थ निकाले जा सकते हैं या उन अर्थों से जीवन में कितने अनर्थ घट सकते हैं या कितने भूचाल आ सकते हैं, कितना अकल्पनीय था वो सब उसके लिए। सच तो ये है कि उसे उतना आगे की सोचने की समझ ही कहाँ थी। ऐसा होता तो वैसा हो जाता, काश कि ऐसा न हुआ होता, बस इसी ऊहापोह में दिनरात लिथड़ती रहतीं वो। वह अक्सर सोते-सोते जागी रहतीं या जागती आँखों से सोयी-सोयी-सी चेतना में खोयी रहतीं।

"चल उठ, तुझसे कोई मिलने आया है...नींद में कोई सपना चल रहा है क्यों?"

पल भर के लिए लगा जैसे वह नींद में हो या फिर मर गयी हो और यमराज उससे कुछ कह सुन रहे हैं। सघन अँधेरे में इतनी तेज रोशनी, अरे, टॉर्च की रोशनी लग रही है ये तो।

"चल, उठ, कोई मिलने आया है, तुमसे रत्ना...उठो न..."

सहमा-सहमा-सा भयावह माहौल, अजीब-अजीब-सी आवाजों के बीच किसी की मदद से उसे वहाँ से बाहर निकाला गया।

"अरे, कहाँ ले जा रहे हो हमें?" उसके गले से एक मरियल-सी आवाज निकली।

किसी तरह खुद को सँभालकर कदम बढ़ाते हुए पूछा उसने—"हमसे मिलने कौन आ सकता है भला? न, कोई नहीं।"

"लड़का-लड़की कोई होंगे जिन्हें भूले भटके अपनी माँ की याद आ जाती है..."

उसने पूरी कड़वाहट से आसपास के लोगों को घूरते हुए देखा फिर निगाहें फेर लीं। आगन्तुकों को एकदम से नहीं पहचान पायी। आगन्तुक के चेहरे पर आशंकित सिहरन व्यापने लगी। गहराती साँझ में वे एक-दूसरे को देखती रहीं, एकटक, बिना हिले-डुले बुत बनी खड़ी रही वह कि उसे हिलाते हुए जेलर साहिबा बोल पड़ीं—"रत्ना, तुम्हें हुआ क्या है? बोलती क्यों नहीं? देखो न इन्हें, कौन खड़ी हैं ये, अनुमान लगाओ जरा, पहचाना?"

अचानक वांछा और रत्ना की आँखें मिलीं। कौन है ये, सवाल परेशान करने लगा। फिर उसने मनाही में सिर हिला दिया।

"ये जेल जीवन पर शोध कर रही हैं सो यहाँ की संवासिनियों से मिलना चाहती हैं, कई जेलों में जाकर खोजबीन करने की अनुमति मिली है इन्हें सो जाओ इन्हें अपने रहने, सोने वाली जगह दिखा दो। ये भी इनके काम का हिस्सा है। जो ये पूछें, सब कुछ साफ-साफ बताना है।"

उसके उदास व सूने चेहरे पर कोई भाव नहीं उपजा। पपड़ाये होठों को बार बार जीभ से गीला करती थूक को गुटकने की कोशिश करने लगी। ये कैसी प्यास है जो कभी शान्त होने का नाम ही नहीं लेती। सूखे मुरझाये पेड़ की तरह खड़ी रही वो। धूप की तेजी सब जगह गर्माहट बढ़ा रही थी जिसे देखते हुए उसका गला सूखने लगा गोया पूरा जीवन ही सूखने लगा हो।

"तो चलें हम", उसके कहने पर रत्ना चुपचाप आगे-आगे और वह पीछे-पीछे चल पड़ी। मुरझाया मरियल चेहरा और धीमी घिसटती हुई चाल। लौटकर कुछ भी नहीं आता, न वे सुरीली तानें, न वे तिलिस्मी लमहे, न वे रंगीन रसीली बातें जो गले तक भरी हुई छल-छल टपक पड़ती थीं। तब सँभाले नहीं सँभलता था वो दौर। ऐसी हवाई योजनाएँ जो मुट्ठी में न समायें। हवाएँ तेज अन्धड़ बनकर बेकाबू तन मन को उड़ा ले जाती थीं अपने संग, न जाने कहाँ किस तरफ। सहजता, पारदर्शिता, गहराई या वैसा साथ-साथ जीने-मरने का कमिटमेंट हर रिश्ते की जान है मगर जब हम जिस जमीन पर खड़े होकर अपना श्रेष्ठ दे रहे होते हैं मगर बाद में पता चले कि वहाँ वे भावनाएँ लाभ-हानि के खाते में दर्ज हो रहीं तभी तो उन बातों का जादुई असर वहाँ नहीं हो पा रहा लेकिन ये सब समझते-समझते काफी देर हो चुकी होती। ये सब एकपक्षीय रिश्ते थे क्यों? तभी तो जल्दी से बिखर गये। न, एक बार भी कोई यहाँ मिलने नहीं आया। आखिर कोई भी क्यों किसी का बोझ उठायेगा? सचमुच, महज देह किसी भी रिश्ते को चलाने का पर्याप्त आधार कभी नहीं बन सकती। उम्र के उस विशेष दौर में भले ही सबसे प्रबल आकर्षण का केन्द्र

देह रही हो मगर इतने सालों बाद जाकर ये समझ में आ गया कि जो निजी स्वार्थों से ऊपर उठकर निर्बन्ध उड़ान भरने की भूमि पर पहुँच पाता है, वही रीते रिश्तों को सहजता से भरने में सक्षम है वरना पूर्वाग्रहों या स्वार्थ पर टिके सम्बन्धों की उम्र ज्यादा नहीं होती। दिन-रात सोच, सोच और सोचती रह, बस यही तो करने को रह गया है उसके पास और क्या है उसके वश में। इतने सालों बाद अब ये बोध जगा है कि सबको ध्यान से देखो, सुनो, गुनो तभी हकीकत में उनके चेहरे की असलियत बूझ पाओगी। बोलना कम से कम, सुनना ज्यादा से ज्यादा। देखने के लिए दो आँखें, सुनने के लिए दो कान मगर बोलने के लिए एक ही जीभ, याद नहीं किसने कहा था ये सब?

अनायास आसमान में बादलों से घिरे सूरज की तरफ निगाहें ठहर गयीं जो जल्दी से अपनी खोह में जाने को तत्पर नजर आये। दिन-रात अपने ही ताप से दग्ध सूर्यदेव को जैसे बादलों ने जबरन घेराव करके तालाब में उतारने की जिद ठान ली हो। लगातार खुद को तपाने के बाद ही सूर्यदेव समस्त पृथ्वी पर प्रकाश, ऊर्जा और ताप फैला पाते हैं, चलो अब तो थोड़ी देर के लिए ठंडक दे डालो, अकस्मात नीचे उतरने को आतुर सूरज को देख ऐसा लगा जैसे बादलों ने सूरज को असमय ही किसी अज्ञात जलाशय में उतार दिया हो, फिर क्या था? समूची धरती पर पलक झपकते ही अँधेरा घिरता नजर आया।

जेल से–लाइव स्टोरी

रास्ते में चलते-चलते किसी सयाने पत्रकार की तरह वांछा हर चीज की जानकारी कुरेद-कुरेदकर लेने लगी। चलते चलते-पूछती या कुछ-कुछ बताती जाती। अपने प्रोजेक्टर के सिलसिले में कई जेलों का सर्वे कर चुकी थी वह। यूँ बाहर से तो हर जेल एक जैसी नजर आती मगर जेल की अन्दरूनी तस्वीरें हर जगह जुदा-जुदा कहानी बयाँ करने लगतीं। कहीं कुछ समस्याएँ तो कहीं कुछ। टॉयलेट की खुली नालियाँ डॉर्मिटरी की दोनों दीवारों से सटी थीं जिसके चलते दिन-रात यहाँ मच्छरों का एकल साम्राज्य था।

"ये तीसरी जेल देख रही वांछा। पिछली बार जिस जेल में गयी थी, वहाँ देखा कि कमरे केवल दो लेकिन वहाँ रिमांड पर आयी 24 औरतों को मिलाकर 34 औरतें ठुँसी हैं गोया ट्रेन का जनरल कम्पार्टमेंट हो कोई। जगह की भयानक कमी, गर्मियों में पीने को पानी तक मयस्सर नहीं। हे भगवान, कैसे जीती होंगी ये सब की सब यहाँ इस काल कोठरी में जहाँ एक सेल में 15 से 20 औरतें ठुँसी हुई थीं जिनके पास कोई बिस्तर, बिछौना, तकिया कुछ नहीं, बस एक मामूली-सी चटाई मिली थी।"

पूछने पर रत्ना ने धीमे से जवाब दिया–"चन्द बर्तन, पुरानी गन्दी कंघी, शीशा और यहीं से मिले कपड़े।"

फिर वांछा खाने पर चर्चा करने लगी–"सुनते हैं, यहाँ का खाना बहुत बेकार होता है।"

"सही सुना आपने। रोज-रोज वही एक जैसा खाना। आलू के चन्द टुकड़ों के बीच पानीनुमा सब्जियों में कोई स्वाद नहीं। दूध में नाममात्र का दूध होता, ज्यादातर पानी ही पानी मिला होता। बेस्वाद चाय। गन्दगी इतनी कि रसोई में मक्खियाँ, मच्छर या क्राकरोच के अलावा ढेर सारे चूहे खाना चट कर जाते। हाँ, कभी-कभी उस पानीनुमा दाल में से कंकड़ के अलावा लोहे के टुकड़े भी निकल आते। रोटियाँ झाड़ू से पलटी जातीं और जो पोंछा लगाने का कपड़ा है, कई बार उसी पर सिंकी रोटियाँ रख दी जातीं। बर्तन तक ठीक से नहीं धोये जाते। कपड़े धोने के लिए लांड्री नहीं, हम तो बस किसी तरह धो-सुखाकर सिरहाने रखकर तहा लेते।"

"क्या दालें पकाने से पहले कभी धोयी नहीं जातीं, मेरा मतलब, साफ नहीं होतीं..."

"दिक्कत पानी की भी तो है। गन्दे पानी की बदबू के बीच चिलचिलाती धूप और तपाने वाली लू की गर्म लपटों के बीच तपती जमीन पर पैर घसीटते हुए नहाने के लिए कितनी मशक्कत करनी पड़ती और वो भी उस गर्म पानी के लिए। एक ही नलके से हमें शाम 6 बजे से पहले यानी तालाबन्दी से पहले, हर हाल में अपने पीने का पानी भरना पड़ता वरना रात भर प्यासे मर जाओ। जहाँ लम्बी लाइन लगी रहती और अपनी बारी के इन्तजार में आपस में कैदियों की कहासुनी भी हो जाती। अब क्या-क्या बतायें आपको, हजार बातें हैं, कहाँ तक सुनाएँ। कितने सारे चूहे यहाँ हर वक्त उछलकूद मचाते रहते, देखा आपने, कितने मोटे-मोटे चूहे हैं यहाँ। रात में अक्सर नींद उचट जाती है।"

"चूहेदानी वगैरह की व्यवस्था नहीं है क्या...।"

"एक बार आयी थी मगर कुछ दिनों बाद गायब हो गयी। रात में डर लगता है, हीं किसी के पैर में काट न लें ये चूहे।" वह सोच-सोचकर बोलती रही।

"सुना है, दो हजार के लिए बनायी जेल में इस समय नौ हजार बन्दिनियों को ठूँसा गया है जबकि सजा पायी औरतों की संख्या महज नौ सौ है। हर साल हजारों औरतें पकड़ी जाती हैं। कुछ तो छोटे-मोटे अपराधों में ही पकड़ ली जाती हैं।"

"हूँ...सो तो है मगर करें तो क्या करें, विचाराधीन कैदियों की सालोंसाल अदालत में सुनवाई ही नहीं होती सो वे बन्द रहकर तड़पने को मजबूर हैं।"

"और कुछ के बच्चे भी तो होंगे?"

"हैं न, 10 साल से कम उम्र के बच्चे यहाँ अपनी माताओं के साथ रह सकते हैं।"

"कई बार उनकी डंडों से पिटाई भी होती है। उनके साथ बेरहमी से कठोर बर्ताव किया जाता है। लेडी पुलिस खुद पकड़ी औरतों को थप्पड़ मार देती है, क्या ये सच है?"

"हाँ, बेशक।"

"तो मानवाधिकार वालों की टीम जब आती है तो क्यों नहीं कुछ कहतीं आप लोग ये सब बातें?"

"कोई फायदा नहीं कहने से। अक्सर हमें किसी मन्त्री या बड़े अफसर के आने की खबर तब मिलती जब हमारे शौचालयों की सफाई हो रही होती और नालियों में कीटनाशक डल रहा होता ताकि उन्हें बदबू न आने पाये। एक बार किसी अफसर को उस बदबू को सूँघकर उबकाई जो आ गयी थी सो सफाई का खास ध्यान रखा जाता। मैडम, हमें मुँह बन्द रखने को कहा जाता है फिर भी एक बार पुष्पा ने मुँह खोलकर अपनी बीमारी की शिकायत की भी तो सुपरिंटेंडेंट ने हमारी तरफ मुँह बिदकाते हुए देखा फिर अपने बड़े अफसरों से अंग्रेजी में कुछ कहा कि ये सब हत्यारिन हैं, खतरनाक मुल्जिमें हैं, आपकी खैरियत इसी में है कि आप यहाँ से

चुपचाप निकल लें वरना..."

"फिर, शिकायत पर कार्रवाई हुई क्या?"

"न, वे तो अपनी फाइलों का पेट भरकर चले जाते। हमारी शिकायतें या अर्जियाँ पता नहीं किस कूड़ेदान में फेंक देते।" उसने पूरी तटस्थता बरतते हुए कहा।

"कस्टडी में उन पर बलात्कार करने की रिपोर्ट भी तो आयी थी न?" उसने रटी-रटायी बातें दुहरायीं।

"अब हम क्या मुँह खोलें? हमारा मुँह खोलना ठीक नहीं। यहाँ रहते-रहते अधिकांश औरतें मानसिक रूप से बीमार हो जाती हैं या विक्षिप्त अवस्था में हैं मगर उनका इलाज तक नहीं होता। ऐसी अधपगली औरतें धीरे-धीरे पूरी तरह पागल होने लगती हैं, कई केस हैं ऐसे..." एक-एक शब्द जैसे चबा-चबाकर बोलती जा रही थी वो। अनायास उसे जेल के आला अफसरों का हिकारत भरा टालू रवैया याद आ गया। एक बार किसी नयी लड़की ने जिद की कि उसे जेल मैनुअल दिखाया जाये ताकि उसे अपने अधिकारों की जानकारी हो सके मगर उन लोगों का रवैया बेहद अपमानजनक था।

"सुना है, घूसखोरी यानी गैर कानूनी स्रोतों से जेलकर्मियों की आय में दिनोंदिन इजाफा होता जा रहा है। तमाम कैदियों के हिस्से का राशन बेचकर कमाई करने का गोरखधन्धा भी चालू है न? अक्सर वे बीमार महिला कैदियों के लिए आयीं दवाएँ बेचकर मुनाफा कमाने के धन्धे में लिप्त होते जाते हैं। सही है?"

"सही है और नहीं भी। मगर विरोध करने का कोई फायदा नहीं बल्कि ऐसा करने पर वे उल्टा हमीं को धमकाने लगते—'ऐ, हमारी खातिरदारी नहीं करोगी तो हम तुम्हें किसी भी इल्जाम में कालकोठरी पहुँचा देंगे।' आम तौर पर वे ऊँचे अधिकारी यही मानकर चलते हैं कि हमने कोई न कोई अपराध तो पक्का किया है तभी हम जेल में हैं सो वे हमें सन्देह और अपराधिनी की नजर से ही देखने के आदी हैं और हमारी शिकायतों पर ध्यान नहीं देते।"

"बाप रे, इनकी कोई अन्तरात्मा वगैरह नहीं होती क्या, इन बेचारियों से भी ज्यादती, ओ गॉड। तुम लोग मिलकर क्यों नहीं रहतीं, मिलकर शिकायत करो तो शायद कुछ..."

"वैसे तो हम सब मिलकर रहती हैं, चाहे कोई किसी भी धर्म, जाति या संस्कृति के क्यों न हों मगर हम सब एक-दूसरे के हमदर्द हैं तभी तो विपरीत हालातों में भी कैसे भी जी तो लेते हैं न? हम सब मिलकर एक साथ कई त्योहार मनाते हैं। सर्वधर्मसमभाव यहाँ है तो।"

"और जो यहाँ योग ध्यान केन्द्र चलने लगे हैं..." वांछा ने रत्ना की बात को ठीक से सुना नहीं या अनसुना कर दिया शायद।

"योग कक्षा में जाना बहुत जरूरी है। यही तो जीने का हौसला बढ़ाते हैं जैसे आचार्य रजनीश जी की बातें बड़ी तार्किक लगती हैं या श्वेताम्बरी समुदाय के लोग प्रवचन देने आते हैं यहाँ। वे कहते हैं, खुश रहकर ही खुशियाँ बाँटी जा सकती हैं। जेल की दुनिया का संघर्ष हमारी अन्तरात्मा को निखार सकता है बशर्ते कि हम आम आदमी की तरह जीना चाहें वरना डर-डरकर मर-मरकर वक्त गुजारने वालों के लिए यहाँ रहना किसी अभिशाप से कम नहीं। हमारी ये जो नयी सुपरिंटेंडेंट आयी हैं, उनके विचार बहुत अच्छे हैं। पहले कितनी घुटनभरी जिन्दगी जी रहे थे हम मगर इन्होंने पूरे अनुशासन से साफ सफाई का ध्यान रखा। वे हर सुबह की प्रार्थना में एक ही बात रटाती हैं—यहाँ से जायेंगे तो कभी वापस नहीं आयेंगे।"

"हाँ, जेलों का निर्माण इस मकसद से किया गया था कि यहाँ आकर लोगों की मानसिकता बदले। गाँधी जी ने कहा था, पाप से घृणा करो, पापी से नहीं।" वांछा ने किताबों की रटी-रटायी सालों पुरानी बातें दुहरा दीं।

"एक साथ रहने में ही खुशी तलाशनी पड़ती मगर जो लड़कियाँ अलग थलग रहती हैं, वे भयंकर रूप से अकेली पड़ती जातीं। रह-रहकर उन्हें यही लगता रहता कि उनका बैस्ट बाहर है और यहाँ करने के लिए कुछ नहीं सो वे बाहर की चिन्ता में घुलीमिली पीली पड़ती जातीं। वे अक्सर अपनी जमानत और केस के बारे में सोचती, बतियातीं और केस की गुत्थियों में माथापच्ची करती रहतीं।"

जैसे ही वांछा उस कोठरी में पहुँची, बड़े ध्यान से वह वहाँ की सब चीजें देखने लगी। सालों पुराने लचर जेलतन्त्र की दुरावस्था किसी से छिपी नहीं थी। न जाने कितने सालों से कितनी बन्दिनियों के तेल पसीने से सने फटे पुराने, मैले और बदरंग कम्बल को देखते ही मन घिना उठा। ऐसे बदबूदार कम्बल को गोल-गोल लपेटकर बिछावन की तरह इस्तेमाल करते देखा गया। रत्ना का कम्बल भी जगह-जगह से फटा हुआ और कपड़े इतने गन्दे कि...

"क्या यहाँ पढ़ने के लिए किताबें वगैरह हैं या दस्तकारी का काम नहीं होता यहाँ? खाली समय कैसे कटता है?"

"हाँ, यहाँ लाइब्रेरी में से किताबें लेकर पढ़ते हैं हम लोग। पहले तो योगा करने भी जाते थे। पहले जो जेलर साहिबा आयी थीं, वे प्रौढ़ शिक्षा वगैरह में रुचि लेती थीं। दस्तकारी का काम भी बहुत अच्छा करवाती थीं। वे कहती थीं—जब हम लोग टीवी देखेंगे, ट्रांजिस्टर सुनेंगे, किताबें वगैरह पढ़ेंगे या मनोरंजन में बिजी रहेंगे तो हमारा तनाव कम रहेगा मगर ये पूरा सच नहीं। पुराने कर्मचारी हमेशा हर काम के लिए पैसे माँगते रहते हमसे। अगर साँसों की आवाजाही को जिन्दा रहना कहते हैं तो हाँ, हम जिन्दा हैं।"

सचमुच लचर जेलतन्त्र में सालों पुरानी व्यवस्थाएँ आज तक जस की तस चल रही हैं। उस डोरमेंटरी में पहुँचकर वांछा ने देखा, कितने छोटी जगह में 50

से 60 महिलाएँ ठुँसी बैठी थीं गोया यह बैरक न होकर ट्रेन का सामान्य श्रेणी का अनारक्षित डिब्बा हो जिसमें समाज के हर वर्ग की बिना टिकट लिए औरतें बिठा दी गयी हों, लगभग सभी गँवार, जाहिल और अनपढ़ कुपढ़ जिन्हें फ्लश साफ करने या इस्तेमाल करने का सलीका तक नहीं आता था। न वे खुद सफाई से रहतीं, न अपने आसपास वालों को ऐसे रहने के लिए सचेत करतीं। पता नहीं कैसे जिन्दा रहते होंगे इसके बीच ये। जहाँ 6 से 8 को रहना चाहिए, वहाँ 60 औरतें, सजा सिर्फ 7 को, बाकी विचाराधीन नवजात बच्चों समेत, लगभग 10 बच्चे वहाँ हमें उचक की तरह देखने लगे। वांछा ने रत्ना ने पूछा—"ये बच्चे पढ़ते लिखते नहीं हैं क्या?"

"यहाँ के तनाव और तनातनी भरे माहौल का असर इन बच्चों पर बहुत बुरा पड़ता है। वे पढ़ने-लिखने के बजाय खूब ऊधम मचाते रहते। अक्सर खेलते रहते। जो इनकी माताएँ कहतीं, उसे रट लेते। एक दिन एक बच्चा कह रहा था—कल हमारे केस का फैसला आना है, पता नहीं क्या सजा हो यानी जो सजा का मतलब ठीक से नहीं जानते, उनके लिए ये माहौल कितना जहरीला है...कुछ साल पहले एक सुपरिंटेंडेंट आया था जो बड़ा निर्दयी और कामातुर इनसान था। अक्सर आधी रात गुजर जाने के बाद चुपके से आकर औरतों पर हाथ फेरने लगता। वेश्यावृत्ति के पेशे वाली औरतें शायद उतना बुरा नहीं मानतीं। एक ऐसी ही भूतनी जैसी लम्बे बालों वाली औरत थी जो आँख दबाकर ऐसी हरकतों का सपोर्ट करती। सुनते हैं कि वो दूसरे अफसरों व कैदियों के लिए लड़कियों का प्रबन्ध करती थी। कोई नयी लड़की आती तो वह उससे अपने कपड़े, बर्तन वगैरह धुलवाने लगती। मुलाकातियों से मिले सामान भी वह जेल अफसरों से मिल बाँटकर खा जाती। कई औरतों को अफसर कभी-कभी अपने दफ्तर बुलवा लेते। अरे मैडम, यहाँ क्या नहीं होता, सब कुछ होता है...सब कुछ।" एक लम्बी साँस खींचकर वह चुप रह गयी।

अचानक हवा संग तेज बदबू का झोंका आया और वांछा पूछ बैठी—"अरे, इतनी भयानक बदबू, शौचालय वगैरह कैसे क्या हैं, कितने हैं?"

"अभी आपको बदबू आयी न? नियमित सफाई होती नहीं, पर हम तो इसके आदी हो गये। क्या करें? मजबूरी है। इतने कैदियों में बस एक इस तरफ, दूसरा उस पीली दीवार की तरफ। बीमार कैदियों के लिए कहने के लिए डॉक्टर जरूर हैं मगर महज फर्ज अदायगी के लिए। वे जल्द से जल्द यहाँ से भाग जाना चाहते। वक्त जरूरत कभी नहीं आता। उसके पास हर बीमारी की एक ही दवा है कि दर्द नाशक दवाएँ देकर पिंड छुड़ा लेना या ज्यादा परेशानी होने पर नींद की गोली पकड़ा देते। हाँ, जिसके पास पैसा है, उसे जरूर सुविधाएँ मिल जातीं वरना आम औरतें तो भगवान भरोसे मरने-जीने के लिए विवश हैं मैडम।" उसने पूरी तटस्थता से सोच समझकर सधा हुआ जवाब दिया। बेचैन औरत सिर पकड़ मायूसी से बैठी थी।

अचानक उसने अपने बिछावन पर पड़ी धूल को हटाने के लिए उसे परे

खिसकाया तभी एक तस्वीर पर उसकी नजर पड़ गयी।

"कौन है ये?" उसने हाथ में लेकर उसे देखना चाहा।

"ईशान, मेरा बेटा..."

"देखूँ तो जरा..." नाम सुनकर चौंकी वांछा अपनी जानलेवा उत्सुकता दबाकर उस तस्वीर को ध्यान से देखने लगी।

"यही है मेरा इकलौता बेटा। बड़ी मुश्किल से ये तस्वीर मिल पायी मुझे जब मेरा राजा बेटा दो साल का था। मेरी बहन ने खोजकर भिजवायी थी ये तस्वीर, कितने प्यार से रखा था हमने...ये फोटो हमारे जीने की बड़ी वजह है, कभी न कभी जरूर इससे मिलने की कोशिश करूँगी मगर पता नहीं कैसे, कब, कहाँ, मुझे तो उसका अतापता भी नहीं मालूम..."

अनायास वांछा को अपने मँगेतर ईशान की वे चुभती बातें याद आ गयीं। जब कभी वह उसकी माँ के बारे में पूछती, वह चिड़चिड़ाकर सीधे सपाट लहजे में एक ही जवाब देता—"प्लीज, ये सवाल पूछकर तंग मत करो मुझे। वो मेरे लिए मर चुकी है।" ज्यादा कुरेदने पर वो एकदम से झल्ला पड़ता—"क्यों हर वक्त एक ही सवाल पूछती रहती हो, जब कि मैं बता चुका कि वो क्रिमिनल बैकग्राउंड से थी। उनसे शादी मेरे बाबा की सबसे बड़ी भूल थी। वो जेल में रहे या जहन्नुम में, कहीं भी मरे-खपे, मेरी सेहत पर क्या फर्क पड़ता है? उससे मेरी नफरत कभी कम नहीं होगी, बिकॉज शी किल्ड माई दादी...ऐसी ही नफरत हमेशा करता रहूँगा, प्लीज नो मोर डिस्कसन, ओके?"

"हूँ...तो आप किसी ईशान की माँ हैं?" अपनी उत्सुकता दबाते हुए उसने पूरे आत्मविश्वास से पूछा।

"जी...उसने अपनी बड़ी-बड़ी आँखों से उसकी तरफ अविश्वसनीयता से ऐसे देखा जैसे चिड़ियाघर में कोई अजनबी बाड़ा फाँदकर आ घुसा हो।"

"कहाँ की रहने वाली थीं आप?" सूत्र के तार जोड़ने की एक हल्की-सी कोशिश भर थी ये।

"बरेली, उत्तर प्रदेश।" सपाट लहजे में तंज भरा जवाब।

"हूँ..." कहकर वह सोच में पड़ गयी। न, ये हमारे ईशान की माँ नहीं हो सकती। सोचते हुए वांछा को याद आया कि ईशान के मुँह से उसने कभी बरेली का जिक्र ही नहीं सुना। वे लोग तो सालों से बैंगलोर में हैं।

"आप कौन हैं? कोई पत्रकार वगैरह? अब हमें और कोई ज्यादा बात नहीं करनी आपसे।" ...कहकर वो वापस जाने के लिए मुड़ते हुए सोचने लगी। "हमें ये खोजी पत्रकार वगैरह जरा भी नहीं सुहाते, तिल का ताड़ बनाकर छापते हैं उलटी सीधी कहानियाँ बनाकर जो एकदम झूठ होती हैं, खाली बकवास करना आता है इन्हें।" वह बड़बड़ाते हुए बोली।

—"सुनो, मैं पत्रकार वगैरह नहीं बल्कि मैं तो एक कम्पनी में कानून विशेषज्ञ हूँ। जेल में रहती महिला कैदियों पर महिला सम्बन्धी मुद्दों पर एक प्रोजेक्ट कर रही हूँ जिस पर अपनी एक्सपर्ट राय देनी है जिसके लिए खुद जाकर सर्वे करना पड़ता है सो उसी सिलसिले में एक पेचीदा केस सामने आया जिसे सुलझाने बैठी तो एक के बाद अनेक सचाइयों की परतें खुलती गयीं तभी लगा, क्यों न तमाम अपराधी करार दी गयी महिलाओं से खुद जाकर मिल लूँ तभी इस फील्ड में कुछ नया, खरा या मौलिक काम करके अपनी थीसिस भी पूरी कर लूँगी। तमाम जेलों की सैर करते-करते यहाँ तक पहुँची हूँ। पढ़ी-लिखी समझदार महिला बन्दी से मिलकर हकीकत जानना मेरे काम का जरूरी हिस्सा है। आपकी सिफारिश जेलर साहिबा ने खुद की थी। थैंक्स।"

"अच्छा, अच्छा," आश्चर्य से आँखें चौड़ी हुईं फिर अनायास खुशी के आँसू झिलमिलाने लगे। कुछ और बोलना चाहती थी वह मगर बोलते-बोलते रुक गयी। निराशा के भाव से तकलीफ की लहर सीधे उसके चेहरे पर बैठ गयी। तभी जेलर साहिबा आ गयीं।

"तो तुम्हारा काम बना वांछा? वैसे एक बात तो सौ फीसदी सच है कि बाहरी दुनिया में धर्म या जाति के बीच भेदभाव की गहरी फाँकें मिलेंगी मगर यहाँ के बैरकों में सभी मिलजुलकर रहतीं। रमजान पर मुसलमान औरतें नमाज पढ़तीं, रोजा रखतीं और शाम को उनके हिसाब से खाना-पीना चलता रहता। कभी-कभार जेल प्रशासन की तरफ से भी सामूहिक कार्यक्रम हो जाते। चलो, अब एक-एक प्याली चाय-कॉफी हो जाये?" जेलर साहिबा ने वांछा से दोस्ताना लहजे में पूछा।

"हूँ, काफी जानकारियाँ मिली हैं। इनकी केस हिस्टरी तो बताना। शायद मैं इनकी कुछ मदद कर सकूँ।" वांछा तटस्थ लहजे में बोल पड़ी।

कॉफी का घूँट भरते हुए वांछा ने जेलर साहिबा से केस से जुड़े तमाम छोटे-बड़े मसलों पर जरूरी जानकारी ले ली। धुन्ध भरी सुबह को काटते हुए धूप के सुनहरे छोटे-छोटे टुकड़े जेल परिसर के खुले प्रांगण में बिछते गये। खामोशी अपनी जगह बनाती गयी। वे अपनी बातों में व्यस्त हो गयीं।

वे दिन तो अब सपनों में कैद होकर रह गये

एक था बचपन, हमारा प्यारा-सा कच्चा घर जो अक्सर यादों में शुमार रहता। उठते-बैठते, खाते-पीते या जागते-सोते जिसे सबसे ज्यादा याद किया जाये, वो हैं उम्र के कई मोड़, किशोरावस्था का सुनहरा दौर जब अनायास उसे वहाँ से उठाकर सीधे राजपद मुहैया करा दिया गया था। उसके बाद किस कदर अपने बड़े बँगले को छोड़ने पर मजबूर किया गया। अब तो केवल यादें बची हैं जहाँ बदहाल व उजाड़ जीवन की सारी रौनकें मनहूसियत में तब्दील हो चुकी हों, जहाँ एक छोटे कस्बे से शुरू होता जीवन किस कदर बड़े शहर की चमक दमक में खोता गया फिर सोये सपनों के जागने या चुकने की लम्बी दास्तान। वक्त पंख लगाकर सुदूर उड़ान भरता रहा सो उसी क्रम में उड़ान भरती रहीं यादें भी। धीरे-धीरे ऐसा दौर भी आ गया जब कल्पनाएँ घटने लगीं और संवेदना की छलकती गगरी अपने आप तेज धूप तले रखे-रखे रीतती सूखती गयी। बस अब तो वही बँधा-बँधाया-सा दिन-रात, महीने और फिर साल दर साल। यहाँ का कठोर कसैला-सा अकेलापन बर्दाश्त करना आसान नहीं होता। रोज एक जैसी सुबह, दोपहर, शाम और रात की आवाजाही देखती रहती अपनी उन सूखी नजरों से जो अँधेरे में जीते रहने की आदी होती गयी। धीरे-धीरे वक्त ने जब सालों की सीढ़ियों पर पैर टेक परत-दर-परत मोटी धूल जमानी शुरू कर दी तो रत्ना समेत तमाम कैदियों ने सामूहिकता में ही जीने-मरने को अपनी नियति मान लिया। वे यही सोचकर खुद को समझा लेतीं कि जब यहीं दिन-रात नियम व अनुशासन से खाना-पीना, जागना-सोना, उठना बैठना वगैरह नियत किया गया है तो मन मारकर इसे अपनाना ही है वरना इससे भागकर कहाँ जा सकती हैं वे?

वो भी एक दौर था जब हम अपने वजूद के श्रेष्ठ टुकड़े यहाँ वहाँ फेंकते हुए खूब खुश हो लेते थे। फेंकते रहने के इस खेल में बटोर रहे थे नामालूम-सी खुशियाँ या कि पहचान रहे थे अपने को। हवा में फेंकते थे चन्द खूबसूरत लफ्ज और उड़ान भरने के जोश में जमीन पर पैर छोड़कर दोनों हाथ आसमान में फैलाये तेजी से बिना पंखों के उड़ान भरने का जोखिम उठाने को तत्पर रहते थे हर पल। गन्तव्य बोध के बगैर जमीन छोड़कर दोनों हाथों को ऊँचाई की तरफ फेंकते हुए उड़ान भरने के दौरान भला कौन सोचता है आगे पीछे की तरफ। प्रेमाकुल जोड़ों की उड़ान कभी

बाधित नहीं होती। सुदूर आसमान के ओर छोर तक पहुँचने के आतुर जुनून में वह जो चाहे हासिल कर लेता है। तब न तो अतीत का खौफ था, न भावी की कोई रूपरेखा, बस हमारे इर्दगिर्द था सौन्दर्य, खुशबू, उत्साह व उमंग भरे मन से जिये गये जीवन के सुनहरे स्वर्गिक आनन्द की अजस्र रसधारा जो कैसे भी रीतती ही नहीं बल्कि जितना उसमें डूबते जाते, वह उतना ज्यादा रसासिक्त होकर चेहरे पर नयी आभा बिखेर देती। प्रेमावेग में डूबे व्यक्ति को तो वेग से बहती नदी ही भाती है सो वह बिना आगा पीछे सोचे झटपट खुद को नदी के हवाले कर देता है। आतुर प्यास इतनी जबरदस्त होती कि तैराकी कला जाने बगैर वह खुद को नदी में जाने देता और वह डूबकर भी नहीं डूबता बल्कि निखरकर निकल आता है चमचमाता चेहरा लिए पुनर्नवा होकर। तब तो बस यही लगता कि प्रेम दिमाग से कतई नहीं चलता, दिल से चलता है। वैसे तूफानी जज्बात और गहरी संवेदना से पगी उस धुन में इस तरफ ध्यान ही कहाँ एकाग्र हो पाता था कि हम लगातार एक भ्रम में जी रहे थे। भ्रम का चँदोवा ओढ़े बेवजह खुश हो लेना या बेमकसद की ऐसी यात्राएँ कहीं नहीं ले जातीं मगर फिर भी खुशी के वे रंग, वैसी स्फूर्ति, मस्ती या तरंगायित चेतना फिर कभी मयस्सर नहीं हो पायी। न जाने कहाँ खो गयीं वे प्रेमोद्दीप्त तेज चलती साँसें, बाँहों में फँसी बाँहों के घेरे और बेतरतीब फैले लम्बे बालों में खुशबू तलाशने की आतुर प्यास जिसे वह आँखें मींचे पीती रहती। हँसी आती तो इतनी जबरदस्त कि थमती ही नहीं। कैसी बेताब रातें थीं कि तब दिन का उजाला रुचता न था और अब किसी सूराख से औचक आये उजाले को देख घबरा उठती। सचमुच, देह से प्रीत का रस झर जाने पर सब कुछ ठूँठ में तब्दील होता जाता।

तब तो बहुत सारे आसमान नजर आते थे और ऐसा लगता था जैसे हम मिलकर एक नया इतिहास रचने की तरफ कदम बढ़ा रहे हों।

सच तो ये है कि इतने साल गुजर जाने के बावजूद खुमारी भरा वो दौर भुलाये नहीं भूलता। प्रेम की चकाचौंध के सामने बाकी सारी चीजें यानी धन-दौलत, पति, बच्चा या पारिवारिक-सामाजिक औपचारिकताएँ किस कदर फीकी या बौनी पड़ती गयीं, फिर पैसों के हाथ में आने और रेत की तरह हाथ से सरकते जाने के वे अनगिनत किस्से। धीरे-धीरे वे रौनकें, वे महफिलें, वो शानोशौकत, समृद्धि और धन-दौलत, सब कुछ सर्र से फिसलता गया और वह पूरी तरह तबाह होती गयी। सचमुच, वापस कभी कुछ नहीं आता, न वे सुख-सुविधाएँ, न घर जैसा पुरसुकून, न वैसी सुरक्षा की छाँह, न घर-परिवार का मीठा आनन्द और न बच्चों के साहचर्य से मिलता वैसा अमिट सुख, अब तो सब तरफ नजर आता है बस बर्बादी का उजाड़ मंजर और इसके सिवा अब कहीं कुछ नहीं बचा। यहाँ पड़े-पड़े असंख्य बार वही विगत का जोड़-घटाव चलता रहता पर मोह आसक्ति के बन्धन क्यूँकर पूरी तरह नहीं छूट पाये। लेटे-लेटे अक्सर बेटे की दो बड़ी-बड़ी आँखें याद आती रहतीं।

जाते वक्त कैसी असहाय नजरों से देर तक अपलक देखता रहा। मुरझायी शक्ल देखकर कलेजा काँप गया। जब उसने उसके मासूम गोल चेहरे को छूना चाहा तो कितनी कड़ाई से कहा गया उसे—'हाथ मत लगाना इसे, हाँ...' कितनी तल्ख़ी थी उस आवाज में। इतने अरसे बाद भी उन लमहों को याद करती तो अन्दर से कुछ बेशकीमती खोने सा कसैला अहसास होने लगा। अपनी थकी पलकें मूँद लीं उसने। न, अब कुछ नहीं देखना उसे। अन्दर-बाहर की घुटन इतनी भयावह कि आसपास चलती मरियल हवा भी राहत नहीं दे पा रही।

धरती से आसमान तक सब जगह सुनसान रेगिस्तान-सा नजर आता है जहाँ अपनी ही आवाजें लौटकर आ जातीं। अँधेरे में कई चेहरे पास आते फिर आँखें खोलते ही सब कुछ दूर चला जाता। देखते-देखते 14 साल से ज्यादा बीत गये, सोचने पर ऐसा लगता जैसे अभी कल की ही बात हो। तो क्यों इसी तरह बीतते जाते हैं साल दर साल और रीतते जाते हैं हम धीरे-धीरे, मिट्टी में मिलती जाती है ये नश्वर देह। समय के कितने सारे रूपों या आकार-प्रकार को बनते-मिटते देखा है हमने। जब कभी कहीं से आईना में खुद को निहारती तो खुद से सवाल करने लगती और ऐसा लगता जैसे वह न जाने कब से समयहीनता के इस विशाल समुन्दर में जीने की आदी हो गयी हो। आसपास के लोग वही रहते हैं मगर एक चेहरे पर कई चेहरे चढ़ा लेते हैं लोग! सबके हावभाव बदलते जाते हैं और अहसास भी। फिर एक दिन ऐसा आता है कि उन पर इतनी सारी परतें जमा होती जातीं कि उसे अपना चेहरा तक याद नहीं रहता। वो अपना ही चेहरा गुम हो जाता है न जाने कहाँ। दिन-रात की सुइयाँ वैसे ही चलती रहतीं। समय का निर्बाध विस्तार और अगाध समुन्दर का आलोड़न। कभी तूफानी वेग सारे तटबन्धों को काट देता तो कभी यहाँ का ठहराव इतना जड़ीभूत कर देता कि तन-मन के साथ हमारी भीतरी धार ही कुन्द पड़ने लगती। चालाक, चतुर या सयाने लोगों के अन्तस को जानना आसान कहाँ था? वे कब क्या कर बैठें? इतनी दूर तक कहाँ सोच पाते हैं हम। 14 साल पहले देखा था उस चमकते तेजोद्दीप्त चेहरे को जिससे फिंकती थीं कई किरणें। सचमुच, जब मन में उमंग उत्साह का वेगवान समुन्दर बह रहा हो तो कैसे भी नहीं रुकतीं थमतीं वे हिलोरें।

उमस भरे भारी-भारी से दिन और बेआवाज झरते पत्ते जैसे पतझड़नुमा पीली-पीली तनहा रातें। वांछा से बातें करके रत्ना को अपना गुजरा समय याद आने लगा।

उस दिन रात में घर पर पुलिस को आया देखकर एक पल के लिए धरती हिल गयी थी जैसे। ऐसे में रत्ना ईशान का हाथ जोर से थामे रही। जैसे ही लेडी पुलिस उसे ले जाने लगी, उसने पलटकर ईशान की तरफ बेबसी से देखा जिसकी आँखों में पसरी थी हताशा और विवशता। मन किया, बस एक बार उसे अपने सीने से चिपटा लें लेकिन उसे ऐसा करने का मौका ही कहाँ मिल पाया। बस डबडबायी

आँखों से वह उसे देखती रही जाते-जाते।

मौसम बदलते ही रत्ना को अपने नरम गुदगुदे बिस्तर की याद आ गयी। हर कमरे में चलते ए.सी. बड़े आरामदेह सोफों में लेटकर पढ़ती रहती पत्रिकाएँ। कभी वह किटी पार्टियों का हिस्सा बनती तो कभी रंग-बिरंगी साड़ियाँ पहनकर शॉपिंग करने बाजार जा पहुँचती। बेटा ईशान, उसकी हर इच्छा को सर आँखों पर लेकर उसे पूरा करने प्राणपण से जुट जाती और ऐसा करके अतुल आनन्द सागर में तैरने लगती। सचमुच, कितना शानदार जीवन खोया है उसने। सोच-सोचकर उसके भीतर जबरदस्त पराजय बोध का अहसास कचोटने लगा। न, अब वह किसी से नफरत नहीं कर सकती। एक समय तक आत्मप्रताड़ना का दौर चलता रहा। फिर योग प्रशिक्षण के दौरान सुनी कुछ सार्थक बातों ने अन्दरूनी चेतना के सोये अहसास जिन्दा कर दिये। आर्ट ऑफ लिविंग के मेडिटेशन कोर्स के जरिये मानसिक ऊहापोह से उबरने में मदद मिली और मानसिक विघटन की स्थिति से थोड़ी राहत जरूर मिली। वे समझा रहे थे कि कैद हर जगह है। वहाँ भी दमघोंटू माहौल था और यहाँ भी जहाँ बाहरी दुनिया की आवाजाही की सख्त मनाही थी।

हम तब भी एक तरह की कैद में जी रहे थे, हाँ, वो सुनहरी कैद थी, शारीरिक से ज्यादा मानसिक। सासूजी की आज्ञा के गुलाम थे हम यानी पराधीनता में जीने को अभिशप्त। ये मानसिक कारागार नहीं तो और क्या था? न हमारी सोच में आजादी की धड़कनें थीं, न हमारे विचारों में और न हमारी सोच की रोशनी में जीने की आजादी मयस्सर कर सकते थे हम। जब कि यहाँ योग में इसी बात को सिखाया गया—"हमें अपने जीवन के हर पल को पूर्णता से जीने की कोशिश करनी होगी। आदमी को अपने जीवन को सार्थक बनाने के लिए जी तोड़ मेहनत करनी पड़ती है। सही दिशा में किये गये प्रयास अवश्य सफल होते हैं। हमारे जीवन के रास्तों में अड़चनें भी कम नहीं। हमारे आपके जीवन में तकलीफें हैं, यातनाएँ हैं, और जानलेवा मुसीबतें भी जिन्हें पार करके ही आत्मा को सन्तोष की अनुभूति होती है और जब अन्तरात्मा को सन्तोष सुख मिलता है तभी तुम सब मानसिक रूप से आजाद महसूस करोगी, आसमान में उड़ते पक्षी की तरह। जिन्दगी में खोना पाना कोई गणित का फार्मूला नहीं सो हर पल अपने भीतरी आनन्द में जीओ। जीने की आदत डालो कि तुम्हारी सोच, तुम्हारे विचार, तुम्हारे संकल्प सदैव शुभ हों, सकारात्मक दिशा की तरफ ले जाने वाले हों और शुभता लिए हों। जिसमें घृणा, नफरत, हिंसा, जीत-हार, सुख-दुख या धन से मिलने वाले क्षणिक सुख वगैरह कुछ भी नहीं आते। सोने से पहले जरूर अपने-अपने भगवान को याद कर लिया करो कि आज के दिन तुमने किसी को कुछ अनजाने में नुकसान तो नहीं पहुँचाया। अपने हर दुष्कृत्यर के लिए ईश्वर से क्षमा माँगो और संकल्प लो कि आगे से कभी किसी के प्रति मानसिक या शारीरिक हिंसा की भावना को अपने भीतर नहीं जाने दोगी।"

रत्ना आपा बिसार डूबकर सुनती है ये सत्संग, गुनती है उनकी कही बातों के मर्म को और महसूस करती है उन विचारों की सत्ता को। आँखें खोलते ही महसूस होता कि अरे, कितना कुछ एक झटके में छूट गया उसके हाथ से। फिर वर्तमान पर लौटकर आँखें खोलते ही यहाँ के जेल जीवन के कड़ुवे प्रसंग याद आने लगते। अब यहाँ उसके पास अकेलापन था और समय ही समय विशाल समन्दर की तरह पसरा रहता। वह आम सजायाफ्ता कैदी की तरह लड़ती-झगड़ती नहीं, चीखती चिल्लाती नहीं, उत्पात नहीं मचाती या गालियाँ नहीं बकती। न ही किसी से कोई मिन्नतें करती, शायद इसी के चलते जेलर साहिबा उससे खुश होकर कहती रहतीं –"तुम्हारा एक मेंटल लेबल है सो तुमसे बात करना अच्छा लगता है जैसे किसी पढ़े-लिखे से बात करके संतुष्टि होती है" तभी तो वे जेल पर शोध करने वालों का अक्सर रत्ना से जरूर मिलवा देतीं। वाकई रत्ना तो जैसे किसी गहरे सूखे कुएँ में बनी अँधेरी खोह में घुस जाती, सबसे निरपेक्ष होकर। भ्रष्टाचार में डूबे जेल स्टाफ सदस्य जो दर्जनों थे। यूनिफार्म वाले, वकील, पैसा उगाहने वाले, मुलाकातियों का सामान हजम करने वाले, बाहर से खाना मँगवाकर लाने वाले तमाम लोग, हर काम में पैसा ही भगवान था यहाँ।

थोड़ी देर बाद वांछा ने जेलर साहिबा से इजाजत माँगते हुए मुलायम आवाज में पूछा–"देखिए, इन्हें यहाँ रहते हुए कई साल तो बीत चुके। अब इनके केस में नया क्या हो सकता है? मुझे कुछ जरूरी बातें इनसे अकेले में करनी हैं, इजाजत है न?"

"अरे, क्यों नहीं? बिल्कुल, बिल्कुल, आप इनसे अकेले में खूब आराम से बातें कीजिए। नो प्रॉब्लम, रत्ना, ये मैडम जो भी जानना पूछना चाहें, इन्हें बेझिझक बताना। डरने का नहीं। शायद तुम्हारी किस्मत के बन्द ताले इनकी मदद से खुल ही जायें किसी रोज। कौन जानता है?"

"बैठो, यहाँ इस कुर्सी पर।"

"न, यहाँ बैठने की इजाजत नहीं। हम तो साब, गुनहगार ठहरे... कँपकँपाती जुबान में बोलते हुए उसकी पथराई आँखों में एक बार फिर से एक अजीब तरह की तिक्तता तैरने लगी गोया वह अरसे से यह मानकर चल रही है कि अब उसे यहीं जीना मरना है, उसके लिए बाहर निकलने के दरवाजे हमेशा-हमेशा के लिए बन्द हो चुके हैं। उसकी सारी टूटी आशाएँ, झर चुके सपने एक-एक करके मिट्टी में मिलते गये। सो पूरी तरह हताश, जीवन से निराश और टूटे मन में भला कैसे जीवन शक्ति के प्राण डाले जायें, वांछा अभी तक इसी उधेड़बुन में थी।

"आप नीचे बैठेंगी तो चलो, हम भी आपके संग यहीं बैठ जायेंगे, ठीक?"

उसकी बातों में थोड़ी आत्मीयता, गर्माहट और अनौपचारिकता का अहसास हुआ तो सालों से जमी बर्फ पिघलनी शुरू हो गयी। वांछा ने उनकी सूखी रीती

हथेली पर अपना मुलायम हाथ रखा और भरोसे में लेते हुए बोली—"मैं आंटी कह कर बुला सकती हूँ न आपको?"

आत्मीय आवाज सुनकर अचानक चौंक गयी वो, फिर अचकचाकर बोली—"प्लीज, आप ऐसे मत बोलिए। आदत-सी पड़ गयी है यही सुनते हुए कैदी नम्बर ...नाम...वाइफ ऑफ...बस यही है मेरी एकमात्र पहचान। नाम की पहचान से वास्ता ही खो दिया हमने तो..." उसने रूखे टोन में ऐसे जवाब दिया जैसे कोई अपनेपन का अहसास न हुआ हो।

"प्लीज, हमें अपने बारे में पूरा सच जरूर बताना, सौ प्रतिशत सच्ची हकीकत। प्लीज, मेरी मदद करें आप। जानती हूँ, आपने किसी का खून नहीं किया, न कराया होगा, मगर दुर्भाग्यवश औरतें ही सतायी जाती हैं मगर मैंने भी यही ठान लिया है कि दुनिया के सामने आपकी सचाई लाना चाहती हूँ, प्लीज सब कुछ बोलना तो शुरू करो।" जब वो कुछ नहीं बोली तो वांछा के दिमाग में एक नया विचार कौंधा—

"वैसे बोलना तो आसान नहीं होगा, शायद इतना लम्बा वक्त गुजर गया सो मुमकिन है, आप भूल गयी हों। ये सब बातें धीरे-धीरे इत्मीनान से सोच-सोचकर धीरे-धीरे याद करके लिखा जरूर जा सकता है, तो क्या लिख पायेंगी वो सब जो-जो हादसे या ज्यादतियाँ आपके जीवन में घटीं, वे सब घटनाएँ एक-एक करके जैसे-जैसे याद आती जायें, लिखती जायें।"

"हाँ, कोशिश कर सकते हैं। जब हम यहाँ आये तब इतनी दूर तक सोच नहीं पाये थे कि हमें यहाँ इतना लम्बा वक्त गुजारना पड़ेगा। हर वक्त यही लगता कि हम बेगुनाह हैं, हमारा क्या अपराध है, यही सोचते घंटों बैठे रहते। सोचते थे कि देर-सवेर पूछताछ के बाद तसल्ली करके हमें छोड़ दिया जायेगा मगर यहाँ रहते-रहते जब कई महीने बीतते गये तब जाकर ये सत्यबोध हुआ कि हम कितने बुद्धू थे जो ये सब बातें सोचते थे। सचाई से कोसों दूर है हकीकत जिसका चेहरा बेहद क्रूर, बेहद बीभत्स होता है मैडम", बड़ी मुश्किल से रत्ना के गले से सधे शब्द फूटे।

"तो फिर देर किस बात की? उठाओ कलम और लिखो न अपने बारे में सब कुछ। ये रही डायरी जिस पर अपने बारे में जो भी, जैसा भी याद आता जाये, लिखती जाना। हम सब समझ लेंगे। मेरे ऊपर ये आपका अमूल्य योगदान रहेगा। शायद इसी बहाने हम जेलों की दुर्दशा या गुनहगार कैदियों के बीच रहती बेगुनाह औरतों के बारे में सरकार का ध्यान आप लोगों की तरफ खींचने में कामयाब हो पायें। जेलर साहिबा बता रही थीं कि कुछ लिखती वगैरह भी हो।"

"अरे, उतनी होशियार तो नहीं हूँ मैं, मगर हाँ, उस समय इतना तेज आवेग, इतनी उत्तेजना और इतने भावावेश में रहती थी कि उस अहसास को शब्दों में उतारने का दिल करता था और जब कभी ऐसा कर पाती तो लगता जैसे कितनी राहत-सी मिल गयी हो जैसे इस जीवन के आगे या इसके पार देखने, समझने या

अहसास करने की ताकत मिल गयी हो।"

"तो लिखना शुरू करिए न, जेल के भीतर भी लिखने-पढ़ने की सुविधाएँ मिलती हैं न?"

"हूँ, कभी-कभार अचानक कोई विचार हिलोरें लेने लगता तो सोचने लगती। इतने लम्बे जीवन की गहराई के बारे में हिसाब-किताब करने वाला गणित बिठाने लगती, बाप रे, इतने साल बीत गये और कितना रीतते गये हम कि पता ही नहीं चला कि कब जवान से अधबूढ़े होते गये। यहाँ सबके बीच सबके जीवन के सच्चे किस्से सुनते-सुनते समय बीत जाता। सबसे मिलकर गपियाने के अलावा और करें भी तो क्या? मगर हाँ, कुछ नयी लड़कियाँ ऐसे केसेज में फँस जाती हैं जिन्हें जेल के बाहर अभी बहुत कुछ करना बाकी था, न जाने कितने सपने उनकी आँखों में हिलोरें ले रहे थे जिन्हें साकार होते देखना था उन्हें, मगर इसी बेबसी के चलते वे डिप्रेशन में चली जातीं।"

"तो अर्श से फर्श तक और फर्श से अर्श तक की कहानी ही तो लिखवानी है आपसे, प्लीज लिखना शुरू तो करिए।" वांछा ने आग्रह किया तो वे बोलीं–

"कोशिश करती हूँ। वैसे तो मैं किसी काम की हूँ नहीं फिर भी यदि कुछ काम आ सकी तो इससे ज्यादा खुशी की बात और क्या होगी।"

ढलती दोपहर में आकाश ने कुछ विचित्र रंगों की चादर ओढ़ ली और तभी कहीं से आते जाते पंछियों का झुंड खिड़की से दिखाई दिया। रत्ना ने खिड़की से बाहर झाँका, आसमान की स्लेट पर कहीं-कहीं आड़ी-तिरछी धारियाँ-सी खिंच गयी थीं जिससे आकाश जैसे दो साफ-साफ हिस्सों में बँट गया था, काला और भूरा। उसे लगा, उसकी जिन्दगी भी तो बस इन्हीं दो भागों में बँटकर रह गयी है, शादी से पहले वाली बिन्दास जीवन जीने वाली अल्हड़-सी लड़की और शादी के बाद बन्दिशों के बीच घुटन भरी जिन्दगी जीने की कोशिश करती स्त्री और अब ये है उसके जीवन का आखिरी सीन जहाँ से उसकी अर्थी ही निकलेगी एक दिन बिल्कुल वैसी ही गुमनाम मौत जैसे पिछले महीने सुशीला की मौत देखी थी उसने। बेचारी अरसे से बीमार चल रही थी। उसे बमुश्किल, शायद खानापूरी करने के लिए अस्पताल तभी भेजा गया जब वो मरणासन्न हो गयी सो वहाँ जाने के घंटे भर बाद ही चल बसी बेचारी। जिसकी मौत की खबर उसके परिजनों तक भी नहीं पहुँचायी जा सकी क्योंकि कोई भी उससे मिलने ही नहीं आता था। पहले कुछ सालों तक तो लोगों को उसकी याद रहती है सो वे मिलने चले आते मगर जैसे ही 5 से 10 या 15 साल बीतते हैं, परिजन भी खबर लेने से कतराने लगते हैं, ये एक बड़ी हकीकत है।

जिसकी मौत पर दो आँसू बहाने वाले भी न मिलें, ऐसी मौत भगवान किसी को न दे। उसके मरने पर सभी संवासिनों के मुँह से यही निकला था–"ठीक रहा, बेचारी कब से घिसट-घिसटकर अपने मौत के दिन गिन रही थी।" उदासी भरी

जम्हाइयाँ लेते हुए बड़ी निरपेक्षता से बोल पड़ी वह—

"सचमुच, एक मौत जीते जी होती है जिसे हम सभी मौत की बाट जोहना कहते हैं यानी जीते जी मरना महज साँसों की आवाजाही को महसूस करते हुए कई-कई मौतें मरना। उस जीवन में एक भरे पूरे रिश्ते थे जिसे हम सब उस कालखंड में जी रहे थे तभी फट पड़ा अचानक से एक अनजान-सा ज्वालामुखी का लावा जो धरती का पेट फाड़कर वेग से ऊपर की ओर उठता हुआ सब तरफ से धू-धू करके जलने लगा जिसने उसके जीवन को खाक कर दिया। आँधी पानी, धूप, धुआँ, तूफानी हवाएँ, न जाने कितने रंगों के मौसम आये गये मगर कोई भी अन्दरूनी तल तक कभी नहीं पहुँच पाया। समय का विशालकाय पहाड़ खड़ा रहता हर वक्त। कब सुबह से दुपहर या शाम से रात हो गयी, इसका अहसास करने से भी क्या फायदा? चारों तरफ की भयावह जीवन स्थितियों के बीच, लड़ाई-झगड़ों के बीच, सबकी रामकहानियाँ सुनने के बाद उपजते निरर्थकता बोध के बावजूद आती-जाती साँसों को महसूसते हुए जीना, इसे क्या वाकई जीना कहते हैं?" रत्ना के मुँह से ऐसे गहरे दार्शनिक बोल सुनकर वह चौंकी।

"अरे, आप तो बड़ी दार्शनिक बातें करती हैं, ग्रेट..." उनकी आँखों में देखते हुए वह सोचने लगीं—इनकी बातें बाकी कैदियों से अलग हटकर कितनी दार्शनिकता का पुट लिए हैं, इनके बर्ताव में कितनी शालीनता दर्शाती है कि ये औरों से वाकई अलग हैं। इस रीती आवाज को सुनकर वांछा को ऐसा लगा जैसे इस आवाज में न दुख है, न कोई जीवन रस, न कोई रंग या बेरंग होते जाने की शिकायतों का पुलिन्दा, है तो बस एक विवश भाव।"

कई मिनट खामोशी में गुजर गये तो वांछा ने पूछा—

"क्या सोचने लगी आप? मैं किसी को कुछ नहीं बताऊँगी पर मैं वाकई पूरी हकीकत जानना चाहती हूँ। न जाने क्यों, यकीन ही नहीं होता कि आपसे कुछ क्राइम हुआ होगा?" अन्दरूनी भावों को पूरी सतर्कता बरतते हुए छिपाने की कोशिश करते हुए उसने रत्ना की तरफ देखा फिर उसे हिलाते हुए बोली—"कुछ बोलिए न, इस कदर चुप रहेंगी तो, तो, इससे क्या फायदा? बताइए न अपने साथ हुई नाइंसाफियाँ, बदनामियाँ या फिर अनादर भरी दास्ताँ।

उसने तल्खी से दूसरी तरफ देखा। चेहरे पर तिक्तता और दुख की रेखाएँ बनने उभरने लगीं। एक साथ कितनी तरह के जीवन जीये हैं उसने, कभी पति के साथ स्नेहालिप्त होकर तो कभी रामकिशन संग प्रेम में डूबकर तो कभी एकल माँ बनकर ईशान संग प्यार लुटाती एक बेकसूर स्त्री जिसने आज तक कभी नहीं चाहा था कि उसकी सास की हत्या हो। खून से लथपथ पड़ी थी उसकी सास और आवाज सुनकर वह तेजी से ऊपर की तरफ भागी जा रही थी। उसने ईशान को भागते देखकर डाँटा भी था—"भागकर कहाँ जा रहे हो? सँभलकर, रुको तो, मैं भी साथ

में आ रही हूँ, देखती हूँ, वहाँ घटा क्या है?" मगर वो हाथ से छूटे तीर की तरह भागा जा रहा था फिर जाते ही जोर से चिल्लाया—"मम्मी, मम्मी, जल्दी आओ, दादी को किसी ने मार डाला, वे जो आदमी नीचे भाग रहे थे, उन्हीं ने मारा है, पकड़ो उन्हें ...जल्दी से पकड़ो..."

सचमुच, स्त्री की अन्दरूनी तलों में हमेशा नमी सुरक्षित बची रहती है और यह नमी ही है जिसने इतने साल गुजरने के बावजूद जीवितेष्णा को बचाकर रखा है। मन में गुबार उठा कि हाँ, वह अपना सब कुछ, गोपन रहस्य तक इसे जरूर बतायेगी तभी चैन मिल पायेगा उसकी आत्मा को। उस एक घटना ने तो पूरे जीवन को ही उलटपुलट दिया। साल दर साल निकलते चले गये मगर उसकी किस्मत पर ठुके ताले को किसी ने खोलने की जहमत नहीं उठायी।

न जाने इस लड़की में ऐसा क्या है, इसकी बातों में इतनी ईमानदारी की आँच दिख रही है जिसे देखकर पहली बार ऐसा लगा कि वह पूरी तरह मरी नहीं है अब तक। इतने सालों तक दुनिया वालों से नजरें चुराकर जीती रही, अकेले में अपने आप से बातें कर-करके थककर पस्त पड़ जाती। फिर एक दिन ऐसा आया जब वह ये मानने लगी कि उसके भीतर का तो सब कुछ पथरा गया है, सूखकर खँडहर हो चुका उसका हरा भरा जीवन मगर पुराने पड़ चुके उन बासे अहसासों की प्रेतच्छायाएँ क्यूँकर फिर से दिखाई देने लगीं उसे? संवेदना का ऐसा सोता जो सालों पहले पूरी तरह सूख चुका था, जिसे इस लड़की ने नये सिरे से खुरचकर जीवनी शक्ति बख्शी है। विचित्र सत्य है कि आदमी पूरी तरह कभी नहीं मरता। अपनी अनन्त कामनाओं के भंडारगृह में कोई न कोई पहली या आखिरी इच्छा जैसी अतृप्त ख्वाहिशें जरूर बची रहतीं तभी तो वह इस लड़की को अपने अन्तरतम के स्याह हिस्सों के निगेटिव्स बताने के लिए उतावली हो उठी। अक्सर वह सोचती भी थी, काश कि मरने के पहले वह अपनी गोपनीय गूढ़ बातों को किसी करीबी को बता पाती। न जाने क्यों ऐसा लगता कि जिस सच को वह पूरी ताकत से लड़कर सारी दुनिया से छुपा ले गयी, जब कि बाहरी दुनिया में चहलकदमी करते हुए वह एक अलग तरह की मशीनी जिन्दगी जीती रही फिर भी अँधेरे मन के एक कोने में कहीं न कहीं एक आधी अधूरी-सी ख्वाहिश या चाहत न जाने कैसे बची रह गयी जिसे आज वह इस लड़की को सब कुछ बताकर अब चैन से मर तो पायेगी। मरने से पहले जरूर वह दुनियावालों को इस हकीकत को बताकर रहेगी कि वह गुनहगार तो कभी नहीं थी बल्कि वह तो एक जीती जागती हाड़ मांस से बनी सुन्दर सपनीले संसार में जीवन रस से छलकती स्वादिष्ट रसों से भरी पूरी उमंगित तरंगों पर चलने वाली तेजस्वी लड़की थी जिसे देखकर कोई ये नहीं कह सकता था कि ये पैसों या सम्पत्ति पाने के लालच में शादी करने वाली मतलबी किस्म की स्वार्थी लड़की हो सकती है बल्कि हर कोई उसे जानदार, शानदार या अनगिनत रंगों रसों से सराबोर

रसगगरी कहकर चिढ़ाता रहता था।

थोड़ी देर बाद सोचने के वह प्रकट रूप से वांछा से बोली—"जरूर, सब कुछ बताऊँगी तुम्हें, अतृप्त कामनाओं वाली मेरी कहानी गौर से सुनना। रूह से निकलती संवेदना को महसूस करते हुए जानना होगा मुझे। तो बदरंग, बेशक्ल या बेअक्ल लड़की की हकीकत की मुड़ीतुड़ी परतें ये रहीं।" बोलते हुए पुरानी यादें टूटे हुए खँडहर से गिरते हिस्सों की तरह मुँह के बल झड़ रही थीं। शुरू में उसने धीरे-धीरे बोलना शुरू किया फिर थोड़ी हिम्मत बढ़ी तो और मुँह खोला और बाद में इतना, इतना खुलती गयी कि अपने आप मुँह से सब कुछ झरता चला गया रिसते झरने की तरह, बूँद...बूँद...बूँद।

—वांछा, तुम्हारी जिद है कि तुम सच की अन्दरूनी तहों तक पहुँचकर जानना चाहती हो। वजह चाहे जो भी हो, बहरहाल मेरे भीतर भी जहरीला समन्दर सालों से खदबदा रहा है सो मैं जरूर तुम्हें अपने जीवन से जुड़े हर दर्द, हर तकलीफ को खुलकर बताकर हल्का होना चाहती हूँ। अपने बारे में भी, शुरुआती जीवन की कठिनाइयों से लेकर शादी और उसके बाद के शानदार दिखते जीवन के कच्चे चिट्ठे भी खोलकर सुनाऊँगी मगर टुकड़ों-टुकड़ों में बेतरतीब पड़ी हैं वे चीजें, वे लोग, वे घटनाएँ या वे हादसे और उन्हें आज इस तरीके से याद कर रही हूँ जैसे वो मैं नहीं कोई और रत्ना रही होगी जिसके जीवन का सब कुछ लुटपिट गया हो। पुराने दिनों की उन टूटी गलियों पर दौड़ना, उन घरों की दीवारों की अन्दरूनी हकीकतों से दो चार होना, खास तौर पर मेरे बचपन का वो आजाद माहौल जहाँ से शुरू करते हैं अपना किस्सा जब मैं महज 13 साल की रही हूँगी।

"सुनो, सुनो, मेरा आग्रह है कि आप टुकड़ों टुकड़ों में यानी जिस तरीके से लिखने में सहूलियत हो, उसी तरीके से लिखना प्लीज, भले ही वो बेतरतीब क्यों न हों? तो आपकी यात्रा की शुरुआत होती है अब..."

वांछा के बतियाने का लहजा इतना सहज व आत्मीय था जिसे सुनते ही अरसे बाद उसके सूखे म्लान चेहरे पर मुस्कान की रेखाएँ उभरने लगीं। जैसा-जैसा याद आता जा रहा था, बचपन, किशोरावस्था फिर सीधे मध्यावस्था, यानी दो अलग-अलग संसार की आवाजाही के बीच बनता-बिगड़ता रहा उसका टूटता वजूद। कभी चिन्ताएँ, तो कभी दुश्चिन्ताएँ, तो कभी हताशाएँ तो कभी भग्नाशाएँ तो कभी अनायास मिला प्यार, सम्मान और थोड़ा बहुत अपने पर गुमान भी। उसके हाथ से टुकड़ों-टुकड़ों में ऐसे बेतरतीब शब्द निकलते चले गये जैसे वह कहानी की पात्र खुद न होकर कोई और शख्स हो जिसके बारे में किसी खास जानकार की तरह साधिकार बोल बतिया रही हो।

अँधेरे के पार

चारों तरफ गाढ़ा काला अँधेरा ही अँधेरा, मगर वह यहाँ कैसे? अकेलेपन से घबराकर बाहर देखना चाहती जहाँ काले अँधेरे के सिवाय और कुछ नजर ही नहीं आ रहा। दिमाग पर जोर डाला तो चीजें धुँधलाने लगीं। आज की रात, यहाँ की पहली रात थी ये, मगर उसके पास तो ईशान को होना चाहिए था। बगल में सोया ईशान कहाँ चला गया? ईशान, कहाँ हो तुम, पूरी ताकत से याद करने की कोशिश करने लगी। अपने बड़े से पलँग पर बगल में सोये पति और दूसरी तरफ ईशान, न, यहाँ कोई नहीं, अँधेरे के सिवाय और कोई साया साथ नहीं। आसपास से आती कैदियों की आवाजों से अनुमान लगाया कि अरे, वो तो जेल में कैद गुमनाम जिन्दगी बिताने को अभिशप्त है।

यााददाश्त पर किस कदर धूल की मोटी-मोटी परतें चढ़ जातीं। कभी लोगों की आवाजाही याद आती तो कभी वो हरीभरी चहारदीवारी याद आती जहाँ वह न जाने कितने सालों से बन्द है। उसकी आधी से ज्यादा जिन्दगी तो यहीं, इसी काल कोठरी में बीत चुकी है। ये कोठरियाँ हैं या मौत की बाट जोहती गुमनाम कब्रगाह। शायद सूअरबाड़ा इससे बेहतर, इससे कहीं ज्यादा साफ होगा। इतनी छोटी जगह जहाँ पैर फैलाने की भी ठीक से जगह बनाना आसान नहीं। चारों तरफ की ऊँची दीवारों से ढका अपराध गृह है ये जेल। यहाँ कैसे गुजरते गये एक-एक दिन, हफ्ते, महीने दर महीने फिर सालें। ये अँधेरे कितने काले, तारकोल की तरह अभेद्य। सब यहाँ इन अँधेरों से घिरे पड़े-पड़े एक-एक दिन गिन-गिनकर काटते। न, ऐसा लगता जरूर है जैसे मृतवत जीवन हो गया उनका मगर देह में तो मनुष्य जीवन की तरह प्राणवत्ता होती है सो वे जिन्दा होने की विवशता में लिथड़ते लगातार सोच रहे हैं, अपने से लड़ते-लड़ते पस्त पड़ चुके हैं। बेशक, मनुष्यता या इंसानियत जैसे शब्द यहाँ आकर दम तोड़ देते। सचमुच, समय कैसी बेसुरी तानें छेड़ता है कभी-कभी कि जीवन में चारों तरफ से ढप, ढप की आवाजें सुनाई पड़तीं। आज ये सोचना कितना अविश्वसनीय लगता कि विगत जीवन कितना शानदार रहा है जहाँ घर गृहस्थी के बन्धनों में डूबे रहते दिन-रात। सचमुच तब कितने सुखी थे हम, बस इसका अहसास नहीं था उस दौरान। ये जीवन ऐसा उल्टा मोड़ लेगा, ये भी तो कितना अप्रत्याशित था और कितना भयावह।

अनायास उसे लगा जैसे उसके अन्दर सैकड़ों चिड़ियाँ एक साथ शोर मचाने लगी हों। अपने घर के आँगन में सोने की आदी रत्ना को याद आया, अरे, ये तो उसकी ससुराल है सो अधनींद में बेसुध पड़ी अपनी देह पर अचानक निगाह पड़ी– अरे, वो तो भूल ही गयी थी। बगल में सोये अपने पति रीतेश ने उसके शरीर पर किसी रजाई की तरह लपेटते हुए उसे जकड़ लिया था। नव परिणयसूत्र में बँधी रत्ना का मन एक अजीब-सी गुदगुदी से भर उठा। वह थोड़ी देर अभी और किसी अनाम किस्म के सपनों में खो जाना चाहती थी मगर जागती आँखों ने खिड़की से झिरती रोशनी से अन्दाजा लगाया–अरे, बाहर तो कित्ता सारा उजाला फैल चुका। तभी कोई चिड़िया अपनी चोंच से खिड़की पर लगे आईनेनुमा काँच पर अपने प्रतिबिम्ब को देख टक-टक करने लगी। चीं...चीं...चीं...; के बीच दैहिक आनन्द का जादू उसके सिर चढ़कर बोलने लगा था। आँखें खोलते ही वो नशा धीरे-धीरे उतरने लगा था।

सचमुच, आज की सुबह उसके लिए एक नयी सुबह थी, बिल्कुल कोरी स्लेट पर लिखी नयी इबारत की तरह। इतने बड़े खानदान का इकलौता बेटा रीतेश, जिसे रत्ना ने अपना जीवनसाथी बनाया था, यह जानते हुए भी कि वह शारीरिक रूप से पूरी तरह तन्दुरुस्त मगर मानसिक रूप से अर्धविकसित यानी कमजोर दिलोदिमाग का है या उसकी जिन्दगी अब इसी घर में कटनी है मगर रत्ना के पास हाँ कहने के अलावा और कोई रास्ता था क्या? आखिर किस मुँह से न करती? उसके पास विकल्प कहाँ बचे थे? दो बार मन के रिश्तों में छली गयी और फिर किसी से इस बारे में बात करने का मन ही नहीं किया। अतीत की राख कुरेदते हुए उसके भीतर बसा शाश्वत किस्म का अँधेरा धीरे-धीरे छँटने लगा। तभी लगा कि नन्हा सूरज मक्खनी गोले की शक्ल लिए खिड़की की झिर्री से साफ-साफ अपना मुखड़ा दिखा रहा है सो अपने अन्दरूनी कोनों की गर्द झाड़ते हुए वह आलस तज झटपट उठ बैठी। लगा जैसे किसी ने दरवाजा खटखटाया तो सिर पर परम्परागत बहू की तरह पल्ला डाल वह बाहर निकली और मुँह से निकल गया–

"अरे, इतनी सारी धूप निकल आयी, पता ही नहीं चल पाया। कितनी सुनहरी रोशनी बिछ गयी इस छत पर।"

"चाय, अपनी चाय लीजिए, केटली रखे देती हूँ, सँभालकर पकड़ना", केटली पकड़ाते हुए उसका बोलना जारी रहा–

"आज तो बढ़िया नींद आयी होगी उन्हें, है न," कहते हुए विशेष तरीके से भवें चढ़ाते हुए जाते-जाते टेढ़ी गर्दन करके वह हल्के से मुस्करायी मगर उसकी मुस्कान बनावटी सी क्यों लगी उसे। फिर पलटकर कान में फुसफुसायी–

हमारे साब बहुत सीधे-सादे सरल इनसान हैं, गऊ की तरह सीधे, हाँ, इन्हें अब आपको ही सँभालना है, सो खूब पकड़कर राखियो इन्हें, बच्चों की तरह भोलेभाले

हैं...; बाहरी सन्नाटे को चीरती उसकी भेद भरी आवाज रत्ना के अन्दरूनी तलघर में लॉक-सी हो गयी जैसे वह गुमसुम खड़ी उसे ताकती रही फिर वहाँ से ध्यान ही नहीं हटा। थोड़ी देर बाद बालकनी से परे खड़े होकर चारों तरफ देखने लगी—कितना बड़ा घर है ये तो, कितना सारा कामकाज भी तो सँभालना पड़ता होगा मगर इन्हें क्यों, नौकर चाकर भी तो होंगे ही। कहा तो यही गया था उससे, मगर एक दो के अलावा बाकी दिख तो नहीं रहे कोई...

अपनी पिछली जिन्दगी रह-रहकर याद आती रहती। टूटकर बिखरती जिन्दगी के रेशे-रेशे कैसे पकड़ पायेगी वह? ऐसा दोहरा जीवन कब तक कायम रख पायेगी? अन्दरूनी शब्दों की पदचाप को अनसुना करने की भरसक कोशिश करती रही तभी माँ की हिदायतों की गठरी खुलने लगी। उन्हें अपने खानदान का वारिस चाहिए और तुझे रहने का शानदार ठीया मिल जायेगा। लाखों की दौलत बरस रही है उनके यहाँ सो वहीं रहकर तुझे जो पढ़ना-लिखना है, जो करना बनना है, सो कर। क्या नहीं है उनके यहाँ? सब कुछ तो है, सब कुछ...भर्राये गले से माँ-बाप के इतने तर्कों की बौछार सुनकर उसकी एक न चली और उसने चुप रहना ही बेहतर समझा।

पहली बार जब वह उस लड़के से मिली तो ऐसा लगा जैसे ठीकठाक तो है बन्दा। देखने भालने में भी भला चंगा, गोरा, लम्बा और स्वस्थ। थोड़ा कम बोलता था, किसी शर्मीले बच्चे की तरह रुक-रुककर गर्दन नवाये धीरे से बोलता था वो। बेशक वो सीधा-सादा है, बुद्धू या भोले बाबा जैसा, कुछ-कुछ अबोध बच्चे जैसा जिसे काफी चीजों की समझ भी थी लेकिन पागल तो उसे कतई किसी भी ऐंगिल से नहीं कहा जा सकता। उड़ती खबरों के गर्मागर्म चर्चे उसके कानों तक भी पहुँचे थे—अरे, वो, वो तो शायद दिमागी तौर पर कमजोर है वरना तुझसे शादी के लिए राजी होते वो सयाने लोग? मगर रीतेश से मिलकर रत्ना को ऐसा तो कतई नहीं लगा। ये तो शारीरिक रूप से भी चुस्त दुरुस्त है, हर पूछी बात का कायदे से जवाब देना आता है। डॉक्टर की रिपोर्ट भी चैक करवा ली बल्कि भाई किसी डॉक्टर से दिखवा भी लाया था तब भी ऐसी कैसी बातें जब तब उसके कानों से टकरा जातीं।

"बेफिक्र होकर रहना रत्ना वहाँ। तेरी किस्मत अच्छी निकली जो झटपट ब्याह के बाद तू सीधे करोड़पति बन जायेगी वरना हमारी फूटी किस्मत को देख, पिछले 30 सालों से दुकान पर मुनीमगिरी कर रहे मगर अभी तक एक ठो स्थायी रहने का घर तक नहीं बनवा पाये रत्ना, तू जब अपने ससुराल का तिमंजिला मकान देखेगी, तो मस्त हो जायेगी। अरे वो तो बँगला है, बँगला। जहालत भरी इस नारकीय जिन्दगी की तकलीफों से राहत मिल जायेगी। ये डर नहीं लगा रहेगा कि आज आँधी तूफान आयेगा तो अपनी ये मड़ैया कहीं उड़ तो नहीं जायेगी। एकदम से अमीरन बन जायेगी तू तो..." चचेरी बहन ने कहते हुए उसे ईर्ष्यालु नजरों से घूरा था।

वाकई, इस भव्य बँगले को देखकर उसकी आँखों में एक अनाम किस्म की

खुशी व्याप गयी, पुलक से आँखें भर आयीं और अदम्य लालसा पनपने लगी अचानक से। मायके में कैसा तो उसका एक कमरे वाला दड़बेनुमा मकान जहाँ सर्दी-गर्मी या बारिश से बचाव करने की जद्दोजहद में ही हर दिन काटना भारी पड़ता। किसी तरह यहाँ वहाँ के छुटपुट काम करते हुए वे सब पेट भरने लायक पैसा कमा पाते जिसे हर पल जीने की जद्दोजहद में गुजर बसर करने की कोशिश में लगे रहते। उसे याद आया, एक बार तो किसी राह चलते ने उसे टोककर पूछा था—"पता है, वो मेंटली रिटायर्डेड है, फिर भी क्यों शादी कर रही है उससे? साफ-साफ बताती क्यों नहीं? ऐ, कितने में बिकी तू?"

सुनते ही गुस्से में बिलबिला पड़ी थी वो—"वो पागल नहीं है, न ही मेंटली रिटार्डेड। मैं मिल चुकी हूँ उससे। ठीकठाक बन्दा है मगर किसने कहा ये सब तुझसे? नाम बता दे वरना ठीक नहीं होगा, हाँ कहे देती हूँ। उसकी ऐसी गत बनाऊँगी कि जिन्दगी भर याद रखेगी। साफ-साफ नाम लेकर क्यों नहीं बताती? किसने उड़ायी ऐसी बकवास खबरें?" दाँत पीसते हुए वो उबल पड़ी थी।

"किसी ने नहीं उड़ायी, बस अब खुश। देख रत्ना, इतना गुस्सा तेरी नाक पै रखा रहता, ये ठीक बात नहीं। अब तू थोड़ी समझदार बन जा। बड़े घर की बहू बनने जा रही है और हरकतें तो देखे कोई तेरी। बिल्कुल बच्चों जैसा सुलूक कर रही है तू तो। अरे, जिसे जो कहना है, बके, इससे हमें क्या? सच बात तो ये है कि सारे लोग तेरी किस्मत से जलभुन रहे हैं? तू खुद सोच, क्यों नहीं जलेंगे भुनेंगे वे तुझसे, किसके पास है इतना सब कुछ? किसी की लॉटरी लगी है तेरे जैसी? तेरी जैसी किस्मत नहीं है न किसी की सो अफवाहें उड़ाने के सिवा वे कर भी क्या सकते हैं, बेचारे...।"

ऐसे तमाम तर्कों या कुतर्कों से चुप करा दिया जाता उसे लेकिन उसके भीतर उमड़ते-घुमड़ते रहे सवालों के जहरीले फन काढ़े साँप। कहाँ तो कितनी मनमौजी और लापरवाह किस्म की बिन्दास जीवन जीने वाली रत्ना और कहाँ से अचानक इतनी बड़ी जिम्मेदारी वाला प्रस्ताव। किसी के घर की बहू बनकर उसकी प्रॉपर्टी सँभालना, और न जाने क्या-क्या। सोचते ही घबराहट होने लगती। कैसे होगा उससे इतना सब कुछ? अकेले अपने दम पर क्या कैसे कर पायेगी वो? कितनी तो अपेक्षाएँ अभी से पाल रखी हैं उन लोगों ने, कैसे निभायेगी वो इतना सब?

जब ये सब सोचते-सोचते थक जाती तो अपनी अन्दरूनी दुनिया में चहलकदमी करने लगती। कैसे तो खुशी भरे दिन होते थे उसके जब वह मुँह अँधेरे उठकर अपनी माँ के संग रेलवे पटरियों पर कभी कोयला बीनने लगती तो कभी गोबर उठाने चल पड़ती थी। माँ के आँचल को पकड़े-पकड़े वह पीछे-पीछे रेंगती सरकती खचुरती-सी चलती रहती, तब कितनी आजादी महसूस करती थी। भोर में कितनी खुशनुमा, कितनी प्यारी हवाओं से दुहरे होते झूमते पेड़ों को देखती तो किलक

उठती। ऐसा लगता जैसे खुशी के मारे पेड़ ताली बजाने लगे हों। कभी-कभार काले नीले बादलों को नीचे उतरते मँडराते देखती और अचानक बूँदाबाँदी हो उठती तो खेतों पर यूँ ही बेवजह घूमना कितना मजेदार लगता था। ऐसे में अपने भाई-बहन संग उछलती-कूदती, नाचती रहती। तब घर का माहौल भी भीगने लगा और देखते देखते कच्चे घर की दीवारें चूने लगतीं। जब कभी तेज हवाएँ चलतीं या फिर तेज बारिश होती तो बादल देखकर ही माँ का दिल बैठने लगता और वे अपना कीमती सामान बक्सों में ठूँसने लगती। आँधी तूफान शुरू होते ही घर में लटकता इकलौता बल्ब भी अक्सर बुझ जाता और सब तरफ काला अँधेरा निगलने लगता। अँधेरे के बीच चमकती बिजली की कौंध से वह डर जाती और माँ का हाथ जोर से पकड़ लेती। तेज हवा संग बारिश की जोरदार दस्तक से पेड़ों के इतने-इतने सारे पत्ते जमीन पर बिछ जाते जिन्हें बच्चों को मिलकर बीनना समेटना पड़ता। घर के आसपास पीले पत्तों का ढेर लग जाता। बारिश से भीगे रास्तों पर माँ ईंटें रख देती फिर उन्हीं ईंटों पर आहिस्ते से पैर जमाते हुए हम अपने उस एक कमरे वाले कच्चे घर से बाहर निकल पेड़ से टपकते पानी की परवा न करते हुए उसकी छाँव के नीचे देर तक आकाश की तरफ ताकते रहते। न जाने किस कुघड़ी में वह जा टकरायी उस बुढ़िया से जो अक्सर माँ की मालकिन के यहाँ आती जाती थी। माँ की मालकिन मिसेज सुजाता कपूर कितनी भली, कितनी सीधी और नेक महिला थी जिनकी बेटी हमें अपने पास बिठाकर पढ़ाया करती थीं। उस दिन न जाने किस बात पर ये राज भी खुल गया था।

"क्या कहा? इस मरियल-सी लड़की ने बी.ए. कर लिया? और वो भी फर्स्ट डिवीजन में? यकीन नहीं आता।"

फिर वे बड़े ध्यान से उससे न जाने क्या-क्या पूछती रहीं। उसके माँ-बाप से लेकर भाई-बहन के बारे में भी विस्तार से ऐसे जाँच पड़ताल करने लगी गोया खुफिया विभाग की जाँच पड़ताल चल रही हो। एक बार में अनगिनत सवाल पूछ डालती—"10वीं कहाँ किस स्कूल से किया? कौन-से विषय लिए थे? घर से दूर था क्या स्कूल? कितनी दूर था, कितनी देर लगती थी वहाँ पहुँचने में? आगे क्या करने का इरादा है?"

"पता नहीं, जो भी पढ़ा है प्राइवेट ही पढ़ा है..." संकोच के मारे ज्यादा बोला नहीं जा रहा था उससे।

"क्यों नहीं रेगुलर साइंस वगैरह लेकर पढ़ाई की?"

"पैसे नहीं देती अम्मा पढ़ने के लिए..." भीतर की बिखरी कड़ियों को जोड़कर बोल पड़ी वह।

"अच्छा, अच्छा, एक बात बताओ, क्या आगे भी पढ़ना चाहती हो? पढ़कर क्या बनना चाहती हो? नौकरी वगैरह करना चाहोगी...?"

वह उजबक की तरह उनकी तरफ देखती रही। इतने सारे सवालों का क्या जवाब दे पायेगी वह? कैसे बताती कि हमारे यहाँ उतने पैसे ही कहाँ बच पाते हैं जिससे हमारे अम्मा बापू हमारी पढ़ाई का खर्च निकाल सकें। किसी तरह घिसट पिसट कर चल रही है गृहस्थी, वो भी अम्मा जब दिन में 4 घंटे खाना बनाने जाती है तब जाकर वे तीन हजार मिल पाते हैं।

"बोलो न, एकदम से चुप क्यों हो गयीं?"

उससे कोई जवाब न पाकर वे फिर से उसकी मालकिन से उसके बारे में पूछताछ करने लगीं तो वे बताने लगीं–

"हाँ, वो तेज दिमाग की लड़की है, बी.एड. की तैयारी भी कर रही है।"

"अरे वाह, वंडरफुल! उसके हाथ की बनी चाय पीते हुए वे फिर से उससे मुखातिब होकर पूछने लगीं–"कहाँ रहती हो, क्या नाम बताया तुमने?"

"रत्ना, रत्ना सिंह।"

"माने ठाकुर हो, माँ-बाप कहाँ के रहने वाले हैं?"

फिर से तड़ातड़ सवालों की बौछार शुरू हो गयी। सुनते ही वो सिटपिटा गयी तभी उसकी मालकिन ने कहा–"रत्ना, ये मेरी दोस्त हैं सुचित्रा सिंह, शिक्षा विभाग में संयुक्त निदेशक हैं, तेरी नौकरी लगवा सकती हैं बशर्ते कि ये तुम्हें पसन्द कर लें यानी तुम्हारी पढ़ाई वगैरह से इम्प्रेस हैं ये।"

नौकरी का नाम सुनते ही रत्ना की बाँछें खिल उठीं। थोड़ी आतुरता दर्शाती आवाज में पूछ बैठी–"आंटी, इंटर कॉलेज में लीववैकेंसी में एप्लाई तो किया है, देखिए, कब तक होते हैं इंटरव्यू?"

अपनी कलाई घड़ी पर नजर डालते हुए वे देर तक उसका मुआइना करती रहीं फिर नजरें मिलाते हुए बोलीं–"तुम इतनी होशियार, होनहार और सीधी बच्ची हो, चलो, कुछ सोचा जाये तुम्हारे वास्ते। ये रहा मेरा फोन नम्बर और जब भी कोई काम हो तो जरूर कॉल कर लेना। अपने सब सर्टिफिकेट सँभालकर रखना, बड़े काम आयेंगे।"

"आप बैठें तो अभी मैं आपको लाकर सारे सर्टिफिकेट दिखा सकती हूँ मैम। बस यूँ गयी और यूँ लौटी।"

"अरे, सुनना तो जरा, ऐसी भी क्या हड़बड़ी है, फिर आऊँगी कभी और तेरे लिए कुछ करते हैं, सोचते हैं..." मगर उसकी आवाज सुनने का धैर्य कहाँ था उसके पास। तब तक तो वो हवा हवाई हो गयी थी।

उसके प्रमाणपत्र, डिग्रियाँ वगैरह देखकर उसके बारे में जानकारी मिली और तभी उन्होंने मन ही मन न जाने क्या-क्या सोच डाला उसे लेकर। जैसे ही रत्ना ने टोका–"तो मैडम, बताइए न, साफ-साफ, मुझे कब तक नौकरी मिल पायेगी? न जाने कब, कैसे मेरे हाथ में चार पैसे आ पायेंगे, आयेंगे न, या ऐसे ही इसी नरक

में रहते-रहते जिन्दगी निकल जायेगी मेरी?" आखिरी बात बोलते-बोलते वो रुआँसी हो उठी।

"ऐ, इतनी जल्दी निराशा भरी बातें नहीं करते, वैसे भी अभी तुम्हारी उम्र ही क्या है?"

"20 साल, 7 महीने और 2 दिन," बताते हुए वह चिड़िया की तरह चिचियाती रहीं, बेमकसद बोल रही हो जैसे।

तभी उसके ग्रुप की और लड़कियाँ भी वहीं जमा हो गयीं और उनके बीच भागते हुए वह फुर्र से खुली सड़क पर निकल गयी। कितना प्यारा खेल जमता था उनका। आँधी, पानी, तूफान में भी वे सब मिलकर मस्ती लगाते हुए जोर-जोर से गाना गाते हुए, टीन के डब्बे को बजाते हुए, तालियाँ पीटते हुए अपनी-अपनी टोलियाँ बनाकर इधर से उधर और उधर से इधर भागते हुए अक्सर मन्दिर की सीढ़ियों पर बैठकर अन्ताक्षरी खेलने लगते। उस बारिश के मौसम में जब पंखदार चमकीले कीड़े उड़ते जिन्हें पकड़कर माचिस में बन्द करने के लिए सबके बीच होड़-सी लग जाती। वे सब मन्दिर के सूराखों से ताक झाँक करते हुए एक-दूसरे के साथ हुवाँ हुवाँ या छुआ छुवौवल का खेल खेलते घंटों निकाल देते। पड़ोस के घर के रेडियो से बजते गाने सुनते हुए गाना रत्ना को खूब पसन्द था। जहाँ उसकी अम्मा खाना बनाने जाया करतीं, उसी की हम उम्र बेटी का असर था कि उसकी पढ़ाई में दिलचस्पी बढ़ती गयी। नियम से अखबार पढ़ना भी उसने उसी से सीखा। वहीं उसे अक्सर पढ़ने के लिए डाँट भी खानी पड़ती—"ये क्या रत्ना, इधर उधर के मैले-कुचैले बच्चों संग खेलने में घंटों बर्बाद कर दिये तूने? अब पढ़ोगी कब? ऐसे बैठेठाले पास हो जाओगी क्या? चलो उठो और पूरे मन से सारे चैप्टर पढ़कर खत्म करके आना।"

कितने उमंग भरे मन से वे उसे देर तक जीवन के बारे में गाहे ब गाहे समझाती रहतीं—"ऐ, रत्ना, कुछ पढ़-लिख जायेगी तो अम्मा की तरह कहीं काम पर किसी के घर जाकर चाकरी नहीं करनी पड़ेगी तुझे बल्कि मेरी ही तरह नौकरी करेगी तू भी। समझी? तेरे माँ-बाप गरीब हैं तो क्या हुआ? कितनी नेक दिल की ईमानदार औरत है तेरी अम्मा, पता है न?"

"मगर हमें कौन दिलायेगा नौकरी? आप तो बाहर चली जायेंगी फिर कौन परवाह करेगा मेरी? फिर मेरी पढ़ाई तो बेकार चली जायेगी?"

"पढ़ाई कभी बेकार नहीं जाती।"

"न, क्या होगा बी.ए., एम.ए. करने से, हमारे यहाँ के कितने सारे लोग बी. ए., एम. ए. करके भी काम तलाशते-तलाशते आखिर में तंग आकर सब्जी बेचने लगते पर अम्मा कह रही थी, आप तो विदेश जाने वाली हैं।" उसने सकुचाते हुए कहा तो वे हँस पड़ीं फिर आँखें फैलाते हुए मुस्कराकर बोलीं—"देखो, हम सब एक जैसे

दिमाग लेकर पैदा हुए मगर फर्क बस इतना है कि तुम्हें सुविधाएँ नहीं मिलीं मगर हम तो देते हैं वो सुविधाएँ। इन किताबों को अपने घर ले जाओ और जो भी जैसे भी हालात हैं, उसी में गुजर बसर करके देर रात तक पढ़ा करो। ऐसे ही सिलसिला चल पड़ता है पढ़ाई का। एक बार शुरू हुआ तो फिर बन्द मत करना। मैं कोई हमेशा के लिए थोड़े ही जा रही हूँ, आती जाती रहूँगी..." कहते हुए उन्होंने प्यार से झिड़कते हुए आहिस्ते से देर तक समझाती रही जिन्हें सुनते हुए वो भीग गयी थी। पल भर के लिए डूब गयी सपनों की चमचमाती दुनिया में फिर उत्सुकतावश पूछ बैठी—"कितना पढ़ना पड़ेगा अभी कि नौकरी मिल जाये..."

"बी.एड. कर लेना, जरूर किसी न किसी स्कूल में लगवा दूँगी तुझे, पक्का।" उसकी तरफ देखकर वो फक्क से हँस पड़ी जिससे उसने राहत की साँस खींची। थोड़ी देर तक वो वहीं खड़े होकर गमलों में रखे पौधों को सँवारने लगी और फिर प्रसंग बदलते हुए पूछ बैठी—"दीदी, आपकी शादी भी वहीं विदेश में होगी क्या?"

"पता नहीं, कह नहीं सकते..." आँखें नचाते हुए वे हँस पड़ीं—"तू चलेगी मेरे संग? ले चलूँगी तुझे भी, अच्छा, अब मेरे लिए बढ़िया-सी कॉफी बनाकर तो ले आ।"

वह रसोई में कॉफी बनाते हुए फिर से विचारों में डूब गयी। उस एक पल में वह सपनों के जादुई संसार में खो गयी। तो एक दिन क्या सचमुच वह नौकरी करने लगेगी? फिर उसे मटमैली टोकरियों में सामान लादकर यहाँ वहाँ की अनपढ़ औरतों के झुंड में नहीं बैठना पड़ेगा? जैसे ही ग्राहक उसकी टोकरी की तरफ ताकने लगता, तो वहाँ कितनी बेचैनी से उनकी तरफ सब ऐसे देखने लगतीं जैसे वो ग्राहक उसे छोड़कर कब उनके पास आगे बढ़े और जैसे ही कोई उसे छोड़ आगे निकल जाता कि उनके चेहरे मुरझा जाते। अरे, आज तो 50 की बिक्री हो गयी, या अरे आज तो 10 की भी नहीं हो पायी, यही सब सोचकर घर लौटते हुए दिल बैठने लगता। अक्सर मन करता, किस तरह वह झटपट टोकरी का सामान बेचबाचकर रेल पटरियों के नीचे कान लगाकर आती गाड़ी की छुक-छुक आवाजें सुने और उसकी सीटी की धुन से संगत करते हुए वैसी ही हू-ब-हू सीटी बजाते हुए अपने संगी साथियों को चौंका देगी। इसी तरह पेड़ों के बीच लुकाछिपी का खेल खेलते हुए कितना मजा आता। मटमैले कपड़ों में बैठे पतले, लम्बे चेहरे वाला लड़का उसे कैसे घूर-घूरकर ताकता रहता। कभी इशारों-इशारों में कैसी गन्दी नजर से ताक झाँक करता रहता।

उसका मन फिर से बाजार की तरफ चला गया जहाँ वे सब कभी केला, तो कभी अमरूद दिखा-दिखाकर ग्राहकों से झूठ बोलकर पैसा कमाने के खेल में जुटे रहते। छिः ये सब के सब कितनी ओछी मानसिकता के हैं, ग्राहक देखते ही खुशी से झूम उठते। सामने वाली कतार में जमीन पर फसल्ला मारकर बैठी अधेड़ औरतें ग्राहकों की तरफ कैसी आतुरता से तक रही हैं, इनकी हर जुबान, हर लहजा या

झूठ बोलने के हर तौर तरीके से वह बखूबी वाकिफ हैं—उनके रटे रटाये जुमले उसे मुँह जबानी याद हैं—

"ले लीजिए साब, घर ले जाइए, बिल्कुल अभी-अभी तोड़कर लाये अमरूद हैं ये, डाल से पके अमरूद हैं साब।"

"हमारे जामुन ले लीजिए साब, कितने मीठे हैं, रस भरे, सेहत के लिए कितने फायदेमन्द हैं ये...अरे साब, हमारे इन आमों पर भी तो एक नजर डाल लें, नाम मात्र की गुठली होती है इनमें, सब तरफ से मीठापन सँजोए हैं ये आम, आपके लिए विशेष रूप से सस्ते..." रत्ना ये सब नहीं कहती, सुनती बल्कि वह तो चुप रहकर खामोशी से सबकी आवाजें सुनती बुनती रहती। जिसे लेना होगा, खुद ही आना हो आये वरना अपने रास्ते निकल ले। वह किसी को चीख-चीखकर नहीं टेरेगी। समय मिलते ही वह मन ही मन अपनी स्टडी लैसन दुहराने लगती। बीच-बीच में समय मिलते ही कापी पर पेन से कुछ याद करके लिखती रहती। अनायास एक अधेड़ आदमी वहाँ से गुजरा और इन परिचित आंटी के साथ उसे घूरने लगा—"तो तुम्हीं हो रत्नासिंह?" आंटी ने आगे बढ़कर उससे पूछा।

"कौन हैं आप? हमने नहीं पहचाना?" झुंझलाकर उसने अपनी किताबों पर से नजरें ऊपर उठायीं फिर बगलवाली ने उनसे पूछा—"हाँ, हमारी बेटी है, बोलो, क्या बात है? इससे क्या काम है?"

सुनते ही भौचक्के से रह गये वे फिर आपस में फुसफुसाते हुए कुछ इशारों में संवाद करने लगे। बूढ़े ने बुढ़िया के कान में कुछ कहा और फिर उसने जेब से एक सौ रुपये का नोट निकालकर रत्ना के हाथ में रख दिया—"ये सारा सामान हमें दे दो।"

वह अटकते हुए उठ खड़ी हुई—"टूटे पैसे नहीं हैं हमारे पास?"

"तो बकाया रख लेना।"

"ऐ, क्यों रख लें? क्या हम कोई भिखमंगे हैं, अरे, अपने दम से कमाते खाते हैं और ठसक से रहते हैं, हाँ।" वह गुस्से से तमतमाकर बोली—"बड़ी धन्नासेठिन बनी फिरती हैं, हुँह,..." अपनी टोकरी उठाकर वह तेजी से उठ खड़ी हुई। उसके पीछे-पीछे वो औरत फिर से डग भरते हुए बढ़ने लगी—'क्या हुआ बेटी? इतना गुस्सा क्यों कर रही हो? वो तो आज मुझे कन्या भोज कराना है, इस खातिर एक साथ इतने फल खरीदने थे।"

सुनते ही अचानक आगे बढ़ते कदम थम गये फिर उसने एक सौ का नोट बगल वाले से भुनाकर दो दर्जन केले उन्हें पकड़ाये और शान्त कदमों से घर की तरफ लौटने लगी। घर जाकर कितना सारा तो पढ़ना है उसे। आज मैडम ने कितनी सारी किताबें थमायी हैं उसे, वे सब पढ़नी हैं। उनकी बातें सपनों की दुनिया से साकार रूप ले पायेंगी क्या? "सुन तेरे हाथ में हजारों के नोट होंगे जिससे तेरा ये

दलिद्दर हमेशा-हमेशा के लिए मिट जायेगा। तब तू आजादी से घूम फिर सकेगी। जहाँ चाहेगी, वहाँ आ जा सकेगी। रेल का सफर तो करेगी ही, हवाई जहाज पर भी उड़ना मगर हाँ, एक बात की गाँठ बाँध लेना, किसी ऐरे-गैरे के संग प्यार-व्यार के लफड़े में कतई न पड़ना। समझ रही हो न? फिर तेरी ये बदहाली मिट जायेगी और तेरा एक प्यारा-सा घर भी होगा।"

भोली रत्ना झट से बोल पड़ी—"फिर आपकी तरह मेरा भी स्टडी रूम होगा न, मेज-कुर्सी होगी, टेबल क्लॉक और और...ढेर सारी किताबों वाली रैक भी, हैं न?"

फिर वे मुस्कराकर बोलीं—"मगर तभी जब तू बी.एड. में चुन ली जाये तभी। और हाँ, वो तेरे आगे-पीछे घूमने वाला किशुना आजकल बगीचे की देखभाल करने नहीं आता, कहाँ गायब हो गया वो?"

"पता नहीं", सोचते ही उसके धुँधले सपने चमकने लगे। रामकिशन ने भी तो उसकी देखादेखी पढ़ना-लिखना शुरू कर दिया है। पिता के साथ कपड़े सीना छोड़कर आजकल किताबें खरीद ली हैं उसने। बी.ए. का फार्म भी भरा है और पहले से काफी कुछ सुधर गया है मगर लाड़ दिखाने अभी भी जब कभी टकरा जाता तो एक सवाल जरूर उछाल देता—"रत्ना, जब तू कुछ बन जायेगी तो मुझे तो नहीं भूलेगी न? सुन, मैं तेरी राह देखूँगा, तेरे एक हाँ की इन्तजारी में जी रहा है ये तेरा किशुना..."

"धत...ये सब सिरफिरी बातें बाद में, पहले पढ़ाई को ही खाना, पीना, निगलना, उगलना है, यही है जीना मरना, बाकी बातों के लिए समय ही कहाँ हैं मेरे पास? पढ़ाई करो, तो दुनिया भर की बातें समझ में आती हैं, मन के अँधेरे में जैसे उजाला-सा भरता जा रहा हो। हमारे सारे सवालों का जवाब देती हैं किताबें।"

वह उजबक की तरह चुपचाप सुनता रहा उसे। देखता रहा उसकी बदलती चाल ढाल और बातें। हवा में एक सुकून की आश्वस्ति ली फिर बढ़ते अँधियारे के बीच उसकी हथेली पर कुछ रखा—"क्या है ये?"

"तेरे लिए एक घड़ी खरीदी थी, सस्ती है मगर तेरे पढ़ने के काम आयेगी।" धीरे से बोलते हुए वह अँधेरे में ही विलीन हो गया और वह जाते-जाते उसका चेहरा तक ठीक से नहीं देख पायी। गाढ़े अँधियारे ने रात के कपड़े पहन लिए थे। घर में अँधेरा फैला था मगर उसके भीतर जल रही थी एक अबूझ किस्म की रोशनी।

"अम्मा, ये लो, पूरे सौ रुपये के केले बिक गये आज। कोई मैडम कन्याभोज के लिए एक साथ खरीद ले गयीं।"

"अच्छा, कहते हुए अम्मा ने उसकी तरफ भेद भरी रहस्यात्मक मुस्कान फेंकी और फिर वे पिताजी के संग खुसुर-फुसुर करने लगीं जैसे कोई गहरी गुप्त मन्त्रणा कर रही हों।

अँधेरे में अम्मा का चेहरा तो वह ठीक से देख नहीं पायी मगर उनकी आवाज

में एक चहक-सी भरी है। उत्सुकतावश उसने अम्मा की हथेली दबाते हुए पूछा—"तू कुछ छिपा तो नहीं रही मुझसे? क्या बात है, इतनी खुश क्यों दिख रही है?"

"तेरे बापू और हम आज तेरी शादी की खातिर बातें कर रहे थे। जी तो नहीं करता कि तू हमें छोड़कर कहीं और जाये मगर जमाने का दस्तूर है, सो किसी न किसी रोज ससुराल चली जायेगी तू हमें छोड़कर, है न सच?"

"न, अम्मा, कतई नहीं करूँगी शादी फादी, बस मैंने तो खूब पढ़ना है, खूब सारा," अपनी बाँहें फैलाते हुए बोली—"इत्ता सारा कमाऊँगी कि हमारा एक नया घर बन जाये और तू काम पर न जाये कहीं, और, और बापू के दरवज्जे पर कोई गाड़ी वगैरह भी।"

"और कोई ख्वाब बचा हो तो वो भी देख डाल।" कहते हुए हँस पड़ी अम्मा, फिर बोली—"कौन जाने, तेरी किस्मत इतनी चमकदार निकले और किसी राजघराने में राज करने लगे तू, एक रोज उस मास्टरवा ने कहा था न ऐसा, याद है? कल किसने देखा है रत्ना? कभी न कभी तो चमत्कार होते ही हैं, किसी न किसी के साथ।"

"ओ अम्मा, आज तुझे हो क्या गया है? कैसी बहकी-बहकी बातें कर रही हैं, मेरा क्या, मैं तो यूँ ही मन बहलाव के लिए गप्पें हाँकने लगती मगर तू है कि मेरी गप्पों को इतनी सीरियसली लेकर सच मान बैठी। अम्मा, बता न, कोई लाटरी वगैरह निकल आयी क्या बापू की कि एक बार में ही हमारा सारा दलिद्दर मिट जाये।"

सुनकर वे चुप लगा गयीं और रसोई में जाकर कुछ करने लगीं। शाम पूरी तरह रात में तब्दील हो चुकी थी। बापू ने झटपट अँधेरा दूर करने की खातिर बल्ब जला दिया और फिर बाहर की तरफ निकल गये।

"क्या बातें छन रही हैं माँ बेटी में?" सरसरी निगाह डालते हुए बीच में टपक पड़ा भाई सुरेश।

"सुनो सुरेश, आज अम्मा कह रही कि जिस मिट्टी पानी के कचड़े में हम रह रहे, वहाँ भी चमत्कार का पेड़ उग आयेगा जिस पर सोने के अंडे देने वाली मुर्गी पैदा हो जायेगी और बस फिर क्या है, हर रोज हमें सोने की गिल्लियाँ देखने को मिलेंगी। हा...हा..."

"ये सब क्या फालतू की बक-बक लगा रखी है तुमने रत्ना; चल उठ। बड़ी भूख लगी है, कुछ खाने को दे दे..."

जैसे ही वह खाने पर बैठा, तभी कमरे का दरवाजा खटखटाने लगा कोई। उनींदी हालत में भाई ने दरवाजा खोल दिया—"आप कौन? क्या नाम है, किससे काम है?" अजनबी को देख चौंकते हुए पूछने लगा वो।

"मुन्ना, मैं तेरे बापू की दुकान पर काम करता हूँ, उन्हीं से कुछ खास बात करनी है, कहाँ है तेरा बापू? उन्हीं से काम है।" आगन्तुक की आँखें चारों तरफ

का मुआइना करने लगीं।

रत्ना ने उचटती नजरों से आगन्तुक को देखा और पूर्ववत अपनी आँखें किताबों पर गड़ाये रखीं। भीतर सोये बापू को जगाकर माँ उन्हें बाहर खींच लायी और वे बरामदे पर पड़े तख्ते पर पसर गये। माँ बेचैन कदमों से अन्दर-बाहर करती रहीं तभी उनके बीच किलक भरी हँसने की आवाजें अचानक हुलस भरे शोर में बदलती दिखी उसे।

अम्मा अपनी छोटी-छोटी आँखें मिचमिचाते हुए चटकती आवाज में बोलने लगीं—"जे सब तौ भाग्यी की बातें हैं, सब कुछ संजोग से होता है, ऊपर वाले की कृपा है, लीलाधारी की लीलाएँ अपरम्पार हैं; अक्सर अपने..."

हर मुसीबत की जड़ दुर्भाग्य को मानने वाली अम्मा को हो क्या गया जो वे खुशी के मारे पागलों की तरह तमाशा-सा करने लगीं—"ऐ बिट्टो, जरा बाहर आकर इन सबके लिए चाय नाश्ता तो भिजवा दो।"

"अरे नहीं, इसकी क्या जरूरत है?"

अक्सर कम बोलने वाला भाई भी उसकी तरफ नजरें गड़ाकर विचित्र तरीके से देखने लगा तभी वह पाँव पटकते हुए वहाँ पहुँच गयी।

"क्या बात है जो सब के सब खुशी के मारे दुहरे हुए जा रहे हैं? इतना छुपाया क्यों जा रहा, कोई लाटरी निकली हो तो बताते क्यों नहीं साफ-साफ?"

"खुशियों की बहार जो आ गयी इस घर में और क्या?" होठों पर दबे तम्बाकू को परे ठेलते हुए बापू ठीक लहजे में बोल भी नहीं पा रहे थे तो हँसते हुए अम्मा बोल पड़ी—"सब अपनी रत्नो की किस्मत है..." फिर आसमान की तरफ देखते हुए विश्वास भरी साँस छोड़ते हुए हाथ जोड़ते हुए बोली—"इसमें इतना सोचने को है क्या? हम जो करेंगे, अपनी लड़की की भलाई के लिए ही तो करेंगे भला? हम उसके दुश्मन तो नहीं हैं न?"

"शायद रत्ना इस रिश्ते को पसन्द न करे तो?" उन्होंने आशंका जताई।

"अरे नहीं, वो ऐसा कुछ नहीं करेगी। हमारी लड़की बेहद सीधी-सादी, निष्कपट और सरल स्वभाव की है। हमारी बच्ची की तो बस एक ही लगन है, पढ़ने की, बी.एड. की तैयारी में जुटी है आजकल वो तो।"

"आखिर ऐसी बात क्या है, हमें पूरी बात तो पता चले, बताओ न अम्मा?"

"तेरे वास्ते एक करोड़पति घर से रिश्ता खुद चलकर आया है हमारे इस गरीबखाने में। ये लॉटरी नहीं तो और क्या है? हमारे इस टपकने वाले एक कमरे के घर की किस्मत भी शायद सँवर जाये अब। देख, तू ज्यादा नखरे वगैरह मत करने लगना। तेरी पढ़ाई से यानी तेरी सादगी, सरलता व ईमानदारी से खुश हैं वे पार्टी वाले बड़े लोग। अब तुम अन्दर जाकर अपनी पढ़ाई-सढ़ाई करो। बाकी बातें बाद में देखी सुनी जायेंगी।"

"न, हमको अभी कोई शादी-फादी नहीं करनी, सुन लो आप लोग कान खोलकर। हमने कह दिया, नहीं करानी तो नहीं। बस बात खत्म। इसमें अब ज्यादा क्या सोचना, समझना? अब जाओ सब लोग यहाँ से।"

अभी तक सबकी आँखों में झिलमिलाते सपनों के रंगीन बल्व जल-बुझ रहे थे, वे एकाएक बुझते जान पड़े तो सबकी बोलती बन्द हो गयी और बोलते-बोलते अम्मा की आँखें छलछला आयीं।

"हमारे यहाँ तो सब अपने मन की करते हैं, ऐसे में हमारी कौन सुनेगा, हम का करें?"

आगन्तुक ने रत्ना की तरफ मुखातिब होते हुए कहा—"सोच समझकर फैसला करना होगा। बड़ा नाजुक मुद्दा है ये सो इसमें जल्दबाजी ठीक नहीं। हाँ, रत्ना को साफ-साफ बताना जरूरी है कि लड़का ज्यादा पढ़ा-लिखा नहीं बल्कि मानसिक रूप से अल्प बुद्धिवाला तो है, संकोच समेटकर बेतकल्लुफी से बताने लगे वे—लड़की को लड़के से मिलवाना जरूरी है तभी बात आगे बढ़ सकती है वरना इस किस्सा को यहीं खत्म समझो। "अपने असमंजस को पसीने से पोंछते हुए वे उनके घर परिवार से जुड़ी जानकारी बताने लगे। लड़के के बारे में सुनकर पास खड़े भाई ने चुप्पी साध ली और रत्ना के चेहरे पर बेचैनी की रेखाएँ बनने लगीं।

"क्या वो मेंटल केस है? यानी मेंटली रिटार्डेड?"

"हूँ, उसकी मानसिक हालत पागलों जैसी तो कतई नहीं। वैसे मिलने पर ही हकीकत का पता चलेगा। जोर-जबरदस्ती का तो सवाल ही नहीं। फिर जैसी आप लोगन की जो भी राय बने, सो बता देना। खूब सोच-समझकर जैसा रुचे सो एक सप्ताह या महीने भर बाद बता देना। ऐसी कोई जल्दी नहीं है। सच-झूठ का पता लगाने के बाद ही खूब सोच-समझकर ही फैसला लेना ठीक रहता है। आखिर ये पूरी जिन्दगी का सवाल है।" उन्होंने एक-एक बात सोच समझकर नाप-तौलकर कही।

ऐसी भारी-भरकम बातचीत के बाद उड़ते रहे सवाल दर सवाल लेकिन उन सवालों के कोई जवाब किसी के पास नहीं थे सो सभी अटकलें लगाते रहे। ऐसे माहौल में विचित्र किस्म की घुटन व्याप गयी। घर वालों की जमी चौकड़ी उखड़ गयी और अनजान किस्म की बेचैनी, तनाव और सवालों के हजार फन उठने लगे।

"तू इतना जिन्दगी भर नहीं कमा सकती, जितना वहाँ एक बार में सब कुछ मिल जायेगा। बी.एड. करके जिस स्कूल में मास्टरी करेगी, ज्यादा से ज्यादा पाँच दस हजार मिल जायेंगे। तो उससे क्या हमारे घर का दलिद्दर मिट जायेगा?" खिड़की से बाहर नजर टिकाये खामोश रत्ना दुपट्टे की कोर से आँसू पोंछने लगी।

"किसकी बलि चढ़ाकर मिलेगा इतना सब कुछ? तो क्या मैं खुद को सौदा करवा लूँ, वो भी मानसिक रूप से रुग्ण इनसान की खातिर।" जब वह खुद को संयत नहीं कर पायी तो पलँग पर ढह गयी। हथेली से सिर ढापे पड़ी रही मुर्दा

बनकर। उन नुकीली आँखों में एक गहरा दुख भर गया हो जैसे भाई ने चादर उठाते हुए पूछा—"चले गये सब के सब...सुन, इतना दुखी होने की जरूरत नहीं। न, ऐसा लड़का हमें भी पसन्द नहीं, भाड़ में जाये करोड़ों की रकम।" उसकी झुकी आँखों में भी उलझन के डोरे उभरने लगे। खिन्न मन से बोले—"क्या-क्या विचित्र घटनाएँ घटती हैं जिन्दगी में भी जैसे मदारी का खेल-तमाशा हो गया हो यह जीवन भी।"

भाई ने दोटूक लहजे में तैश में जवाब दिया—"जब उसे ये रिश्ता पसन्द ही नहीं तो फिर ठीक है, इसमें इतना परेशान होने की क्या जरूरत? इसे समझने की कोशिश क्यों नहीं करते तुम लोग? कोई जबरदस्ती है क्या?"

माँ की आँखों में परेशानी व हताशा के भाव तैरने लगे। होठों पर कँपकँपाहट हुई जैसे कुछ कहना जरूरी लग रहा हो मगर रत्ना का म्लान मुरझाया चेहरा देखकर चुप लगा गयी। कोई भी कड़वी निबोरी को जानबूझकर तो चबा-चबाकर नहीं खा सकता न? उसका बापू तो एकदम से अड़ गया—"सौ जन्म लेगी तब भी ऐसा रिश्ता हाथ में नहीं आने वाला। हाँ, चलकर एक बार रत्ना को उसका घर-दुवार तो दिखला दो। लड़का एकदम से वैसा पागल सिर्री थोड़े न है जैसा तुम सब जने सोचे जा रहे हो। बड़ी लाटसाब बनने चली है ये...हुँह...।"

पत्नी ने पानी भरा गिलास उनके हाथ में थमाया जिसे पीने के बजाय उन्होंने जमीन पर रख दिया—"कितनी बार तो तुम्हें खबरदार करता रहा हूँ कि लड़की को ज्यादा सिर पर मत बिठाओ। उसकी हर इच्छा को पर लगा दोगी तो एक न एक दिन तो ऐसा होना ही था। लो, अब भुगतो तुम्ही।"

उनकी आपसी कहासुनी के बीच आँखें मींचे तखत पर औंधे मुँह लेटी रत्ना कभी अपनी मौजूदा फटेहाल हालत पर जी भरकर रो लेना चाहती थी तो कभी खून चूसते माँ-बाप की स्वार्थी चालों को बखूबी ताड़कर दुख को पीने की कोशिश करती रही। उनकी आपसी बातचीत हथौड़े की तरह सीधे सिर पर पड़ने लगी—"औकात में रहना नहीं सिखाया तुमने अपनी इस नकचढ़ी लाड़ली को जो राजकुमारी के सपने को साकार होने पर लात मारने पर उतारू है। दो कौड़ी की हैसियत है हमारी उनके सामने। जानती हो, उनके पास कितनी कारें हैं?" तेज बोलने से उनकी साँसें फूलने लगीं और वे सुस्ताने के लिए अपनी अधबनी कोठरी के पिछवाड़े में चले गये। घर की दुर्दशा किसी से छिपी नहीं थी। अम्मा दो साड़ियों को साल भर चलाती थी तो रत्ना दो-तीन सूट अदल-बदलकर पहना करती। वे किसी न किसी बड़े आदमी के घर वालों की दया पर निर्भर हैं मगर एक अनकही जिद या जुनून सवार रहता सिर पर कि वह ऊपर से भले ही सबके बीच हँसती मुस्कराती नजर आती हैं मगर अन्दर से वह पुराने उधेड़े गये स्वेटर की तरह बेरंग, बेनूर और उचाट मनःस्थिति में उखड़ी-उखड़ी-सी रहतीं। बड़बड़ाती अम्मा-बापू के बोल उसके भीतर लगातार धधकती अँगीठी के चिटचिटाते कोयले की तरह सुलगते रहते।

"बड़ी बेशऊर, बदतमीज होती जा रही है ये लड़की। कलमुँही, जाने खुद को कौन सी हीरोइन माफिक समझती है? बड़े लोगों के बीच उठने-बैठने से दिमाग खराब हो गया इसका, कभी ठीक से आईने में खुद को देखा है? कितनी गलतफहमी पाल रखी है इसने? इतना रूप नहीं है तब तो ये हाल है वरना अगर सचमुच सुन्दर होती तब तो इसका सिर घमंड के मारे ऊपर उठता तक नहीं।" ऐसे तमाम बोल बोलते हुए भुनभुना रहे थे सब के सब।

"इसकी सारी हेकड़ी उतर जायेगी तब पछतायेगी जरूर एक दिन। रत्ना, सुन ले साफ-साफ, अब हम इससे ज्यादा कुछ नहीं कर सकते। यहाँ नहीं तो कहीं न कहीं तो हमें तेरा सम्बन्ध तय करना ही होगा। एक दिन ये किसी दर्जी के लड़के से हँस-हँसकर देर तक बतिया रही थी।"

रात भर वह ऊहापोह में जीती मरती मन ही मन फैसला लेने का प्रयास करती रही। सुबह होते ही उसने जैसे अपना फैसला सुनाने का तय कर लिया था सो दो टूक लहजे में पूछा—"अम्मा, हम एक बार जरूर उस लड़के से मिलकर बात करेंगे। खुद पूरी सचाई जानना, समझना चाहते हैं। अगर वे वाकई में हमें आगे पढ़ाने के लिए तैयार हैं तो ठीक है फिर आगे सोचेंगे। देखा जायेगा।"

—"हाँ, एक बार पूरी बात साफ-साफ हो जाये फिर अपुन न तो कभी भी कर सकते हैं। लड़के से मिलने की बात तो हम पहले ही कर चुके हैं। परिवार के सभी लोगों से मिलने में क्या हर्ज?" भाई ने भी बहन की हाँ में हाँ मिलाने में देर नहीं की।

एमआईजी कॉलोनी से गुजरता ऑटो शान्त सड़क पर तेजी से चल रहा था मगर सबके भीतर मचल रहा था समन्दर जैसा मन्थन। थोड़ी देर बाद खूबसूरत दिखते कतारबद्ध बड़ी-बड़ी-सी कोठियों के आगे पार्किंग में खड़ी शानदार गाड़ियों की चमक दमक देखने लगे। गेट पर पहुँचते ही भाई ने घंटी बजायी तो किसी अधेड़ से सज्जन की आँखों में कौतूहल और हैरत के भाव उभर आये—"आप लोग कौन? किससे मिलना है?"

"आपसे फोन पर बात की थीं हमने, मैं रत्ना का भाई..."

"अच्छा, अच्छा, आइए, आइए, अन्दर आइए।" वे बड़ी शालीनता व शिष्टता से बोले।

"हूँ, तो ये हैं शहर के धनी, जानेमाने इज्जतदार, बड़े, ऊँचे तबके के लोग, वाकई, यहाँ तो तुम सचमुच राजरानी बनकर हुकुम चलाना दीदी। सच, मेरा मन तो कर रहा है कि बस यहीं, इन्हीं राजसी सोफों पर सिर टिकाकर लेटा रहूँ जिन्दगी भर, अपने यहाँ किसी छोटी मोटी नौकरी पर रख लेना दीदी, अरे दीदी नहीं, महारानी कहूँगा तुमसे तो.." भाई उसके कान में फुसफुसाने लगा।

तभी माँ ने कोहनी से इशारा किया, "आँखें खोलकर देख ले इस वैभव को।

सब कुछ तेरा हो जायेगा, बस पलक झपककर हाँ करते ही जादू से सब कुछ तेरी झोली में टप्प से आ गिरेगा।"

थोड़ी देर बाद अपने बेटे के साथ माँ उनके पास आ पहुँची। फिर मुलायम आवाज में मिठास घोलते हुए बोलीं—"अरे दयाल, अभी तक इन लोगों के लिए पानी मिठाई वगैरह नहीं लाया? रत्ना, पढ़ाई कैसी चल रही है तुम्हारी? पेपर्स कब से हैं?"

मगर रत्ना का ध्यान पूरी तरह उस लड़के की तरफ लगा हुआ था जिसके चेहरे का तेज पूरी तरह ऐंठी रस्सी की तरह सूखा या विवर्ण पड़ा हुआ था। उसके मुँह से एक ही बात बार-बार निकल रही थी—आपका नाम...नाम...यानी तुम्हारा नाम पूछ रहा है ये, उसकी माताजी ने बताया। इसके बाद एक लम्बा अन्तराल फिर बीच में ही कुछ कहा उसने फिर किसी शैतान बच्चे की तरह उसकी तरफ एकटक देखते हुए उसके दुपट्टे को छूने लगा, फिर बैठे-बैठे नाखून चबाने लगा और बीच-बीच में अपनी मम्मी से कुछ न कुछ अस्फुट स्वर में पूछता रहा।

"ये जो भी है, जैसा भी है, तुम्हारे सामने है। हम तुमसे कुछ भी नहीं छिपाना चाहते। वैसे भी ये फैसला तो जिन्दगी भर का है सो सब बातें साफ-साफ बता देना ठीक रहता है वरना कल के दिन कोई कहे, कि आपने हमसे अमुक-अमुक बातें छिपाकर धोखा दिया या कुछ इल्जाम लगाये जायें, इससे बेहतर है, सब कुछ साफ-साफ बता देना। इससे मन में मैल नहीं रहता। दरअसल, डिलीवरी के वक्त ये बच्चा नर्स की लापरवाही से नीचे जमीन पर गिर गया था, तभी से इसकी ऐसी हालत हो गयी है। वैसे बातें खूब करता है, अपना अच्छा-बुरा समझता है, जानता है, पढ़ाया भी है हमने। 10वीं पास है। वैसे इसे ठीक कराने की खातिर हमने सालों भागदौड़ की है, देश-विदेश की अनगिनत यात्राएँ करके न जाने कहाँ-कहाँ दिखाया है फिर भी पूरी तरह ठीक नहीं हो पाया मगर हाँ, वैसे काफी हद तक ठीक है अब।" वे नाप-तौलकर पूरी सावधानी बरतते हुए एक-एक बातें जमा-जमाकर बताती जा रही थीं।

सुनकर लगा जैसे किसी माटी के लौंदे को उसके सामने मूरत बनाकर खड़ा कर दिया गया हो कि लो, देख लो इसे, पसन्द कर लो, यही है तुम्हारा जीवन, मांस का लोथड़ा भर जिसके दिमाग को किसी ने धारदार चाकू से काटकर अलग कर दिया हो। या फिर किसी बाजार में उसे खड़ा कर दिया गया हो, देख लो इसे, ठीक से जाँच कर लो, इस्तेमाल से पहले जैसे हर चीज की बारीक परख की जाती है। वे लगातार बोलती जा रही थीं—"इसे प्लीज अपाहिज कतई मत समझना। खाना-पीना या टॉयलेट ट्रेनिंग सब कुछ दुरुस्त है। शरीर से भी पूरी तरह स्वस्थ है। आप चाहें तो डॉक्टर से खुलकर बात कर सकते हैं। डॉक्टरी कागजात दिखवा सकते हैं कहीं किसी डॉक्टर से। बस मेरी एक ही साध बची है, इस इकलौते बेटे

को वारिस दे दे कोई, मरते-मरते जी जायेंगे हम, फिर..." आगे बोलते हुए उनकी आवाज रुआँसी हो उठी।

"तो इनका इलाज क्या हमेशा चलता रहता है, आप कह रही थीं, डॉक्टर आते हैं।"

"वे हमारे फेमिली डॉक्टर हैं, रुटीन चेकअप के लिए अक्सर आते रहते हैं। वैसे कोई खास चिन्ता की बात नहीं। आप लोग जैसा भी जो भी फैसला लेना चाहें, लेने के लिए स्वतन्त्र हैं।"

जैसे एक व्यक्ति के कई टुकड़े कर दिये गये हों, ऐसा अहसास हुआ रत्ना को। एक तरफ था वो कमजोर दिमागवाला या अल्पविकसित मगर शारीरिक रूप से सक्षम मगर दिखने में मासूम बच्चे जैसा पुरुष जो अपने टेढ़े होठों से कुछ लड़खड़ाते हुए अस्फुट स्वर में कुछ बड़बड़ा रहा था। उसके शब्द जलते-बुझते चिनगारी की तरह चिटक रहे थे।

"क्या आप समझ पा रही हैं, ये क्या कह रहे हैं?"

"मैंने उसे सब कायदे से समझा दिया है, वो पूछ रहा है, हमें पास के पार्क में चलकर कुछ खास बातें पूछना है आपसे यानी रत्ना से। आप चाहें तो जा सकती हैं पार्क में।"

भावविह्वल आँखों की सूखी पुतलियों में कोई तरल लहर अनायास उभर आयी और वह तुरन्त उठकर पार्क में उसके साथ चलने के लिए तैयार हो गयी किसी अनजान किस्म की अन्तस की प्रेरणा के तहत, जैसे किसी स्वचालित मशीन की तरह सब कुछ अपने आप होता जा रहा हो। उसकी टेढ़ी-मेढ़ी उँगलियाँ, फैले पंजों और भावातुर आँखों के भावों को पढ़ने की इच्छा बलवती हो उठी रत्ना के अन्दर। उसका बड़ा सिर था और वह आँखें गड़ा-गड़ाकर उसे ऐसे देख रहा था जैसे पहली बार किसी लड़की को, किसी अजूबे प्राणी की तरह घूरते हुए देख पा रहा हो। न जाने कहाँ से उसमें इतनी ताकत आ गयी कि वह खुद चलकर दौड़ते हुए उसका हाथ पकड़कर खींचने लगा—"वहाँ..." उसने उँगली से इशारा किया।

इस समय वह किसी मासूम बच्चे की तरह भोलाभाला सलोना-सा लगने लगा जिसके माथे पर आये पसीने से उसके बाल चिपक गये थे। वह अभी भी एक ही बात दुहरा रहा था—यहाँ नहीं, वहाँ, वहाँ...वह अपनी टूटी-फूटी भाषा में कुछ समझा पा रहा था उसे टुकड़ों-टुकड़ों में।

जैसे मानसिक अस्पताल में कैद बीमार मरीज अनायास खुली हवा में आकर अजीबोगरीब हरकतें करने लगता है, उसी तरह उसने भी रत्ना की चोटी को अपने हाथ से छुआ फिर आँखें नचाते हुए दुपट्टे को छूते हुए उसे एकटक देखता रहा। अनायास रत्ना के दिलोदिमाग पर उसकी लड़खड़ाती आवाजों ने दस्तक दी—"आप पसन्द करेंगी मुझे? आप बहुत अच्छी हैं।" उसके मुँह से लटपटाते बोल टूट-टूटकर

जमीन पर बिखरते मोतियों की तरह फैलने लगे। आसमान से पीली धूप पार्क के किनारों पर उतरती हुई धीरे-धीरे बाहर की तरफ रुख करने लगी। चहारदीवारी के आसपास के पेड़ों में हवा से हलचल होने लगी थी।

—"आप फिर से आयेंगी न?" उसने हामी में सिर हिला दिया और खामोश सूनी आँखों से बाहर गिरते पत्तों की तरफ देखने लगी जहाँ उसके भाई और बाकी लोग उसके इन्तजार में खड़े थे। उसके भीतर सवालों की बौछार होने लगी। आखिर क्या चाहिए उसे जिन्दगी से? पैसा, गाड़ी, घर? हाँ करते ही सब कुछ एक साथ एक ही बार में उसकी झोली में आ गिरेगा।

"अच्छा, अब चलेंगे।" बाहर की तरफ इशारा करते हुए उसने पूछा—"आपका नाम?"

"रीतेश कुमार..." उसने मुस्कराते हुए किसी मासूम स्कूल बच्चे की तरह अपना पूरा नाम बताया।

बाहर निकलते हुए चहारदीवारी के पीछे लगे पेड़ों पर उतरती हुई धूप को देखती रही, सोचती रही लगातार। इनके गिरते पत्तों जैसा जीवन है उसका तो। बाहर खड़े परिजन उत्सुकतापूर्वक उसकी हामी का इन्तजार कर रहे होंगे। बस, ठीक है, जो भी है, जैसा भी है। इतने लोगों की खुशियों की खातिर जीने में क्या बुराई है? अपने स्वार्थ के लिए ज्यादा क्या सोचना? फिर सोचने से क्या होने वाला है? माना कि यहाँ मना कर भी दिया तो भी उसकी कहीं न कहीं तो शादी कर दी जायेगी और ये सब उसकी शादी कहाँ कर पायेंगे, उसे बखूबी अन्दाजा है। उसके रिश्तेदारों की शादियाँ जहाँ जिनसे हुई हैं, उन सबके बारे में सब कुछ तो पता है उसे। कोई दिहाड़ी मजदूर है, तो कोई चपरासी या किसी स्कूल में सहायक या मुनीमी करने वाला या छोटे मोटे धन्धे करने वाला। मामी की लड़की किसी फल वाले से ब्याही है तो मौसी की लड़कियाँ चपरासी या मुनीम से या छोटे मोटे दुकानदारों से। चलो, इतने लोगों की खुशी की खातिर जी लेंगे, और आगे का क्या इतना सोचना?... सोचते हुए चाहकर भी उसके होठों पर मुस्कान की कोई भी रेखा नहीं बन पायी।

हल्के धानी रंग की चुनरी ओढ़े बैठी है रत्ना पाटे पर, बड़े ही शान्त और सहज भाव से। कितनी विचित्र यन्त्रणा झेल रही है वह कुछ दिनों से। कभी उसका निष्कलुष चेहरा याद करके मन उद्विग्न हो उठता तो कभी रामकिशन की मान मनुहार भरी मीठी बातें याद करके मन क्षोभ से भर उठता। कौन सुनेगा उसकी बात? काश कि उसके पंख होते और वह सब कुछ छोड़-छाड़कर भाग पाती, तो यहाँ के इस जंजाल से मुक्ति तो मिलेगी।

इस एक कमरे से उतरती सौम्य सरल धूप की तरह अठखेलियाँ करते हुए जीवन जीया है उसने अब तक, फिर इसी बीच रामकिशन ने उसे दो-ढाई अक्षरों वाले प्रेम का मतलब समझाना शुरू कर दिया था। उसके भीतर भी तो उसे लेकर

कुछ न कुछ उत्सुकता बढ़ने लगी थी। उसके एक इशारे से वह क्या से क्या बन जाती थी पर शादी की बात चलते ही वह जैसे कहीं गुम हो गया। बहुत ढूँढ़ना चाहा उसने, उसके तमाम दोस्तों से फोन करवाया मगर न जाने कहाँ, किस दुनिया की खोह में समा गया था वो। इधर घर वाले एक ही बात का दबाव बनाने में जुट गये—हमें समझने की कोशिश कर मेरी बच्ची। उन्हें तो बस वारिस चाहिए और हमारी रत्ना को बारिश से बचने के लिए एक पक्का घर।

"ये कैसी घिनौनी सौदेबाजी कर रहे हैं आप लोग?" वह चिढ़कर चीखने चिल्लाने लगती। गाहे ब गाहे उसका गुस्सा सब पर जाहिर होता और सबसे ज्यादा बरसती भाई पर—"तू कुछ बोलता क्यों नहीं? तू भी मिल गया उन सबसे। अएं. ..या"

"इसमें हर्ज ही क्या है? वो बन्दा वैसा मानसिक बीमार कतई नहीं लगा मुझे। निरा भोला, बुद्धू, एक सीधा-सादा नेक बच्चा जैसा है वो मगर इस रिश्ते में मुझे ऐसी कोई बुराई तो नजर नहीं आती। फिर आगे तेरी मर्जी। कोई जबरदस्ती थोड़े है।" निर्लिप्तता से जवाब देकर चुप हो गया वो। फिर कुछ याद करते हुए बोला—"अरे, तेरी सहेलियाँ तो कैसे-कैसे जाहिलों-गँवारों से ब्याही गयी हैं, याद कर ले तनिक उन्हें भी। तेरी रूपा का पति उसे आये दिन घर से भगा देता है, दहेज के लिए रमा का आदमी उसे एक बार जला चुका है और तेरी वो मालती, कैसे नामर्द से धोखे से ब्याह दी गयी जबकि वे लोग तो कितनी ईमानदारी से एक-एक बात खोलकर तेरे सामने रख रहे हैं। गनीमत समझ कि बड़े आदर सम्मान से वे तुझे अपने घर की बहू बनाने को तैयार बैठे हैं। अरे, उनके यहाँ कोई रिश्तों की कमी तो है नहीं, वो तो न जाने कैसे, कहाँ से उनकी निगाहों में तू समा गयी। या तो तेरी खुशनसीबी समझूँ या तेरी बदनसीबी, समझ नहीं आ रहा।"

"कैसी रटी रटायी जुबान में बोलना सीख गया तू भी, ऐसा पहले तो नहीं बोलता था।" बैठते-उठते, खाते-पीते, सोते-जागते, दिन-रात इसी उधेड़बुन में खोयी रहती वो। किताबों से ध्यान उचटता कि फिर से खुद को केन्द्रित नहीं कर पाती। बस महीने भर बाद ही तो परीक्षा देनी है उसे।

इसी दौरान उसकी भावी सास एक बार उससे कहीं बाजार में टकरा गयीं सो बड़ी मीठी आवाज में पूछने लगीं—"कैसी है तू बेटी? पढ़ाई कैसी चल रही? और हाँ सुन, बी.एड. की तैयारी ढंग से करना जरूरी है तभी तेरे वास्ते पक्की नौकरी का इन्तजाम हो पायेगा। रत्ना, खूब अच्छे से सोच समझकर जब भी मन करे तभी अपने मन से फैसला लेना। किसी के दबाव में कतई मत आना। किसी की जोर-जबरदस्ती से कोई निर्णय कभी भूलकर भी मत लेना वरना जीवन भर पछताती रहेगी। देख, तू मेरे घर की बहू बने, न बने, कोई बात नहीं मगर मेरी बेटी तो बन ही सकती है न? सो इस नाते एक नेक सलाह जरूर दूँगी, हमेशा अपने दिल की

आवाज सुनना। घर वालों की, बाहर वालों की या किसी के दबाव में कभी मत आना। जो भी बात मन में आये, अकेले में बैठकर शान्त मन से सब सोचना और तभी किसी सुसंगत नतीजे पर पहुँच पाओगी। समझ गयी न मेरी बात मेरी बच्ची? हमें भी कोई जल्दबाजी नहीं है। वैसे भी हड़बड़ाहट में लिया कोई भी फैसला बाद में बोझ जैसा लग सकता है फिर ये तो सबसे नाजुक मसला, तुम्हारे पूरे जीवन से जुड़ा सबसे अहम, सबसे जरूरी मुद्दा है सो प्लीज टेक योर टाइम।" अपनी गाड़ी के स्टीयरिंग को घुमाते हुए उन्होंने इशारे से उसे बैठने के लिए कहा। सकुचायी रत्ना से कुछ बोलते नहीं बना। ड्राइवर के गेट खोलते ही वह बैठ गयी।

"मैडम, कहाँ छोड़ना है इन्हें?"

"इनके घर, सीधे से दायीं तरफ मोड़कर नीली कोठी से पिछवाड़े।" फिर वे मोबाइल पर किसी से अंग्रेजी में बतियाने लगी।

बाप रे, कितनी बड़ी नौकरी है इनकी। कैसे फर्राटेदार तरीके से जल्दी-जल्दी बोलती जाती हैं। इनकी आधी बातें तो दिमाग में गयी ही नहीं, सब हवा हवाई हो गयीं। कार में बजता मद्धिम संगीत, सेंट से महकती सीटें और कायदे अदब से ड्राइवर का गेट खोलकर—मैडम, यहीं उतरना है न? सुनकर वह खुशी से गमक उठी। कितने प्यार से उसे अपने पास बिठाया फिर उसके सिर पर हाथ फेरते हुए बोलीं—"गॉड ब्लैस यू माई चाइल्ड।"

खुशी के मारे आँखें बन्द कर लीं उसने। लटपटाते लहजे में चलते हुए अपने घर की तरफ मुखातिब थे उसके अटपटे चलते उल्टे-सीधे कदम। अम्मा के काम पर जाते ही रत्ना की सुबह होती और तभी बगल वाली रामकली आ धमकती। बहन जी, बहन जी, एक प्याली चाय मिलेगी? कहते हुए फसल्ला मारकर बैठ जाती और बीड़ियाँ बनाने में जुट जाती। दुपहर होते ही वह रत्ना के साथ अपने बच्चों को नहर पर नहलाने ले जाती। धूप में चमचमाती नहर चमकती तलवारनुमा कौंध बिखेरती जिसे देखना रत्ना को बहुत पसन्द था। इसी के चलते रत्ना का हाथ रामकली पकड़े रहती जिसने उसे नहर में कमर तक कनस्तर का डब्बा बाँधकर तैरना सिखाया था और पेड़ पर चढ़ना-उतरना भी।

रामकली संग देर तक नहर पर छपर छपर पानी उचकाती नहाती रहती फिर वहाँ कई पेड़ों के बीचोबीच बने शिवमन्दिर तक भीगे कपड़ों में जाकर शिवजी पर जल चढ़ाते हुए आँखें मींचे न जाने क्या-क्या बुदबुदाती रहती। उसे इस वक्त रामकली के साथ मस्ती करते हुए घंटों बिताना पसन्द था। कभी वह उसे खेतों पर ले जाती तो कभी कुएँ के अहाते पर बने फूस के घरों तक जहाँ पुआल बिछी रहती और जहाँ स्कूल से लौटते बच्चे मास्टर जी के पास सवाल जवाब पूछने जरूर आते। वे मास्टर जी थे भी बड़े निराले किस्म के पढ़ाकू इनसान जिन्हें अंग्रेजी बोलने पढ़ने में खूब महारत हासिल थी। औरों के मुँह से उड़ती खबर उसके कानों तक

भी आयी थी—मास्साहब को अपनी पत्नी की हत्या के जुर्म में आजीवन कारावास की सजा सुनाई गयी थी मगर अपने अच्छे आचरण के चलते उन्हें जल्दी रिहा कर दिया गया। उनका एक बेटा अधपगला-सा बात बेबात पर फिक्क से हँसता रहता। जब भी उससे कुछ पूछो, वो एक ही रटा-रटाया जवाब दे पाता—मेरी पढ़ाई ठीक है, सब ठीक है। बोलकर वह फिर से उसी तरह हँस देता। सुनने में यह भी आया कि मास्साहब ने अपनी प्राणप्यारी सुन्दर-सी पत्नी को किसी के साथ देख लिया था सो गुस्से में दोनों को एक ही कुल्हाड़ी से खचाक से काट डाला था जिसे बगल में सो रहे बेटे ने अपनी आँखों से देख लिया था। तभी से बच्चा अधपगला, हकलाने लगा था और बेमकसद इधर-उधर सड़कों की खाक छानने लगा था। मगर उस इलाके के बच्चों को धारदार ढंग से अंग्रेजी पढ़ाते मास्साहब बहुत पैनी बुद्धि के थे। उनके पढ़ाये बच्चे कितने बड़े-बड़े ओहदों पर हैं जो अपने घर लौटने पर बड़ी-सी गाड़ियों में बैठकर मास्साहब को प्रणाम करने उनके घर तक जरूर आते।

उसे याद आता गया, ये वही मास्साहब हैं जो बात-बात पर कुदरती शक्तियों के बारे में पूरी विश्वसनीयता से बताया करते। सड़क पार बनी अपनी कुठरिया में उनसे मिलने बड़े ओहदों पर बैठे इज्जतदार लोग आते-जाते रहते। कोई अपना हाथ दिखाने आता तो कोई सगुन-असगुन पूछने। बचपन में न जाने कितनी बार कितनों के मुँह से सुनती आ रही है वह इन मास्साहब के बारे में। खेती किसानी करने वालों का जमावड़ा अक्सर उनके दुवारे पर डटा रहता—मास्साहब, इस बार की बरसात कितने दिन चले है। बिल्ली कब बच्चा देगी? वे कहते—"उसका ध्यान रखना, पिछले साल तीन बच्चे जने थे सो तीन महीनों तक बारिश की झड़ी लगी रही।"

"बिल्कुल सही, एकदम सही, सौ परसेंट सही बात कही आपने।"

किसान बरसात का पूर्वानुमान लगाने अक्सर अकुलाते रहते। दीवाली के दूसरे दिन हर घर में 12 घड़े रखे जाते जिनमें से 4 घड़ों पर आषाढ़, सावन, भादों, क्वार महीनों के नाम हिन्दी में लिखे रहते फिर बरसात के चार महीनों वाले घड़ों में चार-चार चने के दाने डाले जाते। जो चना जिस महीने का ज्यादा फूला दिखेगा, मतलब उसी महीने ज्यादा बारिश का होना पक्का और जो बिल्कुल न फूले, तो समझ लो सूखा पड़ेगा, चाहे जब आजमा लेना। कहते हुए वे पान का पत्ता अपने मुँह के दायीं तरफ सरका लेते। कोई पूछता—"मास्साहब, हमारे खेत पर बड़ी ऊँचाई पर अंडा मिले, मतलब?"

ऊँचाई पर अंडे, यानी खूब बारिश और गहराई पर अंडा धरे मिलें, समझ लो, कम बरसात।

ऐसी अनगिनत देसी बातें उनके मुँह से ऐसी अचूक प्रामाणिक साबित होतीं कि हर कोई उनका लोहा मानने लगता। रत्ना इनके यहाँ कभी-कभार अंग्रेजी ग्रामर पूछने आती जाती। वे अंग्रेजी के ऐसे जानकार कि उन्होंने रत्ना की स्कूल टीचर की

कॉपी पर कई गलतियाँ निकालकर लाल निशान लगा दिये—जाओ, अपनी टीचर से पूछना इनका मतलब। तभी उसकी वो टीचर उससे चिढ़ने लगी—"खुद को बहुत काबिल समझने लगी हो? उस जेल से लौटे मास्टर की बातें सुनती ही क्यों हो? मेरे यहाँ पढ़ने आओ तो हम तुम्हें पूरे में पूरे नम्बर देंगे।" मगर उनकी बातें रत्ना की कभी समझ में नहीं आयीं। वे अक्सर साड़ी सँभालती लिपिस्टिक ठीक करतीं और बात-बात पर आईना देखती रहतीं। एक बार बातों-बातों में रत्ना को भी अपने भाग्य बचवाने का शौक जगा सो उसने भी उत्सुकतावश अपनी हथेली उनके सामने फैला दी। पल भर वे उसके चेहरे को देखते रहे फिर आहिस्ते से सिर पर हाथ फेरते हुए बोले—"अपनी पढ़ाई-लिखाई में खूब मन लगाओ। उसी से भीतरी मजबूती आयेगी मगर हाँ, तुम किसी शानदार पैसे वाले परिवार में जरूर ब्याही जाओगी और ऐसा प्रस्ताव खुद तुम्हारे दरवज्जे चलकर आयेगा, ये रेखा तो बताती है इस बारे में सब कुछ। बस इतना काफी है या फिर और भी कुछ जानना है? ज्यादा जानना भी ठीक नहीं, समझीं?" सुनते ही वो शरमा गयी और सिर नवाकर अंग्रेजी में निबन्ध लिखने लगी।

उन मास्साहब को उस इलाके में सभी प्यार करते, खास तौर पर बच्चे। पुआल पर बैठे बच्चे अंग्रेजी, गणित या विज्ञान की जटिलताओं में उलझे सिर खपाते रहते और वे आँगन में बाट जोहते गाँव वालों की समस्याएँ सुलझाते रहते। अक्सर समय मिलते ही वे जड़ी-बूटियों को बीनने, खोजने पास के जंगल में निकल जाते और ये उनकी कारीगरी का कमाल था या हुनर कहें या उनके हाथों का जादू कि वे जिसकी हथेली पर जो रख देते, वो बन्दा दो से तीन रोज में चंगा होकर उनके पास दुआ सलाम करने जरूर आता। कभी-कभी तो वे नस पकड़ते हुए देर तक सोच में डूबे रहते फिर औरतों की बच्चेदानी या किसी और अन्दरूनी बीमारियों के किस्से उजागर कर देते—बच्चेदानी सिकुड़ गयी तुम्हारी, इसी से बच्चा नहीं ठहर रहा। लो, इस जड़ी को ले जाओ और शहद हींग के बीच में रखकर गुटक जाना। नाभि के नीचे दबाकर रखना इस दवाई को, ठीक से हाँ, फिर आना कल, बताना असर।

"मास्साहब, कल कौआ बैठ गया सिर पर, सो चिट्ठी लिखानी है आपसे, अपने मरने की खबर की।"

वे हँसते हुए कहते, अब छोड़ो ये असगुन या सगुन की बातें। हूँ...मतलब बात खत्म कर दी उन्होंने।

मास्साहब, कल सपने में फूटा मकान दिखा था, मतलब? कोई खराब वक्त आने वाला है यानी कुघड़ी?

उन्होंने मुस्कराते हुए समझाना शुरू किया—अपने यहाँ के सगुन-असगुन तो अनगिनत चले आ रहे मगर इनकी वजह से कोई काम रुक तो नहीं सकता न? कतई नहीं। अब तुम लोग कहो, पेड़ पर काली चिड़िया बोल रही थी माने काला

रंग असगुन तो उसका बोलना अशुभ होगा, जबकि ऐसी सोच ठीक नहीं। अब कल रामाधीन शहर से गाँव आ रहा था, रास्ते में दूध वाले दिख गये, अब तुम कहो, सब कुछ अच्छा-अच्छा होगा मगर नहीं, रामाधीन की बीमार बच्ची नहीं रही। इसी तरह कृष्णा कक्की कह रही थी, हम तो अस्पताल जा रहे थे सो रास्ते में बछड़ा गाय का दूध पीता मिल गया था यानी इस तरह तो बहू के लड़का होना चाहिए था मगर हुई लड़की। तो क्या लड़की होना कोई अशुभ लक्षण थे? गलत बात तो नहीं कही न?

मूक समर्थन पाकर वे एक-दूसरे का मुँह जोहते ताकते खड़े रहे फिर बलीराम ने खड़े होकर पूछा—"मास्साहब, फसल के पहले घड़ों में जो किस्म-किस्म के बीज डालकर हम जो पूजा-पाठ करते आ रहे, तो क्या वो भी सही नहीं है?"

"नहीं, वो हमारी धरती माता के प्रति हमारा सम्मान है। धरती मैया के पेट से हमारे लिए फसलें उगती हैं, गेहूँ, चना, ज्वार, बाजरा, मटर की फलियाँ यानी जो जो बीज डालकर पूजा की जाती, वह सब तो जरूरी है न। अच्छा, इस बार हम भी शरीक होंगे पूजा में? अच्छा याद दिलाया।"

गाँवों की अनगिनत बातें रत्ना की स्मृति पर दस्तक देती रहीं जिन्हें टुकड़ों-टुकड़ों में सोचती रहती, ठहरकर थमकर विचारती, फिर पन्नों पर उतारने में धीरे-धीरे उसे आनन्द आने लगा। एक सवाल परेशान करने लगा, अतीत क्यों लुभाता है हमें, खासकर तब जब वो गुजर जाता है। क्या वर्तमान जब चुकने लगता है या जिया गया समय वापस नहीं लौटाया जा सकता, इसलिए फिर से उस समय को जीने की चाह बढ़ जाती है, पता नहीं मगर रत्ना का मौजूदा वक्त सामने से आते पैने सींगों वाले बैल की शक्ल में आ-आकर उसे जब तब डराता रहता लेकिन विगत के पल इतने सुनहरे, इतने खुशगवार लगते जिनमें बार-बार गोता लगाने का मौका वह कभी नहीं छोड़ पाती। अकती यानी अक्षय तृतीया का त्योहार ऐसा ही था जब वह अपनी सारी सहेलियों का हाथ पकड़ पीपल के पत्तों और चने की दाल को जिसे सब सोन कहते, बड़े जतन से एक-दूसरे में मिलाती और फिर फ्रॉक में भरकर पंक्तिबद्ध बैठे लोगों की हथेलियों पर रखती जाती। उस इलाके में अमूमन सारी लड़कियाँ अपने-अपने रूमालों में सोन बाँटती हुई अपने-अपने घर लौटतीं। इन कन्याओं को चाहे वे किसी भी जाति की हों, सबके साथ एक जैसा सुलूक किया जाता। सभी स्त्री-पुरुष उनके पैर छूते और वे भी हँसती खेलती इस उस घर में दौड़-दौड़कर सोन बाँटने का लुत्फ उठाती रहतीं। ऐसे मौकों की तलाश में रहते आशिक लड़के जो सड़क के दोनों तरफ खड़े चाचा, ताऊ, मामा, पिता सरीखे बुजुर्गों के बीच घुस जाते और सोन बाँटती सुन्दर-सुन्दर दुपट्टे फरफराती लड़कियों की खिल खिल हँसी को सुनने व उन्हें छूने को बेताब रहते। ऐसे मौकों पर दो-चार मजनूँ अपनी-अपनी प्रियाओं को रिझाने चिट्ठियों का आदान-प्रदान करते खूब देखे जाते।

"ऐ, ऐ रत्ना, क्या लिखा है, उसने पढ़ो तो, जल्दी जल्दी..."

वे हँसती, गुनगुनाती, खिलती, खुशबू बिखेरती फर-फर चल पड़तीं अपने-अपने घरों की तरफ मगर उनके भीतर जलते रहते प्रेम के टिमटिमाते छोटे-छोटे दीये। वह वक्त ही ऐसा था जब गाँव में प्रेम के ऐसे नमूने दुर्लभ थे और जो इक्का-दुक्का पनपते भी, उन्हें भी असमय काल कवलित होना पड़ता।

अपने बचपन के 12-13 साल रत्ना को गाँव में रहना पड़ा जब तक उसके पिता एक सहकारी संस्थान में मुनीमगिरी करते थे। गाँव के स्कूल के खुले प्रांगण में होती थी पढ़ाई। साइकिल चलाना भी तभी सीखा था उसने अपनी सहेलियों संग। नदी में तैरना और गीले बदन फूल तोड़कर शिवजी पर चढ़ाना उसका रुटीन था। इतने सालों बाद भी एक-एक दृश्य जस का तस क्यूँकर उसकी याददाश्त में कैद है। अपने नारंगी रंग का गुल्लक याद आने लगा जिसमें हर रोज एक-एक सिक्का डालती जाती वो। फिर उसे बजाते हुए सोचती, अरे, अब तो कित्ता भारी हो गया, खूब सारे पैसों से क्या-क्या खरीदेगी, इसी पर माथापच्ची करती मगर जब उसे खोला जाता तो टॉफी चाकलेट या ज्यादा से ज्यादा सस्ती सूती फ्रॉक खरीदने लायक पैसे ही जमा हो पाते। यूँ वक्त अपना सफर तय करता रहा। एक दिन उसे अपने गाँव के मुहाने को छोड़कर पिताजी को पास के छोटे से इस शहर में शिफ्ट होना पड़ा और सारे संगी साथी वहीं छूट गये। वो रह गयी यहाँ अकेली, उदास व एकान्तवासी तभी तो किताबों की दुनिया उसे रास आने लगी थी। धीरे-धीरे रात गहराने लगी और अँधेरे के आर-पार कुछ भी नहीं दिखाई दे रहा था।

सचमुच, रत्ना के जीवन में अनायास ऐसा मोड़ आ गया जब उसे अपनी जिन्दगी का फैसला खुद करना था। ये मैडम कितना मीठा बोलती हैं। उस दिन कार में बड़े प्यार से बातें करती रहीं। तभी उसे लगा कि यहाँ हामी भरने में कोई बुराई नहीं। जब ये लोग हमारी पढ़ाई पूरी करवायेंगे, हमें नौकरी दिलवायेंगे फिर तो ठीक है। अपने फटेहाल घर में पड़े रहने से तो बेहतर विकल्प यही है कि उनकी सुविधाओं के बीच रहते हुए वह अपना कैरियर बनाये। वैसे भी उस पति नामक जीव से ज्यादा लेना देना तो रहेगा नहीं। समय पर खाना पीना दे दो, बस और क्या? हम तो अपना कैरियर बनायेंगे और अपनी मर्जी से अपना जीवन जियेंगे, सोचते हुए कई कोणों से खुद को समझाती रही वह देर तक। नींद नहीं आ रही थी, सारी रात द्वन्द्व में घिरी रही मगर सवेरा होते ही सबकी खुशी में ही उसने अपनी खुशी देखते महसूसते हुए इस रिश्ते के लिए हाँ करने का मन बना लिया।

भव्य पार्टी

इसके ठीक 20वें दिन उसने अपनी हामी भरी। सो ठीक 2 दिसम्बर शाम 6 बजे' इंगेजमेंट पार्टी के भव्य आयोजन की तैयारी की गयी। किंग्सी क्वींस बिला में आते-जाते लोगों की चहल-पहल, उसकी साज-सज्जा और होटल की सजावट देखते ही बनती थी। हो भी क्यों न, शहर के प्रतिष्ठित वकील, सम्भ्रान्त परिवार की शिक्षा निदेशक के इकलौते बेटे का तिलकोत्सव जो हो रहा है। करोड़ों की सम्पत्ति के मालिक हैं वे जिनके सामने अच्छे अच्छों की बोलती बन्द हो जाती है फिर वे सब तो आम लोग थे। पेड़ों के चारों तरफ सुनहरे बल्बों को छू-छूकर देखने की उत्कंठा को दबाये चुपचाप ये सारी शानोशौकत निहारने में जुटे थे रत्ना के रिश्तेदार। पूरे माहौल में एक अद्‌भुत सिहरन व्याप्त थी। चारों तरफ तनी नीली सफेदी देखकर ऐसा लगता था जैसे नीले आसमान के इर्द-गिर्द सचमुच की चाँदनी बिछ गयी हो। खाने-पीने का कितना भव्य, विशाल और कितनी खूबसूरत विविधता वाले एक से बढ़कर एक व्यंजन। भाई सब जगह जाकर मुआइना करता रहता–सोचते हुए, हमारी उस बदहाल कोठी में था ही क्या, रत्ना की किताबें, कुछ पुराने मुड़ेतुड़े अखबार, पुराने कनस्तर के घिसे डब्बे, सालों पुराने बर्तनों के बीच दौड़ते चूहों की कतारें, कैसा तो जंगली जीवन जीते आ रहे हम सब सालों से एक रस, सूखा, बेमजा और बेमकसद-सी जिन्दगी यूँ ही खटखटकर निकलती जा रही। अब देखो, एक ही झटके में सब खत्म, एकदम से नया घर मिला है हमें, यकीन नहीं कर पा रहा था वह कि ये सब उसी का है। कितने सालों तक कितना भी पसीना बहाते रहे हम मगर जस का तस रहा सब मगर इतने ठाठबाट–कभी सपने में भी सोचा था। यह सब जादुई लगता है। एक रत्ना की हाँ कहते ही हम एकदम से आम से खास तो जरूर बन गये। तभी बगल से गुजरते किसी सज्जन ने पूछा–"आपके परिवार में और कौन-कौन हैं? कितने लोग आये हैं यहाँ?"

"हम 10-12 जने हैं, बस। हम चार भाई-बहन, अम्मा-पिताजी और चाचा-ताऊ वगैरह।" संकोच और झिझक के मारे उतना ही बोला गया जितना जरूरी लगा। कहने वाले ने एक भरपूर दृष्टि उन पर डाली, तभी बापू आकर वहाँ से उन्हें भीतर खींच ले गये। नारंगी, लाल और सफेद रंग के गुलाबों की पंखुड़ियों से सजा था स्टेज। कितनी प्यारी खुशबू, सब कुछ बिल्कुल किसी स्वर्ग जैसा और स्वर्ग की रानी

बनी है हमारी रत्ना, कितनी सुन्दर! किसी परी की तरह। उन सबका मन खुशी से दोहरा, तिहरा होता रहा और सीना गर्व से दुगुना, तिगुना, चौगुना फैलता रहा।

मन भीग उठा अम्मा बप्पा का। पूरी विनम्रता से रत्ना की सास की तरफ मुखातिब होकर बोलीं—"आप तो बड़ी ऊँची हस्ती हैं और हम हैं छोटे मोटे लोग। आपने तो हमारा जीवन सार्थक कर दिया साब। सौ जन्मों में भी हम आपका कर्जा नहीं उतार पायेंगे। सचमुच, ईश्वर कभी हमारे दिन भी बदल सकता है, ऐसा कभी सपने में भी नहीं सोचा था।" पंखे की हवा में उड़ते फूलों की नन्ही-नन्ही पंखुड़ियाँ किसी सुन्दर कलाकृति की तरह भव्य नजर आ रही थीं। वे सभी भावविभोर हो उठे। आनन्द के अतिरेक में बापू के चेहरे पर गर्व का तेज दिपदिपाने लगा। लाल रंग की प्रिंटेड कुर्ता-धोती पहने वे मुस्कराते हुए अपने चुनिंदा रिश्तेदारों के बीच आराम से बतिया रहे हैं। सुनहरे जरीदार शेरवानी पहने भाई की गोद में किसी रिश्तेदार का बच्चा लदा है, तभी दूल्हे को देखने के लिए सभी की निगाहें केन्द्रित हो गयीं। क्रीम रंग के सिल्क के कुर्ते-पाजामे में सजकर बैठ गया रीतेश। फिर बड़ी अदा से रत्ना को देखकर खुश होने लगा। उसे सँभालने के लिए उसके पीछे हरदम साये की तरह रहने वाली उसकी माँ हँसते मुस्कराते हुए सामाजिकता का निर्वाह करने में लगी हैं। एकदम गुपचुप, शान्त और पालथी मारकर बैठा दिया गया है उसे जैसे किसी जिद्दी बच्चे को लालच देकर चुप करा दिया गया हो। उसके पंखों में कम्पन और हाथों में थरथराहट-सी है। धीरे-धीरे सभी बाहरी लोग उसी मंडप तले आ गये हैं।

बाहर खाने-पीने की आवाजें आने लगी हैं—"अरे, थोड़ा-सा आप भी तो टेस्ट कीजिए न, प्लीज", रत्ना की सासूमाँ यानी सुचित्रा मैडम की खुशी उनके चेहरे के हावभाव से टपक रही है और वे घूम-घूमकर सबसे खाने का आग्रह करने लगीं। कतारबद्ध सजे दर्जनों तरह के व्यंजन, स्नैक्स, मिठाई, चाट पकोड़े और आइसक्रीम पार्लर मगर रत्ना की आँखें गीली थीं जिन्हें बार-बार रूमाल से पोंछे जा रही थी वह। चन्द लोगों की खुसुर-फुसुर, अस्फुट बातें, सांकेतिक इशारे पूरी कहानी बयाँ किये दे रहे थे। हालाँकि शोर गुल में साफ-साफ तो सुनाई पड़ता नहीं, बावजूद इसके, चन्द लफ्जों ने उसके भीतर खौलता लावा उड़ेल दिया हो जैसे—

"बड़ी तेजतर्रार है ये बुढ़िया, ऐसी सीधी-सादी लड़की न जाने कहाँ से उठा लायी ये? कैसे पायी इतनी प्यारी मासूम-सी बच्ची, इसे क्या सब कुछ बताया होगा इसने साफ-साफ?"

"हाँ, कहती तो यही फिरती है कि हमने उनके सामने सब कुछ खोलकर रख दिया था। वे लोग खुद चलकर हमारे पास आये थे। न, हमारी तरफ से कोई जोर-जबरदस्ती एकदम नहीं थी।"

"वैसे इस लड़की को पाने की खातिर, वे कुछ भी कर सकती हैं। बड़ी धाकड़, तेजतर्रार लेडी है वो, कुछ भी कह लो यार, कितनी चतुर सयानी निकली कि

अपना वंश बढ़ाने की खातिर कितनी सीधी-सादी गरीब लड़की को चुना जिसके परिवार का भी ख़याल रखा गया होगा। वैसे कितनी जगह विज्ञापन दे डाले, नेट पर भी लड़कियाँ खँगालती रहीं महीनों मगर जब कहीं बात नहीं बनी तो फिर यहाँ सोच-समझकर इन्वेस्टमेंट किया गया।"

"और नहीं तो क्या, वरना ऐसी साँवली गरीब लड़की से शादी करतीं भला वे? सुना है, उनके पास कुछ भी नहीं।"

"मगर इसमें उस बेचारी का क्या कुसूर? इसे देखकर लगता है जैसे अभी इसके दूध के दाँत भी नहीं टूटे। कितनी सलज्ज, सकुचायी-सी बैठी है गर्दन नवाये, गठरी बनी, आँखें नीचे किये।"

"क्या पता, इसके मन में क्या चल रहा हो? आजकल की लड़कियाँ भोली दिखती जरूर हैं मगर अन्दर से वैसी होती नहीं। गरीब की है सो खुली बारिश में नहायी, तेज धूप में तपी और खेती बाड़ी में खटते हुए कठोर मगर आजाद जीवन जिया होगा इसने। इसकी गम्भीरता नोटिस की तुमने?"

"मगर इसके घर वालों के सालों के अरमान जरूर एक झटके में पूरे हो गये होंगे। तभी न ये सौदा तय हुआ होगा। अब इनकी सारी अधूरी इच्छाएँ या टूटे सपने पूरे होंगे इसके माध्यम से। सुना है कि इनकी घास फूस की कॉटेज की जगह एक नया घर खरीदकर दिया है मैडम ने इन्हें।"

"चुप रहो। देखो तो, लड़की का संजीदा चेहरा, किसी वनवासिनी की तरह सुन्दर या फिर रूपवती शकुन्तला की तरह दिखती है ये तो। आज सचमुच खुश है सुचित्रा मैडम। सभी तो कितने-कितने खुश नजर आ रहे हैं। लड़की के घर वालों की तरफ तो एक नजर डालो, भाई तो खुशी के मारे चहक रहा है। अपने-अपने स्वार्थों के सौदागर बन बैठे ये सब।" जितने मुँह, उतनी बातों का शोर संगीत के साथ संगत मिला रहा था वहाँ।

तभी किसी बुजुर्ग स्त्री ने उसका सिर घुमाकर पूछा—"थोड़ी-सी कॉफी ले लो। इतने घंटों से बैठी-बैठी सिर घूमने लगा होगा इसका..." किसी ने उसके कन्धे पर हाथ रखते हुए धीरे से कान में पूछा—"बस, पाँच-दस मिनट में आयी तब तक इन्तजार करना।"

शालीनता व पूरी नम्रता से सभी बड़े लोग रत्ना के घर वालों से तमीज से पेश आये और घर के एक-एक सदस्य से कायदे से परिचय कराने लगे।

"अरे, आप लोग खड़े क्यों हैं? बैठिए न", उसके भाई से मुखातिब होकर कोई कहने लगा—"मैं देखता हूँ, बात करता हूँ कि तुम्हारे लिए क्या किया जा सकता है। वैसे ग्रेजुएशन जरूर पूरा कर लेना, हाँ..." वे खींसें निपोरते हुए रत्ना की तरफ देखने लगे।

"इनके आने से तो इस घर में जैसे जान आ जायेगी, वाकई, ये सब कितने

खुशनसीब हैं, खास तौर पर रीतेश। डॉक्टर होने के नाते एक बात साफ कर दूँ, रीतेश फिजिकली पूरी तरह फिट है, मैंने खुद चेकअप किया है, सो डोंट वरी।" उनकी आवाज सुनकर रत्ना के बापू के चेहरे पर सन्तोष की रेखाएँ बनने लगीं।

"देखो, अब जो भी है, जैसा भी है, ये रत्ना का पति है जिसे हर हाल में खुश रखेगी मेरी होशियार बेटी।"...गहरी आँखों से उन्हें देखते हुए थोड़े-से भावुक हो उठे वे।

"हम सब समझते हैं, चिन्ता न करें आप। सब कुछ ठीक ही होगा। रीतेश बड़ा सीधा-सादा नेक बन्दा है। चिन्ता जैसी कोई बात है ही नहीं। आपको सही घर वर मिला है, सो निश्चिन्त रहें आप लोग।"

"सो तो है, वो तो है, सब कुछ ऊपर वाले की मेहरबानी वरना हमारी क्या औकात थी?" आगे और बोलने से सायास रोक लिया उन्होंने।

"सुन्दर सपने कब साकार हो जायें, कोई नहीं जान सकता। कुदरत के नियम भी अनूठे होते हैं। ऊपर वाले के फैसले भी निराले ही होते हैं।" रत्ना के चचेरे ताऊ ने बीच में ही छूटी बात के सिरे को पकड़ते हुए आगे बढ़ाया।

"देखिए साब, रिश्ते-नाते और जोड़ियाँ तो ऊपर वाला पहले से ही तय करके भेजता है। हमारा क्या, हम तो सिवा आशीर्वाद के और दे भी क्या सकते हैं?"

शादी के मौके पर लगभग सभी रिश्तेदार पहुँच गये थे, कुछ जिज्ञासावश तो कुछ आत्मीयता वश तो कुछ "जरा देखें तो सही, बड़े लोगों के यहाँ कैसे क्या होता है" सभी अपने नये चमचमाते सस्ते दिखते कपड़ों को पहने हँसते खिलखिलाते आश्चर्य से एक-एक चीज छूकर भौचक्के खड़े थे। गीत संगीत का मद्धिम सुरों वाला माहौल गुनगुनाने लगा। लगा जैसे पेड़ों के छोटे-बड़े पत्ते मिलजुलकर हवा संग ताली पीटकर इनकी शादी के मौके पर अपना आशीष वर्षा रहे हों। रत्ना की माँ अपना पुराना बक्सा खोलकर पुराने जमाने के बचे खुचे गहने को निकालकर रत्ना को पहनाने लगी तो ऐन मौके पर सुचित्रा मैडम ने मना कर दिया—"इन्हें रहने दें। आप खुद पहन लें इन्हें।"

रत्ना का दिल ये सब देखकर बहुत तेज धौंकनी की तरह धड़कने लगा। वह समझ नहीं पा रही, जब ऐसे सुहाने सुन्दर माहौल में सभी जश्न मना रहे हैं, खूब, खूब खुश होकर उस पर आशीष के फूल बरसा रहे हैं तो वह क्या करे? क्यूँकर वो उतनी प्रफुल्लित नहीं हो पा रही? उसे लगता जैसे उसके सीने पर कोई भारी भरकम चट्टान रख दी गयी हो जिसके नीचे रास्ता बनाकर बहता पानी, पानी न होकर उसके आँसू हों। उसकी भरी हुई लाल आँखों में तमाम तरह के भावों का उतार-चढ़ाव ज्वार-भाटा बनकर उमड़ आता। ऊपर से संयमित मगर भीतर से उद्वेलित रत्ना के दिमाग में बस एक ही बात घूमती रहती--काश, जल्दी से ये तामझाम निबटे और वह सुकून से ठंडी हवा में हाथ-पाँव फैलाकर चैन की नींद सो सके। बिना आगा-पीछे

सोचे जब उसने खुद अपने लिए ऐसा जीवन चुना है तो फिर किससे गिला शिकवा कर पायेगी वह और क्यों? वह सोचने लगी कि इस वक्त जो हमारी सासूमाँ दिख रही हैं, क्या ये वही हैं जिन्होंने मेरे सिर पर हाथ रखते हुए कहा था—बेटा, जैसा भी जीवन तुम जीना चाहो, जितना भी पढ़ना-लिखना चाहो, जो भी आजादी लेना चाहो, वो सब कुछ यहाँ मिलेगा। मैं हूँ न हर वक्त तुम्हारे पास सो चिन्ता काहे की? नो टेंशन प्लीज, माई चाइल्ड...कहते हुए उनकी आवाज में गहरी करुणा छलछला आयी और उन्होंने उसे अपने से चिपटा लिया था।

एक नयी सुबह—पिछली रात कैसे बीत गयी, वह खुद से कई बार इस सवाल को पूछती और जवाब भी खुद ही देती यानी खुद से संवाद करना इतना लगातार क्यों होता जाता कि अक्सर उसे खामोशी का बाना पहने रहना पड़ता। उठते ही कमरे से बाहर निकल खुले आसमान को देखा, ठीक उसी समय कोई चाय-नाश्ता की प्लेटें लिए दनादन सीढ़ियाँ चढ़ता उसी की तरफ चला आ रहा था।

—मेमसाब, ये रही आपकी मॉर्निंग टी और ये भीगे बादाम किशमिश...

कुछ देर सोचने के बाद बोली—"अरे इतनी सुबह कोई नाश्ता करता है क्या? हाँ, चाय ले लूँगी।"

और हाँ, मम्मी वगैरह को दे दिया?

पीछे से मम्मी की आवाज सुनाई दी—"हाँ, बेटा, हमारी चाय तो रोज भोर 5 बजे ही हो जाती है। सालों से सुबह उठने की आदत जो रही है और आज तो हमारे लिए खुशी का दिन था। बेटी, आज मुँह दिखाई रस्म है सो सुबह 10-11 बजे से फंक्शन शुरू हो जायेगा। तुम्हें ये पीले बॉर्डर वाली साड़ी के साथ मैचिंग ज्वेलरी भी पहननी है", कहते हुए उन्होंने बड़ी गहरी नजरों से उसे देखा, देखती रहीं गोया एक्स-रे ले रही हों। उसकी देह की अराजकता और निगाहों की अलमस्ती से जो भी अन्दाजा लगाया हो मगर ऊपर से तो इतना ही बोलीं—"रत्ना, अब जो भी हो, तुम्हीं तुम हो यहाँ, इस घर में। तुम्हें ही सब सँभालना है। आज सुबह जब नीचे उतरो तो सभी बड़ों का आशीर्वाद ले लेना।"

उसने सिर हिलाकर मौन सहमति दे दी फिर वे दुबारा उत्साहित उमंग भरी बातें करती रहीं—"अभी तो बहुत सारे काम बाकी पड़े हैं। उन सबका समय पर हिसाब करना बहुत जरूरी है। आज के फंक्शन की तैयारियाँ भी तो देखनी हैं।"

"फिर कोई सेवा हो तो बताइएगा..." नीचे खड़ा ड्राइवर उन्हें आवाज देकर बुला रहा था।

"अरे, रुको, इतनी जल्दी क्यों भागे जा रहे हो? अपने अंकल से मेहमानों की लिस्ट ले लो और हाँ, मेहताब चन्द्र के यहाँ से नयी ज्वेलरी का डब्बा उठा लाना, चलो, चलो जल्दी करो, कितने काम पड़े हैं।"

उनका एक-एक कदम कितना तो सुविचारित जान पड़ता और कितने व्यवस्थित

तरीके से वे पहले से तय योजनाओं के मुताबिक जीवन की दिशा व दशा बदलती रहतीं। उनका वश चले तो वे जहाँ भी जायें, सारा घर उठाकर ले जायें लेकिन उनकी गैर मौजूदगी में अगर कोई चीज यहाँ से वहाँ गायब हो जाये फिर तो वे एकदम से बौखला पड़तीं। बेतरतीबी से बिखरे सामान देखकर उन्हें अचानक से ताव आ जाता। अपनी ऊँची और तेज आवाज में चिल्लाकर अपना गुस्सा निकालती रहतीं। दरअसल जरा-जरा-सी बात पर उनका गुस्सा उबलने लगता फिर वे कैसे भी नियन्त्रण नहीं कर पातीं, न खुद के भावावेश को, न धीरज से दूसरों का पक्ष सुनने का सब्र था उनमें।

"पापा, आपका आशीर्वाद लेने आयी हूँ..." उनके पैर छूने के लिए वह नीचे की ओर झुकी तो वे भावुक हो उठे—"हमेशा खुश रहो रत्ना। अब तुम्हारे अलावा हमारा है ही कौन? तुम्हें ही सब सँभालना है। गॉड ब्लैस यू बेटा।" कहते हुए उसके सिर पर हाथ फेरा तभी उन्होंने ध्यान से देखा, रत्ना की लाल-लाल आँखें डबडबायी सी जिन्हें पोंछकर छिपाने की कोशिश करती हुई।

"रत्ना, यहाँ कोई तकलीफ तो नहीं?" बोलते हुए वे असहज हो उठे फिर भर्रायी आवाज में वेदना उभर आयी।

"नहीं, नहीं, सब कुछ ठीक है पापा।" उसने झटपट एक सूझबूझ भरा जवाब दे डाला।

एक सरसरी सतर्क नजर से उन्होंने ऊपर से नीचे देखते हुए पूछना चाहा लेकिन फिर चुप साध गये। थोड़ी देर बाद बात बदलते हुए पूछने लगे—"अपनी स्टडी करती रहना। और हाँ, कोई भी दिक्कत हो या बाहर से कुछ मँगाना हो तो सीधे मुझसे बोल सकती हो। मेरा सपोर्ट हमेशा तुम्हारे शुभ संकल्प को मजबूत करता रहेगा। जब भी मन करे तो कभी भी अपने मायके हो आना या उन लोगों को यहाँ बुलवा लेना। पैसे वगैरह की जरूरत पड़े तो चुपचाप बता दिया करो। ठीक?"

उसने चेतन नजरों से उनकी तरफ अतिरिक्त सम्मान भाव से देखा फिर बोली—"मेरे लिए तो अब से आप ही सब कुछ हैं पापा। आपके आशीर्वाद और आपके सहारे से ही कटेगा मेरा जीवन।"

उस आवाज में न चाहते हुए भी थोड़ी भावुकता या तिलमिलाहट घुल आयी तभी कुछ और मेहमान वहाँ आने जाने लगे जिनके बीच बढ़ते शोर में पापा की आवाज दब गयी।

शाम पूरे शबाव पर थी। घर के बाहर खुले मैदान में विशाल पंडाल के चारों तरफ नीले-लाल-गुलाबी, हरे और पीले रंग के छोटे-छोटे बल्बों की झालर लटकायी गयीं। इस मौके पर संगीत वाले लोग आ गये जिनके कानफोड़ू गानों की वजह से सारा कुदरती कोलाहल दबता गया। सभी मेहमान और रत्ना के घर से परिवारीजन भी आ चुके हैं। कॉफी की दर्जनों ट्रे लिए लोगबाग यहाँ से वहाँ आ-जा रहे हैं। तैयार

खाने की खुशबू सूँघते हुए रत्ना का भाई बोला–"क्या मजे हैं दीदी के। एकदम मस्त चिरैया-सी जिन्दगी कटेगी उनकी तो चैन की बाँसुरी बजायेंगी वो तो।" उसकी छोटी बहन रत्ना को साथ लेकर वहीं आ गयी तो माँ ने गले से चिपटा लिया रत्ना को–"क्या हुआ मेरी विटिया को। कुछ तो बात है तभी इतनी सुस्त दिख रही है, क्या बात है? बतायेगी नहीं अपनी अम्मा को, ऐ रत्ना..."

संगीत की तेज धुन में कुछ भी सुनाई नहीं पड़ रहा था। ठिठकी शाम ने कब रात का चोला पहन लिया, इसका तो जैसे पता ही नहीं चल पाया। रात 10 बजे खा-पीकर सभी वापस लौटने लगे। रत्ना की बेचैनी हर पल हर घड़ी बढ़ती ही जा रही थी, तेज-तेज और तेज।

शहर का पॉश एरिया, तिमंजिले भव्य भवन की आन बान शान में इजाफा करती गाड़ियों की आवाजाही और ऊपर से शान्त, प्रसन्न और हमेशा मीठा बोलने की अभ्यस्त; रत्ना की सासू माँ सुचित्रा जी।

तो घर की चहारदीवारी के बीच मिल रही अनगिनत सुविधाओं के बीच जीते रहने की आदत डालनी होगी उसे। पतिनुमा उस प्राणी को जो बेवक्त की जरूरतों के लिए अक्सर अपनी माँ का मुँह जोहता रहता। वह दिन-ब-दिन अपने रुटीन कामों में व्यस्त होती जा रही थी।

कालचक्र चलता रहा, अपने असीम विस्तार में समय एक-एक सीढ़ियाँ चढ़ता-उतरता अपनी मन्थर गति से अपने होने का बोध कराता रहा। सो पूरे साल भर बाद उसके जीवन में एक नया अध्याय खुल गया यानी खानदान का वारिस पैदा हो गया जिसे पाकर सभी अपने जीवन को नयी अर्थवत्ता से भरा महसूस करने लगे। रत्ना को लगा जैसे उसके जीने को अब एक नया मकसद मिल गया है तो उसकी सास को लगता जैसे बेटे की शादी करने को एक नयी दिशा मिल गयी यानी खानदान को वारिस मिलने की संकल्पना अनायास लॉटरी खुलने जैसी उपलब्धि थी। रीतेश के जीवन में असमय झड़ चुकी प्राणवत्ता को अब नयी साँसें जो मिल गयी थीं, नयी धड़कनें और एक नया चेहरा लेकर जिन्दा हो उठा हो जैसे रीतेश फिर से। अब से परिवार वालों को दुबारा जीवन जीने की इच्छा जगने लगी तभी उनके पति महेशकुमार सबको सुनाते हुए बोले–"मैं बच्चे के सुरक्षित भविष्य के लिए सारी व्यवस्थाएँ खुद करूँगा। इसके लिए जो-जो बन पड़ेगा, सब कुछ करूँगा। मेरे कन्धे जो बुढ़ापे के बोझ से दब चुके हैं, उनमें अब से नयी जान डालेगा मेरा पोता, ईशान कुमार। सिर्फ और सिर्फ ईशानकुमार। मेरा प्यारा पोता। अब मेरी इन सूनी रीती आँखों में नये सिरे से रोशनी मिलेगी। हाँ, हाँ, अब मेरी जिन्दगी के दिन अपने आप बढ़ जायेंगे, देख लेना तुम लोग।" भावुक आवाज में काँपते कंठ से उन्होंने बच्चों को उठाया और खुश होते हुए बोले–"रत्ना, इसका खास ख़याल रखना। इसकी संगत में हमारी सुबह साँझ महकने लगेंगी अब तो।"

उनके झुर्रियों भरे चेहरे पर खुशियों की रंगत देखते ही बनती थी। प्रभु को धन्यवाद देने के लिए उन्होंने ऊपर आसमान की तरफ देखा जहाँ जगह-जगह छितराये बादलों के सफेद टुकड़े एकाकार होकर एक नया समाँ बाँध रहे थे। फिर उन्होंने प्रफुल्लित मन से पत्नी सुचित्रा की तरफ देखते हुए कहा—"देखो तो, बर्फीली धुन्ध की सिहरन पहले से ज्यादा बढ़ी हुई है। हवाएँ भी तेज-तेज चलने लगी हैं सो बच्चे को ठीक से कम्बल उढ़ा दो। हाँ, और सुनो, बच्चे को एकदम कसे कपड़े मत पहनाया करो। थोड़े ढीले सूती कपड़े ही पहनाना। सुना? समझ रही हो न?" वे उनकी हिदायतें सुनती रहीं। रत्ना भी देखती रही, सुनती महसूसती रही उनके लाड़ दुलार को। उनके प्रसन्न चेहरे पर अरसे बाद खुशी की लहर जो आयी थी।

धुन्ध भरी सुबह

आँखें खुली हों या बन्द, रत्ना दो तरह की दुनियाओं में विचरण करती रहती। विगत और वर्तमान का चोली दामन का साथ था। अक्सर वह वर्तमान जीवन की दुश्वारियों से राहत पाने हेतु विगत की ओर पनाह लेने चली जाती।

सच तो ये है कि कितनी तरह की अजीबोगरीब घटनाएँ उसके जीवन में घटती रहीं। जेल जीवन के अनगिनत खटमिट्ठे अनुभव, बहसें, आये दिन होने वाली लड़ाइयाँ, बेबात की मारपीट और रोजाना के झगड़े जब किसी न किसी का किसी न किसी के साथ कोई न कोई उत्पात, कोई न कोई पंगा, गाली-गलौज, मारपीट और न जाने क्या-क्या होता रहता। पकी उम्र व भरे पूरे बदन की औरत थी भारती। ऊँचा कद, साँवली सूरत पर बोलती हुई दो बड़ी-बड़ी आँखें। रोबदार गूँजती आवाज में दबंगई शुमार थी। अक्सर वह खाने-पीने या रहने-सोने को लेकर खूब भड़क उठती। चीखने-चिल्लाने लगती और गुस्से में आकर दाँत किटकिटाने लगती। नयी आयी स्त्रियों पर अपना रौब झाड़ने में उसे महारत हासिल थी। जेल में यहाँ वहाँ फैले भ्रष्टाचारी तत्त्वों का पता सबको रहता कि किस बैरक की कौन-सी कोठी के किस नम्बर के कैदी से मुलाकाती कब आये गये और कब किससे कितने पैसे ऐंठे गये। तमाम लोगों की मिलीभगत से ये सब कदाचार फलते फूलते। पूरी बेहयाई पर उतर आती पुलिस। यहाँ आकर पता चला कि ऐसा कोई काम पुलिस मुफ्त में नहीं करती। ये सब सुनकर भारती के सीने में गुस्से की आग धधक उठती और वेग से लपटें उठकर चारों तरफ फैलने लगतीं तब उसकी सहेलियाँ उसे समझा-बुझाकर शान्त करने आतीं। ऐसी ही उसकी पक्की सहेली थी ज्वाला। यथा नाम तथा गुण। उसका तो एक ही काम था—सुबह से उठकर कुछ ऐसा प्लान किया जाये कि कौन-सी खुराफात करके प्रशासनिक आला अफसरों का ध्यान अपनी तरफ खींचा जाये।

जेलर साहिबा की पदचाप सुनते ही तमाम बन्दिनी जहाँ भी बैठी होतीं, हाथ जोड़कर खड़ी हो जातीं। दयनीयता उनके चेहरे का स्थायी भाव बन चुका था। कैसी कठोर तो ये जेलर साहिबा हैं जिन्हें इतना-इतना गुस्सा आता है कि जब वे आपे से बाहर हो जातीं तो महिला बन्दिनियों को पीटने लगतीं। किसी के बाल नोच लेतीं तो किसी के कपड़े फाड़ देतीं। उनकी बात न मानने पर खींचकर चाँटा रसीद कर

देना तो उनकी दिनचर्या थी। जेलर साहिबा अक्सर कोई न कोई फरमान जारी करती रहेंगी—"अमुक को बैरक का चार्ज दे दो, चलो, तुम बैरक की लाइन बनवाओ। ऐ, क्या किया था कल तूने? बगल में सोने वाली से किस बात पर झगड़ा किया? उसकी किताब फाड़कर फेंक दी, क्यों भला? बाल क्यों नोचे उसके? उसका दुपट्टा भी खींचा था? चलो, बैरक बदल देते हैं तुम्हारा, ठीक?"

"नहीं साब, कुछ नहीं किया हमने।" बैरक बदलने का सुनकर वे डर जातीं। वहाँ सबके साथ थोड़ी बहुत दोस्ती हो जाती सो वे वहाँ उन्हीं के बीच रहना चाहतीं।

"साब, वही उल्टा हमें गालियाँ बक रही थीं। मैंने कहा कि एक जग भरकर पानी ले आओ तो पलटकर बोली—'मैं क्यों जाऊँ? क्यों काम करूँगी तेरे वास्ते? नौकर समझ रखा है? जानती नहीं, मैं किसकी बेटी हूँ, किसकी पत्नी हूँ...तू खुद उठकर जा और मेरे लिए भी पानी लेकर आ। हुँह, बड़ी आयी हुक्म चलाने वाली ...ज्यादा तीन पाँच की तो कल से मेरे कपड़े भी तू ही धुलेगी।' अच्छा, अच्छा, रहने दे अपनी कचर पचर, तू उठती है कि लगाऊँ वहीं आकर, हाँ, धुनक दूँगी तेरे को।"

"ये धौंसपट्टी किसी और को दिखाना, जरा धुनक के तो दिखा, है इतनी हिम्मत? हत्यारिन कहीं की।"

"हत्यारिन होगी तू, तेरा बाप, हाँ। तू हत्यारिन, पापिन नहीं तो और क्या है, तभी तो यहाँ है सालों से।"

हाथ फटकारते हुए वे एक-दूसरे को नीच, कुत्ती, कुलच्छिनी, पापिन, हत्यारिन, कुलबोरनी जैसे अनगिनत शब्दों के तीर फेंकती रहतीं। अपनी सालों से जमी कुंठा, ईर्ष्या और आक्रोश निकालने के जो भी मौके मिलते, वे पूरी तरह अपनी पृष्ठभूमि का लिहाज करना भूल जातीं यानी मान मर्यादा, शिष्टाचार या शालीनता का ओढ़ा नकाब कभी भी उड़कर उनकी असलियत उजागर कर देता। सो वे जिस किसी कमजोर को अपना शिकार बना उसी पर निशाना साध गालियाँ बकने लगतीं या मारपीट करने पर कभी भी उतारू हो जातीं। यहाँ वहाँ बेमतलब बहस करना, गप्पें हाँकना या उन्हें बीड़ी फूँकते देखा जा सकता था। बन्दिनियों की दुत्कार, बात-बेबात पर गाली-गलौज, मार पिटाई और जिरह करने पर मिलती और ज्यादा पिटाई।

उन्हें देखकर रत्ना को ऐसा लगता जैसे वे तो बस चौपाये जानवर की तरह हैं, चलती फिरती हैं, आँखें सब तरफ देखती हैं, कान सुनते हैं मगर उनके बोलने से और ज्यादा उत्पात मचना था, सो क्या फायदा मुँह चलाने से, यानी अपनी कुंठाओं को किसी और पर फेंकना रत्ना को कभी पसन्द नहीं आया। शरीर को बाँधकर यहाँ फेंक देने से मन भी तो बँधा-बँधा-सा रहता है, सो वह खुद को बँधी गाय-सी मूक व असहाय पाती। अन्दर से लगातार आवाजें आती रहतीं—मन तो आजाद है, सोच पर तो कोई लगाम नहीं लगा सकता मगर उम्मीदें इतनी बार टूट चुकी हैं कि फिर नये सिरे से उम्मीदों की चाहत ही नहीं रह जाती।

वैसे बहुतों को नींद की गोलियाँ खाने की आदत पड़ जाती थी। भारती को जब डॉक्टर से नींद की गोलियाँ नहीं मिलतीं तो अचानक भारती के भेजे में गर्मी चढ़ जाती और वह ऊटपटाँग हरकतें करने लगती। देखते-देखते न जाने कौन-सा भूत सवार हो गया कि उस दिन वह जोर-जोर से चिल्ला पड़ी। हाथापाई होनी ही थी सो हो गयी। पीटे जाने पर घायल जानवर की तरह चीत्कार करती गुस्से में खूब फनफनाती मगर ऐसा गुस्सा किस काम का। अचानक से मुआइना करने आये ऑफिसर से भी वह बदतमीजी कर बैठी। होश में तो थी नहीं तभी तो अनाप-शनाप गालियाँ बकने लगी। फिर उसे रसोई के कामों में झोंक दिया जाता। कभी मसाला कूटना पड़ता तो कभी बड़े तवे पर अनगिनत रोटियाँ सेंकने के काम पर लगा दिया जाता मगर काम करते-करते भी उसके मुँह से गालियों के छर्रे निकलते रहते। ऐसे हादसे लगभग हर सप्ताह होते रहते। फिर सबको लगने लगा कि यही है खुराफात की जड़ सो प्रशासन के लिए भी वह मुसीबत बनती गयी कि उन्हें लगा कि ये तो सबके साथ ग्रुप में रहने लायक कतई नहीं है। अदालत से भी लिखा-पढ़ी करवाकर आदेश मँगवा लिए गये और उसे यहाँ लाकर पटक दिया गया। हे भगवान, वहाँ तो फिर भी दिन-रात किसी तरह दर्जनों लोगों के चेहरे देखकर, बोल-बतियाकर अपने जैसों से लड़-झगड़कर बीत जाता था मगर यहाँ, यहाँ तो सिवा अँधेरों के और कुछ भी तो नहीं है। अँधेरा निगलने पीने के सिवा वह करे तो क्या करे? ऐसा जीवन किस काम का मगर मर भी तो नहीं सकती वह। न यहाँ मरने में, न जीने में, बस लटकी हुई है अधर में, जीने-मरने के बीच। कड़क मिजाज वालियों को रसोई के काम में लगा दिया जाता। बेसन भूनती, पापड़ बनाती और तमाम कढ़ाई बुनाई या दस्तकारी के काम में लगायी औरतों को काम के बदले मेहनताना भी मिलता। जेल के बाहर दुकानें लगी होतीं जहाँ इनके सामानों की खूब बिक्री होती।

उस दिन डूबती साँझ को देखते हुए रत्ना के मन पर गहरी निराशा छायी थी। यह अपने अस्तित्व की लड़ाई है जिसे हरेक को अकेले अपने बूते ही लड़ना पड़ता। कत्ल का मुकदमा यानी ऐसा केस जो जिन्दगी भर चलने वाली ऐसी लड़ाई है जिसमें हार-जीत के कोई मायने नही। जीत भी गये और तब तक फैसला आते-आते जिन्दगी का मुख्य भाग बीत जाता है सो बाहर आने पर भी सारे नाते-रिश्तेदार मुँह फेर लेंगे। हुँह, ये है कलंकिनी, कुलबोरन जैसे बोलों से उसे देखकर नाक-भौं सिकोड़ लेंगे। वैसे भी एक हार तो है ही अपनी चिरसंगिनी जिसके साथ हम बत्तख की तरह पैर सिकोड़े पड़े रहते जेल के 6 गुणा 6 की बनी पत्थर की खड्डी पर। क्या सीमेंट की वो खड्डी तय करके लेटकर ही हम अपनी इहलीला खत्म कर लेंगे, शायद। यहाँ आकर पता चला, खोने की कीमत। महीने में एकाध दो बार जब उसे कचहरी में पेशी पर जाना पड़ता, वहाँ वकीलों की लॉबी देखती, उनकी जिरह को सुनकर जी घबड़ाने लगता। कानून के वे सारे शब्द, उनकी बारीकियाँ या जटिलताएँ

सब कुछ इतना मशीनी, खोखला और बेजान लगता। हर तरफ अनिश्चितता के काले बादल मँडराते नजर आते। इसी अनिश्चितता और असुरक्षा से गठजोड़ हो गया है बन्दिनों के भाग्य का। वे अक्सर यही सोचती, आखिर कब बाहर खुली हवा में आजादी से जीना मयस्सर हो पायेगा उन्हें। इस सवाल का जवाब किसी के पास नहीं था। थक हारकर वे भाग्य या समय के चमत्कार पर यकीन करने वाली कहानियाँ एक-दूसरे को सुनाने लगतीं जिसमें समय के जादू से अचानक अनायास जीवन उलट पुलट जाता था। इस सचाई को वे बखूबी जानती थीं कि हकीकत का चेहरा सींग दिखाते बैल की तरह डरावना और वीभत्स होता है मगर फिर भी क्या पता, भाग्य कब किस पर मेहरबान होकर जादू कर दे, क्या पता। अमुक-अमुक कहानी में ऐसा-ऐसा हुआ था न, महाभारत या रामायण या पंचतन्त्र के किस्से सुनाने वाली भारती चाची आ जाती और वे रोनी सूरत बनाये औरतों के जीवन में हँसाने वाली बातें करती रहतीं।

यही भारती चाची हैं जिन पर बहू को जलाकर मार डालने का आरोप है मगर वे सचमुच हिम्मती हैं सो रोते-रोते हँसने लगतीं या हँसते-हँसते रो भी पड़ती हैं जब उन्हें अपने बच्चों की याद आती तो कलेजा चिर जाता है। जिस दिन उनकी बेटी मिलने आयी, वे कटे पेड़ की तरह ढह पड़ी थीं। दो दिन तक ठीक से खाना नहीं खाया—“अपनी प्यारी सुकुमार-सी लाड़ेसर को इस हाल में देखकर हाय मैं मर क्यों न गयी? यहाँ मैं किसलिए जी रही हूँ? भाइयों ने बहन की क्या दुर्दशा कर डाली, बेचारी से घर का पूरा कामकाज कराते हैं, जिस लड़की ने कप तक अपने हाथ से न धोया हो, उसे आज बर्तन माँजने पड़ रहे हैं, कपड़े धोने पड़ रहे हैं, पूरे घर का खाना बना लेती तब कहीं दो कौर खाने को देते नासपीटे...बाप तो इसका पहले ही ऊपर सिधार गया था। बड़ी बहू अपनी मौत मर गयी और अब सताने के लिए कोई और न मिला तो मेरी फूल-सी बच्ची पर जुल्म ढा रहे हैं वे सब मिलकर...अकेली पड़ गयी बेचारी.., कई दिन लग गये उन्हें सामान्य होने में। कुछ औरतें जब ज्यादा तकलीफ न झेल पातीं तो अफीम जैसी नशीली चीजें लेने लगतीं फिर धीरे-धीरे वे इसकी आदी होती जातीं।

पहली रात बीती, फिर अगली सुबह, इसी तरह ससुराल की पहली रात के बाद वाली सुबह। रत्ना को याद आया, शुरू-शुरू में वह एक-एक दिन गिन-गिनकर काटती थी। 7 दिनों के बाद सप्ताह हो गया यहाँ रहते रहते। चलो, अब जल्दी ही जमानत हो जायेगी, सोचकर फिर से कई सप्ताह निकल गये। अरे, ये क्या, ऐसे ही देखते-देखते पूरा महीना बीत गया, तो क्या इसी तरह कई महीने ऐसे ही निरर्थक उम्मीद के साये में बीतते जायेंगे और वह ताजिन्दगी यहीं इस पत्थर के चबूतरेनुमा जगह पर बमुश्किल पैर सिकोड़े मर खप जायेगी। चिन्ताओं के साये बड़े होकर जब हताशा में बदलने लगते तो सिवा अतीतगमन करने के कुछ और नहीं सूझता।

फिर से ससुराल के वे मीठे दिन रह-रहकर याद आने लगे जहाँ वह सुभीते से अपने बैडरूम में लेटकर पुरानी फिल्मों के गाने सुना करती थी। जब ईशान पेट में आया तो उसके खाने-पीने का कितना ध्यान रखा जाने लगा था कि वह राजरानी की तरह खाती-पीती थी। कब किस समय क्या जूस पीने हैं या कब सोना-उठना-बैठना, चलना-फिरना है, ये सब बातें शहर की नामी डॉक्टरनी ने कितने कायदे से समझायी थीं। उसकी सास सबके सामने तो उससे खूब प्यार से बोलती। अधिकार भाव दर्शाते हुए लाड़ जताने का कोई मौका नहीं गँवाती। –"बेटी रत्ना, कितनी सूखती जा रही हो, कितनी दफे कहा कि बादाम गलाकर रखे हैं, छीलकर खाती क्यों नहीं? सूखे मेवे से डब्बे भरे पड़े हैं सो रोज एक मुट्ठी दवा समझकर खाया करो। इससे बच्चे का दिमाग दुरुस्त होगा।"

सब दिनन कौ फेर है। समय के पास हैं चमत्कारी शक्तियाँ। जैसे पुराना वक्त कभी नहीं लौटता, जैसे गुजरी अनुभूतियाँ भी कभी नहीं लौटतीं। वे अहसास मर चुके होते हैं जो कुछ भी बचा रहा होगा, तलछट पर जमी रेत को हथेलियों पर लेकर देखो, कीचड़ से सन जायेगी हथेली। बस शान्त भाव से पानी के आईने में गुजरे वक्त को देखना मुनासिब होगा। उसे देखकर शायद गुजरा वक्त याद आ जाये। मगर गुजरा वक्त तो जस का तस खड़ा है अभी तक। तब क्या जमाना था जब हम अपने भाग्य पर इतराते थे तब हमारे आसपास वाले भी हमें देखकर हमारी तकदीर की सराहना करते। तब कौन जानता था कि वह हमारा भाग्य नहीं, दुश्मन बनकर आया था, हमसे न जाने किस जन्म का बदला लेने। अब देखो, वही दोस्त बनकर धोखा देने वाला भाग्य कब का हमारा हाथ–हमारा साथ छोड़कर दूर खड़ा हमारी दुरवस्था पर कैसे मजाक उड़ा रहा है। अन्दर ही अन्दर कुछ न कुछ सुलगता रहता। कभी लगता, दर्द से सिर फिरने लगा है तो कभी लगता, भीतर इतना सारा दर्द जमा हो गया है कि कहीं किसी रोज ज्वालामुखी बनकर फट न पड़े।

धीरे-धीरे वक्त सरकता गया। रत्ना सोचती, हमें इस नरकवास को झेलने की आदी होना पड़ता है। शुरुआत में मन को बार-बार समझाती रहती। रह-रहकर बेचैनी की मरोड़ उठती तो फिर से बरगद जैसे विशाल समय की बातें, यादें और घटनाओं की डाल पकड़ उसी की छाँह में जा बैठती।

कभी-कभार जब गुस्से की अतिशयता में तमतमाहट बढ़ती तो ऐन मौके पर अपने भोले भाले पति द्वारा दर्ज बड़बड़ाहट सुनकर कलेजे को ठंडक मिलती। वह कभी इशारों में तो कभी थोड़ा बहुत बोलकर अपने माँ-बाप को चुप कराने की कोशिश करना चाहते। कितने नेक, भले, भोले और निर्दोष बच्चे की तरह हैं ये, मन करता कि सबके सामने इसे छोटे बच्चे की तरह सीने से जकड़कर प्यार करूँ। इशारों से अपने पास बुलाकर उन आँखों में पसरी आत्मीयता की गहरी चाहत महसूसती। वह अक्सर शाम की स्याही में डूबते पेड़ों की धुन्ध को एकटक देखते रहते और न

जाने क्या-क्या बोलने की कोशिश में बड़बड़ाते रहते। फिर इशारों में हथेली पकड़ रत्ना से कहते–"तुम यहीं मेरे पास बैठो।" उसका हाथ वह अपनी हथेली में पूरी ताकत से जकड़ लेते फिर उन मासूम आँखों में कभी-कभार एक कौंध-सी चमक उठती जिसका मतलब रत्ना बखूबी समझना सीखती गयी। इस कौंध का ही असर था कि उसकी हताशा ऐसे मौकों पर फुर्र से उड़ जाती और वह नये सिरे से जीवन के छूटते बिखरते सिरों को फिर से पकड़ने की जद्दोजहद में खुद को खपा देती। जब कभी मन उचटता और वह वहाँ से जाने की सोचती तभी पति रीतेश के साथ बिताये कुछ सुन्दर बदरंग दोनों पल एक साथ खड़खड़ाते हुए सामने खड़े हो जाते और उसके पाँव बँध जाते जस के तस।

"तुम मुझे छोड़कर जाओगी तो नही?" अपनी अस्फुट भाषा में एक अनकहा-सा आत्मीय दबाव महसूसती रत्ना की फिर पुरानी दुनिया की यादों में डूबते हुए आँखें भर आतीं। गहन अन्तरंग पलों में रीतेश का चेहरा पसीने से तर-ब-तर हो उठता। ए.सी.से ठंडाते कमरे में भी काँपता रहता था वह। बेशक वह ठीक से प्यार जताने की कला नहीं जानता था, न ही वैसे बोल बतियाना आता था, न संवेदना का लहलहाता समुन्दर था वहाँ, एक ऐसी मूरत जिसे ठीक से खाने-पीने का प्रशिक्षण था, जो रोटी, कपड़ा और मकन के साथ कामक्रीड़ाएँ भी जानता था मगर इससे ज्यादा सोचने-समझने या कहीं अकेले आने जाने का दमखम या हिम्मत नहीं थी, न ही उतना आत्मविश्वास। उस पर पूरी तरह निर्भर किसी अबोध बच्चे की तरह जीवन था रीतेश का फिर भी पूरे चौबीस घंटे साथ रहते-रहते एक नामालूम किस्म का लगाव भी दोनों के बीच पनपता जा रहा था। कभी-कभार जब वह उसके छोटे-बड़े काम करते-करते हताश या निराश होती तो मन करता कि इस सारी दुनिया को छोड़कर वह फिर से अपनी उसी पुरानी बेढब दुनिया की तरफ भाग जाये, कम से कम यहाँ के जंजाल से पिंड तो छूटे मगर सुबह होते ही निर्णय पलट जाता कि रीतेश की देह पूरी तरह उससे वृत्ताकार लिपटी हुई है। उसका दायाँ हाथ हमेशा रचना की छाती पर टिका रहता। उसकी बिन्दी को जरूर वह छू-छूकर हटा देता और...और...न जाने कितनी जगहों पर अपने प्यार के काले नीले निशान छोड़ देता। सुबह होते ही जब वह उन निशानों को देखती तो मुस्कराये बिना नहीं रहती।

उसके कपड़ों को वह अक्सर सूँघता रहता। हाँ, उसे टीवी देखने का खूब शौक था। पहले गाने वह जरूर सुनता और आईने के सामने खड़े होकर घंटों खुद को निहारना, अपनी उँगलियों से अपने घुंघराले बालों पर कंघी करना और मुँह टेढ़ा करके अजीबोगरीब हरकतें करते देखती तो मन वितृष्णा से भर उठता। अक्सर ऐसे मौकों पर वह वहाँ से हट जाती। क्षुब्ध और हताश मन न जाने कहाँ-कहाँ भटकने लगता। कभी जीवन की निरर्थकता तो कभी खालीपन का अहसास बहुत शिद्दत से कचोटने लगता।

सचमुच इन चन्द महीनों में ही कितने-कितने रूप देख चुकी है वह जीवन के। जल्दी ही ईशान पेट में आ गया सो जल्दी से जकड़ती गयी वो सामाजिकता के निभाने के घनचक्करों से, कि अब चाहकर भी इससे मुक्ति सम्भव नहीं। बाहर खुले में निकलकर जीने की चाहत तो बस यादों में शेष है रूमाल में छिड़के भीनी इत्र की महक की तरह जिसे भूले भटके सूँघकर ही मन बहलाया जा सकता है।

"रत्ना, ओ रत्ना, खाना नहीं खाना है क्या आज? कितनी देर से तू ऐसे ही गुमसुम बैठी है, चल उठ वरना जो भी है, वो भी तो नहीं मिलेगा।" बगल से गुजर रही पुष्पा ने उसे वर्तमान में ला पटका।

ये हिन्दुस्तान की जेलें हैं या यन्त्रणागृह? हमारे देश की ये कैसी न्याय व्यवस्था है जहाँ जेल में रहने वालों को इनसान ही नहीं समझा जाता। अगर वे हमें इनसान मानते तो ऐसे कचरे में फेंकते? जहाँ टॉयलेटों की नारकीय हालात किसी से छिपी नहीं है। क्या वे मजिस्ट्रेट नहीं जानते कि एक-एक टॉयलेट में जाने वाली 50 से 60 बंदिनियाँ हैं। यहाँ आकर इस हकीकत का बोध पहली बार हुआ कि कष्ट सहने और अनुभव करने में बहुत फर्क है। कष्ट सहते-सहते अनुभव हासिल होते जाते जिनसे हर कैदी को गुजरना पड़ता सो वह इन अनुभवों से सीखता जाता। फिर चाहे जितने कष्टों के ढेर लग जायें, बर्दाश्त करने की ताकत बढ़ती जाती है। रत्ना क्या जानती थी कि उसके जीवन में ऐसे-ऐसे भयावह मोड़ आयेंगे कि उसका नाम या वजूद ही ढह जायेगा एक दिन। मौजूदा कष्टों से राहत पाने या मन को बहलाने के लिए वह फिर से उन्हीं पुराने दिनों को याद करने लगती जिसने उसकी जिन्दगी में दस्तक दी थी। वो रंगीन समय जब जीवन सम पर आता नजर आता था।

भ्रम के चँदोवे सब उड़ते गये सच का एक चेहरा ये भी

वक्त दिशाएँ बदलता रहा। भीतर बैठा दुख जो गाहे ब गाहे पहले पछतावे के रूप में उभर आता था, वह अहसास भी कमतर होता जा रहा था। थोड़ी-सी हिचकिचाहट, संकोच या फिर हीनता भरे भाव अक्सर अपने पति रीतेश को देखकर रत्ना के मन में उमड़ते घुमड़ते रहते थे, वे भी मद्धिम पड़ते जा रहे थे। सच तो ये भी है कि शायद ही कोई दिन ऐसा गुजरा हो जब उसके मन में ये खयाल न आया हो कि काश, ये भी सामान्य पतियों की तरह होते, फर्राटे से स्कूटर या बाइक दौड़ा रहे होते तब मैं इनके पीछे खूब चिपटकर बैठती, तब सही मायनों में दुनिया वाले खास तौर पर मेरी ममेरी फुफेरी बहनें मुझसे खूब जलती, कुढ़ती और उनका ऐसा करते हुए देखने में कितना मजा आता। वैसे भी अन्दर से जलती कुढ़ती तो वे आज भी हैं तभी एक बार सुधा जिज्जी अम्मा से कह रही थी–"रत्ना जैसी किस्मत कहाँ हैं मेरी बिटिया की?" तो सुधा की बेटी बिफर पड़ी थी–"न, मुझे नहीं करना किसी ऐसे रईसजादे से ब्याह जिसके साथ कायदे से मस्ती तक न कर सकें या जिन्दगी जीने का असली रस भी न ले सकूँ, ऐसी जिन्दगी कतई नहीं पसन्द मुझे, न, जिन्दगी मजे लेने का दूसरा नाम है, न कि घुटघुटकर गुजारने से।" उसके चुभते बोल रत्ना को कभी नहीं भूल पाते।

"ऐ रत्ना, साफ-साफ बता न, क्या ये बच्चा वाकई तुम्हारे पति का ही..." किसी दूरस्थ रिश्तेदार ने सीधे उसके मुँह पर जैसे तमाचा जड़ दिया हो। अचानक एक धमाका-सा सुनाई पड़ता जैसे कहीं बम विस्फोट हो गया हो। उसके दिमाग के परखच्चे उड़ने लगे। तनाव की अतिशयता में नसें फटने लगी थीं–

"बकवास बन्द करो प्लीज।" कहते हुए उसकी आँखें भर आयी थीं। न जाने किस किसको कितनी तरह के सवालों के जवाब वह कब से देती आ रही है। कितने ठीठ व बेशर्म होते हैं लोग। कितनी घटिया सोच वालों से भरा पड़ा है हमारा समाज। जिसे सीधे पूछने में हिचक होती, वे भी अलग-अलग तरीकों से सड़ियल बातें बनाने से बाज नहीं आते। इनकी तरह हम उतनी मोटी चमड़ी वाले क्यों नहीं हो पाते कि जिसे जो बकवास करना हो, करता रहे और हम पर कोई असर ही न पड़े।

"रत्ना बिटिया, ऊपर से वे सब तुम पर लाड़ जतायेंगे मगर उनके अन्दर क्या चल रहा है, वह जानना आसान कहाँ होता।" उसकी अम्मा ने एक बार उसे कायदे

से समझाया था। कितना सही आकलन था उनका। तभी तो एक दिन उसने खुद अपनी सास के मुँह से सुन लिया था–

"सुनते हो, अपना ये ईशान सच्ची में अपना ही अंश है..."

"तो, इसमें कौन-सी नयी बात बता रही हो? उसका बेटा है, इसमें इतना चहकने की क्या बात है? ये तो जगजाहिर बात है। ऐसी बेसिर-पैर की बातें तुम सोच ही कैसे लेती हो? कितनी विकृत सोच होती जा रही तुम्हारी सुचित्रा, हद है ये तो।" वे उल्टा उन्हीं पर बरस पड़े। पहली बार उसे अपने ससुर समझदार व नेक इनसान लगे।

"अरे, इसमें इतना ज्यादा नाराज होने की क्या बात है?" पैर पटकते हुए वे वहाँ से चल दी।

रत्ना के मन में बवंडर-सा मचने लगा। भरी आँखों से खिड़की के पार देखने लगी जहाँ चारों तरफ छायी थी धुन्ध ही धुन्ध जिसके पार देखने पर धुन्ध ही नजर आती। धुन्ध को चीरकर भी कोई रास्ता नजर नहीं आता, दूर-दूर तक। दूर-दूर तक पसरी हैं वीरानियाँ, पसरे हैं अटूट सन्नाटे। ऊपर से शान्त, सीधे बनने का ढोंग रचती यानी बड़ी मीठी-मीठी बातें करने वाली इस बुढ़िया के मन में शक सन्देह के काले भयावह साँप बसे पड़े हैं। कितनी जहरीली नागिन है ये मेरी मिठबोली सास। उनके कितने रूपों को या बदलते चेहरों पर चढ़े नकली हावभावों को कैसे समझ बूझ पायेगी? एक-दूसरे से अहमतियों के बीच ही एक-दूसरे के बीच अनन्त दूरिया बढ़ते-बढ़ते मीलों तक लम्बा सफर कब कैसे तय कर लेती और उसे इसका बोध तक नहीं हुआ, ताज्जुब है। सचमुच, असहमतियों से पनपती गयीं ये खाई जैसी गहरी दूरियाँ जिन्हें पाटना नामुमकिन-सा लगता है। अचानक लगा, लो, अपनी सूरत खुद ही देख लो, जान लो हकीकत और फिर उसी आईने से दुनिया को पढ़ो, जानो और समझो। कब तक मूरख बनी रहोगी रत्ना?

उसे याद आया, एक बार वह किसी समारोह में गयी थी जहाँ प्रवचन चल रहा था। कोई मनीषी कह रहे थे—हमारा जीवन खुद एक पाठशाला है जिसमें हर रोज कुछ न कुछ सीखना पड़ता है जिसमें गुजरने वाला हर लमहा हमें कोई न कोई सीख जरूर दे जाता है। मगर उसे ऐसा क्यों लगता है, जैसे वो छली गयी है। उसके रटे-रटाये पाठ का मतलब हर रोज बदलकर उलटपुलट जाता है। कोई न कोई अपना मतलब साध अपने रास्ते निकल लेता है और वह ठगी-सी देखती रह जाती, मूकदर्शक बनकर। उसके घर वाले तक उसे कहाँ ठीक से समझ पाये हैं, वे भी तो इनसे मिले पैसों व घर-द्वार पाकर मगन हैं।

ईशान के जन्म के बाद रत्ना को लगा था कि चलो, अब इससे हमारे उखड़े या उदास सूने जीवन में सुकून व स्थिरता आयेगी। बेचैन दिल को थोड़ी-सी राहत मिली जरूर। सबसे बड़ी बात, उसके नीरस उजाड़ जीवन को नये रंगों से भरते हुए

मन लगाने के लिए एक सुन्दर प्यारा जीता जागता खिलौना जो मिल गया था मगर ऐसा कहाँ हो पाया? ईशान के जन्म के बाद से ही सासोजी ने बच्चे को अपने कब्जे में लेना शुरू कर दिया था। कई बार वे उसे सिर्फ इसलिए देती थीं जिससे वो माँ का दूध पी सके। उसके बाद से फिर वे उसे लिए-लिए हर जगह घूमती फिरती जैसे उनके हाथ कोई अनमोल खजाना लग गया हो। उसे कई बार ऐसा लगता जैसे इस घर में उसके करने के लिए कोई काम ही नहीं बचा। रत्ना बच्चे को हर पल अपनी नजरों के केन्द्र में रखना चाहती मगर वे जब तब उसकी गोदी से उसे अधिकारपूर्वक छीन ले जातीं और अक्सर अपने पास ही सुलाने की कोशिश करतीं।

"रत्ना, तुम जरा ठीक से नाश्ता तो तैयार करो, तब तक मैं ईशान की मालिश कर दूँ।"

"मम्मी, मैंने अभी तो की है इसकी मसाज" वह सकुचाते हुए बोलती।

"तो क्या हुआ? छोटे बच्चे की तो दो-तीन बार मालिश होनी चाहिए। इससे वे जल्दी चलना सीख जाते हैं।"

वे किसी न किसी बहाने से ईशान को अपने पास खींचने की जुगत लगाती रहतीं। शुरुआत में तो वो बड़ी खुश थी कि अच्छा रहा, उसकी सास खुद इसे पालने-पोसने में बढ़-चढ़कर उसका साथ दे रही हैं मगर ये तो बहुत बाद में महसूस हुआ, जब उसकी अम्मा ने उसे गहराई से समझाया—"बेटा, वो सयानी है, दुनिया देखी है सो हर वक्त बच्चे को वही क्यों सीने से चिपटाये रहती है? लगता है जैसे बच्चा तूने नहीं, उन्होंने जना है। रत्ना, ये बड़े सयाने लोग हैं, तू इनकी चालें समझा कर। पोता होने पर उनका मतलब तो सध गया सो डर है कि कहीं किसी बात पर वो तुझे इस्तेमाल के बाद निचोड़कर कहीं घूरे पर न फेंक दें छिलके की तरह कि अब तो हमारा मतलब सध गया सो हमें इससे क्या लेना-देना? सो सोच-समझकर ईशान को अपने कंट्रोल में रखना सीख। और एक बात की गाँठ बाँध ले, ईशान को रात भर उनके हवाले कर तू यहाँ अकेली क्यों आयी है? सुन, तू अब इसी वक्त चली जा यहाँ से और उनसे कह, कि बेटे के बिना मुझे नींद नहीं आती और अम्मा को भी ईशान को देखना है तभी यहाँ वापस आना, मगर बच्चे को लेकर ही आना यहाँ।"

उसे याद है, ईशान को लेकर उसकी सास बाहर निकल जाती और वह घर में अकेली पड़ी-पड़ी ऊब जाती सो लौटते ही वह ईशान को जकड़ लेती तो सास उसे खा जाने वाली नजरों से घूरने लगती। जब कभी वह उसे अपने साथ ले जाने की बात कहती, वे फट से मना कर देतीं। कितनी तेजी से एक-एक सीन उसकी आँखों से गुजरते सिनेमा की रील की तरह गुजरने लगा। उनके साथ गुजारे गये हर एक पल की अनगिनत हिदायतें और बात-बात पर उसे अनपढ़, गँवार, देहाती, जाहिल, उजड्डों के घर की हो, सो कैसे जानोगी हमारी कल्चर, हमारे वैल्यू सिस्टम

को? कंजड़ों के घर से मुँह उठाकर चली आयी है, ये क्या जाने सलीके से जीने का तरीका, दो के बीच में मत बोला करो, जब कुछ जानतीं समझतीं नहीं तो चुप रहा करो, समझीं? ये सब सुनते-सुनते धीरे-धीरे उसकी चुप रहने की आदत पड़ती गयी। ऊब भरे नीरस उचाट दिन और सूनी-सूनी-सी स्वप्नहीन आँखों से देखती रहती सूनी सड़क की पगडंडियाँ जिन पर कितनी तेजी से, कितने जोश व जज्बे से झटपट कहीं भी चलने को तत्पर रहती थी वह। अब तो कहीं आने जाने का मन ही नहीं करता। हवाएँ आज भी वही हैं, बस हमारे वे पुराने साथी बदल चुके हैं या वे चेहरे बदल चुके हैं जिनके बीच हँसी-ठट्टा करते हुए अपना जानदार वक्त बिताते थे। आज वही पुराने चेहरे कितनी तेजी से बदल गये हैं, हमें देखकर नाक-भौं सिकोड़ते हुए...हुँह...तुम्हारे ये ठाठ, कहाँ हम जैसे फटेहाल, अभी भी जस के तस, कहकर परे हो जाते।

ऐसे ही किन्हीं क्षणों में उसके मुँह से निकल गया—"मेरा मन नहीं लगता यहाँ। दिन भर खाली पड़ी रहती सो कुछ न कुछ करना चाहती हूँ, नौकरी की बात तो हमने शादी से पहले ही तय कर ली थी। मगर ये बच्चा आ गया सो टलता गया इसी में।"

"पहले ये बच्चा तो बड़ा हो जाये ठीक से, फिर जो चाहे करना।" सास ने निरासक्त स्वर में दोटूक जवाब दे दिया।

"बच्चा, बच्चा, सुनते-सुनते कान पक गये मेरे तो। वैसे भी ईशान को तो अक्सर आप ही टाँगे रहती हैं जैसे उसकी माँ आप ही हों। फिर, मेरा काम ही क्या बचा है यहाँ? नौकरी नहीं तो घर पर ही रहकर कुछ काम शुरू करूँगी?" न चाहते हुए भी उसकी आवाज में आक्रामकता शुमार हो गयी।

"जब तक ईशान बड़ा नहीं हो जाता, तब तक तुम बाहर की नौकरी भला कैसे कर पाओगी, तुम्हीं खुद सोचो बेटा, गलत तो नहीं कह रहा?" इस बार उसके ससुर बीच में आ गये।

"सुचित्रा, यही रहकर इसके वास्ते कुछ न कुछ सोचती क्यों नहीं? इससे इसका मन भी लगा रहेगा और ईशान को भी माँ की कम्पनी मिलती रहेगी। फिर चार पैसे भी इसके हाथ में आयेंगे सो इसमें बुरा क्या है?"

"एक आइडिया है, नीचे वाले पोर्शन में इसके लिए एक बूटीक क्यों नहीं खुलवा देती? इससे इसका मन भी लगा रहेगा और बेटा भी मस्त रहेगा।" ससुर जी लगातार बोलते जा रहे थे।

"बात तो तुम्हारी सौ परसेंट सही है। ऐसा कर सकते हैं हम, चलो, एक सप्ताह के अन्दर ही इस बावत कुछ फैसला कर लेती हूँ। वैसे भी मैं रिटायर तो हो ही चुकी हूँ सो कुछ पैसे बूटीक में लगा देंगे जिससे कुछ एक्स्ट्रा कमाई भी होती रहेगी और इसका मन भी लगेगा।" बोलते-बोलते जैसे उन्होंने आखिरी फैसला भी सुना

डाला। देखते-देखते सुचित्रा जी ने एक हफ्ते के भीतर ही 'रत्नेश बूटीक' नाम से सेंटर खुलवा दिया। सुचित्रा व महेशकुमार दोनों सेवानिवृत्त हो चुके थे सो उन्होंने सोचा, चलो, एक दुकान तो रीतेश के नाम पहले से ही है, सो क्यों न दूसरी वाली रत्ना के नाम से खोली जाये, सोचकर उन्होंने उसका नाम 'रत्नेश बूटीक सेंटर' रख दिया। सचमुच, चार पैसे किसे बुरे लगते हैं?

रत्ना ने बचपन में अपने छोटे भाई-बहनों के कपड़े खुद सिए थे, इस नाते उसे सिलाई वगैरह का ज्ञान तो था। इसलिए उसने तेजी से बूटीक के काम को फैलाना शुरू कर दिया। महीने भर के अन्दर ही अपने घर के सामने एक विज्ञापन टाँग दिया—एक डिजाइनर लेडी टेलर की सख्त जरूरत है। धीरे-धीरे उसके पास काम भी बढ़ता जा रहा था और उस लिहाज से वो व्यस्त भी होती जा रही थी। जल्दी ही एक कटिंग लेडी टेलर मिल गयी और काम बढ़ता रहा, मन लगता गया। व्यस्तताएँ बढ़ती गयीं।

बाहरी रूप से चाहे जीवन में कितनी ही चमक दमक भर ली जाये, कितनी ही सुख-सुविधाएँ घर में क्यों न भरी पड़ी हों, मगर क्यूँकर रत्ना को हरदम अपने जीवन में खालीपन, सूना-सूना-सा उजाड़-सा अहसास अक्सर बेचैन रखता। इतनी व्यस्तता के बावजूद दिमागी खालीपन उसे अकेलेपन का अहसास कराता रहता। रातों की नींद आँखों से उड़ जाती और वह फिर से खुद को सवालों से घिरा पाती।

बेशक जीवन में जरूरतें पूरी करना सबसे जरूरी है यानी हमारी पहली बुनियादी जरूरत है कि हमारा पेट भरा हो, तन पर पहनने को ढंग के कपड़े हों और रहने को सिर पर सुकून भरी छाँह। जब ये जरूरतें पूरी हुई नहीं कि मन कहीं और, कुछ और, कुछ अनजाना-सा, अज्ञात-सा जिसे वह खुद नहीं जानती मगर जिसकी तलाश उसे हमेशा रहती। वह बखूबी जानती-समझती है, इस सचाई को कि अब उसे यहीं रहना है, यही उसका घर परिवार है और यहीं उसकी सीमा रेखाएँ भी जिसके आगे कोई भी नयी राह कहीं और नहीं ले जा सकती उसे। यहाँ से कोई भी दिशा कहीं नहीं खुलती। फिर भी मन में अनगिनत खयाल और अनजान किस्म के सपनों से फड़फड़ाती रहती चेतना। बच्चे की सेवा टहल करते हुए जीवन काट देना और उसी की परवरिश में अपने को समूचा झोंक देना, बस यही तो करना है अब उसे जिन्दगी भर, ऐसा सोचकर वह खुद को रह-रहकर आश्वासन की पुड़ियाँ चटाती मगर कितनी ही बार क्यों न खुद को तर्कों से समझा ले लेकिन कुछ कँटीले सवाल उसे लहूलुहान करते रहते।

इन दिनों मौका मिलते ही वे टोक देती—"रत्ना, काजू इतने जल्दी कैसे खत्म हो गये? कोई और तो नहीं आया?"

"नहीं तो, कोई भी नहीं..." वह उनके बड़बड़ाने से समझ जाती कि वे कहना क्या चाहती हैं। दो दिन पहले उसका भाई शादी का कार्ड देने आया था तो इन्होंने

नाक-भौं सिकोड़ते हुए अनमने से कहा था—"कंगलों के घर से हमें कोई रिश्ता-नाता नहीं रखना। हाँ, कहे देती हूँ और सुन, न मेरा बेटा वहाँ जायेगा और न मेरा ईशान। मैं यहाँ सब सँभाल लूँगी। बस, तुम्हें अकेले जाना है सो चली जाना एक दिन के लिए। वैसे भी हमारे मना करने पर तू रुकने वाली तो है नहीं?" सुनते ही रत्ना की आँखें भर आयीं। वह पलटकर बहुत कुछ कहना चाहती थी मगर मन मसोसकर रह गयी। क्या ये वही स्नेह दर्शाती आंटी हैं जो उससे कहते हुए अघाती नहीं थीं—"मैं ऊँच-नीच, गरीब-अमीर जैसे भेदभाव में विश्वास नहीं करती। मेरी नजरों में सब बराबर हैं। किसी के पास किसी वजह से जमापूँजी ज्यादा जमा हो गयी है या रोजगार चल निकला या बड़ी नौकरी मिल गयी तो इससे क्या फर्क पड़ता है? हैं तो हम एक जैसे इनसान ही न, सबकी दो आँखें, दो कान, दो हाथ, दो पैर वाले। मेरे लिए तो रत्ना बेटी से बढ़कर है और रहेगी। रत्ना, तुम सचमुच सबसे बड़ी रत्न हो, हीरे जैसी चमकदार और सबसे अनमोल जिसका कोई मूल्य आँका ही नहीं जा सकता।"

"बस, बस, रहने दीजिए। इतनी तारीफ के झाड़ पर मत चढ़ाइए हमें वरना ...तब रत्ना की माँ ने मुस्कराते हुए जवाब दिया था। वही, वही, होशियार, स्मार्ट, सुचित्रा मैडम दोटूक लहजे में बेलिहाज तरीके से फैसला सुनाने में पल भर की देरी नहीं लगातीं—"वो लोग क्या, हमारे स्टेट्स के हैं? नो, नैवर, न तो वे हमारी क्लास से विकलांग करते हैं, न उनका सोशल स्टेटस इस लायक है कि हम उनके बीच उठ-बैठ सकें। हुँह, तो अपनी रिश्तेदारी निकालने वहाँ जाने का कोई सवाल ही नहीं उठता।" धीरे-धीरे नकली नकाब उतरने लगा था और वे अपने असली स्वभाव व बर्ताव पर उतर आयी थीं यानी मतलब पूरा होते ही क्या लेना-देना रत्ना के रिश्तेदारों से? उनकी बेशर्मी देखकर आँखों से आँसू निकल झरने लगे थे रत्ना के। कितना-कितना बुरा लगा था मगर किससे क्या कहे? किसे सुनाये अपनी जिन्दगी के किस्से और कौन यकीन करेगा कि ये भी तो छल है उसके साथ? एक विश्वास का छल, नकली स्नेह का छल...

वहाँ मायके में तो सबको यही लगता कि रत्ना खूब मजे में है, ऐश से रह रही है सो उसकी फिक्र करने की क्या जरूरत? मगर हकीकत में कितनी-कितनी घुटन होती है यहाँ? कितनी तो पहरेदारियाँ लगा रखी हैं माताश्री ने हमारे लिए, कितने नये-नये तरीके से नुकीले औजारों से टॉर्चर करती हैं वे जो बाहरी लोगों को नहीं दिखते मगर जिसकी चुभन सिर्फ और सिर्फ उसे ही कचोटती है। अब वह किस मुँह से किस तरह कैसे-कैसे तरीके से बेइज्जती के वाण आये दिन सहती रहती जो भेद देते हैं उसके तन-मन को और वह कटकर रह जाती।

दर्द की तेज लहरें आये दिन किसी न किसी बात पर उमड़ती रहतीं। सीने के आरपार खंजर चुभोये जाने का अहसास हर पल सताता रहता। बात-बात पर उसे

कमतरी का अहसास कराया जाता—“रत्ना, इतने महीने हो गये तुम्हें यहाँ रहते हुए मगर बात करने की तमीज जरा भी नहीं सीखी तुमने? जोर-जोर से क्यों बोलती हो हरदम? एकदम उजड्ड गँवारों के घर से मुँह उठाकर चली आयी हो न यहाँ? कैसी तो दो कौड़ी की चाय बनाकर देती हो? कितनी बार रसोई में जाकर चाय बनाना सिखाया मगर दिमाग तो जैसे है ही नहीं। ऐसा ही होता है छोटे लोगों का दिमाग जो जमीन पर ही रहता है हर समय।”

कड़वे नीम की तरह बोल गुटकते हुए बेआवाज तिल-तिलकर मरती रहती वह हर रोज। बच्चे को सीने से चिपटाकर अपने को नींद के हवाले करना चाहती मगर नींद में भी कानों को सुनाई पड़ता शोर—“अरे, अरे, क्या कर रही हो? ऐसे उठाये जाते हैं ये कीमती बर्तन? सँभालकर कायदे से, आहिस्ते से उठाना इस क्रॉकरी को जिसे हम कलकत्ते से लाये थे। अरे, ये लो, पटक दिया न इसे, जरा भी शऊर नहीं, पक्की देहातन हो।”

रत्ना समझ नहीं पाती, कहाँ फेंक दे वह अपनी इस छटपटाहट को? अन्दरूनी शोर से निजात कैसे मिल पायेगी उसे? काश कि उसका दिलोदिमाग किसी पत्थर में तब्दील हो जाये और वह अपने सोचने-समझने की शक्ति खो दे। रह-रहकर भीनी महक वाली पुराने इत्र की तरह पुराने दिन दस्तक देने लगते और मन गहरी उदासी में डूब जाता। कहाँ तो वह हरदम उछलती-कूदती मस्तमौला जिन्दगी जी रही थी और कहाँ ये इतना बड़ा घर या सोने का पिंजरा? जहाँ खुशियाँ भी किसी अनुशासित बच्चे की तरह दबे पाँव आना चाहतीं मगर उसके हिस्से तो कुछ भी नहीं आ पाता। एक दिन अचानक पुरानी सहेली सुनीता आ गयी सो सालों पहले की अधिकतर बातें धुँधली पड़ चुकी हैं। उसी ने याद दिलाया—“कहाँ तो बात-बात पर आवेश भरा उल्लास छलकता रहता था और अब कैसी मुर्दा जैसी गुमसुम दिखने लगी तू? रत्ना, इतनी बुझी-बुझी क्यों रहती है? याद कर, अमरूद के पेड़ पर किसी बन्दर की तरह चढ़ जाती थी तू और एक-एक अमरूद तोड़कर फेंकती जाती थी। तेरी संगत में कितने मजे किये हमने, याद है न?”

“हूँ...” सोचते हुए बालकनी की तरफ निकली और बच्चे के कपड़े समेटते हुए आसमान की तरफ देखा जहाँ लटकता चाँद बिल्कुल हालिया तैयार केक की तरह क्रीम रंग से सजा हुआ अँधेरे में अपने होने का अहसास जगा रहा था। चाँद को देखकर केक की याद कैसे आ गयी उसे? हाँ, अभी हाल ही में तो ईशान का जन्मदिन कितने धूमधाम से मनाया गया था। उस दिन को भला कैसे भूल सकती है वह?

घर के चारों तरफ लटकते नीले, पीले, गुलाबी और लाल रंग के छोटे-छोटे बल्ब फूलों के भीतर से अपनी चमक बिखेर रहे थे। मेहमानों की आवाजाही उमस, भरी गर्मी की चिपचिपाहट से कुनमुनाते बच्चे को चुप कराने की खातिर वह कोठरी के

अन्दरूनी हिस्से में चली आयी थी तभी ऐन मौके पर सासोजी टपक पड़ीं और आते ही बरसने लगीं—"ये, ये क्या कर रही हो तुम यहाँ? बाहर सब तुम्हें व ईशान को ढूँढ़ रहे हैं और तुम यहाँ?" बड़ी-बड़ी आँखों को और चौड़ा करते हुए वे कैसे भी अपनी झल्लाहट नहीं छुपा पा रही थीं।

"बच्चे को दूध पिलाना था, वो कब से रो रहा था..." उसने मिमियाती आवाज में सफाई देनी चाही।

"चलो, चलो, जल्दी से बाहर आओ", उसकी बात को अनसुना करते हुए वे पूछने लगीं—"क्या तुमने इस अलमारी को खोला था? इस नीली अलमारी को?"

"नहीं तो, मुझे क्या करना था?"

उन्होंने नीचे से ऊपर तक उसे तरेरती निगाहों से नापना-जोखना चाहा फिर फुसफुसाते हुए बोलीं—"इतने गहने और पहन लेना, ये रहा तुम्हारे गले का मंगलसूत्र और ये हैं नयी डिजाइन वाली चूड़ियाँ।" उसने चुपचाप उनके हाथ से ज्वेलरी बॉक्स ले लिया जैसे बेजान चीज को पकड़ लिया हो।

थोड़ी देर बाद प्रोग्राम शुरू होने लगा। सारे कार्यक्रम बखूबी सम्पन्न होते रहे। इसी बीच अचानक न जाने किसने क्या बोल दिया कि रत्ना के मुँह से निकल गया—"हमारे यहाँ तो जन्मदिन पर टीका जरूर लगाया जाता है तो तिलक लगा दूँ ईशान के माथे पर?"

उसकी इस बात पर सभी जोर से हँस पड़े। "टीका मींस? तिलक मींस?" ठहाके पर ठहाके जिनके बीच उसकी आवाज कहीं गुम होती गयी। सबको कायदे से केक सर्व किया जाने लगा और इसी शोरगुल के बीच ईशान फिर से रोने लगा और यहीं एक बार फिर से उससे चूक हो गयी। सबकी नजरों का केन्द्र बने ईशान को लेकर वह अन्दर चली आयी और वे फिर से पीछे-पीछे चली आयीं।

"ये क्या नाटकबाजी चल रही है तुम्हारी? अभी तो उसके मुँह पर केक लगाते बच्चे फिर उसे झूला झुलाते, गाने गाने थे और डांस वगैरह भी..."

"एक्चुअली शी विलांग टु ए स्मॉल फेमिली, सो शी डजनाट नो एटिकेट्स, नो सेंस, नो मैनेरिज्म, एंड ऑल दैट यू नो..."

चारों तरफ शब्द ही शब्द थे जो उड़कर भिनभिनाती बर्रों की तरह मँडराते हुए उसके पास आ धमके। पाँचेक मिनट बाद वे फिर उसके पास आ धमकीं—"इतने महीने हो गये तुझे यहाँ रहते हुए, मगर तूने थोड़ी-सी भी तमीज नहीं सीखी अब तक? क्यों मेरी नाक कटाने पर तुली है?"

किसी भी बाहरी आदमी के सामने उसे जलील करने का कोई भी मौका कभी नहीं छोड़ती थीं वे। रत्ना अवाक्, स्तब्ध, आखिर ऐसी भी क्या बड़ी गलती हो गयी उससे जो वो इतना बड़बड़ा रही हैं अब तक? अचानक उससे जवाब देते नहीं बना। गहराती रात की तरह काला पड़ गया रत्ना का चेहरा। तीखे नाक-नक्श की

उस दुबली-पतली रत्ना का चेहरा निचुड़े हुए नीबू की तरह सूखकर अफसोस की चिन्ताओं से भर गया जिसे देखकर लगा जैसे उसके जीवन से तमाम बेशकीमती रंग और स्वाद झरकर सूखकर पड़े हों जमीन पर। हताशा से भरी पनियल आँखों में गहरी उदासी पुत गयी अनायास।

"अब और क्या-क्या तमाशा दिखाना चाहती हो? लाओ, इसी वक्त ईशान को मुझे दो और तुम्हें जो अच्छा लगे सो करो। और हाँ, तुम्हारे घर से आये उन फटेहाल रिश्तेदार, तुम्हारे भाई-बहन वगैरह, जो भी आये हैं, उन्हें जल्दी से खिला पिलाके रवाना करो यहाँ से। अभी हमारे खास गेस्ट आने वाले हैं। वे सब ये देखेंगे तो क्या सोचेंगे? समझ रही हो न?..." धम्म-धम्म पैर पटकती वे वापस चल दी वहाँ से।

एक दिन अचानक

रात के अँधेरे में डूबे पेड़ों की तरह डराने लगी थीं उनकी बातें उसे। उनके आने और जाने की आहट बखूबी पहचानती है रत्ना। अक्सर वह यही सोचती रहतीं—जिन्दगी में किस्म-किस्म के फूल, उसकी खुशबूएँ, रंग और स्वाद उसके पास हैं मगर उसके किस काम के? सब कुछ तो इसी बुढ़िया का है जो उसे हर पल ये अहसास कराती रहती। उसे अपनी उस टीचर की याद आयी जिसने कितने स्नेह से उसके सिर पर हाथ फेरते हुए समझाया था—"रत्ना, फर-फर उड़ती डाल-डाल बैठकर फिर नये सिरे से उड़ने को तैयार चिड़िया की तरह फुदकते हुए जिन्दगी को जीना सीखो, जहाँ कहीं भी सुभीता मिले, सहूलियत हो, वहीं से अपने लिए नये सिरे से नये बसेरे की शुरुआत कर लो। पूरी जिन्दादिली से जीने का लुत्फ उठाने की कला सीखो। अगर तुम्हें रफ्तार से चलती गाड़ियाँ पसन्द हैं तो जरूर तेजी से जीवन की गति को नयी दिशाएँ देने के लिए अनवरत मेहनत करो वरना बैलगाड़ी की तरह खरामा-खरामा चलते रहने में कहाँ है वो मस्ती? है न? समझीं मेरी बात की गहराई? वक्त को काटना नहीं बल्कि नये सिरे से जीने की शुरुआत कहीं से भी कैसे भी कर सकती हो।"

मन बहलाने से याद आया, उसकी वो लेडी टेलर पुष्पा कई दिनों से एक ड्रेस डिजाइनर को लाने की बात कह रही है जो शायद उसका देवर है। दूसरे दिन ही उसने पुष्पा से कह दिया—उस डिजाइनर को लेकर आओ, आज शाम को ही आ जाना। देखते हैं, कैसा है, कितना सीखा हुआ है, हमें कुछ नये काम भी बढ़ाने हैं सो उसे ले आओ।

उसी दिन शाम 7 बजे जैसे ही वह बूटीक बन्द करने वाली थी कि पुष्पा किसी लड़के को लेकर आ गयी। अरे, इतने अँधेरे में भी इसकी आवाज सुनी-सुनाई-सी लग रही है, चेहरा भी जाना-पहचाना-सा है, कौन है ये, कौन हो सकता है...अभी वह उधेड़बुन में ही खोयी थी कि फिर वही नमस्ते की आवाज सुनाई दी, वही जानी-पहचानी आवाज। उसने पलटकर जैसे ही लाइट जलाकर देखा—"अरे तुम, रामकिशन, यहाँ अचानक कैसे टपक पड़े? कहाँ गायब हो गये थे? कितने सालों बाद देख रही हूँ तुम्हें, ऐं?"

उससे भी जवाब देते नहीं बना सो दोनों हक्के-बक्के एक-दूसरे को देर तक

देखते रहे। फिर वह हाथ जोड़कर बोला—"बस ऐसे ही काम-धन्धे के चक्कर में यहाँ वहाँ भटकता रहा और करता भी क्या? ये मेरे बड़े भाई की पत्नी हैं...।"

"और तुम्हारी पत्नी, बच्चे?"

"दो ठो बच्चे हैं मेमसाब", इस बार जवाब पुष्पा ने दिया—"अरे, आप तो इसे पहले से जानती हैं, ताज्जुब हो रहा है मगर कैसे, कहाँ, कब? इसने तो कभी बताया नही।"

तभी अन्दर से आवाज आयी—"कौन आया है इस टाइम?"

"ये मेरे भाई का दोस्त था फिर कभी बता पायेंगे बाकी बातें, अभी तो देर हो रही है। ये सब बातें छोड़ो पुष्पा, हाँ ये बताओ, ये काम करेगा हमारे बूटीक में?" उसकी बात पूरी होने से पहले ही उसकी सासो जी आ धमकीं और आते ही पूछने लगीं—

"पहले पगार वगैरह पूछ ली?" अन्दर से उसके ससुर जी चले आ रहे थे।

"पहले हमारा हुनर यानी काम देख परख लें, पगार बाद में तय कर लेंगे।" रामकिशन ने बात को सँभालते हुए कहा।

अगले ही दिन से रामकिशन ने उसकी बूटीक का काम सँभाल लिया था। सच तो ये है कि जब से रामकिशन ने उसका काम सँभाला है, उसके काम की बारीकियों की तारीफें होनी शुरू हो गयीं। उसकी मीठी बातों का जादू था ही ऐसा कि जो भी ग्राहक कपड़ा सिलवाने आता, जरूर से उसकी बातों के सम्मोहन में आ जाता—"एक बार आजमाकर देखें, बाकी बातें हम पर छोड़ दें, प्लीज, एक मौका तो दें फिर हमारा नाम नहीं, काम बोलेगा मेमसाब।"

उसकी सम्मोहन जगाती बातें सुनकर नसों में सनसनाहट दौड़ने लगती। सो वह गाहे-ब-गाहे बूटीक में ज्यादा समय देने लगी। ऐसे में वह भूल जाती, आज सासो जी ने किस बात पर कौन-सा ताना मारा था या किस बात पर उसे नीचा दिखाया था या उसे कौन-सी गालियाँ बकी थीं या क्यूँकर उसी के जने बेटे को अपने कब्जे में लेती गयी वह। इन सब साजिशों ने उसे कितना-कितना अलग-थलग खड़ा कर दिया था मगर रामकिशन कितना नेक, भला व सीधा सच्चा आदमी है जिससे बातें करते हुए समय का अहसास ही नहीं हो पाता।

कभी नहीं सोचा था कि ऐसा पल भी आयेगा उसकी जिन्दगी में जब वह अपने पुराने साथी, (आज उसे साथी से ज्यादा उपयुक्त सम्बोधन नहीं सूझ रहा) रामकिशन से दुबारा मिलेगी और अपने बूटीक में रखने का खयाल तो दूर-दूर तक जेहन में नहीं था। शुरुआत में तय हुआ था कि वह बस घंटे दो घंटे के लिए बूटीक जाकर बैठा करेगी और कपड़ों की खरीददारी, डिजाइन या स्टायल पर रामकिशन से चर्चा करेगी। एक पुष्पा, दूसरा रामकिशन और रत्ना, कुल तीन लोगों को साथ लेकर चल पड़ा ये बूटीक तो, चल क्या दौड़ पड़ा।

जब कभी बाजार जाकर सामान खरीदना, लाना, लौटाना होता तो सास की खास हिदायत कि वह भी साथ जायें सो बेमन से ही सही, वे भी साथ जातीं। कपड़ों के थानों, रंगों और डिजाइनों के मुताबिक लेस, गोटे, सितारे और डिजाइनर किताबों की खरीद जैसे मुद्दों पर रामकिशन से सीधे बात होती। हर शनिवार, दोपहर 3 बजे बाजार जाना पड़ता। वहाँ दुकानदारों से मोल तोल करते, सामानों की सूची के हिस।ब से खरीदारी करते जूझते-जूझते अक्सर दिन ढलने लगा था। उसने आसमान की तरफ देखा जिसकी खोह से सूरज एकदम चमचमाते आईने की तरह सुनहरी रोशनी बिखेरने में मगन थे। धरती आईने के पिछले भाग की तरह ढलते सूरज को बार-बार ढकने की कोशिशों में जुटी थी गोया जिद्दी प्रेशर अपने रूठे प्रिय को मनाने के लिए उस पर अपनी समूची देह की चादर उढ़ा दे जिसे हँसते हुए उसका प्रियतम परे करने की झूठमूठ कोशिश करे लेकिन बौराई प्रेशर ने अन्ततोगत्वा अपना पूरा वजूद उस पर लाद दिया फिर ढलती साँझ के झुरमुट में सूरज और धरती दोनों अँधेरे की ओट लेकर एकाकार होते गये। सोचते हुए उसने रामकिशन की तरफ देखा जो उससे मुस्कराते हुए पूछने लगा—"क्या सोच रही हो? किन खयालों में हैं मोहतरमा?"

"कुछ खास नहीं, बाहर का मौसम कितना सुन्दर हो रहा है न?" उसने कार की खिड़की से बाहर की तरफ देखते हुए कहा। फिर उन उतार-चढ़ाव भरे पहाड़ी रास्तों से होकर गुजरते हुए चाय पीने के लिए दोनों कैंटीन की तरफ मुड़ गये जहाँ बैठा नेपाली बबलू अक्सर उनके लिए स्पेशल चाय के संग पकौड़े लाना नहीं भूलता। शुरुआत में उनके बीच नामालूम किस्म की औपचारिकताएँ पसरी रहती थीं।

"आप लीजिए न, आप पहले लें।" उसने मुलायम आवाज में विनम्रता दर्शाते हुए नाटकीय लहजे में कहा।

"अरे, अरे, कितना कम जानती हैं आप दुनियादारी के बारे में, सच्ची में, आप जैसी सीधी-सादी लड़कियों को तो" क्या कहा? लड़की, सुनते ही वह चौंक पड़ी और ठठाकर हँसते हुए बोली—"आपने अभी-अभी लड़की कहा मुझे?"

"तो, क्या गलत कहा? अरे, इसमें इतना हँसने की क्या बात है?" वह उसे यूँ हँसते देख बड़े ध्यान से देखता रहा फिर बोला—"हाँ, हाँ, लड़की नहीं तो और क्या? कहूँ? अभी बुढ़िया नहीं हैं आप और मैडम कहना मुझे ज्यादा पसन्द नहीं। कितनी तो मासूम हैं आप, एकदम निष्कलुष गंगा मैया के शुद्ध जल की तरह निर्मल, शान्त और पारदर्शी भी। जंगली फूल की तरह मोहक, मदमस्त गन्ध वाले फूलों की याद आती है आपको देखकर, वे पुराने दिन...।"

"रामकिशन, तुम्हें तो तारीफ करना आता है, सचमुच, मैं तो सोच रही थी कि इतने सालों से मैं इतने जोर से ठीक से हँसना ही भूलती जा रही थी मगर अब आपकी संगत का असर है जनाब..." हँसते हुए वह बोलती रही।

"नहीं, नहीं, ये बात नहीं। आप तो हैं ही उतनी ही अच्छी, साक्षात देवी की माफिक सुन्दर, पाक और नेक देसी कन्या जैसी सुन्दर...मेमसाब।"

"अरे, अब ये मेमसाब कहना बन्द करो रामकिशन। लड़की कहा है तो सीधे-सीधे नाम क्यों नहीं लेते? रत्ना, रत्ना, रत्ना है मेरा नाम, याद है या भूल गये नाम वगैरह सब कुछ?"

"हूँ..." सोच में पड़ गया वो। फिर हँसते हुए बोला–"चार लोग सुनेंगे तो भला क्या सोचेंगे? इस नाते कुछ संकोच कर रहा था।"

मगर वक्त के साथ-साथ धीरे-धीरे उनके बीच पसरी औपचारिकताओं की भारी-भरकम दीवारें अपने आप ढहने लगी थीं। अभी महज महीना भी पूरा नहीं बीता होगा कि एक दिन अचानक ऊपर की सीढ़ियों से जल्दी-जल्दी नीचे उतरते हुए रत्ना का पैर फिसल गया और फिर खुद को दायें हाथ से सँभालने के चक्कर में दायें हाथ की कोहनी में फ्रैक्चर हो गया। अब एक बड़ा सवाल सामने आ खड़ा हुआ, नये खुले बूटीक को कौन सँभालेगा? एक फ्रेंड बायें पंजे में तो दूसरा दायें हाथ में, ऐसे में वो अपने बच्चे को सँभाले या घर गृहस्थी के कामधन्धों को सँभाले तो फिर इस बूटीक को बन्द ही करना पड़ेगा तब तक, वह पसोपेश में थी कि रामकिशन ने तुरन्त ही एक नया रास्ता निकालने की तरकीब सुझायी–"ऐसा है, हम और पुष्पा खूब मेहनत से बूटीक चला लेंगे और जितना बन पड़ेगा, आपकी सेवा करेंगे। जान लड़ा देंगे मगर आपको जल्दी ठीक कर देंगे, हाँ, बूटीक को किसी कीमत पर बन्द नहीं होने देंगे। कैसे भी, हम मिलकर पूरा काम सँभाल लेंगे, आप निश्चिन्त रहें रत्नाजी।"

"मगर अकेले अपने दम पर कितना क्या कैसे कर पाओगे तुम? मैं तो इन दिनों अपना बोझ ही नहीं सँभाल पा रही कि ऊपर से नीचे उतरना तक मुश्किल हो रहा है मेरे लिए तो...मुमकिन नहीं रामकिशन।"

"तो कौन कहता है आपसे कि आप इस टूटी-फूटी हालत में ऊपर चढ़कर जायें। आपके लिए खाने-पीने का बन्दोबस्त मैं खुद कर दिया करूँगा, जैसे अपने अकेले के लिए दो रोटी खुद सेंक लेता हूँ, तो क्या आपके लिए नहीं सेंक पाऊँगा? चाय की व्यवस्था तो पहले से ही नीचे है ही। आप बस यहीं लेटे रहिए और यहाँ से उठिए भी मत।" उसने आवाज में मिठास घोलते हुए ऐसे कुछ बोला कि वह प्रशंसात्मक नजरों से उसकी तरफ देखने लगी।

"रामकिशन, तुम्हारी घरवाली साथ नहीं रहती क्या, रहते कहाँ हो वैसे? यहाँ से कितनी दूर है घर?"

"वो तो गाँव में रहती है और हम यहाँ नौकरी के वास्ते अकेले रहते हैं, काफी दूर है हमारा घर यहाँ से शायद 18 या 20 किलोमीटर की दूरी पर होगा मगर वहाँ और भी दो लोग साथ रहते हैं सो एक कमरा लेकर रहते खाते हैं वहीं। पर फिक्र

न करें आप, मैं हूँ न, सब सँभाल लूँगा।"

"पास में हमारा एक अधबना मकान पड़ा है, तुम वहीं शिफ्ट हो जाओ जो यहाँ से बस दो किलोमीटर की दूरी पर है। उसमें नीचे दो कमरे हैं। पहले एक किरायेदार रहता था मगर इस समय खाली पड़ा है। तुम कल ही क्यों नहीं चले जाते वहाँ? आने जाने का समय भी बचेगा और हमें भी सहूलियत हो जायेगी।"

"मगर इस एरिया के किराये आसमान छू रहे हैं, मैं कहाँ से दे पाऊँगा उतना किराया?"

"तुम उसकी चिन्ता बिल्कुल न करो। जितना वहाँ देते हो, वही देते रहना। मैं मम्मी से बात कर लूँगी। अरे तुम..."

"इतनी जल्दी बूटीक चला लिया, कहाँ-कहाँ से लोग यहाँ तुम्हारा नाम पूछते चले आते हैं। आजकल तुम्हारे सिले डिजाइनर कपड़ों की खूब माँग होने लगी। जो देखो, वही कहने लगा—मैडम, डिजाइन की किताब देखकर हू-ब-हू उतार देता है ये डिजाइनर सो हमें भी डिजाइनर गला बनवाना है सूट का भी और ब्लाउज का वैक भी।"

"ये सब तो आपकी मेहरबानियाँ हैं। आपने हमें इस लायक समझा वरना कहाँ आप और कहाँ हम?" "अरे अरे, आपने आज अभी तक नाश्ता भी नहीं किया, लीजिए ये पोहे और दालमोंठ, मैंने खुद बनाये हैं खास आपके लिए।" कहकर उसने नाश्ते की प्लेट बढ़ायी।

"किशन, मेरे दायें हाथ में तो प्लास्टर बँधा है, खा भी तो नहीं पाती ठीक से, अब तो बायें हाथ से सारे काम करने पड़ते। देखो, ब्रश करना भी सीख लिया बायें हाथ से।"

"लाइए, मैं खुद खिला देता हूँ आपको, अपने हाथ से, इजाजत है?"

"न, ऐसा करने की कोई जरूरत नही।" उसने थोड़ा ऐतराज जताते हुए कहा तो वह बिगड़ने लगा—"आपको तो मुझ पर भरोसा ही नहीं तो ऐसे में अपना घर क्यों दे रही हैं आप? न, प्लीज मुझ पर कोई मेहरबानी मत कीजिए। मैं ऐसे ही ठीक हूँ। आप बड़े लोग हैं, मालिक हैं, कहाँ आप, कहाँ हम?"

"अरे नहीं, नहीं किशन, ऐसी कोई बात नहीं। तुम तो खामखाँ बुरा मान गये। अच्छा लाओ, दिखाओ तो, क्या बनाया है तुमने, जरा टेस्ट कर लूँ?"

जब तक रत्ना के प्लास्टर चढ़ा रहा तब तक रामकिशन उसकी पूरी निष्ठा से देखभाल करता रहा। उसका हाथ पकड़कर चलना सिखाता, घुमाता और जरूरी काम खुद करता। ईशान से जुड़े तमाम काम जो बाहर के थे, वो अपने हाथ में ले लेता। उसे स्कूल से लाना, वहाँ से वापस स्पोर्ट्स कॉलेज ले जाना और फिर बाजार से साग सब्जी वाले काम जो पहले हरि करता था, वह भी रामकिशन करने लगा। रत्ना को सेब काटकर खुद खिलाता फिर खाने में उसकी पसन्द की चीजें अपने घर

से बनाकर लाता। वहाँ से वह तभी जाता जब सोने का समय हो जाता। पूरे दो महीने बाद जब प्लास्टर कटा और रत्ना ने अपने काम करने शुरू किये, तब तक वह छत्रछाया की तरह उसकी हिफाजत में खड़ा रहा उसकी छाया बनकर। तन-मन धन से सेवा करना क्या होता है, इसे पहली बार महसूस किया उसने, इस अहसास को बखूबी जिया और निभाया भी।

रत्ना के मन में धीरे-धीरे रामकिशन के प्रति आत्मीयता भी बढ़ती गयी और भरोसा भी। वह अपने हर छोटे-बड़े कामों के लिए उस पर निर्भर होती जा रही थी। प्लास्टर कटने से लेकर सिंकाई के लिए गर्म पानी से भरा टब वही लाता, सैंधा नमक डालता और फिर देर तक मालिश भी करता। दायें हाथ की उँगलियाँ चटकाता और फिर दवा लगाता। उसकी निष्ठा और स्वामिभक्ति देखकर वह उससे खूब प्रभावित होती गयी और खूब-खूब खुश रहना भी सीख लिया उसने। इन दिनों बात-बात पर हँसना और रामकिशन के संग हँसी-मजाक करते हुए वक्त कैसे पंख लगाकर उड़ जाता, उसे पता ही नहीं चल पाता। रामकिशन के हुनर वाले काम देखकर रत्ना का मन उसके प्रति मुग्ध भाव से भर उठता। वह अपने उस ठहरे जीवन में नये तरीके से जोश भरना चाहती थी। संवेदना की धार पर चलते हुए सम्बन्धों में नित नया खोजने निकल पड़े थे दोनों। सचमुच नयेपन का अहसास तो उफान पर था तभी न दुबारा, तिबारा या अनेक बार मिलने के सिलसिले चल पड़े।

धीरे-धीरे रामकिशन को इस बात का बखूबी अहसास होने लगा कि रत्ना के मन में उसके प्रति पसन्दगी या चाहत के बीज अँकुआने लगे हैं तभी तो वह उससे छोटी-बड़ी निजी बातें शेयर करने लगी है और उससे हर बात पर सलाह मशवरा लेती है या उसकी राय को तवज्जो देती है। तभी तो वह उससे छोटे मोटे मजाक भी कर लेता और थोड़ी बहुत छूट भी ले लेता। चाहे वह सिर में तेल डाल रही हो, चाहे कंघी कर रही हो, वह तुरन्त टोक देता—

"अरे, अरे, क्या कर रही हो? ठंडा तेल क्यों डाल रही हो? मैं अभी गर्म करके लाता हूँ।" फिर वह दौड़कर किचन में जाता और गर्म करके खुद सिर पर तेल ठोकने बैठ जाता। वह हर तरफ से उसे अपने घेरे में लपेटे रहना चाहता—"कहाँ अकेले-अकेले भागे जा रही हो? मैं छोड़ देता हूँ सोनी के यहाँ जाना है न?"

"मगर कैसे, स्कूटर तो है ही नहीं, कैसे छोड़ोगे? चलो, खरीदवा दूँगी जल्दी ही, चलाना आता है न?"

"अरे कैसी बातें करती हो? जानती नहीं, मैं कितनी तेज गति से चलाता हूँ वाहन, हमेशा 80 से ऊपर।"

बात आयी गयी हो गयी। इसी बीच होली का त्योहार आ धमका। चारों तरफ त्योहार की तैयारियाँ जोरों पर चल रही थीं लेकिन उस दिन शाम को रामकिशन खामोशी से गर्दन नवाये तेजी से कपड़े सिलने में मुस्तैद था। किसी से कुछ नहीं

बोला तो रत्ना से पूछे बगैर नहीं रहा गया—"क्या बात है रामकिशन, इतने सुस्त क्यों हो? अरे, कल होली का हुड़दंग मचेगा और तुम अभी से इतने गुपचुप, इतनी चुप्पी भला क्यों? होली के रंग अच्छे नहीं लगते क्या?"

"मैं ठीक हूँ, बस एक बात कहनी थी आपसे, पहले ये बताओ, आप बुरा तो नहीं मानेंगी? कहीं डाँटकर हमें भगा तो नहीं देंगी?"

"हाँ, हाँ, बोलो न, इतना सकुचाने की क्या जरूरत? खुलकर बोल दो जो बात दिमाग में हो तो, मैं नाराज नहीं हूँगी।"

"तो आप मान लेंगी न हमारी बात, पक्का बताओ..."

"मानने लायक होगी या मेरे वश में होगी तो जरूर, अरे जो भी बात हो, पहले बोलो तो, बक्करो तो।"

"रत्ना जी, सबसे पहले मैं आपको रंग लगाना चाहता हूँ, प्रेम का रंग लाल होता है न, मेरा सपना है कि मैं तुम्हें प्रेम के लाल रंग में पूरा नहला दूँ..."

"अरे, बस इतनी-सी बात के लिए इतनी बड़ी भूमिका बाँध रहे थे? इसमें कौन सी बड़ी बात है? रंगों का त्योहार है सो सभी एक-दूसरे को लगाते हैं, तुम भी लगा देना...बाकी रही तुम्हारे प्रेम के लाल रंग वाली बात, सो उसे बीच में मत लाओ, हाँ।" सहज भाव से कहते हुए वह चल पड़ी अन्दर जहाँ से उसकी सास उसी के पास चली आ रही थी और जिनकी आहट उसने सुन ली थी।

"रत्ना, नौकरों को इतना मुँह नहीं लगाते, समझीं? मालिक मालिक होता है और नौकर नौकर। हमने उसे नौकरी पर रखा है जिसके वास्ते हम उसे पाँच हजार महीने तनखा देते हैं, इससे ज्यादा उसका तुमसे मेलजोल हमें जरा भी पसन्द नहीं, सुन रही हो न? इस बात की गाँठ बाँध लेना, इससे ज्यादा उससे बतियाना न हमें पसन्द है, न तुम्हारे पापा को, बेचारे रीतेश को तो दुनियादारी की इतनी समझ है ही नहीं।"

"हाँ, ठीक है, सुन लिया। हमें ज्यादा नसीहत की पट्टी पढ़ाने की जरूरत नहीं है। अपना भला बुरा समझने की अक्ल है हममें भी, कोई नादान बच्चे नहीं रहे अब हम जो आप बात-बात पर हमें सबक सिखाने लगतीं। हुँह..."

"पापा को भी तुम्हारा ये रवैया पसन्द नहीं, कल ही टोक रहे थे वे...हम तुम्हारी भलाई के लिए कह रहे हैं, अभी कल के दिन चार लोग कुछ कहने सुनने लगें तो बदनामी तो हमारी होगी न..."

"कहा न, हमें अपनी भलाई पता है मम्मी। बस फालतू की बातें नहीं सुननी हमें, हाँ..."

"अगर तुमने उससे एक निश्चित दूरी रखकर बात नहीं की तो वे उसे नौकरी से निकाल सकते हैं फिर से वो बन्दा सड़क पर आ जायेगा, सो इसी वजह से आगाह कर रही हूँ, समझा देना उसे ठीक से, अपनी औकात में रहा करे। हाँ, वरना..."

"देखते हैं, कैसे निकालते हैं पापा, हम भी देख लेंगे, हाँ...." गुस्से और तैश में पैर पटकते हुए वह सीधे छत की तरफ मोबाइल लेकर निकल पड़ी और न जाने किसे फोन मिलाकर आज की कहासुनी के बारे में बताने लगी।

रामकिशन का स्वभाव था ही ऐसा कि वह किसी न किसी बात पर उसे हँसाता रहता था सो उसका उस काम में मन लगता था। खुश रखने की सारी कलाओं में पारंगत जो था वो।

उसी शाम 7 बजे के आसपास वो चुपके से बूटीक में दबे पाँव आया और बूटीक में बैठी रत्ना को देखकर झटपट दरवाजा अन्दर से बन्द करके उसे लाल रंग से सराबोर कर दिया–किसी ने आज तक ऐसे रंगों से रँगा है तुम्हें, नहीं न, जानता हूँ। सच तो ये है कि तुम्हें आज तक पता ही नहीं कि प्यार का रंग सबसे गाढ़ा, सबसे अमिट जो होता है जो मिटाये नहीं मिटेगा कभी। दोनों बाँहों में भरते हुए उसने उसके दोनों गालों में ज्यादा गाढ़ा लाल रंग लगा दिया और बस चन्द मिनट के भीतर देह के बाकी हिस्सों में भी पोत दिया उसे। अनायास अनगिनत रंगों के बासन्ती फूल अँकुआने, पनपने लगे उसके भीतर।

"अब से मेरा जीना-मरना, सब कुछ तेरे वास्ते, तुम्हारे हवाले। तुम्हारे बगैर जीने का क्या मतलब रत्ना, नहीं जानता। अब से तुम अपने उसी घर में आया करो जहाँ हम सुभीते से मिल-बैठकर भविष्य की योजनाएँ बना सकें। जहाँ हम लोग अपनी तरह से वक्त साथ-साथ गुजार सकें। और हाँ, एक और मोबाइल रखना होगा हमें जो सिर्फ और सिर्फ एक दूजे के लिए ही हो। रत्ना, जब से तेरे दीदार किये, बस तभी से ये हसरत जगने लगी कि क्यों न अपना सब कुछ इस भोली भाली सूरत पर न्यौछावर कर दूँ जिसे एक ऐसे पागल आदमी से जबरन बाँध दिया गया हो और जो खुद कुछ नहीं जानता समझता कि प्यार किस चिड़िया का नाम है, मैं सब कुछ सिखाऊँगा तुम्हें, अब से तुमने एक नयी दुनिया में प्रवेश कर लिया है जहाँ तुम नये सिरे से जीवन जीना सीखोगी मेरे संग, हाँ...मेरी बातों का बुरा मत मानना, जाने-मन, अब और नहीं जिया जाता तुम्हारे बगैर, बहुत सँभाल लिया खुद को, बस अब और नहीं, प्लीज नाराज मत होना..." कहते हुए उसने उसे चूम लिया।

"बस, बस बहुत हो चुका। रहने दो ये सब। बहुत रंग लिया तुमने तो। किशन, डर लग रहा है, कहीं इस हालत में किसी ने देख लिया तो, ये सब ठीक नहीं है, जानते हो, इसका नतीजा क्या होगा? वे हमें निकाल सकते हैं यहाँ से, वे कुछ भी कर सकते हैं हमारे खिलाफ...बड़े पावरफुल हैं ये लोग, तुम जानते नहीं इन्हें ठीक से... ।"

"उन्हें जो दिखे सो करें। हमें इससे क्या? हमारे लिए तो तुम्हीं तुम हो, सब कुछ तुम्हीं से शुरू होकर तुम्हीं तक खत्म होता है। नहीं चाहिए हमें उनका पैसा टका, बस। हाँ,...तुम जरा भी परेशान मत होना, मैं हूँ न अब से हर पल तुम्हारे साथ,

अब तुम अकेली नहीं रहीं न", कहते हुए उसने एक बार फिर से उसे पूरी ताकत से अपने में भींच लिया तभी लगा जैसे कोई उसे आवाज लगा रहा है।

परे छिटकते हुए रत्ना, सोचने लगी—"ये किसकी आवाज है, शायद ईशान है ...हाँ, हाँ, वही है।" सोचकर तेजी से दरवाजा खोला उसने।

"मम्मा, मम्मा, अब उसकी आवाजें साफ-साफ सुनी जा सकती थीं।

"चलूँगी अभी तुरन्त वरना तूफान आ जायेगा। तुम यहीं रुको या मेरे निकल जाने के बाद ओट हो लेना, ठीक? फिर मौका मिलते ही अँधेरा गाढ़ा होने पर निकल लेना चुपचाप। गेट खुला रहेगा।" कहते हुए वह आहिस्ते से दरवाजा खोलकर बाथरूम की तरफ दबे पाँव भागी फिर वहाँ से निकलकर बाहर आकर ईशान को आवाज लगाने लगी—"ईशान, कहाँ हो बेटे? क्यों चिल्ला रहे थे?"

"अरे मम्मा, कहाँ चली गयी थी? मुझे बहुत तेज भूख लगी है, जल्दी से कुछ दे दो। दादी कहीं पड़ोस वाली आंटी के यहाँ गयी हैं और दादा जी से मिलने कोई अंकल आंटी आये हैं।" उसने रटा-रटाया जवाब दे दिया।

वह उल्टे कदमों से बूटीक की तरफ लौटी और उसे जाने का इशारा कर दिया फिर जल्दी से बाथरूम में घुस गयी।

"अरे, मम्मी, आपको किसने इतना सारा रंग लगा दिया? आप तो बुरी तरह भीगी हुई हैं, चेहरा भी कैसा लाल लाल हो गया है, चलो, छोले पूड़ी खा लूँगा, ठीक है।" कहते हुए वह छत पर भाग गया जहाँ उसके कई दोस्त उसे खेलने के लिए बुला रहे थे। रात के 8 बज चुके थे मगर बच्चों का खेल चल रहा था।

घर के काम निबटाते-निबटाते रत्ना के दिमाग में लगातार रामकिशन के बोल रिवाइंड होकर बजने लगे—"तू इसे अपने पास रख ले अपनी अमानत समझकर। चार पैसे का तोहफा है, सोचा था, पहली बार मिलने पर दूँगा। यकीन करना मेरा, रत्ना, मैं सिर्फ तुम्हारा हूँ, था और हमेशा रहूँगा। मैं तेरा, और तू मेरी, अब हमारे बीच कोई और कभी नहीं आ सकता।" रामकिशन की प्यार भरी बातों से जीवन रस गुटकती रत्ना का मन करता, सब कुछ छोड़छाड़कर भाग जायें इस मीठी सुनहरी जेल से। इस एकरस, ऊब भरे जीवन को काटते-काटते जिन्दगी के पूरे 10-12 साल बिता दिये, हासिल क्या रहा? रोज की वही सुबह, दुपहर और शाम के बाद फिर उसी अँधियारी रात में बगल में लेटे पति रीतेश की अंटशंट बचकानी बातों पर—हूँ, हाँ, ठीक है...करते हुए खीझते हुए बेमन से उसकी रामकहानी सुनना जो किसी बचकाने बच्चे की तरह की एक ही कहानी पाठ हर रोज कहते हुए उसके अंगों से खेलता रहता। आज उसकी बेचैनी और खिन्नता कैसे भी छिपाये नहीं छिप रही थी। जैसे ही रीतेश ने उसके सीने पर हाथ रखा, वह अचानक करवट लेते हुए ऊँची आवाज में बोल पड़ी—मन नहीं है। मगर प्रेमावेग के चरम पर पहुँचे रीतेश की साँसें ऊपर नीचे होने लगीं और अचानक चेहरा तमतमा उठा—"रत्ना, आओ न,

जल्दी से, वरना खींच लूँगा..." कहते हुए उसने पूरी ताकत से उसे अपने पास खींच लिया। वह लेटे-लेटे सोचती रही, मन से जो ठीक तरीके से सोच समझ नहीं सकता लेकिन तन के स्तर पर इतना जंगली, बाप रे, कितनी जोर से नोचता-खसोटता है उसे, बिना यह जाने कि उसका मन है या नहीं मगर उसे तो हर हाल में अपनी जरूरत पूरी करनी थी। उसके बगल में पड़ी हुई वह रामकिशन की प्यार भरी बातों और छुअन में खोयी रही।

रामकिशन की बातें और उसके प्रेम की छुअन, उसकी वो जंगली हरकतों को याद करते हुए तड़प उठी। इधर रीतेश के रंगों की पहली बौछार से भीगते बदन की सोंधी महक रह-रहकर याद आती रहती। सूरज के डूब जाने के बाद धुन्ध भरी शाम को जब रत्ना छत पर चढ़कर पेड़ों के पीछे अस्ताचल को जाते बड़ी-सी नारंगी गोला बने सूरज के सौन्दर्य को देखती तो उसे रामकिशन की याद आने लगती जिसके सीने में छिपकर वह लाज से भर उठी थी और वह उसे घने जंगल में ले जाकर डराने वाले किसी चतुर शिकारी की तरह डरा रहा था —देखो, वहाँ से किसी की आहट आ रही है। इधर मेरी तरफ से, कहते हुए उसने उसे कसकर भींच लिया था और फिर उसे डराते हुए उसके डरने का लुत्फ उठाने लगा था। बस एक महकता हुआ लमहा आया और सारी धुन्ध गायब। उसके छुअन में वो मादक खुशबू थी जिसे सूँघते ही सारे धूसर रंग अनायास गुलाबी हो उठे। बेशक उसके साथ उसे सुकून और सुरक्षा का ऐसा गहरा अहसास होता था जो कभी रीतेश के संग महसूस नहीं हो सकता था।

सचमुच जब बाढ़ आती है तो किसी के नुकसान की बावत कहाँ सोचती है? इसी बीच ये महज संयोग था कि उसके सास-ससुर को अचानक अपने किसी रिश्तेदार की शादी में बैंगलोर जाना पड़ा और वे वहाँ जाकर आसपास घूमने के इरादे से 20 दिन वहीं रुक गये कि इस बीच उनके नये पनपे प्यार की कोपलें तेजी से बढ़ने के लिए अकुला उठीं। अचानक बँधा-बाँध जैसे भचाक से टूट गया हो सो वैसी हालत हो गयी थी दोनों की।

न जाने ऐसा क्या हो गया रत्ना के मन को जिसके चलते उसे रामकिशन बगैर चैन ही नहीं मिल पा रहा था। क्या से क्या छूटता जुड़ता जा रहा था उसकी जिन्दगी से कि हर रोज आधी रात के बाद उसकी उदास सूनी आँखों में सौ-सौ दीये जल उठते और एकाएक वह तेज-तेज कदमों से लगभग दौड़ते हुए दबे कदमों से बूटीक तक आती, धीरे से दरवाजा खोलती और मुस्कराते हुए उसे अपने सीने में जोर से भींचते चूसते हुए दोनों प्रेम की बाढ़ में तैरने बहने लगते। बच्चे को कायदे से सुलाकर नीचे उतरती और फिर घंटे भर बाद ऊपर नीचे होती रहती या रसोई का काम करती रहती फिर पति को सुलाने के बाद थोड़ी देर करवटें बदलती फिर आहिस्ते से नीचे उतरकर दोनों एकमेक होकर डूबे रहते। ऐसा करते-करते न जाने

कितने दिन, कितनी रातें रंगीनियत के प्रेम भरे नशे में डूबी रहतीं। कब वे एक हुए और कब ऐसा करते-करते साल भर बीत गया, पता ही कहाँ चल पाया।

जैसे किसी जलते दीये को तूफानी अन्धड़ से बचाने के लिए हथेलियों की आड़ ली जाती है, ठीक उसी तरह रामकिशन रत्ना के जीवन में आयी हर छोटी-बड़ी परेशानी को अपने ऊपर ओढ़ लेता और उसे आहिस्ते से बचाते हुए उसका सुरक्षा कवच बनकर तनकर खड़ा हो जाता। बूटीक की खरीदारी में पैसों का हिसाब लगाना हो या माल लेकर तैयार करके ड्रेस को ग्राहक या सीधे-सीधे बाजार भेजना हो या ग्राहक से मिल रही शिकायतों का निस्तारण हो, वह पूरी होशियारी और चतुराई से एहतियात बरतते हुए रत्ना की हर कमी या चूक को कायदे से ढक लेता—"न, इसमें भला मैडम की क्या गलती? इतना टाइट कुर्ता तो इसलिए बन गया कि आपने जो नाप का कुर्ता भेजा था, वही इतना छोटा था। तो इसमें हमारी क्या गलती?"

"मगर हमने बताया तो था फोन पर कि आपको जो नाप का कुर्ता भेजा है, उससे एक-एक इंच सब तरफ से बढ़ाना है..."

"बस यही तो भूलचूक हो जाती है इस बन्दे से। पीछे की बात गोल कर गया, चूक हो गयी हमसे तो मगर कोई बात नहीं। अभी दो मिनट में झटपट ठीक करके देता हूँ आपको, आप तब तक चाय की चुस्कियाँ लीजिए न।"

रत्ना उसके इशारों को तुरन्त समझ जाती और फुर्ती से चाय मँगवा लेती। न जाने कब और कैसे वह धीरे-धीरे हर छोटी-बड़ी बात पर रामकिशन पर निर्भर होती गयी। उसे खुद कब क्या पहनना है, किसके यहाँ जन्म दिन पार्टी पर या शादी के मौके पर क्या पहनना उसके लिए ठीक रहेगा, ये भी वही तय करने लगा था। यहाँ तक कि उसके लिए डिजाइनर साड़ियाँ वह खुद अपनी पसन्द से खरीद लाता जिसके पैसों का हिसाब देर सवेर रत्ना कर देती। उसकी चाशनी वाली बातें सुनकर वह सम्मोहित होकर हैरान रह ताकती रहती उसे—

"क्या किशन, तुम भी..." वह लजाती हुई बोली।

रामकिशन से किशन कब और कैसे बनता गया वह, याद नहीं रत्ना को। वे साथ-साथ अक्सर खरीदारी करते, घंटों कपड़ों की डिजाइनों पर बहस करते फिर तय होता रंगों, लेसों पर की गयी कशीदाकारी। डिजाइनर मशीन पर झटपट तैयार कर लेते रेडीमेट सूट्स फिर बाजार में दुगुने या तिगुने दाम पर बेच आता वह। वक्त के साथ-साथ दोनों के बीच नेह की डोर दिन-ब-दिन मजबूत होती गयी। वे एक-दूसरे का ख़याल रखते और इस तरह रत्नेश बूटीक को जबरदस्त कामयाबी मिलती गयी सो रत्ना की सास भी खामोश बनी इनके बीच चलते हँसी-ठट्ठे को देखती रहती। कई बार उन्होंने रत्ना को रोकने टोकने की कोशिश भी की—"सुनो, रत्ना, हमारे यहाँ बड़े घरों की बहुएँ बेटियाँ आती-जाती रहतीं मगर मजाल कि वे दर्जियों यानी छोटे लोगों को इस तरह मुँह लगा लें। समझ रही हो न? मैं क्या कहना चाहती

हूँ, यानी रामकिशन से एक निश्चित दूरी बनाकर सोबर तरीके से बात किया करो वरना लोगवाग चार बातें बनाने लगेंगे, फिर बदनामी तो हमारी ही होगी न? इस बात की गाँठ बाँध लेना, हाँ...”

“जी मम्मी, वह रामकिशन तो यूँ ही कहीं से चुटकुले पढ़कर आता है, वही सुनाता रहता है, जिसे सुनकर हमारे सारे वर्कर भी हँसते रहते और खुशनुमा माहौल में सभी काम बेहतर तरीके से निबट जाते। सो ऐसे में भला किसी को क्यों रोकूँ टोकूँ? कैसे मना कर दूँ कि वो हमें हँसाए न। हँसमुख स्वभाव का धनी है रामकिशन, बस इतनी-सी तो बात है।”

“चूँकि तुम छोटे घर की हो सो इतनी अक्ल ही कहाँ है तुममें जो छोटे बड़े आदमी के स्टेटस में फर्क कर सको। हमारी हैसियत का कुछ तो खयाल किया करो। अभी चार लोग बातें बनाने लगेंगे तो इससे हमारी कितनी बदनामी होगी? सोचा है कभी इस तरफ? सबसे पहले जल्दी आ टपकता है वो और वही मेरी पूजा का समय भी होता है। खैर छोड़ो, अब आइन्दा से इस टॉपिक पर कोई बहसबाजी नहीं होगी और हाँ, अब से कपड़ा खरीदने मैं खुद चलूँगी तुम्हारे साथ...” उन्होंने आँखें तरेरते हुए अपना फरमान सुना दिया सीधे-सीधे।

मन मसोसकर रह गयी रत्ना। कहाँ तो कितनी ऊँची-ऊँची उड़ान भर रहे थे दोनों और कहाँ ये अजीबोगरीब चट्टाननुमा बाधाएँ। दूसरे दिन जैसे ही रत्ना बूटीक में उससे मिली, उसकी उदासी को तुरन्त ताड़ गया रामकिशन और यहाँ वहाँ से घुमाकर एक ही बात की तहकीकात करने लगा—“क्या हुआ जानेमन, इतने हँसते चेहरे पर ऐसी मुर्दनी तो मैं देख ही नहीं सकता। इसके लिए थोड़े न पैदा हुआ हूँ कि तुम्हें यूँ हताश या लाचार रूप में देखूँ। धिक्कार है मेरे जीवन पर यदि मैं तुम्हें खुश न रख सका तो फिर मैं जी ही क्यों रहा हूँ? तो अब जल्दी से बता दो पूरी बात, किसने क्या कहा मेरी मासूम लिटिल गर्ल से कि तुम्हारा ये हँसता मुस्कराता थोबड़ा इतनी उजड़ा-उजड़ा-सा, हाँ इस सूरत पर पूरे 12 बज रहे हैं।”

इतने पर भी वह खामोश बनी रही। घंटा बीतने को था कि उसके सब्र का बाँध टूट गया और वह भरभराकर रत्ना के सामने नतमस्तक होते हुए नाटकीय मुद्रा में बोला—“रत्ना, तुम्हारी ये मुर्दनी देखी नहीं जाती मुझसे। ऐसे तो मैं नहीं जी पाऊँगा, तुम अगर उदास हो या दुखी हो या खुश नहीं हो तो ये मेरे जीवन की सबसे बड़ी नाकामयाबी है, सच्ची कह रहा हूँ मैं। दुनिया के हर बड़े सुख को लात मार सकता हूँ केवल तुम्हारे वास्ते। तुम्हें खुश देखने की खातिर तो ये बन्दा कुछ भी करने को हाजिर है, हाँ कुछ भी। अपनी जान छिड़कता हूँ तेरे लिए सो जान हथेली पर रखकर जीता हूँ। सौ बातों की एक खरी बात जानता हूँ कि जीता हूँ बस तेरे लिए, मरता हूँ तो तेरे लिए। सच्ची में कुर्बान करता हूँ खुद की जान तेरी खातिर। न्यौछावर हैं मेरे प्राण तेरे वास्ते।” “नो फिल्मी डायलॉग प्लीज...”

"अरे, अरे, ये सब क्या कर रहे हो किशन?" उसने उसे पूरी ताकत से झिड़कना चाहा मगर तब तक उसकी मजबूत हथेलियों ने उसके कन्धों को थाम लिया था।

"ऐ मेरी मलिका-ए-आलम, तुझे पता है न, मैं तुझे कित्ता-कित्ता चाहता हूँ..." बोलते-बोलते उसने पूरी ताकत से उसे अपने सीने से लगा लिया।

"किशन, यहाँ कोई भी आ सकता है, वो कभी भी धमक सकती है, छोड़ो मुझे।"

"चौबीस घंटे में यही वो समय होता है जब मुझे तेरे से जीवन रस यानी संजीवनी शक्ति मिलती है जब तेरी सास मन्दिर गयी होती हैं और तू मेरी बाँहों में। तुझे तो मैं जिन्दगी भर नहीं छोड़ूँगा, ऐसे कैसे छोड़ दूँगा? हाँ..." कहते हुए उसने अपनी बाँहों की जकड़ को और, और ज्यादा कसते हुए उसकी ठुड्डी उठाते हुए पूछा—"तुम रह लोगी मेरे बगैर, जी लोगी मेरे बिना?"

"अरे, अरे, क्या कर रहे हो? कहा न, छोड़ो मुझे।" इस बार उसके विरोध का स्वर थोड़ा मद्धिम पड़ने लगा था। किशन के तपते होंठ रत्ना के होठों का संस्पर्श करते ही जैसे जमी बर्फ पिघलने लगी। चारों तरफ से प्यार की रंगीन होली खेलता रहा वह। इसके पहले कि वह प्यार के गहरे समन्दर की अतल गहराइयों में अपना वजूद खोती तभी कहीं से कुछ आहट सुनाई दी। तत्काल भावुकता की केंचुल उतार उसने बल्ब जलाकर कमरे में रोशनी की व्यवस्था कर दी। ऐन मौके पर अब इस खड़खड़ाहट यानी किसी की आवाज को साफ-साफ सुना जा सकता था।

"तुम यहाँ, इन कपड़ों के ढेर में छुप जाओ, जल्दी से, हाँ, अब ठीक है।" उसने हड़बड़ाते हुए झटपट जो सूझा सो बता दिया।

ऐसी विकट घड़ी में वह विवेक बुद्धि चातुर्य से काम लेना जानती थी। दबे पाँव आती बिल्ली की तरह वे अचानक प्रकट हो गयीं—"कौन था यहाँ? रत्ना, किसकी आवाजें आ रही थीं यहाँ से?"

"न, कोई भी तो नहीं है यहाँ। सारे वर्कर्स तो अभी आये नहीं।"

"और वो रामकिशन?" उनकी नजरें पूरे कमरे का मुआयना करती रहीं क़िसी कुशल सीबीआई अफसर की तरह।

"वो तो बाहर गया है शायद।"

"क्यों साफ झूठ बोल रही है रत्ना, उसे मैंने खुद अपनी आँखों से यहाँ आते देखा। अचानक कहाँ गायब हो गया वो? ऐसा कैसे हो सकता है, क्या धरती लील गयी उसे?" वे गुस्से से थर-थर काँपने लगीं। किसी चतुर सयानी बिल्ली की तरह उन्होंने पूरे कमरे की एक-एक चीज को पारखी निगाहों से देखा। आलमारियों में भरे पड़े थे कपड़े, रंगबिरंगी लेसेज, नाप के ब्लाउजेज, सूट्स और बच्चों की झालरें। अनायास उन्हें लगा जैसे पर्दे के पीछे कुछ हलचल-सी हुई सो वे वहाँ झट से पहुँच आहिस्ते से पर्दे हटाकर चेक करने लगीं। "मम्मीं, कुछ भी तो नहीं यहाँ। किशन

क्या सुई है जो खो जायेगा? आपको तो खामखाँ शक करने की आदत पड़ गयी। ऐसा शक का कीड़ा बैठ गया आपके दिमाग में। देखो, आपको खोजते-खोजते पीछे पीछे आ रहा है आपका ईशान।" बौखलाई रत्ना ने संयत आवाज में अपनी सास का ध्यान वहाँ से हटाकर कुछ अलग तरीके से आश्वस्त करना चाहा।

जिस वक्त वे हिलते हुए पर्दे को देख रही थी, ठीक उसी वक्त किशन दबे पाँव आलमारी के पीछे घुस गया और वह उनकी पैनी जासूसी नजरों से बाल-बाल बच गया। रत्ना की बेचैनी उसके चेहरे से, हावभाव से पता चल रही थी मगर वो उस वक्त वहाँ से हट गयी और रसोई में जाकर तेजी से ईशान के लिए दूध गर्म करने लगी।

सच तो ये था कि उसने कभी नहीं सोचा था कि ऐसा पल भी उसके जीवन में आ सकता है जब किशन और उसके बीच इतनी नजदीकियाँ आ जायेंगी। ख़याल थे कि रह-रहकर तेजी से आते जाते। किशन के बारे में सोचते ही पसीने से भीग उठा उसका चेहरा। उसे कहीं से कैसे भी चैन नहीं मिल पा रहा था। न घर पर, न बाहर। वह तेजी से सारे काम निबटाते समय बस इसी मौके के इन्तजार में थी कि कब वह ईशान को लेकर बूटीक में जाये जहाँ कैद किशन को जल्दी से जल्दी निकालकर बाहर की राह दिखा दे। अचानक घर में कुछ मेहमानों के आ जाने से सासो माँ व्यस्त हो गयी और उसे किसी काम से छत पर जाना पड़ा जहाँ से वह दबे पाँव सीढ़ियों से नीचे उतर फटाक से अलमारी खोल किशन को बाहर का रास्ता दिखाया और बूटीक को वैसे ही खुला छोड़ दिया। तब तक मेहमान भी छत के रास्ते उसके कमरे में आ गये थे जिन्हें वो अपना एल्बम दिखाने लगी। अनायास बूटीक की बात चल पड़ी और उसने फट से बूटीक चलने का प्रस्ताव रख दिया। बात आयी-गयी हो गयी।

अब वे सावधान रहने लगे थे मगर जमीनी हकीकतें उन दोनों के बीच दीवार बनकर खड़ी हो जातीं और फिर से कैसे भी उन्हें मिल ही जाते प्यार के मौके। उन गहनतम क्षणों में वह तर्क वितर्क करना भूल जाती तो किशन उससे कहता--"ऐ रत्ना, तेरे दिमाग में जरूर दो खाने हैं, एक से तू अपना दिमाग चलाती है तो दूसरी से प्यार करती है। दोनों को बखूबी साधने की कला कहाँ से कैसे सीखी?" उसकी बाँहों में खामोश दुबकी रहती वह, महफूज छोटी बच्ची की तरह फिर उसके चेहरे को अपनी तरफ लाते हुए वह उसकी आँखों में मुग्ध भाव से ताकता रहा--"रत्ना, ये जो चाँदनी बिछी है न छत पर, उसे तेरी आँखों से पी रहा हूँ मैं, मेरी चाँद तो तू ही है न और ये चाँदनीमय है तेरी देह।"

"ऐसी किताबी भाषा बोलना कहाँ से कैसे सीख लिया तुमने रामकिशन? साहित्य की किताबें रट लीं क्या?"

"सब कुछ तुम्हारी वजह से, अब ऐसे घूर-घूरकर न देखो वरना..."

"अब जाओ अपने घर, इसी वक्त, निकल लो वरना ईशान उठ गया तो आफत आ जायेगी। चलो, अब निकल लो फटाफट, बाहर टैम्पो वगैरह कर लेना। तुम्हारे घर पर बाकी लोग इन्तजार कर रहे होंगे कि तुम रात भर से गायब रहे हो।"

"उसे लेकर टेंशन मत पालो तुम। मेरे घर की चिन्ता छोड़ो। बस जल्दी से मेरे पास आओ, बेचैनी के मारे कैसे भी नहीं जी पा रहा हूँ मैं। ये तुमने क्यों जादू कर डाला रत्ना कि तेरे बिना एक पल को भी चैन नहीं मिल पाता, न यहाँ चैन, न वहाँ..." वह उसके पास, और पास होकर उसे अपने भीतर समेटते हुए ऐसी दुनिया में ले जा रहा था जहाँ से वापसी मुमकिन ही नहीं थी। अब तो उसे अपने सीधे-सादे पति का साहचर्य रुचता ही नहीं था बल्कि उन क्षणों में उसे ऐसा लगता जैसे कोई मासूम बच्चा उसकी देह के ऊपर यहाँ वहाँ रेंग रहा है जिसमें कशिश या प्रेमावेग लेश मात्र भी नहीं, बस किसी तरह एक रुटीन काम जैसे निबटा दिया जाता हो, वैसा भाव तारी रहता।

मगर रामकिशन का साहचर्य उसके होश उड़ाकर बेहोशी की तरफ ले जाता और वह सुधबुध बिसार आपा खो देती। अँधेरे को काटती चाँदनी पूरे आकाश में अपने वजूद को फैला रही थी मगर रत्ना के भीतर छाता गया एक दूसरा अँधेरा, एक अनजान किस्म की हाहाकार करता समुद्री विक्षोभ-सा पैदा होने लगता जिससे निजात कैसे भी नहीं मिल पा रही थी। एक तरफ भीतर के साहचर्य का उन्मादी नशा हावी था तो दूसरी तरफ जमीनी हकीकतों से भरा खारा समन्दर जिसका एक घूँट भी हलक के नीचे उतारा न जा सके। एक बार अनायास उनके बीच दैहिक जकड़बन्दियाँ क्या टूटीं, फिर क्या था, तमाम वर्जनाओं की बाढ़ पल भर में ढह गयी। फिर तो वे गाहे-ब-गाहे कभी भी, कहीं भी मिलने के मौके तलाशने लगे। प्रेम का आवेग होता ही इतना तूफानी है जिसका आगा-पीछा कौन सोच पाया है? सोच हो तो आवेग थम न जाये, आवेग के जोश में दिमाग कहाँ सुस्थिर तरीके से सोच पाता है?

जब वे प्रेम में होते तो हमेशा एक ही बात घुमाफिराकर एक-दूसरे से कहते रहते—"हम हमेशा यूँ ही एक-दूसरे के लिए बने रहेंगे। हम ताजिन्दगी ऐसे ही साथ-साथ रहेंगे, जीयेंगे, मरेंगे साथ-साथ। संसार का कोई जोड़ा हमारे जैसा नहीं होगा और ऐसे ही किसी खास लमहों में रामकिशन उसे गोदी में लेकर आईने के सामने ला खड़ा करता—"देखो तो, हमारी जोड़ी कितनी प्यारी, कितनी बेमिसाल लग रही है।"

"सुनो, किशन, किसी दिन हमारी सास ने देख लिया तो ठीक नहीं होगा। एक दिन उस वर्कर श्याम ने देख लिया था जब तुम मेरे कन्धे पर हाथ टिकाये थे।"

"क्या मतलब?"

"जिस दिन तुमने वो लम्बी चिट्‌ठी दी थी हमें, उसे हम गलती से यहीं छोड़ गये थे फिर तुमने कन्धे पर हाथ रखा, ये सब बातें एकदम ठीक नहीं किशन।"

उसने भरसक तटस्थता बरतने की कोशिश की।

"रत्ना, इतना डर-डर के जीना या हर पल खौफ में साँस लेना, इस घर में घुटन में जीना, अरे, तुम तो मालिक हो यहाँ की, लाखों की दौलत तुम्हारे नाम नहीं करेंगे तो क्या उस पग्गल के नाम करेंगे जिसे ठीक से अपना नाम लेना तक नहीं आता। जिसे बैंक से पैसा निकालने की तमीज नहीं है जो अपने साइन करते हुए डरता है और फिर तूने तो उन्हें इस घर का वारिस दिया है फिर भी इतना टेंशन खाती है तू, लानत है तुझ पर..."

"डरती हूँ इसलिए कि मेरा बेटा है उनके पास। ईशान के बगैर जीने के बारे में सोच भी नहीं सकती। पीछे मुड़कर देखती हूँ तो लगता है जैसे सब कुछ आधा-अधूरा सा जीवन जीती रही आज तक। न जाने कहाँ लुढ़क गयी थी मेरी हँसी जो तुमने लौटाई है। जीवन रस से छलकती रसमयी गागर थी मैं, याद है न, तू टकराया तो था शादी से पहले भी न हमसे?"

"हाँ, हाँ, मैं फिर से तुम्हारे होठों पर गागर नहीं बल्कि नदी भर हँसी लाकर भर दूँगा", कहते हुए अनायास रामकिशन का हाथ रत्ना के पीछे आदतन चला गया जिसे पीछे से आती उसकी सास ने देख लिया था। अचानक अनायास आ धमका वो बवंडर, वो काली आँधी जिसने तार-तार करके उड़ा दी रातों की नींद और दिन का सुकून जो किसी से कहते ही न बने या कहते हुए जीभ लड़खड़ा जाये। अचानक ये अटपटा सीन देखकर उन्हें गश-सा आ गया। ये क्या से क्या होने लगा हमारे इस पवित्तर घर में ऐसा घोर दुराचार, राम राम, चच् चच्, इस औरत की खातिर ही हमने इतनी सब योजनाएँ बनायीं और अब यही, इतनी नीच, कुलच्छिनी, कपटी और ओछी हरकतें करने लगेगी, हे भगवान, घोर कलजुग आ गया। कितने अनैतिक होते जा रहे ये रिश्ते-नाते, कितनी मतलबी और स्वार्थी निकली ये तो। बूटीक खुलते ही चार पैसे क्या इसके हाथ में आने लगे कि इसके तो पर ही निकलने लगे। उसकी सास सुचित्रा को लगता, बेशक इसे हमारे बेटे से परम्परागत पतियों वाला लगाव न रहा हो, कोई बात नहीं मगर हम दोनों ने तो कितना खयाल रखा इसका। घर बाहर, जेवर, कीमती सामान और न जाने कितने लाख की फिक्स डिपॉजिट, सब कुछ तो इसी के नाम कर दी हमने। हमें क्या पता था कि इसकी सोयी वासनाएँ इस कदर साँप बनकर हमें ही डसने लगेंगी यानी दूध पिलाकर सँपोलिन पालते रहे हम इतने साल। कितनी सारी तृष्णाएँ, वासनाएँ थीं इसके अन्दर जिन्हें पूरा करते-करते इतना लम्बा वक्त निकल गया। इसके मायके वालों की स्वार्थपरता के तमाम किस्से, तो वह सालों से सुनती आ रही है मगर बच्चे की खातिर चुप लगा जाती थी कि कोई बात नहीं, नासमझ है अभी, सँभल जायेगी धीरे-धीरे, बड़ी होगी तो खुद ही जिम्मेदारी समझेगी मगर यहाँ तो इसके दिमाग का पहिया ही उल्टा घूम गया। जितनी बड़ी होती जा रही है, उतनी उल्टी खोपड़ीवाली

होती जा रही है। मगर वे करें तो क्या करें, कैसे इस पर कंट्रोल करें? रह-रहकर फिर वही नजदीकियाँ याद आने लगतीं। दुनिया से कितना ही छुपाने की कोशिश की जाये मगर सच देर-सवेर खुलता ही है। वहाँ से तुरन्त हटकर वे अखबार में डूबे अपने पति पर बरसने लगीं–

"और लाड़ बरसाओ अपनी उस भोली और नासमझ बहू पर, क्या-क्या कहते नहीं अघाते थे तुम उसे लेकर? अब देख लो, रामकिशन संग रासलीला रचाने लगी वो रंडी, हमारे इस पवित्तर घर में गन्दगी कचरा फैलाने का खेल खेलना शुरू कर दिया उस कुलबोरन ने..." गुस्से से दाँत पीसती हुई वे बड़बड़ाती जा रही थीं।

"ये क्या उल्टा-सीधा बोलती जा रही हो, साफ-साफ क्यों नहीं बतातीं, हुआ क्या है आखिर?" फिर उन्होंने सिलसिलेवार जैसा-जैसा देखा था या श्याम के मुँह से सुना था, एक-एक करके बताना शुरू कर दिया कि किस कदर आज हमने अपनी आँखों से देखा है ये सब।

"विचित्र किन्तु अजीब हकीकत सुन रहा हूँ मैं, क्या हो गया इस रत्ना को अचानक से? कितनी तो समझदारी भरी बातें किया करती थी मगर..." आगे कुछ कहने से उन्होंने खुद को रोक लिया। कितनी कामनाएँ दबी होती हैं इनसान के मन में और कितनी सारी अतृप्तियाँ भी, तभी तो वह यहाँ-वहाँ भटकता रहता है। शाम के झुटपुटे में घर के बाहर लगे कदम्ब के पेड़ पर चिड़ियाएँ चीं-चीं सुनाई नहीं पड़ रही थीं उन्हें। उनका शरीर तो वहीं था मगर शरीर में जैसे प्राण थे ही नहीं। अखबार की पीली पड़ती कतरनों की तरह उनके वजूद के नीले-पीले टुकड़े यहाँ वहाँ सब जगह बिखरे पड़े थे। इस घटना से उपजते अवसाद के अनगिनत टुकड़े टूटे फूटे खँडहरों के बीच न जाने कहाँ-कहाँ बदरंग शक्ल में उड़कर गिरते रहे और दोनों इससे बेखबर बने छत पर चलते पंखे को हिलते-डुलते देखते रहे जैसे उनके घर की सत्ता भी इसी तरह डोलने लगी हो।

"सबसे पहले और सबसे जरूरी काम है, रामकिशन को तुरन्त काम से हटा दो। उसे कल से ही मना कर दो।"

"हाँ, ये जरूरी है", एक नजर घड़ी की तरफ डालते हुए उन्होंने चश्मे को फिर से साफ किया फिर गिलहरी जैसी सतर्कता बरतते हुए ऊपर से नीचे उतरती रत्ना के चेहरे को ध्यान से देखा जो बड़ी तेजी से रसोई की तरफ जाने लगी। दो पल पति के साथ बिताकर सुचित्रा भी रसोई में काम करती रत्ना को देखकर सोचने लगी, कैसी बेशर्म औरत है, जरा इसकी हेकड़ी तो देखो, उल्टा चोर कोतवाल को डाँटे। तभी ईशान आकर मटकते हुए पूछने लगा–"मम्मा, पता कल हमारे स्कूल में डांस कम्पटीशंस हैं, बहुत सारी लड़कियाँ भाग ले रही हैं, लड़के भी।"

रत्ना से कोई जवाब न पाकर वह अपनी दादी से पूछने लगा–"दादी, मम्मी को देखो तो, चाय कब से खौल रही है, दूध भी गिर रहा है।"

"रत्ना, कहाँ खोयी रहती हो इन दिनों? क्या सोच रही हो, बच्चा कब से कुछ कह रहा है तुमसे?" उन्होंने बुरी तरह झिड़क दिया उसे।

"हाँ, हूँ, बस ऐसे ही, कुछ खास नहीं। यूँ ही बहन की शादी को लेकर टेंशन में थी, आज माँ का फोन आया था।"

"अब तुम कितने बहाने और बनाओगी रत्ना, कितने दिनों तक हमें अँधेरे में रखोगी? उल्लू बनाने के लिए क्या हमीं मिले थे तुम्हें? किसी और की आँखों में धूल झोंक देतीं तो बेहतर होता। आखिर कब तक छलकपट का खेल खेलती रहोगी हमारे साथ? यकीन नहीं आता तुम्हारी इस भोली सूरत देखकर जिसके पीछे कितना शातिर दिमाग काम करता रहता है।"

"क्या मतलब?" धड़कते दिल की बेताबी पर काबू पाने की कोशिश करते हुए शान्त लहजे में जवाब दिया—"आखिर बात क्या है मम्मी..."

"रत्ना, इतने नाटक करने की कोई जरूरत नहीं। तुम्हारे काले कारनामों की पोल खुल चुकी है। अब तुम्हारी भलाई इसी में है कि तुम हमें साफ-साफ बता दो, तुम आखिर चाहती क्या हो हमसे? हमें लूटना चाहती हो या हमारी जगहँसाई कराना चाहती हो या रीतेश से तलाक लेना चाहती हो, जो भी हो खुलकर क्यों नहीं बतातीं?" आँखें तरेरते हुए वे ऊँची आवाज में चीख पड़ीं अचानक।

"कल से रामकिशन का यहाँ आना-जाना बन्द। उसकी सेवाएँ समाप्त और तेरा उसके साथ याराना भी तुरन्त बन्द करना पड़ेगा वरना, तुम जानती हो, इसका अंजाम क्या होगा? हम कौन हैं, कैसे लोग हैं और तेरे साथ क्या सुलूक करना चाहिए, ये भी अच्छे से जानते हैं। ज्यादा पचड़ों में नहीं पड़ना चाहती इसलिए सीधी और साफ बात बता दी। घर से कहीं भी अकेले आना-जाना भी बन्द। अगर जाना जरूरी होगा तो हम या पापा तुम्हारे साथ चलेंगे। अब से हम तुम्हें बतायेंगे कि तुम्हें क्या करना है, कैसे जीना है, मेरा मतलब, इस घर में कब, कैसे, किससे, कितनी देर बातें करना है, वगैरह वगैरह," बोलते हुए उनकी आवाज भर्राने लगी।

अचानक बीच में बात काटते हुए वह भन्नाकर बोली—"हमें तो जहाँ जाना होगा, अपनी मर्जी से जायेंगे आयेंगे। हम आपके हुकुम के ताबेदार नहीं। आपकी सोच ही गन्दी है जो उसे लेकर ऐसे इल्जाम मढ़ रही हैं हमारे ऊपर। बाइ द वे, ऐसा क्या घट गया यहाँ कि कल से उसका आना-जाना बन्द करना पड़ा आपको।" उसने पूरी तरह अनजान बनने का नाटक करते हुए पूरे आत्मविश्वास से ऐसा बोल दिया।

"हमने खुद अपनी आँखों से तुम्हारी उसकी बेहयाई देखी है, अब हमारा और मुँह न खुलवाओ कि हमें अपशब्द बकने पड़ें। झूठ बोलने का ढोंग कहीं और करना। हमारी आँखों में बहुत धूल झोंक ली तुमने, बस अब और नहीं।"

"अगर आपका कहा हम न मानें तो, तो? प्लीज आप अपने हुकुम का डंडा

हम पर न बरसाएँ। पापा तो जिन्दगी भर आपके गुलाम बने जीते रहे मगर हमें पापा जैसा बुद्धू या निरीह समझने की भूल मत करना सासोजी।" उन्हें बोलने का मौका दिये बगैर वह लगातार बोलती रही तभी पापा की ऊँची आवाज सुनाई दी—"खामोश, चुप हो जाओ तुम लोग। मैं खुद फैसला लूँगा कि करना क्या है? रात भर चैन से सोने दोगी मुझे?" पापा का खौलता विद्रोह देखकर डर गयी थी वह। बाहर भीतर घिरते अँधेरों के बीच वे तीनों अलग-अलग धुरी पर खड़े थे। उनके बीच छाये खामोश भयावह तूफान के बीच दरवाजे पर आहट हुई—"पापा, क्या हुआ? कुछ लड़ाई वगैरह...जोर-जोर की आवाजें सुनाई पड़ रही थीं।"

"नहीं तो, बस ऐसे ही, पापा की तबीयत कुछ ढीली है...ऊँची आवाजें सुनकर वह ऐसे ही डर जाता था।"

"तो डॉक्टर को फोन क्यों नहीं करतीं? जल्दी से जाओ पापा को लेकर अस्पताल..."

"ईशान, कल सुबह फोन करेंगे, अभी तुम अपने कमरे में चलो। दूध पिया तुमने..."

अन्दरूनी गर्मी की तपिश इतनी बढ़ने लगी कि बाहरी ठंडक का किसी को अहसास तक नहीं हो पाया। सभी अपने-अपने बिस्तर पर अलग थलग से पड़े थे, सबके अन्दर उबाल था, अपने-अपने बचाव के तर्क थे और सभी अलग-अलग जगहों से यहाँ-वहाँ फोन करने में जुटे थे।

रत्ना को अचानक अनजान किस्म के अज्ञात डर ने जकड़ लिया। जितना सोचती, उतना ही असुरक्षा बोध गहराने लगता। सास-ससुर के कड़वे बोलों से काफी हीलहुज्जत झेलनी पड़ी उसे। सोचते ही पस्त पड़ने लगी और चेहरे पर कालिमा पुतने लगी—"तुझे तो हम एक पाई नहीं देंगे। समझ ले कलमुँही। ईशान को हमीं पालेंगे वरना कोर्ट कचहरी से ले लेंगे और तू कुछ नहीं कर पायेगी। उसे तेरी काली मनहूस छाया से दूर रखेंगे हम वरना उसे अपने जैसा शातिर, स्वार्थी या घटिया बना देगी तू।" अगर यहाँ का ठीया छूट गया तो कहाँ जायेगी वह, कौन रखेगा उसे, माँ-बाप तो कतई नहीं जो अपनी परेशानियों से खुद परेशान रहते।

रामकिशन, मगर उसका तो खुद का परिवार है, बच्चे हैं मगर जो बात-बात पर उसके गले में हाथ डालकर कहता रहता—"एक तू ही है सो तेरे ऊपर दुनिया कुरबान कर दूँगा मौका मिले तो क्या से क्या न कर दूँ, जब चाहे आजमा लेना, मैं मुकरूँगा नहीं कभी, तेरी कसम। सारे खेत बेच डालूँगा तेरी खातिर, मेरी रत्ना..." कहते हुए उस पर खुशियों की बारिशी फुहार छिड़कने लगता रामकिशन जिससे वह झटपट भीग जाती और उसे हैरत से देखने लगती कि इसकी बातों पर भरोसा करूँ या न करूँ। फिर किस पर विश्वास करूँ, इस पर या उन सास-ससुर पर जिन्होंने वितृष्णा से नफरत का शोला उस पर फेंकते हुए क्या-क्या कुबोल फेंके थे उस पर—

"काली कुतिया है तू तो हरामजादी, नाली का कीड़ा थी जिसे नाली में ही गिरना था। तुझे जरा भी शर्म नहीं आयी जिसकी थाली में खाया, उसी में छेद कर दिया रामकिशन ने तो, कमीना कहीं का।"

रत्ना को जलील करने का कोई मौका नहीं छोड़ती उसकी सास। एक दिन गुस्से में आकर रत्ना ने कह दिया—"अगर आप लोगों ने ज्यादा बकवास की तो खुदकुशी कर लूँगी। ज्यादा जबरदस्ती करके मुझे यहाँ रोकने की कोशिश कतई मत करना वरना ठीक नहीं होगा, हाँ, कहे देती हूँ।" झन्नाती आवाज में बोली थी वह।

"तो तू वहाँ उस हरामी के पास जाये बगैर मानेगी नहीं न, साली, बदजात कुतिया औरत..."

"क्या कहा, क्या कहा, फिर से तो कहो जरा, जुबान न खेंच ली तो मेरा नाम भी रत्ना नहीं। हाँ, हाँ, जाती हूँ उसके पास, क्यों न जाऊँ, प्यार करता है वो मुझसे, तेरे बेटे जैसा अपाहिज तो नहीं जो अब किसी काम का नहीं रहा, जिसकी जुबान पर एक भी बोल तक नहीं।" सालों से जमा आक्रोश आज अनायास फूट पड़ा जैसे किसी ने जहरीले गुब्बारे पर सुई चला दी हो।

"देख रत्ना, बात एक हद से ज्यादा बढ़ गयी तो ठीक नहीं होगा। ज्यादा बदतमीजी की तो मेरी चल-अचल सम्पत्ति से भी तेरा नाम खारिज करवा देंगे। अभी कुछ नहीं बिगड़ा है, वैसे भी तेरा क्या भरोसा? कल के दिन तू कुछ भी कर सकती है, उसके साथ मिलकर साजिश करके कहीं हमारे संग घात ही कर न बैठे, फिर कहाँ जायेंगे हम, कैसे जियेंगे?"

थोड़ी देर वहाँ चुप्पी छायी रही फिर रत्ना बोली—"चलिए, आपकी बात मानकर हमने उससे मिलना-जुलना बन्द भी कर दिया फिर, फिर मेरे खर्चों का बन्दोबस्त कौन करेगा? अभी तो बूटीक चलाता है वो, किराये के पैसे आते हैं, आप लोग देंगे मुझे दस हजार रुपये महीने?"

"मगर इतने पैसे तुझे किसलिए चाहिए? खाना-पीना एक साथ होता है, कपड़े-लत्तों का खर्च हम उठाते ही हैं, फिर तुझे किस काम के लिए चाहिए इतने पैसे? जरा हम भी तो सुनें।"

"बस, यही तो नहीं बता सकती मैं। अब हर चीज बताना जरूरी नहीं समझती मैं। हाँ, बस कह दिया। वो मेरा मकान है, जिसे मैंने अपने पैसों से खरीदा था, आपके पैसों से तो नहीं। उतने रुपये ट्यूशन करके खुद कमाये थे मैंने, तो उस पर आपका हक क्यों हो भला, बताओ जरा..." बेचैन सवालों से आहत हो उठे वे।

"कैसी कतरनी-सी जुबान चलने लगी है इसकी। इसने सारी इज्जत माटी में मिला दी मेरी। सारे सपने मटियामेट कर डाले। कहा था पहले ही, ये झोपड़पट्टी से आयी औरतों के दिल से लालच कभी नहीं जाता, न इनमें इतने संस्कार होते हैं कि ये किसी एक की होकर रहें। इसके जेहन में उसी रामकिशन ने इतना जहर

उड़ेला होगा जरूर..."

अचानक झपट्टा मार शैली में टूट पड़ी वो—"सपने, किस सपने की बात करते हैं आप लोग? मेरे सपने तो आप लोगों ने रौंदे हैं। जीते जी मार डाला आपने मुझे। मेरे सगे माँ-बाप को लालच के सब्ज बाग दिखाकर मेरी जिन्दगी को बेच डाला, न किसी ने मुझे समझना चाहा, न मेरे दर्द को। खाक में मिला दी जिन्दगी मेरे अपनों ने ही। अब जो थोड़ा बहुत रामकिशन संग हँस बोल लेती हूँ, वो भी नहीं सुहा रहा आप लोगों को..." बोलते-बोलते वो रोने लगी फिर रोते-रोते बोली—"एक बात सुन लो, नीच मैं नहीं, आप लोग हैं जो गरीबी का सौदा करते हैं, कमीनगी आप में है जो भोले भाले लोगों को गुमराह करते हैं। अगर ज्यादा जबरदस्ती करके मेरे कमरे में तालाबन्द करके बाहर गयी तो ये ठीक नहीं होगा वरना कुछ भी, अनहोनी तक हो सकती है।" आगे कुछ और कहने से उसने खुद को रोक लिया।

अचानक उसे रामकिशन की बातें याद आ गयीं जो उसने उसे किसी जरूरी पाठ की तरह रटायी थीं कि अपनी सास को थोड़ा डराना और अपनी आत्महत्या की कहानी गढ़कर धमका देना कि...जेल की हवा न खिलाई तो मेरा नाम भी रत्ना नहीं मगर ये सब बातें कहना मुनासिब नहीं लगा उसे सो चुप हो गयी।

"किस अनहोनी की बात कर रही है तू, ऐं? तो ये औरत इस हद तक गिर सकती है, ऐसे कुबोल बक सकती है?"

पहली बार उन्हें अपनी असहायता का बोध हुआ और वे सकते में आ गये फिर कुछ बोलते नहीं बना।

"कभी-कभी आदमी गुस्से की अतिशतता में जो-जो जैसा भी बोलता है, वह उसके अवचेतन में धँसी बातें ही होती हैं। इसकी मंशा ठीक नहीं है, हमें सावधान हो जाना चाहिए, इससे और ज्यादा दूरी व एहतियात बरतनी चाहिए..." ऐसा सोचते हुए सुचित्रा के पति ने शान्त लहजे में कहा—"ठीक है रत्ना, जैसा तुम्हें ठीक लगे, अपने भले बुरे के लिए तुम्हीं खुद जिम्मेदार हो, हमारा क्या? हम तो पके फल हैं, कितनी जिन्दगी बची है हमारी, उठो सुचित्रा, चलो जरा बाहर घूम आयें। यहाँ बैठे-बैठे जी घबराने लगा है, चलो, जरा मोना के यहाँ चलें।"

सुचित्रा की आँखों में सिर्फ और सिर्फ यादें बची थीं। आँसुओं के पार थीं कुछ धुँधली यादें, धुँधलाहट में डूबे चेहरे और बेटे का सुनहरा भविष्य जो अब धूमिल होकर बदरंग होता नजर आने लगा था। हे भगवान, क्या होगा अब? ईशान कैसे रहेगा रत्ना के बगैर अगर वह हमें छोड़कर चली गयी तो? हमारे न रहने पर कैसे बचेंगे ये लोग? ये औरत तो बेच खाएगी हमारे सीधे-सादे रीतेश की सम्पत्ति को जो इतना भोला भाला और मासूम है कि जोर से बात करने पर सिटपिटा जाता। जल्दी से डरकर दुबक जाता किसी बच्चे की तरह। जिसे हर वक्त सहारे की जरूरत है कोई न कोई चाहिए जिसे मगर अब इस औरत का भरोसा नहीं रहा कि ये कब

उठकर चल दे यहाँ से। सड़कों पर छाया सन्नाटा मन के सूनेपन से जुगलबन्दी करने लगा, तभी उनके पति बोल पड़े—

"लो, ये आ गया मोना का घर। देखो, मौका मिले तभी अपनी बात करना। सबके सब तो व्यस्त रहते हैं यहाँ आजकल। इसलिए जाते ही अपनी मत हाँकने लगना, समझ गयी न?"

सास-ससुर के बाहर निकलते ही रत्ना ने तुरन्त रामकिशन से फोन पर बतियाना शुरू कर दिया। उसकी आवाज में भावुकता रह-रहकर उभर आती और सास की निन्दा करते-करते गला रुँधने लगता—"पहले तो कैसी मीठी मीठी प्यारी प्यारी बातें करके फुसलाया था इस बुढ़िया ने मुझे। चारों तरफ से सुन्दर मुलायम, नरम गलीचा बिछाये थे इस चुड़ैल ने, कैसे तो सब्ज बाग दिखाये गये थे—हमारे यहाँ करना ही क्या है तुम्हें, इकलौती मालकिन तो तुम्हीं तुम होगी सो बैठे-बैठे हुक्म चलाया करना नौकरों पर, यूँ चुटकी देकर पुकारना उन्हें, फिर देखना, वे कैसे दौड़कर तुम्हारे पास तुम्हारी एक पुकार पर दौड़े चले आयेंगे। अपनी उसी जुबान से जिससे मीठी चाशनी में लपेटे रसीले बोल टपक पड़ते थे। परन्तु अब तो उसी होठों से दनादन गालियों की बौछार करती है बेधड़क। मौका मिलते ही बड़े भद्दे तरीके से हाँफते-हाँफते गालियों के कोड़े फटकारने लगती—"जा, उसी कुत्ते के तलुवे चाट, सड़क की गन्दी सुअरी है तू तो। कहीं भी किसी को भी मुँह लगाने वाली, हट जा मेरी निगाहों के सामने से।" अपशब्द बकने में किसी को भी नहीं बख्शती वह। याद करो, पिछले महीने तुम्हारे संग हँसते हुए देखकर गुस्से से कैसी बिगड़ पड़ी थी और तुम्हारे निकलते ही दहाड़ने लगी थी—"खबरदार जो वहाँ उसके संग कमरे में गयी तू, तो ठीक नहीं होगा। कितनी ओछी हरकतें करने लगी है तू उस नीच के संग।" और हाँ, पिछले दिनों मेरे कन्धे पर हाथ रखते हुए देख लिया था तो उसी बात पर आड़े हाथों ले लिया उसने मुझे—उस बदजात आदमी ने तेरे कन्धे पर हाथ रखने की हिम्मत कैसे की और तूने जरा भी विरोध तक नहीं किया, चूँ चाँ तक नहीं, कैसे लच्छिन हैं तेरे, रत्ना, कितनी बार समझाया, नौकरों को मुँह न लगाया कर मगर तू है इतनी बेहया कि मानती ही नहीं। तभी ये सब करने की उसकी हिम्मत बढ़ जाती वरना, मजाल किसी की, कोई ऐसी ओछी हरकत करे तो उसका मुँह न तोड़ दूँगी मैं। अब से देख लूँगी उसे भी और तुझे भी, तेरा ऐसा हाल कर दूँगी कि इलाज के लिए भी तरसेगी तू और जिन्दगी भर याद रखेगी कि किसे धोखा देने की हिमाकत की है तूने।"

उसके फोन को सुनते-सुनते रामकिशन तत्परता से वहीं आ पहुँचा। बस, उसकी पदचाप से पता चल पाया कि बड़े सँभल-सँभलकर एक-एक कदम बढ़ाता हुआ वो धीरे-धीरे उसे पीछे-पीछे चलने का इशारा करते हुए सीधे छत पर जा पहुँचा जहाँ अँधेरी रात में दो कायाएँ एक-दूसरे में आवाजाही करने को व्यग्र थीं। वे न जाने

कहाँ-कहाँ की दैहिक यात्राओं पर निकल चुके थे।

थोड़ी देर बाद रत्ना की फुसफुसाहट सुनाई पड़ी—"मेरे जीवन की सबसे बड़ी भूल है ये शादी। मुझे सख्त नफरत है इनके पैसों से। माँ-बाप ने सौदेबाजी करके फँसा दिया मुझे। बहला-फुसलाकर कुचल डाले मेरे अरमान। सच्ची में, मुझे अपने माँ-बाप से चिढ़ है जिनके चलते मेरी ललक, लालसा, शौक, उमंग और किशोर भावनाएँ कुचलती-रौंदती गयी मैं।" उसकी भावुक आवाज में अनायास खरखराहट शुमार होती गयी। उसका अनकहा दुख, तड़प, बेबसी, बेचैनी और प्यार पाने की याचना अचानक अनियन्त्रित वेग से बह निकली गोया वर्षों का सोया झरना एक बार में फूट पड़ा हो। रोते-रोते आँखें बन्द कर लीं उसने और उसकी आवाज में कँपकँपाहट और व्यग्रता छलक आयी। अभी वे अपनी दुनिया में निर्बन्ध उड़ान भरते हुए आकाश में कुलाँचें भरने ही वाले थे कि अचानक किसी के दबे पाँव आने की आहट सुनाई पड़ी। वे फट से अलग हुए मगर तब तक देर हो चुकी थी। सुचित्रा मैडम ने खा जाने वाली नजरों से दोनों को घूरा और ताबड़तोड़ गालियाँ देना शुरू कर दिया—"यहाँ छत पर आकर ये कौन-सा तिरिया-चरित्तर रचने लगी तू छिनाल। और तू रामकिशन, जिसकी थाली में खाया, उसी में छेद करते हुए तेरी आत्मा ने नहीं धिक्कारा तुझे, ऐसा करते हुए जरा भी लाज नहीं आयी तुझे कमीने, चल निकल, इसी वक्त हमारे इस पवित्तर घर से...नालायक गली के कुत्ते सरीखे लार टपकाते फिर रहे हैं यहाँ वहाँ मुँह मारते, हट जा मेरी नजरों से दूर..." बोलते हुए हाँफनी भरने लगी और आँसुओं से आँखें धुँधलाने लगी। सास का गुस्सा कैसे भी जज्ब नहीं हो पा रहा था। वे लगातार चीखती-चिल्लाती जा रही थी।

अपमान से सर्वांग जलने लगा रामकिशन का। सो उसने तरेरती आँखों से सुचित्रा को देखा फिर भेड़िए की तरह गुर्राते हुए भड़क पड़ा—"देख लेंगे तुझे हम, ऐ बुढ़िया, अपनी औकात में रहा कर। इतनी लम्बी जुबान चलाने की जरूरत नहीं है, निकलूँगा तो अपनी इस रानी संग ही निकलूँगा, हाँ कहे देता हूँ। पल-पल इसी की खातिर जीता-मरता हूँ", अचानक वह पूरी बेशर्मी पर उतर आया।

उसके जहरीले बोलों को किसी तरह हलक से नीचे उड़ेलते हुए बगल में रखी छड़ी से रामकिशन पर वार करते हुए जोर-जोर से चिल्लाने लगी—"ये साले गली की नाली के बदबूदार कीड़े हैं सो पैदाइशी कीचड़ लपेटकर जीना आता है तुझे मगर दुर्भाग्य तो हमारा कि ऐसी चुड़ैल से वास्ता पड़ा। फिलहाल अभी भी कुछ नहीं बिगड़ा, भगवान ने हकीकत दर्शाकर आँखें खोल दीं सो जहाँ-जहाँ मेरी जमीन जायदाद पर इसका नाम चढ़ा है, वो सब काटकूट दूँगी। तेरा क्या, तू तो मेरे बेटे की निशानी ईशान को भी तबाह करके छोड़ेगी, वैसे भी तुझे तो कोई शर्म-लिहाज है नहीं..." गहरी साँस भरते हुए उन्होंने जैसे आखिरी फरमान वहीं खड़े-खड़े सुना डाला—"निकल जा मेरी नजरों के सामने से और जीते जी कभी पलटकर भी मेरी

तरफ देखा तो समझ लेना, आँखें निकालकर रख दूँगी और फिर ताजिन्दगी सड़ना पड़ेगा जेल में तुझे, हाँ, हल्के में मत लेना मेरी बातों को।"

फिर वे रत्ना की ओर टेढ़ी भवें करते हुए झपट्टामार लहजे में दहाड़ने लगीं–"किसके भभके में जी रही है तू, ऐं, बोल, तेरा नाम अपनी प्रॉपर्टी से न हटवाया तो मेरा नाम सुचित्रा नहीं। कानून पढ़ी हूँ सो कानूनी बारीकियों को बखूबी जानती समझती हूँ। समझ में आयी मेरी बात? दो कौड़ी की औकात वालों का दिमाग खराब होते देर नहीं लगती। हद है, कमीनगी की भी। कैसी नीच किस्म के सपोलों को सालों से दूध पिलाती रही हूँ मैं जो अब जहर उगलने लगे हैं। मेरे बच्चे का जीवन बर्बाद कर देगी तू तो, ओ माई गॉड..." कहते हुए वे सिर पकड़कर वहीं बैठ गयी और सोचने लगी कि अभी तक तो इसका मेरे बेटे से तलाक हुआ नहीं सो मेरी सारी सम्पत्ति पर इसका कानूनन हक हो जायेगा। अभी ईशान इतना छोटा है कि तलाक लेने से दसियों बखेड़े खड़े हो जायेंगे मगर करें तो क्या करें? कैसे इस समस्या से निजात पायें, वे सोच में डूब गयीं। रत्ना के बदलते तेवर और हिम्मत देखकर वे तनावग्रस्त होती गयीं। कुछ न कुछ तो करना पड़ेगा वरना किसी दिन मुसीबत न खड़ी कर दे ये औरत, अब तो इस पर कैसे भी भरोसा नहीं किया जा सकता।

उस झगड़े का बुरा असर रत्ना के दिलोदिमाग पर पड़ा मगर वह तब तक अन्दर जाकर खाना तैयार करने लगी। अन्दर आकर उसके हाथ से रसोई के बर्तन झपटते हुए वे दहाड़ने लगीं–"अब तो तेरे हाथ का खाना भी नहीं खा सकते हम। क्या पता, कब तू हमारे खाने में जहर मिला दे और हमें बेमौत मौत की नींद सुला नौ दो ग्यारह हो जाये यहाँ से या उसे ही यहाँ बुलाकर रंडीखाना खोल ले। चू चू चू ऐसी बेशरम औरतों पर कैसे भरोसा करूँ जिनका कोई ईमान धर्म तो होता नहीं।" खरखराहट भरी आवाज में बड़बड़ाते हुए उन्होंने गहरी साँस खींची तभी उनके पति बोल पड़े–"मुझसे ये सब बर्दाश्त नहीं होता। ये दिन देखने के लिए बड़े शौक से ब्याह लायी थी तू इस नागिन को। इस नीच कुजात भंगिन के संग हमारी भी बदनामी होगी। जिन्दगी भर की इज्जत आज मिट्टी में मिला दी इस औरत ने..."

उनके बीच तमाम भली बुरी बातें हुईं और सारी रात जागते हुए न जाने क्या-क्या योजनाएँ बनाते हुए अँधेरी रात बीतती और वे रीतती व जिन्दगी से हारती गयी। दूसरे दिन सुबह होते ही उन्होंने वकील को बुलवाकर अपनी प्रॉपर्टी वगैरह में उसका दर्ज नाम हटवाने की दरखास्त दे दी। आनन फानन में अखबारों में भी इस बावत विज्ञप्ति छपवा दी गयी कि अब से हमारा रत्ना वर्मा से कोई लेना-देना नहीं।

घर पर अघोषित युद्ध जैसा माहौल व्याप गया। जितनी तेजी से ये घटनाएँ घटीं, उतनी ही तेजी से रत्ना की चाल ढाल में अजीब किस्म का दुराव और अपरिचितों जैसा रूखा बर्ताव शुरू हो गया। वे एक-दूसरे को देखने या सामना करने से बचने

लगे। कोई किसी से दो बोल भी नहीं कहना-सुनना चाहता। एक बार सवेरे जो बूटीक में घुसती कि देर रात अँधेरा होने पर ही लौटती रत्ना। कपड़ों की डिजायन वगैरह तय करने के बारे में जो फोन आते तो वो शान्त लहजे में जवाब दे देती। बात बेबात में बुदबुदाते हुए वे अपने बेटे की मानसिक कमतरी को ढाँपने की कोशिश करती या इस शादी के होने से रीतेश की हालत सुधर सकती है, डॉक्टर के दिये ऐसे सुझावों पर कोसने लगी कि आखिरकार उन्होंने क्यूँ उसकी बातें मान ली थीं।

रामकिशन की भी उनसे कहासुनी हो गयी थी सो वह भी सुचित्रा मैडम से चिढ़ा हुआ था। गाहे-ब-गाहे वह रत्ना से फोन पर जंगली शेर की तरह उनपर दहाड़ते हुए दबाव बनाकर अपनी गिरफ्त में लेने की फिराक में रहता—"इतना डरती क्यों है तू उस बुढ़िया से, तू कहे तो अभी उड़ा दूँ उसका सिर, बोल न, चुप क्यों है? आज के जमाने की औरतों को सब कुछ करने की आजादी है, सबके बराबर से हक हैं, ऐसे कैसे वे तुझे अपनी प्रॉपर्टी से बेदखल कर सकते हैं? देख लेंगे उन्हें भी हम, कानूनन उस सम्पत्ति पर तेरा हक है और रहेगा भी। कोई नहीं छीन सकता ये हक। उसके लिए इन्हें तलाक लेना होगा और बच्चा अभी इतना छोटा है कि तलाक इतनी आसानी से मिलने से रहा। हाँ, वैसे कितनी जमा पूँजी होगी तेरे पास?"

"यही कोई 8-10 लाख..."

"वाह, तो बस हो गया अपना काम, समझ लो, हो ही गया अपना काम, एक बार तू मेरे पास आ गयी फिर कोई भी क्या कर लेगा हमारा?" मीठी बातें करके वह उसे बरगला लेता। बहला-फुसलाकर हँसा देता और फिर अपनी खेतीबाड़ी का हवाला देकर पूरी मालिकी भी झाड़ता—"मेरे खेतों पर अब से तेरा भी हक रहेगा, पता है, क्या-क्या सपने देखे हैं मैंने तेरी खातिर, सुन, लाल रंग की साड़ी में कित्ता जँच रही थी तू उस दिन, मन किया, सबके सामने तुझे गोदी में उठाकर अपने अन्दर छिपा लूँ फिर तू किसी को नजर न आये सिवाय मेरे।"

"पागलपन्थी..."

"वही तो होना चाहता हूँ तेरे प्यार में, यार, अब और नहीं रहा जाता तेरे वगैर।"

"प्लीज, नो तमाशा, नो ड्रामेबाजी, वैसे मेरा भी यहाँ रहने का मन नहीं करता। आखिर कौन है यहाँ मेरा जिसके लिए मन करेगा, ईशान है लेकिन हमेशा दादी बाबा के कहे पर चलता है। अच्छा रखती हूँ, किसी की आहट आ रही है, कोई है शायद..."

"अपने आशिक का फोन रखती क्यों है तू, कर उसे फोन, मेरे सामने कर न, जब तुझे वो सब करने में शर्म लिहाज नहीं था फिर अब और बचा ही क्या है?"

ससुर ने बुरी तरह झिड़क दिया। वह फिर भी शान्त बनी रही। तभी सुचित्रा जी आ गयीं—"ऐसा है, तुझे जो करना है, कर, पर मेरे इस पवित्तर घर से कुछ नहीं

होगा। समझ गयी न?"

"चली जाऊँगी, ईशान को लेकर..."

"न, ईशान कहीं नहीं जायेगा। वो यहीं रहेगा। जिस रंडी को बाहर जाकर कोठा खोलना हो, वह जाये यहाँ से। ये बेचारा क्यों अपनी जिन्दगी बर्बाद करेगा तेरे संग? न, तूने ऐसा सोच भी कैसे लिया? ऐसा सोचने की हिम्मत ही कैसे की तूने?"

"देख लेंगे आप लोगों को भी, हम, हाँ, ऐसे कैसे अपने बच्चे को यहाँ छोड़ जायें हम? कोर्ट कचहरी जायेंगे, ईशान को पाने की खातिर जो भी बन पड़ा, करेंगे।"

"वैसे ही कुकर्म करने हैं तेरे को तो, सो उसके संग अकेले में रास रचाना तू, ईशान बेचारा क्यों देखेगा तेरी रासलीला?" उन्होंने पूरी वितृष्णा से उसकी तरफ नफरत भरे बोल फेंके।

अँधेरा घिरने लगा था। बस चन्द लफ्ज थे जो उसके कानों के आरपार सुनाई दे रहे थे—"तेरा ईशान पर कोई हक नहीं रहा अब सो उसे कहीं नहीं ले जा सकती तू। ऐसा करने की हिमाकत की तो हम तेरे खिलाफ अभी से पुलिसकेस कर देंगे। फिर जिन्दगी भर कोर्ट कचहरी में चप्पल घसीटती रहना। भलाई इसी में है कि रामकिशन को भूल जा और अपनी घर गृहस्थी में मन लगा।" गहरी साँस लेकर बुदबुदाते हुए वे बाहर निकली और अंग्रेजी में बोलना शुरू कर दिया—ओ माई गॉड। ओ माई लिटिल बॉय, आई एम टू हैल्पलैस..."

साथ में ससुर भी कहने लगे—"ये साली कितनी पापिन औरत है, ऐसे लोगों को भगवान सजा क्यों नहीं दे देता? इसके होश ठिकाने लगाना जरूरी है। आगे से कोई हरकत की तो फिर सीधे जेल में ठुँसवा दूँगा..."

भर आयी आँखों को कुहनी से पोंछते हुए रत्ना अपने कमरे में चली आयी लेकिन वहाँ से भी दोनों की बड़बड़ाहट साफ-साफ सुनाई पड़ रही थी—

"सुनो, अब इसके दिमाग ठिकाने लगाने जरूरी हैं। अपनी चल-अचल सम्पत्ति का वारिस तो तुम्हीं ने बनाया था न इसे, ये ठीक नहीं। इस पर भरोसा नहीं किया जा सकता, कब उसके साथ हमें चूना लगाकर चम्पत हो जाये, फिर क्या कर लेंगे हम? कहाँ से कैसे पकड़ पायेंगे हम उसे?"

"तुम अपनी उस होशियार वकीलनी को क्यों नहीं पकड़ते जिसने तुम्हें पिछली दफे जितवाया था, याद है न उसका नाम पता वगैरह?"

"हूँ, सोचता हूँ कुछ न कुछ तो करना ही पड़ेगा। मगर इसे पैसा देना एकदम से बन्द कर दो।"

"पिछले महीने से पैसे देने बन्द कर दिये। पैसों के लिए आये दिन लड़ती रहतीं ये तो। सुनो, अचानक चक्कर से आने लगे, बीपी लो तो नहीं हो गया?"

यहाँ वे पति संग उसके चरित्र की बखिया उधेड़ने में लगे थे, वहाँ वो उनकी कही एक-एक बात को सुनती सूँघती रही कि कितना तेज दिमाग चलता है इस

बुढ़िया का। कानूनी हकों से बेदखल करने का कदम उठायेंगे ये लोग, यही बात जब उसने कल रामकिशन को बतायी तो कैसे चीख पड़ा था वो–"अरी ओ चुड़ैल, अगर कहीं मैंने तेरा नाम तेरी जिन्दगी की जन्म कुंडली से ही न काट दिया तो मेरा नाम भी रामकिशन नहीं।" क्या-क्या अंटशंट बोल गया था रामकिशन, गुस्से में कितना गर्म हो गया था उसका दिमाग। आज भी उससे फोन पर यही कह रहा था कि "कितनी भयानक साजिश रच रहे हैं वो और रत्ना, तुम हो कि कान में रूई डाले खामोशी से सब कुछ सुन रही हो। वे सारी प्रॉपर्टी उस कू कू करने वाले पिल्ले के नाम तो करने से रहे फिर अपने बेटी के नाम कर देंगे सारी दौलत। क्या कर लोगी तुम, ऐं, सुनो, ध्यान से, मेरे दिमाग में एक प्लान है, हाँ, न रहेगा बाँस, न बजेगी बाँसुरी। बुढ़िया के न रहने पर बुड्ढा अपने आप तुम पर निर्भर हो जायेगा, बस यही एक उपाय सूझ रहा है मुझे तो। फिर तो अकेला बुड्ढा कुछ नहीं कर सकता।"

"न, ऐसा हरगिज मत करना। प्लीज, कभी मत लेना ऐसा निर्णय। मुझे डर लग रहा है किशन, घबराहट होने लगी है।"

"तुम काहे को फिक्र करती हो उन सबकी? वकील किस चीज की रोटी खाते हैं जो भी होगा, मैं ये सब बातें देख सुन लूँगा मगर तुम पर कोई आँच नहीं आने दूँगा। तुम तो बस मस्त रहा करो अपनी ही दुनिया में। मुझ पर बाकी चीजें छोड़ दो? सब सँभाल लूँगा।"

"रामकिशन, प्रॉमिस करो कि तुम कोई गलत काम कभी नहीं करोगे, न, ऐसा वैसा कुछ नहीं करोगे। उन लोगों को किसी तकलीफ में कतई नहीं डाल सकती मैं। तुम्हारे चक्कर में कहीं की नहीं रही। बर्बाद हो गयी मैं तो। कल घर से अम्मा-बापू भी डाँट रहे थे, उन्होंने भी घर आने से मना कर दिया है, मेरे लिए तो सब तरफ से दरवाजे बन्द हो गये रामकिशन..." बोलते-बोलते वो बुक्का फाड़कर रोने लगी।

"ऐसी निराशा भरी बातें मत करो रत्ना, मन कर रहा है बस अभी इसी वक्त उड़कर तुम्हारे पास चला आऊँ तो जगह-जगह चिकोटियाँ काटकर हँसाता रहूँ तुम्हें, तब उस खूसट बुढ़िया की चिन्ता करना भूल जाओगी तुम। वैसे अगर तुम वहाँ नहीं रहना चाहतीं तो कोई बात नहीं। इतनी जमीन-जायदाद तो मेरे पास भी है कि तुम्हें बैठे-बैठे खिला सकूँ। अच्छा अब ये उदासी वाली बातें बन्द करो। बस हँसती रहा करो और जब भी जी करे तो फोन तो है ही बतियाने के लिए। और हाँ, बूटीक का क्या हाल है?"

"बस किसी तरह चल रहा है, रामकिशन, यहाँ पर घुटन होती है मुझे। अब और रहने का दिल नहीं करता। मन करता है, कहीं दूर चली जाऊँ मगर ईशान को देखकर अपने कदम रोक लेती हूँ, तुम्हीं बताओ, करूँ तो क्या करूँ? क्या अपने घर चली जाऊँ? दिल दिमाग में जंग छिड़ गयी है, कुछ भी दिमाग काम नहीं कर रहा। कितनी अकेली पड़ गयी मैं तो..."

"न, ऐसा मत कहो डियर। मैं हूँ न तेरे साथ। मैं भी तो एक झलक के लिए तड़प रहा हूँ लेकिन इस मसले को अपने घर वालों से डिस्कस करोगी तो शायद वे तैयार न हों। कितनी तंगहाली में दिन बिताये हैं उन्होंने तभी तो तुम्हें यहाँ पटक दिया था और तुमने भी तो बिना आगा-पीछे सोचे इस नरककुंड में रहने के लिए हामी भर दी थी। क्यों किया ऐसा अन्याय अपने संग? बोलो, मगर अब घबराओ नहीं। पक्का यकीन करो मेरा। अब से तुम्हारी जिन्दगी में कुछ भी गड़बड़ नहीं होने दूँगा।" वह भावविभोर अन्दाज में बतियाता रहा।

"चलो, अब सो जाओ, ईशान को गले से लगाकर नींद आ जायेगी।"

"और नहीं तो किसे?" इस विषयान्तर पर व्यंग्य ताड़कर वह खुश होते हुए बोला—"ये हुई न बात, चलो अब रखता हूँ फोन, मन को काबू में रखना और खुश रहना तब तक एक लवली किस तो बनता है..."

अचानक इसी बीच फिर सुचित्रा मैडम की पदचाप सुनाई पड़ी—"तू अभी तक उसी से बतिया रही है, जरा भी लाज शर्म नहीं बची तेरे अन्दर, तू नहीं सुधरेगी, न, ला, इधर ला अपना फोन, देखूँ तो कितनी बार बातें होती हैं तेरी उस लफंगे से?"

फोन के लेन-देन पर दोनों के बीच हाथापाई-सी हो गयी और रत्ना ने खुद का बचाव करते हुए अपना हाथ बढ़ाकर सामान्य कद-काठी की अपनी सास को परे धक्का देकर खिसका दिया तभी वे बमक पड़ीं—"किसके गुमान पर इतना इतराती फिरती है तू? कभी आईने में खुद को देखा है ठीक से, ऐसी साधारण शक्ल सूरत पर इतनी ऐंठ, जो भगवान ने रूप दे दिया होता तो क्या हाल होता तेरा?"

"एकदम सही कहा आपने। अगर मैं साँवली हूँ, गरीब घर से आयी हूँ तभी तो आप इस घर में मुझे लायी थीं कि पड़ी रहेगी कहीं गठरी बनकर। घर में सब कुछ तो है ही, घर जमीन, रुपया-पैसा, कपड़ा लत्ता, सोने चाँदी के जेवरात वगैरह सो इससे ज्यादा क्या चाहिए एक गरीब लड़की को, है न?" एक-एक शब्द चबा-चबाकर बोलती जा रही थी वो निधड़क।

"पर तूने खुद भी तो लड़का देखा था सत्यानाशिनी, तुझसे सब साफ-साफ बता सुनकर ही तो शादी तय की थी। कोई धोखे में तो नहीं रखा तुझे, बोल, गलत कह रही हूँ?" गुस्से की ज्यादती में उनकी आवाज में आग की लपट जैसी तपिश थी।

बिना उसकी बात का जवाब दिये वो सीधे अपने ऊपर वाले कमरे में गयी और दरवाजा बन्द करके लेट गयी। मुझे अपने माँ-बाप से सख्त नफरत है जिनकी वजह से मेरी जिन्दगी उजड़ गयी, मैं तो तबाह हो गयी...असहायता के मारे बेचैनी बढ़ती गयी और वह रोने लगी, फिर बिस्तर पर ढह गयी।

लेटते ही पिछले कई महीनों की घटनाएँ एक-एक करके आँखों के सामने नमूदार होने लगीं। बूटीक चल नहीं पा रहा ठीक से। ग्राहकों को ठीक से सिले कपड़े मिल नहीं रहे थे सो वे और कपड़े लेकर नहीं आ रहे। पिछली देनदारियाँ तो कब

की खत्म हो गयीं। हाथ में पैसा आना बन्द हो गया। मजबूरी में बुढ़िया से माँगना पड़ा तो छूटते ही बोली—"सिंगार पटार करके उस कमीने संग रास रचाने जाना है क्या? किसलिए चाहिए पैसा? बोला न, नहीं हैं हमारे पास पैसे और सुन, हमें बिना बताये घर से बाहर एक कदम भी रखा तो ठीक नहीं होगा।। जब तक रहना चाहे, यहाँ रहे और जब तेरा यहाँ से जाने का मन करे, जा सकती है तू। हम तुझे यहाँ से भगायेंगे नहीं, ये मेरा वादा है।"

अचानक तैश में आ गयी वह—"क्या समझती हैं आप खुद को, आप पैसे नहीं देंगी तो क्या मैं कटोरी लेकर सड़क पर आ जाऊँगी? कतई नहीं, चार पैसे कमाकर अपना पेट भर लूँगी, हाँ, दिक्कत तो आपको होनी है।"

"अरे, तेरी जैसी औरतों से कैसा सुलूक किया जाता है, खूब जानती हूँ मैं..."

उनकी बड़बड़ाहट को अनसुना करती वह पर्स टाँगकर बाहर निकल पड़ी।

यह महज इत्तिफाक था कि जिस दिन रत्ना ने अपने खाते से पूरे बीस हजार निकाले, ठीक उसी दिन रत्ना की सास ने उसके खाते का स्टेटमेंट निकलवा लिया। तब उन्हें पता चला कि महीने में तीन-चार बार इसने सात-सात हजार निकाले हैं और आज पूरे बीस हजार। इतने सारे पैसों का ये करती क्या है? कहीं रामकिशन का खर्चा तो नहीं उठा रही ये? होने को तो कुछ भी हो सकता है, कुछ न कुछ तो जरूर पक रहा है तभी बैंक से दनादन पैसे निकाले जा रहे हैं। हर वक्त ये औरत पैसा माँगती रहती, पैसों के लिए मुँह खुला रहता इसका। किस पर इतना खर्चा करने लगी ये कि पानी की तरह पैसा बहाये जा रही है। हमने पाई-पाई कितनी मेहनत से जोड़कर कमाया और कह रही है कि हमारी कमाई पर ये ऐश से रहेगी। ओफ, हमारी खून-पसीने की गाढ़ी कमाई यूँ इस तरह के नीच कामों में बर्बाद हो रही है, ऐसा तो हमने कभी सपने में भी नहीं सोचा था। कभी ईशान के किसी काम के बहाने पैसे माँगती है तो कभी उसके कपड़ों की खातिर तो कभी कहती, हर बात को बताना जरूरी है क्या? हम क्या इस घर के नौकर चाकर हैं जो हर काम का हिसाब देते रहेंगे, आखिर हमारा भी कुछ हक बनता है या नहीं? अगर आराम से नहीं दोगी तो हम कानूनन ले लेंगे। हमें आता है पैसा निकालने की तरकीबें। पूरी बेशरमी पर उतर आयी थी ये उस दिन और अलमारी को खुला देखा तो हाथ डालकर जितने पैसे थे, उठा ले गयी। पूछने पर जोर-जोर से चीख-चिल्लाकर लड़ने लगी। उसकी जोरदार आवाजें सुनकर लगा, कहीं मुहल्ले वाले इकट्ठे न हो जायें, सोचकर मन में डर-सा बैठ गया। कुछ न कुछ इन्तजाम तो करना ही पड़ेगा बल्कि जल्दी ही कुछ फैसला लेना पड़ेगा। रात भर पति-पत्नी में विचार मन्थन चलता रहा। दो-चार जगह सलाह मशवरे भी लिए दिये गये मगर किया उन्होंने वही जो वो करना नहीं चाहते थे मगर मजबूरी में करना पड़ा।

"लो, खुद पढ़ लो अपनी आँखों से, बार-बार पढ़ लो। ऐसा क्या छपा है आज

के अखबारों में? मैंने खुद पढ़ा है, जल्दी से पढ़कर फोन करो मुझे।" फोन रखकर अपनी बड़ी-बड़ी आँखों को चौड़ा करते हुए उसने हाथ के सारे काम छोड़कर सबसे पहले आज के अखबार उठाये तो सास-ससुर ने उचटती नजरों से उसे घूरा। बिना किसी से कुछ बोले सुने वह दनदनाते हुए सीधे ऊपर निकल गयी और जल्दी-जल्दी अखबार के पन्ने उलटने पुलटने लगी। अचानक उसकी नजरें पेज 11 पर चिपकी रह गयीं, पलकें जैसे झपकना भूल गयी थीं—

सूचना—

मेरी पुत्रवधू श्रीमती रत्ना, आयु लगभग 34 वर्ष, पत्नी श्री रीतेश कुमार, निवासिनी—एम.जी. रोड का मेरे व मेरी पत्नी सुचित्रा आयु लगभग 61 साल, पत्नी श्री .... पुत्री श्री .... उपरोक्त वर्णित भवन में प्रथम तल पर रहती हैं—के प्रति रत्ना का बर्ताव व आचरण ठीक नहीं है। आये दिन गाली-गलौज व मेरे पुत्र आयु लगभग 37 वर्ष व मेरे पौत्र ईशान को जहर देकर मारने व खुद आत्महत्या कर हमें जेल भेजने की धमकी आये दिन दिया करती है। अतएव अब इसके साथ जीवन निर्वाह कठिन लगने लगा है। सो ये घोषित करना पड़ रहा है कि मैं व मेरी पत्नी उसके द्वारा किये गये किसी भी कृत्य के लिए कतई उत्तरदायी नहीं होंगे।

श्री एस. कुमार, पुत्र श्री भोलेशंकर, एम.जी.रोड

पढ़ते-पढ़ते गुस्सा तो बहुत आया। उसकी आँखें अखबार में छपी इस सूचना से हटती ही नहीं थीं। क्यों किया इन लोगों ने ऐसा? ऐसी कौन-सी दुश्मनी निकाली इन्होंने? जितनी तेजी से वह ये सब सोचती जाती, उतना तेज गुस्सा आता रहता। अभी दो दिन पहले ही तो इन लोगों ने रामकिशन के साथ दुछत्ती पर बनी कोठरी पर हमें देखा था, शायद उसी दिन फैसला ले लिया होगा। उसी दिन रात में गाड़ी निकालने की आवाजें भी सुनाई दी थीं। ईशान बता भी रहा था कि दादी मोना आंटी के यहाँ गयी हैं जिनके पति नामी वकील हैं। शायद उन्हीं से सलाह-मशविरा लिया हो। दबे पाँव वह कपड़े सुखाने ऊपर गयी तो फोन पर हो रही बातचीत को छिपकर सुनने लगी—"हाँ, हाँ, ठीक से तो याद नहीं आ रहा मगर इतना जरूर याद है कि मेरी पत्नी से कुछ साल तक उसके सम्बन्ध ठीकठाक चले। जब से उस कमीने रामकिशन ने यहाँ काम करना शुरू किया है, तभी से उसी के बरगलाने पर या बहकाने पर वह बिगड़ गयी। इन दिनों तो वह बात-बात पर मेरी पत्नी से झगड़ा शुरू कर देती। कल ही हमने उसे कंप्रोमाइजिंग पोजीशन में देखा तब से हमारी आँखों से रातों की नींद उड़ गयी है। जैसे ही मेरी पत्नी ने उसे साफ-साफ पूछना चाहा तो ऐंठकर जवाब दिया उसने—अगर हमसे गन्दी गाली-गलौज करोगी तो हम तुम्हारे लड़के और पोते समेत खुद भी जहर खाकर जान दे देंगे। हाँ, सुन लेना इस बात को, उसके ऐसा कहने से हम सचमुच डर गये और तभी अखबारों में छपवाने वाला कदम उठाना पड़ा। हाँ, उसमें साफ-साफ यही लिखा है कि उसके

द्वारा किये गये किसी भी कृत्य के लिए हम जिम्मेदार नहीं होंगे। आप ही बताओ, ऐसा न करते हम तो क्या करते? कहीं सचमुच वो ये सब कर डाले तो? नहीं, नहीं, हम डरे नहीं हैं मगर एक मिनट के लिए सोचो, अगर वो किसी दिन अचानक तैश में आकर कुछ उल्टा सीधा कदम उठा ही ले तो इसका अंजाम तो मेरे बेटे, पोते व हम दोनों को ही भुगतना पड़ेगा न। भाईसाब, प्यार को अन्धा होता तो हम सबने सुना है मगर बहरा व गूँगा बनते पहली बार देख रहा हूँ।"

बाकी बातें सुनने की इच्छा नहीं हुई उसकी। छत पर उसकी आहट सुनते ही उन्होंने फोन काट दिया। मन में जरूर आया कि इसी वक्त इन्हें खरी खोटी सुना दें, इनके बेटे के बारे में भी इन्हें साफ-साफ बता दें कि किस कदर वह उससे अप्राकृतिक यौन सम्बन्ध बनाने के लिए मजबूर करता था जिसके चलते उसके पास जाना कम करना पड़ा उसे। मगर तभी रामकिशन की बातें अनायास याद आ गयीं—रत्ना, हमें खूब सोच-समझकर फूँक-फूँककर अपना हर कदम उठाना है। ऐसे भावुक होकर, रौ में आकर अपना आपा बिसार उत्तेजित होकर कुछ भी कह देने का दुष्परिणाम भुगत लिया न, देखते-देखते उन्होंने अपनी सम्पत्ति से हमें बेदखल कर दिया वरना...अब तुम अपने पति व बेटे को अपने कब्जे में रखना। उन्हें अपने से दूर न जाने देना, हाँ, हम तरीके से उसे अपने रास्ते से हटायेंगे जरूर यानी ये रोड़ा तो हर हाल में हटाना ही पड़ेगा बस, तब तक धीरज धरो मेरी रानी। और हाँ, आज की रात तुम्हारे पास आना ठीक नहीं। वो बुड्ढा ताक में रहेगा कि कब मुझे रंगे हाथों पकड़कर पुलिस में दे दे और तुम्हें सबके सामने जलील करता फिरे, फिर खामखाँ तुम्हारी हमारी फजीहत होगी तो अब आइन्दा से हमें इसका खास खयाल रखना होगा। जानती हो न, तुम्हारे आत्मसम्मान से मेरी भी प्रतिष्ठा जुड़ी है न, समझीं?"

कितनी समझदारी भरी बातें करता है रामकिशन। कितनी होशियारी से एक-एक बातों की तह तक जाकर हमारे भविष्य की खातिर इतना कुछ सोच रहा है। सचमुच, न तो वो लालची है, न धोखेबाज और न ही औरतबाज, वो तो बहुत ही नेक, भला और दुनियादारी जानने वाला अच्छा इनसान है जिसने साफ लफ्जों में कह दिया—"रत्ना, मेरे लिए तो तुम्हारा पैसा या प्रॉपर्टी धूल समान है, मेरे लिए तो सबसे बेशकीमती रत्न है—रत्ना, मेरी रत्ना जिसे मैं पूरी दुनिया से सँभालकर बचाकर बड़े जतन से अपने दिल की डिबिया में बन्द करके एहतियात बरतते हुए रखूँगा, हाँ, सच्ची में, तुझसे ज्यादा कीमती और क्या है मेरे लिए? तू सचमुच मेरा अनमोल रत्न है रत्ना..." सोचते हुए उसे रामकिशन के साथ-साथ अपने घर वालों की बातें रह-रहकर याद आने लगीं—ये दुनियावाले खामखाँ उनकी खुशी पर पहरे लगाते रहते हरदम। कल अम्मा ने सीधे-सीधे उसी को कठघरे में खड़ा कर दिया था—"रत्ना, तू बड़ी भोली है, रामकिशन की नजरें शुरू से ही तेरी प्रॉपर्टी पर गड़ी थीं, इसलिए उसे पाने के लिए उसने तेरा इस्तेमाल किया और खुद को सारे झमेलों से दूर रखा।

देख, उसकी तो बीवी बच्चे हैं मगर तेरी बसी बसायी गृहस्थी उजड़ जायेगी रत्ना, अपने को उससे दूर रखने में ही तेरी भलाई है, खबरदार जो आइन्दा से उससे कोई मतलब रखा। हम कहे देती हैं वरना हमसे तुझसे आज से कोई सम्बन्ध नहीं, न ही कोई मतलब रखेंगे हम, हाँ...। बेटी, ये सब कतई ठीक नहीं है। तेरा ईशान भी आगे चलकर नफरत करने लगेगा तुझसे, फिर क्या मिलेगा ऐसे सम्बन्धों से तुझे जिसका कोई भविष्य ही न हो।" वे बहुत देर तक उसे समझाती रहीं। कुछ बातें ठीक भी लगीं मगर इस दिल का क्या करे वह, इस देह का क्या करे जिसे हर समय सिर्फ और सिर्फ रामकिशन का संस्पर्श चाहिए, जिसकी हर साँस में किशन, किशन ही रचा बसा हो। सुधबुध बिसार उसकी छाती में खुद को फेंक देती है वह तभी एक सुकून मिलता है उसे वरना और है ही क्या उसकी जिन्दगी में?

ये भी सच कहा था बापू ने कि उसका अपना परिवार है, बीवी बच्चे हैं मगर पहले दिन से ही उसने अपने घर से जुड़ी एक-एक बात खोलकर रख दी थी—"रत्ना, मेरा परिवार है, खेतीबाड़ी है, रोज कमाता खाता हूँ लेकिन प्यार अभी तक किसी से नहीं किया सिवा तुम्हारे। आपको इस हाल में देखकर लगा, क्यों न अपना सब कुछ इस सीधी-सादी लड़की पर न्यौछावर कर दूँ जिसका पति नामक जीव सिर्फ कहने को पति जरूर है मगर प्यार की परिभाषा जब वो खुद नहीं जान सकता तो तुम्हें क्या खाक प्यार का अहसास करवा पायेगा? बेशक, उससे तुम्हारे एक बेटा है तो क्या हुआ, वो तो जानवरों तक के हो जाते हैं मगर उसे प्यार तो नहीं कह सकते न? वैसा लगाव, किसी के वास्ते मरने मिटने की भावना किसी और के प्रति नहीं पनप पायी। आपको देखकर मेरे सोये सपने पहली बार जगे हैं। यकीन करो मेरा, मुझे आपसे कुछ भी तो नहीं चाहिए। बस अपने प्यार का अहसास जरूर आपको कराना चाहता हूँ, बस एक बार, आसमान की ऊँचाई तक ले जाना चाहता हूँ। एक और बात, जब पुराना ढहेगा तभी नया पनपेगा भी..."

"मगर रामकिशन, ये ठीक नहीं है। समाज में, घर परिवार में, चार लोगों के सामने कभी न कभी बात खुलेगी तो हमारी जगहँसाई होगी तब कितनी फजीहत होगी, इसका अन्दाजा है तुम्हें, फिर कहीं मुँह दिखाने लायक नहीं बचेंगे हम, इज्जत मिट्टी में मिल जायेगी...."

"इज्जत, इज्जत, इज्जत, किस इज्जत की बात करती रहती हो तुम? वो मैडम तुझे सरेआम जलील करती रहती, मैं देखता नहीं हूँ क्या? देखो, थोड़ा-सा जोखिम तो उठाना पड़ेगा, तब तुम जान पाओगी कि प्यार देना क्या होता है और पाना क्या होता है?" उसे चारों तरफ से अपनी चाशनी जैसी बातों से घेरकर वह निरुत्तर कर देता।

"वैसे आपसे पता नहीं क्यों एक अजीब तरह का डर सा लगा रहता, आप इतनी सोबर, इतनी ज्यादा समझदार, पढ़ी-लिखी...इतने बड़े घर की मालकिन..."

"कोई नहीं किशन, मगर हाँ, एक बात कहना जरूरी है कि मैं अपने पति और बेटे की केयर करती हूँ और हमेशा करती रहूँगी।"...

"तो ये तो और भी अच्छी बात है रत्ना, नेक व भले लोग अपने आत्मीयजनों की परवाह तो करते ही हैं, इसमें कौन-सी गलत बात हो गयी? मगर केयर करना, ज़िम्मेदारी उठाना और बात है और अपने बराबरी वालों से प्यार करना या प्यार पाना सबसे अनूठी बात है। मुझे देखो, मैं भी अपने घर वालों की परवा करता हूँ, उनकी जिम्मेदारी भी उठाता हूँ मगर उनके प्रति मेरी जबरदस्त चाहत न कभी थी, न है और न होगी। वो सब तो तुम्हारे से हैं, यह चाहत कब पनपी, कैसे पनपी, क्यूँ पनपी? मुझे खुद नहीं पता। आपा बिसार तुममें ही खोता समाता गया मेरा वजूद। तुम हो ही ऐसी..." कहते हुए उसने उसे अपने से लपेटना, कसना व चूमना शुरू कर दिया था।

मीठी बातों के इतने किस्से, इतने प्रसंग वो सुनाता रहता कि रत्ना निरुत्तर होकर उसे देखती रहती, उसे सुनती रहती और जवाब देते नहीं सूझता। उसके पास हर ना की काट होती। वह जैसे ही कुछ कहने के लिए मनाही करती कि वो उसके आगे नतमस्तक होकर कहता—जैसी आपकी मर्जी। मालिक तो आप हैं, हम तो आपके हुकुम के ताबेदार हैं बस। आपका मन नहीं है तो मैं कुछ भी नहीं करूँगा, बस मेरी तकदीर में आज यही लिखा था, देवीजी की मनाही के बाद फिर बचता ही क्या है? हम जैसे भक्तों की औकात ही क्या है? कहते हुए वह रोते को हँसा देता और हँसते-हँसते ठहाका लगाने के लिए मजबूर कर देता।

दूरंदेशी संवाद

"पापाजी, आपने क्यों किया ये सब? जो कुछ भी अखबार में छपवाया, तो इससे क्या लगता है आपको, वो औरत इन सबसे डरकर सुधर जायेगी? नो, नैवर, मुझे तो ऐसा नहीं लगता।" विदेश में रह रही बेटी का फोन था।

"पता नहीं बेटी, मगर वो सब जो मैंने और हमने अपनी आँखों से देखा, उसके बाद चुप नहीं बैठा गया। जैसे ही हमने उस पर बन्दिशें लगानी शुरू कीं और पैसों की फिजूलखर्ची पर लगाम लगाना चाहा कि वो तो एकदम से बिफर पड़ी। उलटा हमीं पर इल्जाम लगाकर धमकाने लगी। सोनू बेटा, हम ऐसा करने के लिए मजबूर हो गये वरना कब तक उसके खौफ में डर-डरकर जीते?"

"पापा, इससे तो अब और डर बढ़ गया है। अभी तक तो जो भी चल रहा था, ढका मुँदा था मगर अब तो सारे रिश्तेदारों के बीच ये बात फैल गयी और वे नमकमिर्च लगाकर यहाँ-वहाँ फैलायेंगे जरूर। आज हमारे पास भी फोन आये कि ऐसा क्या कर डाला तुम्हारी भाभी ने जो ऐसी खबर छपानी पड़ी मम्मी को। हमारे पास ई-मेल भी आये। हमें यहाँ कैलिफोर्निया में बैठे-बैठे हिन्दुस्तान की सारी खबरें मिल जाती हैं। पापा, आपने ऐसी बेवकूफी क्यों कर डाली? कम से कम एक बार हमसे तो पूछ लिया होता...।"

"तू वहाँ विदेश में, हमसे कोसों दूर सो हमारे दिमाग में ही यह ख़याल नहीं आया। तू हमारी फिक्र न कर बेटे, देखना, अब वो सीधी हो जायेगी। सारी हेकड़ी उतर जायेगी।"

"पापा, इससे अच्छा तो ये होता कि आप उसे अपने से अलग कर देते। इतने अविश्वास भरे माहौल में उसके साथ रहना भी ठीक नहीं। आप दोनों के बीच जब जरा भी भरोसा न बचा हो, ऐसे में उसे अपने साथ रखने का औचित्य क्या है? ऐसी भी क्या मजबूरी कि उसे अपने संग रखना जरूरी ही हो...तलाक की प्रोसेस शुरू क्यों नहीं करते?"

"न सोनू, अभी तू ये सब समझने के लिए छोटी है। वो जो रामकिशन है न, उसके मन में तो इसके पैसों का लालच घर किये बैठा है सो हमने सोचा, यदि इसके हाथ से पैसा खींच लिया जाये तो ये समस्या ही खत्म यानी समस्या की जड़ को खत्म करने की प्लानिंग की हमने।"

"यानी वो इसका साथ छोड़ देगा और ये सीधी-सादी गऊ बनकर पहले जैसी हो जायेगी, असम्भव है पापा। यू आर टोटली रांग पापा। अब तो मुझे वाकई डर लगने लगा, कहीं वो आप दोनों को मरवा न दे। गुस्से में आकर कोई कुछ भी कर बैठता है, इसका अन्दाजा आप नहीं लगा सकते पापा। समझने की कोशिश करो पापा...वे लोग अपनी दुनिया में काफी आगे निकल आये होंगे। आप बता रहे थे कि आपने खुद अपनी आँखों से उसे बूटीक से देर से जाते और सुबह जल्दी आते देखा है यानी वो भी उसके घर या जहाँ कहीं भी जाती रही होगी। ऐसे में कोई भी ऐसा कदम उठाना जिससे आपस में अविश्वास पनपे, कतई नहीं करना था। इसका क्या तुक था, मम्मी को फोन देना जरा..."

"हाँ, बेटा, कैसी है तू? हमसे सचमुच बड़ी गलती तो हो गयी..." अपनों की आत्मीय आँच पाकर उनकी सोयी जिजीविषा जाग उठी और रुँधी आवाज में बोलीं–"सोनू, ये देखो, कैसी ओछी व घटिया औरत निकली ये तो, हमारा रीतेश बेचारा, कहीं का नहीं रहा और ईशान का भविष्य तो पूरी तरह चौपट समझो। गली के कचड़े पर भरोसा करके भयंकर चूक हुई है हमसे, कहीं वो ईशान को उठाकर ले गयी तो हम तो लुट गये, कहीं मुँह दिखाने के काबिल ही नहीं रहेंगे।" रुआँसी आवाज में घबड़ाहट शुमार हो गयी।

"मम्मी, प्लीज लिसन टु मी, रोओ मत। उससे बेहद सावधान रहना। कोई लड़ाई झगड़ा एकदम मत करना और जितनी जल्दी हो सके, उसे अपने घर से रफा दफा करो वरना जान को खतरा है उससे यानी उसके आशिक से। उसे हटाओ यहाँ से तुरन्त, कैसे भी..."

"अरे, ऐसे कैसे हटा सकते हैं एकदम से? वो हटने को तैयार ही नहीं। बड़ी बेशर्म और ढीठ औरत है वो। आजकल तो मुझसे ठीक से नहीं बोलती, उसका रवैया भी ठीक नहीं है। सोनू, पिछले कई दिनों से ही नींद उचट गयी। रात विरात नींद टूट जाती सो घबराहट होने लगती। पता नहीं कब कहाँ जाती है, कहाँ से देर रात तक लौटती है, अब तो हमने पूछना ही बन्द कर दिया। हमारा भी उससे खामखाँ झगड़ा करने का मन नहीं करता। एक दिन उसके घर वालों को बुलाकर कहा भी कि इसे ले जाओ मगर ये पलटकर बोली–ऐसे कैसे चले जायेंगे हम यहाँ से, न कतई नहीं जायेंगे। पुलिस को बुलाओगी तो हम सीधे कोर्ट चले जायेंगे, ईशान को कतई नहीं छोड़ेंगे, हाँ...और आसानी से तलाक भी नहीं देगी, ऐसा उसकी बातों से लगता है। उसके इरादे खतरनाक हो सकते हैं।"

"मगर, एक बात बतानी है, हम लोग अगले महीने इंडिया आ रहे हैं मगर बैंगलोर तक ही, इसलिए आप लोग वहीं आ जाना। वहाँ हमने एक फ्लैट ले लिया जिसकी गृहप्रवेश वाली पार्टी करनी है और पूजा पाठ भी कराना है। दिल्ली से सास-ससुर भी आयेंगे। आप लोग जरूर आना। ईशान को भी लाना, वो इंजॉय

करेगा मनु के संग।"

"उसे तो वो कतई नहीं छोड़ेगी। मुश्किल है मगर तुम्हारे पापा जरूर आयेंगे। मेरी टाँगों में दर्द रहने लगा है सो ऐसे में यात्राएँ करने से और तकलीफ बढ़ जायेगी और घर के हालात ऐसे हैं कि इसे अकेले छोड़ना भी तो ठीक नहीं। क्या पता, घर अकेले पाकर वो किस चीज को मार दे या कोई अनहोनी न घट जाये सो मेरा रहना जरूरी है। मगर रीतेश जरूर पापा संग आयेंगे।"

"मम्मी, प्लीज, आप भी, आ जाओ न, बस, एक दिन की तो बात है।" उसने मनुहार किया।

"चलो, देखते हैं, फिर बतायेंगे।"

"अपना ध्यान रखना आप लोग। मुझे खासी चिन्ता हो गयी जब से ये सब सुना। हमने वैसे टिकट करवा लिए हैं सो जल्दी ही भेज देंगे।" कहते हुए उसने झटके से फोन काट दिया।

वे देर तक सिर पकड़े बैठी रहीं, न जाने किस-किस तरह की उधेड़बुन में डूबी रहीं। उसी रात उनके सीने में असहनीय दर्द बढ़ा कि उनका बैंगलोर जाना टल ही गया। सो वे यहीं रह गयीं और पति को अकेले ही बैंगलोर जाना पड़ा। समय विपरीत था या भाग्य की विडम्बना कि जो नहीं होना था, वही घट गया।

बस उसी दिन घट गयी वो दुर्दान्त घटना।

मुमकिन है, वे विद्रोहिणी हों मगर गुनहगार नहीं

प्रेम सम्बन्ध, चाहे जिस किसी वजह या जिस किसी आधार पर जब कभी विकसित हो जायें तो क्या ऐसे सम्बन्धों का गवाह हो सकता है भला कोई? प्रेम में डूबा प्राणी पारिवारिक या सामाजिक रीति नीति या परम्परागत नियमों से विद्रोह जरूर करता है मगर ये जरूरी तो नहीं कि वो औरत किसी की हत्या भी कर डाले या हत्या की साजिश रचे। ऐसा करके भी क्या मिलता? आर्थिक रूप से तो वह सुखी सम्पन्न थी ही, पारिवारिक या सामाजिक रूप से भी ठीकठाक स्थिति थी। बच्चे को जैसी पट्टी पढ़ा रटा दी गयी, उसने रटकर हू-ब-हू वही बोल दिया। घटना जिस दिन हुई, उसके कई दिनों बाद तहकीकात की गयी और कोई प्रत्यक्षदर्शी गवाह नहीं था फिर भी परिस्थितिजन्य अविश्वसनीय साक्ष्यों के आधार पर किसी को फँसाया जाना कितना बड़ा गुनाह है। सच तो ये है कि न तो उन्होंने इसके पहले कभी कोई अपराध किया और न ही ऐसा करने का सोचा भी फिर भी कितने बड़े आपराधिक षड्यन्त्र में संलिप्त बताकर जेल में ठूँस दिया गया। ये कैसी न्याय व्यवस्था है? जहाँ पेशेवर हायर किलर को बड़ी आसानी से छोड़ दिया जाता है, उनसे डरकर या किसी और वजह से शिनाख्त तक नहीं की जाती और जिन्हें तलब किया जाता, वे गुनहगार नहीं होती। रामकिशन ने दो पेशेवर हत्यारों के साथ मिलकर कत्ल किया जिसकी परिणति इस रूप में, ओफ, बेगुनाहों को कैद और गुनहगार खुली हवा में। फिर इससे किसको क्या हासिल हुआ? सच तो ये है कि हत्या के पीछे चाहे जिसका दिमाग काम कर रहा हो, मगर इससे किसी को कुछ मिलता नहीं, कभी नहीं।

कँटीले सवालों से घिरती गयी रत्ना। रुँधे गले से बमुश्किल जवाब दे पाती वह। वो पुलिसवाली इतनी बेरहमी से पेश आयी कि वह पूरी तरह डर गयी थी। न जाने क्या-क्या बयान दर्ज करती रही वह। कितनी तरह के जहरीले सवालों की बाड़ खड़ी हो गयी उसके खिलाफ। इतने भद्दे ढंग से कँटीले सवाल पूछे जाते—कांट्रेक्ट किलर के जरिये मर्डर हुआ था न? इस मर्डर में इसके यार रामकिशन का हाथ तो सौ परसेंट पक्का प्रूफ हो चुका है और इसमें भी कोई शक नहीं कि रामकिशन इसका आशिक है सो इसकी संलिप्तता तय है। हमारी टीम ने ठीक से इन्वेस्टिगेट किया है। हम ऐसे ही हवा में इल्जाम नहीं लगाते। अरे भई, मर्डर इसी के घर में हुआ है, उस वक्त ये औरत घर पर थी सो सुबूत या गवाह कहाँ से कैसे मिलेंगे? घर के

भीतर घुसकर कत्ल किया गया सो बाहर वाले कहाँ से आयेंगे गवाही देने? अपने आशिक को इसी ने फोन पर इत्तिला दी, मतलब साफ, इन दोनों के बीच सबसे बड़ा रोड़ा थी बुढ़िया सो उसे अपने रास्ते से हटाकर अपने इश्क का रास्ता साफ किया गया यानी बुढ़िया के मरते ही सारी प्रॉपर्टी की इकलौती वारिस हो जायेगी रत्ना और फिर ऐश काटता रामकिशन इसके साथ।

सब तरफ मीडिया की उठती आवाजें, भीड़ ही भीड़, पोस्टमार्टम, शव का लाया जाना और अन्त में हत्यारों का पकड़ा जाना। उसे सोच-सोचकर यही लगता, क्या, ये सब उसी के साथ घटा था? ईशान का चेहरा आँसुओं से तर था मगर ऐन मौके पर ईशान को वहाँ से हटा लिया गया सो वह आखिरी समय उसे देख भी नहीं पायी ठीक से। उसके छोटे-छोटे दाँत कितने प्यारे लगते थे जब वो बात-बात पर फिस्स से हँस देता था—मम्मी, आज मैंने सबके सामने पोइम्स सुनाई और मुझे दादी ने ये बड़ी वाली कार दिलायी।

उस वक्त तेज हवाएँ चलने लगी थीं। लगता था जैसे ये काली आँधी है जो धूल का अम्बार लिए वेग से चली आ रही है। आसमान में सूरज का कहीं अता पता नहीं था। सब तरफ भूरे बादलों ने आसमान को घेर रखा था। अपने आप से लड़ती जूझती रही वह पर कितनी कोशिशों के बावजूद जमानत नहीं हो पायी उसकी और यही परिसर बन गया उसके दिन-रात का आसरास्थल। अक्सर जी घबड़ाता तो भगवान की शरण में जाकर पूजा पाठ करने लगती। अन्त में प्रार्थनाएँ, पूजा पाठ नियम से आराधना, ध्यान, सब कुछ करती रही वह लगातार मगर आज तक कहीं कोई सुफल नजर नहीं आता। ऊपर वाले के दरबार में उसकी प्रार्थनाएँ नामंजूर होकर वापस लौट आतीं, ऐसा उसने मान लिया।

हाँ, विद्रोह तो उसने अवश्य किया था, समाज के बँधे बँधाये परम्परागत नियम कानूनों यानी रूढ़ियों से विद्रोह करके ही उसने रामकिशन से नजदीकियाँ बढ़ाने का गुनाह किया था। प्यार पाने का गुनाह यानी अपनी चाहत के लिए हदें पार कर जाने का गुनाह तो जरूर किया था उसने सो उसका अंजाम तो भुगतना ही था। रामकिशन को भी जेल हुई मगर उसे क्यूँकर जमानत मिल गयी और फिर उसने कभी पलटकर नहीं देखा उसकी तरफ जिसे वह बात बात में—मेरी मेहबूबा, जानेमन...; कहते हुए नहीं थकता था। उसकी समूची दुनिया उलटपुलट गयी। अचानक सारे रास्ते बन्द हो गये और उसके हाथ में क्या आया? कुछ भी तो नहीं मगर ये वांछा नाम की लड़की क्यूँकर उसके प्रति इतनी रुचि लेने लगी है? ये भी एक गूढ़ पहेली है। इसे आखिर क्या मिलेगा उससे? वैसे भी वह किसी को कुछ देने की स्थिति में कहाँ रहीं? थीं ही कब? उस समय भी नहीं जब वह एक बच्चे की माँ, घर के इकलौती वारिस की माँ, तब भी कहाँ उसके पास इतना अधिकार था कि वह किसी के लिए भी कुछ कर सके? पैसा था मगर खर्च करने का अधिकार

कहाँ मिला उसे? बात-बात पर रोका टोकी, हर चीज का हिसाब किताब माँगना और सास के ताने—"खामखाँ अमुक-अमुक चीज पर इतना पैसा खर्च करने की क्या जरूरत थी? हमसे कहा होता, हमें बतातीं न, तुम्हें खुद सारे फैसले लेने की इतनी हड़बड़ी क्यों रहती है? हर काम हमसे पूछ-पूछकर क्यों नहीं करतीं?"

विद्रोह का बिगुल अचानक से नहीं बज उठा। धीरे-धीरे पनपती सुलगती गयी आग। जितना वो रोकती, उतना अपनी मर्जी से करने की इच्छाएँ बड़ा आकार-प्रकार लेने लगतीं। पता नहीं कितना गुस्सा क्यों करती थी वो फिर जिस दिन अखबार में निकलवा दिया—"मेरी पुत्रवधू...नाम...आयु...निवासी...का हमारे प्रति व्यवहार व आचरण ठीक नहीं है, आये दिन गाली-गलौज करती है व मेरे पुत्र व मेरे पौत्र को जहर देकर आत्महत्या कर जेल भेजने की धमकी दिया करती है अतएव अब इसके साथ जीवन निर्वाह कठिन हो रहा है तो मैं व मेरी पत्नी इसके द्वारा किये गये किसी भी कृत्य के लिए उत्तरदायी न होंगे।"

बस, यही वो जबरदस्त मोड़ था जिससे रत्ना को तगड़ा झटका लगा। बुढ़िया ने आज उसकी औकात बता दी यानी मुझे सड़क पर खड़ा कर दिया। मेरी हैसियत शून्य। वह अक्सर खुद से बड़बड़ाया करती। ऐसे में रामकिशन उसके अकेलेपन को भरता। उसके टूटे मनोबल को सिलसिलेवार जोड़ता और ऐसा करते रहने के क्रम में बढ़ती गयीं नजदीकियाँ।

गॉड नोज ओनली...

टुकड़ों-टुकड़ों में बिखरती ये बातें रत्ना के कानों तक जरूर पहुँचतीं और एक बेचैनी पैदा करने वाली झुंझलाहट होने लगती उसे। आखिर कब तक सहने पड़ेंगे ये सारे ताने उसे। सब उसी को लक्ष्य करके इतनी बकवास किये जा रहे। तभी रामकिशन की बातें याद करने लगी। रामकिशन से दोस्ती को महज इत्तिफाक कहा जायेगा जब राह चलते उसे कई अनाम गुंडे टाइप लड़कों ने घेर लिया था, तब ऐन मौके पर अपनी मोटरसाइकिल से कहीं से आ रहा था रामकिशन जिसने अपनी जिन्दगी दाँव पर लगाकर उसे उन तीनों गुंडों से बचा लिया था। तब से उनकी जान पहचान हुई। वे कभी-कभार कहीं टकरा जाते। रामकिशन कहीं से टेलरिंग डिजाइनिंग का कोर्स कर रहा था मगर अचानक पिछले कई महीनों से वो गायब हो गया। फिर कभी नहीं टकराया। न जाने कहाँ गायब हो गया? कोई कहता, मुम्बई भाग गया होगा तो कोई कहता दिल्ली में किसी होटल में प्लेटें धो रहा है तो कोई कहता, किसी से चैनस्नेचिंग में पकड़ा गया है सो जेल की हवा खा रहा है। उसकी बाइक भी जब्त हो गयी। जो भी मिलता, उससे वह रामकिशन की बावत जरूर पूछताछ करना चाहती मगर कुछ भी सम्पर्क कैसे भी नहीं सध पा रहा था। वक्त यूँ ही सर्र-सर्र सरकता रहा।

रामकिशन शादीशुदा था जिसके तीन बच्चे भी थे, बावजूद इस हकीकत के, उनके बीच की दोस्ती दिनोंदिन इतनी प्रगाढ़ होती गयी कि वे एकमेक होते गये। रत्ना को तरह-तरह से खुश रखने का हर सम्भव प्रयास करता तो रत्ना भी उस पर जान देने के लिए तत्पर रहती। कुछ ऐसा रोमांस का समाँ बँधा जिसमें पिघलते गये दो जिस्म—

"यार जब हम घूमने चलते हैं तो मन करता है तुम बाइक चलाओ और मैं तुम्हारे पीछे बैठूँ, तुम्हें खूब कसकर पकड़ते हुए।" रत्ना ने खूब लाड़ से भरकर मुस्कराते हुए उसकी तरफ देखा।

"मगर इतने पैसे कहाँ हैं हमारे पास? हाँ, तुम फिक्र न करो। मेरे नाम 15 बीघे जमीन है, क्यों न उसे बेचकर तुम्हारे मुँह से निकली हर बात को पूरी जाये? तुम्हें खुश रखना ही मेरे इस जीवन का मकसद हो गया है, सो कैसे भी आपका हर हुकुम सर माथे...." सिर के बाल खुजलाते हुए वह उसकी तरफ बड़े प्यार से

निहारने लगा।

"जनाब, पैसे का इन्तजाम हमने पहले से कर रखा है, लो, ये रहे पूरे पचास हजार। आज ही जाकर बाइक खरीद लाओ, शाम में चलेंगे लांग ड्राइव पर। सुनो, आज तुम्हें नीले रंग का जालीदार टॉप और जींस पहनाकर ले चलूँगा, ठीक है न, बस सही समय पर तैयार रहना, बस, यूँ गया और पलक झपकते हाजिर हो जाऊँगा।"

उन्होंने घर-परिवार, अड़ोसी-पड़ोसी और नाते-रिश्तेदारों से खुद को काफी हद तक काट लिया था। न तो वे किसी की नसीहतें सुनना चाहते, न किसी की परवाह करते। जब से एक कमरे वाला मकान रत्ना ने खरीदा, तब से मौका मिलते ही सीधे वहीं पहुँच जाते। पता नहीं यह किस तरह का जुनून था कि उन्हें कुछ भी होश नहीं रहता। ठीक 5 बजे जैसे ही रत्ना जींस व नीले टॉप में सज धजकर बाहर निकली, ऐन मौके पर सास ने देख लिया और भवें टेढ़ी करते हुए पूछ बैठी—"बिना किसी से कहे सुने, पूछे बगैर ऐसे सज-धज के कहाँ के लिए निकल पड़ी तू? जवाब क्यों नहीं देती? ऐसे सरेआम इधर-उधर मुँह मारने जाने की क्या जरूरत? फिर तो तुझे पढ़े-लिखों के बीच उठने बैठने की एक्टिंग भी नहीं करनी पड़ेगी और फिर तो तू बड़े आराम से जो चाहे, वो कर सकती है, जैसा जीवन एक रंडी जीती है, वैसा ही तो जी रही है तू?"

"चुप्प, एकदम चुप हो जाइए आप, मैं कहे दे रही हूँ, हाँ, चुप हो जाइए, बस, वरना ठीक नहीं होगा। ऐसी गन्दी घटिया गालियाँ बकती हैं आप और मेरा नाम झूठा लिखवाकर अखबार में छपवा दिया, कितनी ओछी सोच है आपकी, शर्म आती है ये सोचकर कि आप इतनी पढ़ी-लिखी हैं फिर भी ऐसी गालियाँ कैसे निकलती हैं आपकी जुबान से? इसका अंजाम ठीक नहीं होगा। बुढ़ापे में कोई चुल्लू भर पानी भी पीने को नहीं देगा।"

"तेरे जैसे पापिनों के हाथ का पानी पीने से बेहतर है प्यासे मर जाना, समझीं? जा, इसी वक्त निकल जा मेरी नजरों के सामने से और जिसके बल पर तू इतना उछलकूद रही है, वह मेरे ही पैसों पर पलने वाला नौकर है, जानती है न, एक नौकर के संग रासलीला रचते हुए तुझे शर्म नहीं आती? हे भगवान, ये क्यों हो रहा है मेरे ही घर में, चू चू चू चू...."

उनकी बड़बड़ाहट को सुनाअनसुना करती वह फुर्र से वहाँ से चलकर चौराहा पार करके ऑटो पकड़ निकल ली जहाँ रामकिशन संग लांग ड्राइव पर जाना था उसे। आज उसे अहसास हुआ, काश, उसके पास एक मोबाइल होता तो कितना अच्छा रहता, तब वह इस बुढ़िया की आँखों में धूल झोंक चुपके से निकल जाती। मोबाइल उसे जल्दी से जल्दी लेना ही पड़ेगा, वो भी एक नहीं, दो, तभी वे पलपल की खबर एक-दूसरे से ले दे पायेंगे हमेशा एक-दूसरे के टच में रहेंगे और हाँ, तब सचमुच कितना मजा आयेगा तो फिर इस नेक काम में इतना क्या सोचना,

अरे, इसे लेने में इतनी देरी क्यों हुई उससे? क्यों न आज ही बल्कि अभी खरीद लूँ मोबाइल, कितना खुश होगा रामकिशन जब देखेगा कि मैंने एक साथ दो-दो मोबाइल खरीद डाले।

"इतनी देर क्यों लगा दी तुमने आने में? मैं कब से तुम्हारी राह देख रहा था, थक गया हूँ इन्तजार करते-करते, पथरा गयी आँखें," उसने बनावटी गुस्से में रोष जताया।

"ये देखो, क्यों लायी हूँ?" कहते हुए उसने उसकी हथेली पर दोनों मोबाइल रख दिये और खुशी के मारे ऐन सड़क पर खड़े-खड़े रामकिशन ने उसे बाँहों में भरकर चूमना शुरू कर दिया।

"अरे, अरे, ये क्या कर रहे हो? चलो जल्दी गाड़ी चलाना शुरू करो, हमें आज लांग ड्राइव पर जाना है।"

"बन्दा हाजिर है, चलो बैठो, मोहतरमा, माई लिटिल बेबी, माई स्वीट फ्रूटी, मन कर रहा है सीधे कमरे पर चलें, क्यों, क्या इरादा है?"

"पहले घूमेंगे, बाकी सब बाद की बातें हैं।"

फुर से उड़ते बने दोनों। पहले किक से शुरू होते ही उसने बड़े प्यार से रत्ना को बिठाया, फिर किसी बच्चे की तरह आहिस्ते से चारों तरफ से प्यार की बौछार करते हुए इधर-उधर से गुदगुदाते हुए हवा से बातें करने लगी बाइक। उनका प्रेमाचार यथावत चलता, बढ़ता, गति पकड़ता रहा।

"तुमने तो बाइक खरीद डाली मगर हमसे तो स्कूटर की बात हुई थी, फिर आइडिया चेंज क्यों किया?"

"हमने भी तो तुम्हें सरप्राइज देने की प्लानिंग की थी, मेरी मैडम स्कूटर पर नहीं, बाइक पर सवार होंगी तभी असली मजा है हवाखोरी करते हुए ड्राइविंग का। समझ रही हो न?" कहते हुए उसने दायें हाथ से उसके पैर को सहलाया और पीछे की तरफ खिसकते हुए उसे एक बार फिर अपनी जद में लेना चाहा तभी सामने से ट्रक आता दिखा। ट्रक ड्राइवर ने गर्दन निकाल उसे टोका—"ऐ मिस्टर, सँभलकर चलो, क्या माल पाया है पट्ठे ने..." उसके बगल वाले ने कमेंट पास किया और वो अचानक बाइक रोककर गालियाँ बकने लगा—"उतर के निकल साले, तब बताऊँगा तुझे, माल किसे कहते हैं, बैन...निकल बाहर, अभी उतारता हूँ तेरी गर्मी, बहुत चढ़ गयी है गर्मी, देसी कट्टा है मेरे पास, चल उतर तेरी तो..."

"चुप रहो, हल्ला गुल्ला मत करो", रत्ना अचानक भीड़ देखकर घबरा गयी। ट्रक वाला शायद जल्दी में था या उसने उसकी पूरी बातें सुनी नहीं, जो भी हो, वो अपना लोडेड ट्रक लेकर अपने रास्ते चलता बना।

"अरे, तुम्हें लेकर कोई कुछ भी कहे और मैं सुन लूँ, ऐसा कभी हो ही नहीं सकता। मैं क्या नामर्द हूँ साला जो सह लूँगा ऐरों-गैरों के कमेंट्स, अभी हेकड़ी

उतारकर रख देता उसकी, मेरी मेहबूबा की तरफ जो भी टेढ़ी नजर से देखेगा, उसकी ढंग से आरती उतारना खूब आता है मुझे। तू मेरी जिन्दगी का सबसे जरूरी हिस्सा है और अब तो जीवन के साथ-साथ मेरी देह का भी जरूरी हिस्सा बन गयी है तू, सच्ची रत्ना। इस शरीर के हर अंग को तेरी डिजायर रहती है, हर वक्त मेरी देह तुझे छूती रहे, बस दिन-रात यही चाहत घेरे रहती। पता नहीं, क्या से क्या हो गया हूँ मैं, दीवाना होना शायद इसे ही कहते होंगे?"

"अच्छा, ये सब छोड़ो, पहले ये तो बताओ, मोबाइल कैसा लगा?"

"देखूँ तो सही, अभी तक तो तुम्हारे ही दीदार कर रहा था, तुमसे फुर्सत मिले तो। अरे वाह, नोकिया का सैट है, ये तो होते ही शानदार हैं, तो बुढ़िया का माल उड़ाया जा रहा है, क्यों?" उसने शरारतन आँख मारी।

"तो, तो क्या हुआ? जब वो सीधी उँगली से नहीं देती तो टेढ़ी उँगली करके निकालना मुझे भी आता है। मैंने अपने लॉकेट को बेच दिया, पूछेगी तो बहाना बना दूँगी, कहीं खो गयी होगी, ठीक रहेगा न?"

"सुनो, तुम्हें ये सब करने की जरूरत कतई नहीं। मैं तो खुद तुम्हारे लिए मोबाइल खरीदने वाला था, थोड़ा-सा धीरज रखती, अगले महीने की प्लानिंग थी मेरी। अच्छा, एक बात बताओ, इस मशीन से कितनी देर बातें करेंगे हम, फिर उन बातों से पेट भर जायेगा भला? हमें तो बातों से ज्यादा तुम्हारे साथ की जरूरत पड़ती है, इस वॉकी टॉकी मशीन से काम चल पायेगा हमारा? कतई नहीं..."

सुनते ही उसे हँसी आ गयी फिर वे देर तक समवेत स्वर में हँसते रहे। एक-दूसरे में डूबे रहे, एक-दूसरे में खोये रहे, आपस में प्यार से निहारते नजदीकियाँ बढ़ती रहीं और सर्र से कई घंटे बीत गये।

"जाना होगा मुझे, आज बेटू का ट्यूशन वाला आयेगा, उसका होमवर्क देखना होगा, पढ़ाती हूँ उसे रोज नियम से..."

"और मुझे कौन पढ़ायेगा? तुम चली जाओगी, क्या ऐसे ही, इस हाल में मुझे छोड़कर कैसे जा सकती हो तुम? अभी न जाओ छोड़कर कि दिल अभी..." गुनगुनाते हुए उसका हाथ उसकी पीठ के नीचे चला गया।

"ऐ, ऐसी सधी किताबी भाषा कैसे बोल लेते हो?"

"मतलब?"

"यही कि ऐसे डायलॉग कहाँ से सीखकर आते हो तुम? लगता है जैसे किसी किताब से रट्टा लगाकर आये हो, सच्ची में ऐसा है क्या? वैसे तुमने बीए पूरा कर लिया था न?" विषयान्तर करते हुए उसने बातों को नया मोड़ दे दिया।

"मैडम, 5 साल पहले का ग्रेजुएट हूँ जानेमन, यकीन न हो तो किसी दिन डिग्री लाकर दिखा दूँ? ऐ, ऐसे क्या देख रही हो, क्या अनपढ़ गँवार या जाहिल दिखता हूँ तुझे? रही बात डॉयलाग वाली भाषा की, तो जिसके पास दिल होता है न, उसकी

जुबान से अपने आप शेरो शायरी झरने लगतीं, समझीं कुछ मेरी मोहतरमा?" अपने और करीब लाते हुए वो बोलता रहा।

"ये सब छोड़ो, पहले ये तो बताओ, कब दिलवा रही हो दुकान? अपनी उस बुढ़िया से पैसा ऐंठा करो खूब, हाँ, उससे दबकर रहने की जरूरत नहीं, समझ गयी न? हाँ, बाकी बातें हम देख लेंगे।" उसने धौंस दिखाने वाले अन्दाज में कहा।

"आज तो उसने खूब हंगामा किया, इतना बवाल मचाया कि क्या-क्या बतायें? मगर हम भी कम नहीं हैं। किसी तरह निकल भागे उसकी चालों को धता बताते हुए और अब यहाँ पड़ी हूँ तुम्हारे पहलू में।" विहँसते हुए उसने लापरवाही से आसमान की तरफ देखते हुए कहा।

"हमसे बचकर कैसे रह पाओगी भला? चाहो तो रहकर देख लो। रत्ना, तुम्हारे बगैर मेरे लिए तो हर एक पल रहना दूभर है, सच्ची में, दिल पर हाथ रखकर कह रहा हूँ, जरा मेरी धड़कनें तो सुनो..." उसने रत्ना को अपने सीने से लगाते हुए धड़कनें सुनानी चाहीं।

"चलो हटो, कुछ भी तेज वेज नहीं चल रही धड़कनें, ऐ बुद्धू बनाते हो हमें। बस जाना है अभी और इसी वक्त..." कहते हुए वह अचानक तपाक से उठी। ढलती शाम की वेला में रास्ते की ठंडी हवाएँ उनके भीतर सुकून भरने लगी थीं।

सामान सौ बरस का पल की खबर नहीं

अचानक उसे लगा जैसे जल्दबाजी में कहीं न कहीं कोई निशान या सुराग तो जरूर छोड़ा होगा बदमाशों ने, सोचते हुए वह झटपट एक साँस में सारी सीढ़ियाँ चढ़ती गयी। अभी वह तेजी से सोचते हुए ऊपर चढ़ ही रही थी तभी ऐन मौके पर बच्चे ने याद दिलाया—मम्मी, ये तो रामकिशुन चाचा का तौलिया है...सुनते ही डर के मारे खून जम गया बदन का। हाँ, उसी का तो था तौलिया। सुनते ही गहरी चुप्पी ओढ़ ली उसने फिर जैसे कुछ याद आया तो बच्चे को आगाह करने लगी—तुझसे कोई कुछ पूछे तो किसी का नाम मत लेना। खामखाँ दस झमेले झेलने पड़ेंगे। सोचते हुए वह सचमुच डरने लगी। कहीं पूछापाछी में वह फँस न जाये। बच्चे के मुँह से कुछ न निकलवा लें वो लोग, हे भगवान, क्या होगा अब? आगे का सोचते ही रूह काँप गयी।

तौलिया, हाँ, तौलिया तो छूटा है...सोचते ही हाथ-पाँव कँपकँपाने लगे। आँखों के सामने अँधियारा घिरने लगा। अगर ये तौलिया उसी का हुआ तो? तब वह कैसे बचा पायेगा खुद को? उधेड़बुन में पड़ी रत्ना का दिमाग आकाश में चमकती बिजली की तरह तेजी से चमकता, बुझता फिर अँधेरे में खो जाता। अस्थिर चित्त से सोचती—लैदर जैकेट पहने जो दूसरा आदमी था, उसकी खोपड़ी में मर्डर का इरादा तेज चाकू के फलक की तरह साफ दिख रहा था। पक्का प्लान करके घर से निकला होगा वह अपने उस साथी के साथ जो पेशेवर हत्यारों की तरह लम्बा, तगड़ा, काला कलूटा और खूँखार आँखों वाला उसे लगातार घूरे जा रहा था। चन्द मिनटों बाद ही वे एक साथ धड़धड़ाते हुए ऊपर से नीचे उतरे और पलक झपकते ही घने अँधेरे का फायदा उठाते हुए सर्र-सर्र तेज अन्धड़ की तरह बाहर निकल गये। ये सब देखकर रत्ना एकदम से डर गयी। पसीने से तर उसकी साँसें ऐसे चलने लगीं गोया वह कहीं से तेज दौड़ भागकर लौट रही हो। घड़ी भर थमकर उसने अपनी साँसों पर काबू करने की कोशिश की। चारों तरफ डरी-सहमी निगाहों से देखते हुए सोचती जाती फिर ऊटपटाँग ख़यालों से घबड़ाहट तारी होने लगी।

घर में खामोशी पसरी थी। डर, घबड़ाहट, उत्तेजना, हड़बड़ी और कँपकँपाहट से बेकाबू रत्ना ने डबडबायी आँखों से चारों तरफ देखा, फिर पस्त आवाज में पड़ोसियों को मदद के लिए बुलाने दौड़भाग करने लगी। बुरे-बुरे खयालात काले अन्धड़ की

तरह उसे किसी अनजान दिशा की तरफ खींचने लगे। आखिर ये किसकी साजिश थी? किसके दिमाग की उपज? कहीं रामकिशन ने ही तो...सोचते हुए धड़कनें बेकाबू होने लगीं। वह एक बार फिर से याद करने की कोशिश करने लगी, वो जो छत से तीन जने तीर की तरह लौट रहे थे, चेहरा ढाँपे, रूखे कठोर चेहरे वाले दढ़ियल आदमी के गले की नसें फूली हुई थीं, हाँ वह चेहरे से ही पेशेवर हत्यारा जैसा लम्बा-चौड़ा खूँखार अजगर जैसे काले रंग का था। वैसे भी पेशेवर मुजरिम के दिल में कहाँ किसी के प्रति दया, ममता या करुणा व्यापती होगी? इसके साथ जो दो और आदमी धम धम करते घुसे थे, वे किसके इशारे से कैसे अचानक घुस आये थे, कहीं रामकिशन खुद भी तो उनके साथ नहीं था?

सोचते हुए डर गयी वह। पसीने से तर हथेलियों को तौलिए से पोंछा। गहराती शाम ने कब रात के कपड़े पहन लिए, पता ही नहीं चल पाया। उसे छोड़कर जाने की कल्पना से ही रूह काँप गयी। वहाँ पसरे ठंडे भयावह माहौल में वे तीनों चेहरे आपस में गड्डमड्ड होने लगे। अन्दर से कोई आवाज उभरी—रामकिशन का हाथ हो सकता है इसमें, हाय राम, अब क्या होगा? सोचते ही पसरने लगा अभेद्य अँधेरा आँखों के सामने, अन्दर बाहर सब तरफ छाने लगा गाढ़ा तारकोल जैसा चिपचिपा अमिट अँधेरा। भीतर एक अजीब तरह का खालीपन और तिक्तता का अहसास कचोटने लगा। जिस रामकिशन को लेकर इतनी तरह की प्लानिंग की, वह क्या वाकई इतना दुर्दान्त कांड कर सकता है? उसके चेहरे को देखकर ऐसा लगता तो कभी नहीं था मगर अब क्या किया जा सकता था? जो नहीं होना चाहिए था, वही हो गया और वो भी ऐसी कुघड़ी में जब पापा और पति दोनों बैंगलोर गये हैं और वह यहाँ एकदम अकेली पड़ी है सो सबका शक सीधे-सीधे उसी पर जायेगा।

जब सोचते-सोचते थक गयी कि ऐसा लगा जैसे उसके निर्जीव मृत देह से सब कुछ गलता सड़ता रिसता जा रहा है। किसी ने उसी के सीने में चाकू क्यों नहीं घोंप दिये? अगर वही मर जाती तो ज्यादा अच्छा रहता। आखिर बचा ही क्या था जीने लायक यहाँ इस घर में, सब कुछ गलकर छीजकर बूँद-बूँद टपकने लगा। खून के आँसू रोना क्या इसी को नहीं कहते?

पुलिस सच झूठ का पूरा पता लगाकर रहेगी। बेचारी को कैसी बुरी मौत मिली। अरे, उसने किसी का क्या बिगाड़ा था? नासपीटों ने बेमौत मार डाला उस सती सावित्री औरत को...; बातें ही बातें चारों तरफ भिनभिनाती मक्खियों की तरह गूँजने लगीं।

"खून से लथपथ बुढ़िया की साँसें कब थमी होंगी? अस्पताल टाइम पर पहुँच पायीं वे?" भीड़ में से न जाने कौन किससे क्या पूछे जा रहा था।

लड़की की तेज सिसकियों से सभी सन्न रह गये। वह लगातार रोते-रोते बोलती जा रही थी—"पुलिस क्या कर रही है, अभी तक किसी की गिरफ्तारी क्यों नहीं

हुई? आखिर किस दिन का इन्तजार किया जा रहा है, बदमाश अब तक तो दूर भाग गये होंगे?"

"आप सब शान्त हो जाइए प्लीज" ऊँची आवाज में पुलिस अधिकारी बोल पड़ा—"साफ-साफ बताओ हमें, शुरू से लेकर अब तक, ये बच्चा किसका है जो जाने कब से लगातार जोर-जोर से रोये जा रहा है।"

—बेटू, बेटू, इधर तो आओ, मेरे पास आओ। कहते हुए रत्ना बाहर निकली और बच्चे का हाथ पकड़कर तेजी से भीतर चली गयी।

"कौन थी ये? मर्डर के टैम घर पर कौन-कौन था? आप यहाँ कब कितने बजे पहुँचे?" सवालों पर सवाल दागे जा रहे थे। जिन्हें सुनते ही रत्ना की नसें तड़क उठीं। आसपास के लोग वहीं बुत बने खड़े थे गहन विमर्शकारों की तरह गर्दन लटकाये। जरूर किसी को इनके बाहर जाने का पता होगा तभी तो मौके का फायदा उठाकर कत्ल को अंजाम दिया गया।

सब नाते-रिश्तेदार रोते हुए चीखते-चिल्लाते फिर रुक-रुककर मृतका के बारे में बातें करते-करते रो पड़ते। आगे क्या होगा, क्या क्रिमिनल पकड़े जायेंगे?

एक-एक करके सब पकड़े जायेंगे, आप निश्चिन्त रहें, हम आखिर किस दिन के लिए हैं? पर हाँ, इन्हें देर तक रोकना ठीक नहीं, पोस्टमार्टम हो ही चुका है सो ले चलो इन्हें...।

सामान सौ बरस का, पल की खबर नहीं, देखो तो, अभी बस दो दिन पहले तो माताजी ने अपने लिए सोने की चूड़ियाँ खरीदी थीं। कितनी खुशदिल, कितनी गुणी थी मैडम...; मुहल्ले वाले आपस में बतियाने लगे।

भाग्य का हथौड़ा बिना आगा पीछे सोचकर ऐसी मार मारता है कि कोई पूर्वानुमान नहीं लगा सकता...किसी अनजान आदमी ने दूसरे से चर्चा करते हुए कहा—अब जल्दी से इनके पति, बेटी वगैरह को बुलवाओ वरना देर होने पर मिट्टी खराब होने का अन्देशा रहता है। वे आपस में बिना माँगे एक-दूसरे को सलाह दे रहे थे। ऐसे मौके पर मुहल्ले वाले अचानक एकजुट हो जाते हैं। फोन थे कि लगातार घनघनाये जा रहे थे। जोर शोर से एक-दूसरे को खबरें दी जा रही थीं। सभी व्यस्त होते नजर आ रहे थे।

धीरे-धीरे अन्तिम संस्कार की तैयारी में लोग जुटने लगे। इसी बीच एक अँधेरा सघन होकर दूसरे अँधेरे में विलीन होता गया।

पारे सा थरथरा रहा था तन मन

उस अर्धविक्षिप्त अवस्था में भी किस कदर घबड़ा रही थी रत्ना। कँपकँपा रही थी आवाज और हाथ-पैर। चेतना के द्वार पूरी तरह जैसे बन्द हो चुके थे और...और पारे-सा थरथराने लगा था वजूद।

कुछ लोग रत्ना को लेकर पुलिस स्टेशन चले गये। रिपोर्ट लिखकर पढ़कर सुनाई गयी फिर थरथराते हाथों से कँपती कलम के सहारे दस्तखत किये रत्ना ने उस रिपोर्ट पर।

निवेदन है कि आज मैं अपने बेटे ईशान को घर के नीचे वाले हिस्से में पढ़ा रही थी जबकि मेरी सास ऊपर वाले पोर्शन में थीं। रात के लगभग 9 बजे के आसपास कुछ खटपट की आवाजें सुनकर मैं बाहर निकली और देखा कि तीन बदमाश सीढ़ियों से ऊपर पार्क की तरफ भाग रहे थे जिसमें से एक काले लैटर की जैकेट पहने था। फिर मैं अपने बेटे का हाथ पकड़ सीढ़ियाँ फलाँगती ऊपर पहुँची तो देखा, छत के कमरे के दरवाजे पर मेरी सास घायल अवस्था में पड़ी हुई है। वहीं पर एक सफेद रंग का झोला था जिस पर खून लगा था जिसमें से एक तौलिया, एक बाँका और एक चिपकी गोली पड़ी थीं। तभी पुलिस आ गयी जिनकी मदद से अपनी सास को लेकर ट्रामा सेंटर पहुँची। वहाँ डॉक्टरों ने उन्हें मृत घोषित कर दिया। मुझे पूरा यकीन है कि उन्हीं तीनों ने मेरी सास की हत्या की है। आपको सूचना देने आयी हूँ। मेरी इस रिपोर्ट पर उचित कार्यवाही करने की कृपा करें।

एफ.आई.आर. दर्ज कराते वक्त उसके दिलोदिमाग में भीषण झंझावात चल रहा था। पुलिस सवाल पर सवाल पूछती जाती, वह सँभल-सँभलकर सोच-समझकर जवाब देती। ठहरकर सोचती, पल भर के लिए आँखें मुँद जातीं और पेट में हौल-सी उठती। सचाई सिर चढ़कर बोलने के लिए दबाव बनाने लगी। रत्ना जो भी सच है, क्यों नहीं खुलकर बताती? बोलो न, बोलो, चुप क्यों हो? उसकी चेतना उसे झिंझोड़ने लगी। उसे ऐसा एक बार लगा जरूर कि रामकिशन को उसने सीढ़ियों से उतरते देखा है जोकि एक बड़ी हकीकत है मगर सौ फीसदी सचाई बताने के बारे में सोचकर हाथ-पाँव फूलने लगे। मन डगमगाने लगा। गला सूखने लगा। बतायें या न बतायें, असमंजस भरे सवाल अजगर बनकर काटने दौड़े। सब कुछ सच-सच बताने पर कितनी बड़ी बदनामी होगी। घर वालों को तुरन्त उस पर शक होगा क्योंकि वे

रामकिशन व रत्ना के बारे में सब जानते हैं सो तुरन्त इल्जाम उसी के मत्थे मढ़ दिया जायेगा कि जरूर उसी ने मरवाया है जबकि वो तो बेगुनाह है। अन्तरात्मा ने एक बार फिर पूरी ताकत से उस पर नैतिक भावनात्मक दबाव बनाना शुरू कर दिया—रत्ना, चुप मत रह। सही समय यही है, अभी नहीं तो फिर कभी नहीं। अन्दरूनी संवाद तेजी से बढ़ता ही जा रहा था।

तेरी सास ने तेरे वास्ते कितना कुछ किया था और उसी के हत्यारे को तू बचाने में लगी है। कितनी घटिया सोच है तेरी। सच बोल दे फिर अंजाम चाहे जो हो। याद कर, तेरी भलाई के वास्ते क्या-क्या नहीं किया उन्होंने। एक छोटी-सी भोली भाली साँवली लड़की को ब्याह लायीं वे, हल्दी भरे पीले हाथों की छाप घर के, खानदान के कोने-कोने पर जाकर लगवायी थी उन्होंने। कितने जतन से उसकी नाजुक कलाइयों व उँगलियों की नाप ले लेकर दर्जनों अँगूठियाँ बनवा लायी थीं। उसे खुश देखने की खातिर ही तो उन्होंने उसके लिए क्या-क्या नहीं किया...

"किसी जान पहचान वालों से रंजिश तो नहीं? बोलिए, बताइए, आप इतनी चुप क्यों हैं? न, न, हमें कोऑपरेट कीजिए, डरिए मत हमसे। साफ-साफ बताइए न..." पुलिस वाले लगातार उस पर बोलने का दबाव बनाने लगे।

रामकिशन को सीढ़ियों से उतरते देखा था शायद, हाँ, मैं उसे जानती थी...तभी मन के दूसरे कोने से आवाज आयी—ये पुलिसवाले तुरन्त पलटवार करेंगे, क्या रिश्ता था उससे? क्या लगता था वो? इस घर से क्या दुश्मनी थी उसकी, क्या तुम्हारा पुराना याराना? अनायास उसे टीवी पर देखी व अखबारों में पढ़ी वे सुर्खियाँ याद आने लगीं जहाँ पुलिस ऐन मौके पर इश्क का नमकमिर्च लगाकर कहानी को ट्विस्ट करके असली मसले को हाशिए पर धकेलने में माहिर थी। रत्ना, मुँह खोलने पर तुम कहीं मुँह दिखाने लायक नहीं रहोगी हाँ।

अनायास रामकिशन संग बिताये मीठे लमहे याद आने लगे। न, तुम ऐसा नहीं कर सकतीं। जिस इनसान ने तुम्हें दिलोजान से चाहा, तुम्हारी कितनी परवा की, उसी को जेल भिजवा दोगी? ये कितना बड़ा गुनाह होगा? ये तो तुम मानती हो न, कि जो कुछ तुम्हें कभी तुम्हारा पति नहीं दे सकता था, जितनी खुशी, जितना प्यार इस इनसान ने तुमसे किया है, वह इस जन्म में तो कोई और नहीं कर पायेगा। तो तुम उसी के प्रति इतनी निष्ठुर कैसे हो सकती हो रत्ना कि अपने मनमीत को सीधे मौत के कुएँ में धकेलने जा रही हो। इतना बड़ा अनर्थ कैसे कर सकती हो तुम? किस कदर उसकी मनमोहक बातें उस पर बदली की तरह छा जाती थीं—चाहे जान चली जाये मगर मेरी जुबान पर मरते दम तक कभी तेरा नाम नहीं आयेगा, चाहे जब आजमा लेना, मेरी जान है तू, सच्ची में तेरे बिना नहीं जी पाऊँगा मैं। मेरी प्राण, मेरी आत्मा, मेरी अमूल्य निधि, मेरा सब कुछ तो तेरे पास है, तेरे से अलग रहकर जीने की तो मैं सोच ही नहीं सकती।

"तो कुछ और नहीं कहना है आपको, किसी पर शकशुबहा हो तो बताइए न..." वह फिर से उकसाने लगा।

फिर से भँवर डोलने लगा, चंचल चित्त फिरकी-सा घूमने लगा। ज्यादा से ज्यादा क्या होगा अंजाम, जेल या मौत मगर एक बात सच बोल दोगी तो शायद वह बच जाये। हे भगवान, कोई शक्ति दे दो मुझे जिससे मैं दुनिया वालों को मुँह दिखाने लायक बची रहूँ। ऐन मौके पर बेटे ईशान की याद आ गयी। लगा जैसे वो जोर जोर से चिल्लाकर बता रहा हो—मम्मी, मम्मी, रामकिशन चाचा का तौलिया है ये, मम्मी, मैंने भी उसे सीढ़ियों से भागते देखा है, मम्मी, बोलिए न, आप इतनी चुप क्यों हैं?

उसके अन्दर तेजी से लगातार खुद से संवाद चल रहा था। अपने बच्चे संग सुनहरा भविष्य होगा, एक परिवार का साया बना रहेगा और सबको यकीन तो रहेगा कि आखिरकार रत्ना ने अपनी सास के हत्यारे को पकड़वाने में मदद की। हमेशा सच की जीत होती है सो देर सवेर ससुर भी उसका साथ देंगे। अनायास रामकिशन के प्रति गहरी नफरत का भाव पनपने लगा। आखिर इसने ऐसा कुकृत्य किया ही क्यों? हमने तो कभी नहीं चाहा था कि वह किसी की हत्या कर दे। बेशक हमारे उनके बीच थोड़ी बहुत कहासुनी होती रहती थी मगर इसका मतलब ये तो कतई नहीं कि ये कमीना उनकी हत्या में संलिप्त हो जायेगा। एकदम गलत जघन्य काम को अंजाम क्यों दिया उसने, सोचते ही विरक्ति या चिढ़न के भाव पनपने लगे। ठीक कहा था बहन ने—रामकिशन के तो दोनों हाथों में लड्डू है, एक तरफ वह अपनी बीवी बच्चों की खातिर तेरी सम्पत्ति पर निगाहें गड़ाये रहता, तेरे जरिये तेरी प्रॉपर्टी हासिल करने की साजिश रच सकता है वो मगर तेरी आँखों में चढ़ी है नकली प्यार की पट्टी। नासपीटे ने तुझे अपना शिकार बनाकर चालफेरी की है। देख लेना रत्ना, ये तो मौज में रहेगा मगर इसके चक्कर में तेरी जिन्दगी जरूर दाँव पर लग सकती है। तेरी जिन्दगी तबाह न कर डाले ये दुष्ट, इसकी आँखों में कितनी हिंसा भरी है, कितनी चालाकी भरी कुटिल चालें चल सकता है ये, अरे, तू ऐसे क्या देख रही है मुझे, सच्ची कह रही हूँ, खरी बात करने के लिए तो मैं बदनाम हूँ सो खरी-खरी सुना रही हूँ, हो सके तो कुछ सीख ले ले। सच का साथ ऊपर वाला भी देता है। अपने घर-परिवार, भोले-भाले पति और बच्चे का भविष्य, अब तेरी मुट्ठी में सो अपने आने वाले कल की खातिर इस तरह के झूठ-मूठ के रिश्तों के फेर में मत पड़, अनगिनत लोगों की आवाजें जोर-जोर से बजने लगीं।

अचानक निर्णय का पल आ गया। ईशान और पति को कभी नहीं खो सकती वह, नहीं, नहीं, अपनी सास के हत्यारे का नाम जरूर लेगी वह। सच, आखिर सच होता है और कुछ नहीं। आज वह सब बताकर ही चैन से बैठेगी। बाद में यही पुलिस वाले न जाने कौन-सी धाराओं शायद सेक्शन 120 के तहत साजिश रचने

का गुनहगार ठहरा देंगे या षड्यन्त्र में भागीदारी दर्शा देंगे, वे कुछ भी कर सकते हैं, कल के दिन पता नहीं इंसाफ क्या होगा? किस करवट जिन्दगी क्यों मोड़ लेगी? नहीं जानती मगर आज का सच तो यही है, बिल्कुल यही कि इसी रामकिशन को उसने सीढ़ियों से उतरते देखकर शक हुआ था पर पक्का यकीन नहीं था मगर जब भागते हुए उसने एक बार पलटकर देखा तो उसकी चाल में भरोसे की खनक शुमार थी कि वह तो साफ-साफ बच निकलेगा, पूरी तरह बेगुनाह होकर बच निकलेगा तभी तो उसने रत्ना की तरफ आश्वासन भरी नजरों से देखा भी था फिर कुछ ऐसा इशारा भी किया था शायद जैसे अब हम आजाद हो गये हैं आकाश में उड़ान भरते आजाद पंछियों की तरह, कोई भी रोकटोक या अब हमारे बीच कोई भी विघ्न बाधा नहीं रही जबकि सचाई इसके विपरीत थी। यही वो लमहा था जब उसे रामकिशन के प्रति गहरी वितृष्णा, जबरदस्त विरक्ति और सख्ती नफरत पैदा होने लगी। ऐसे हत्यारे पर किस आधार पर कौन यकीन करेगा? जिसने इतना घटिया, इतना निकृष्ट, इतनी गिरी हरकत की हो कि इनसानियत पर ही कलंक का धब्बा लगा दिया, क्या ऐसे हत्यारे की शक्ल देखना भी गवारा करेगी वह? कतई नहीं, मन हुआ कि अभी-अभी जो नजरों के सामने भागा है, क्यों नहीं उसने उसी वक्त चिल्ला-चिल्लाकर मुहल्ले वालों को बताया? क्यों, क्यों चुप्पी साधे रही वह? शायद वो घबरा गयी थी, शायद वो समझ नहीं पायी थी कि क्या करे, क्या न करे, शायद वो नर्वस थी, या, या, तय नहीं कर पा रही थी कि इसके साथ क्या कैसे सुलूक किया जाये? किस तरह कैसे इसके बारे में मुँह खोलना सही होगा? कहीं सब लोग उसी को लांछित तो नहीं करने लगेंगे? जबकि ससुर को इसके साथ मेरे सम्बन्धों का पता था, कहीं वही इसे कठघरे में खड़ा कर दें तो? बुरी तरह डर गयी थी वह, हलक सूखने लगा था।

पानी...पानी...उसके रुँधे कंठ से मरियल-सी आवाज बमुश्किल बाहर निकली।

"हाँ, हाँ, लो पानी पियो, रिलैक्स, कुछ बताना है?"

"यानी आपको कुछ नहीं कहना सुनना? पूरे 10 मिनट तो हो चुके यानी मान लूँ कि आपने किसी को नहीं पहचाना?"

हाँ, बस अब बताना है, यही वो पल है जब उसे तुरन्त आखिरी फैसला लेना ही होगा वरना सारी जिन्दगी इसी अपराधबोध की फाँस गले में फँसी रहेगी कि, कि मौका मिलने पर भी वह चुप साधे रही और गुनहगारों को भाग जाने दिया।

—"दरोगा जी, दरोगा जी, सुनो, मुझे लगता है कि..." उसने अटकते-अटकते कुछ कहने के लिए जुबान के बन्द ताले पूरी ताकत लगाकर खोले ही थे मगर ऐन मौके पर दरोगा जी का फोन आ गया और वह फोन लेकर वहाँ से उठकर सर्र से बाहर निकल गया और फिर लौटा ही नहीं। ऐन इसी मौके पर किसी अनजान आदमी का फोन नम्बर देखकर उसने बात करना शुरू किया—"कौन?"

"मेरी बात ध्यान से सुन। जो हुआ, उसके बारे में अपना मुँह बन्द रखना। खबरदार जो पुलिस के सामने अपना मुँह खोला तो अंजाम भुगतने के लिए तैयार रहना। जैसा हश्र तेरी सास का हुआ है, ईशान के साथ भी वही होगा, हाँ, याद रखना।" कहने के साथ ही फट से फोन काट दिया गया।

सुनते ही सकपका गयी और फिर इसके बाद कुछ भी कहने-सुनने का मौका उसे दुबारा मिल ही नहीं पाया और न ही अपने आप पहल करके कहने की हिम्मत सँजो पायी। कशमकश में ही वक्त कब हाथ से सर्र-सर्र फिसलकर किस अनजान दिशा की तरफ रुखसत कर गया, पता ही नहीं चल पाया। न जाने कैसे, न जाने क्यों, किसी से कुछ कहने-सुनने का मन नहीं किया, न उससे कुछ भी पूछा गया, न किसी ने उससे कुछ भी सफाई माँगी सो वह भीतर ही भीतर कछुवे की तरह अपनी खोल में ही सिकुड़कर बैठी रही। अन्दर-अन्दर गर्म मोम बूँद-बूँद कर पिघलकर जलाती रही पोर-पोर को। अनजाना-सा डर, बदनामी का खौफ और सबकी नजरों में गिरने की आशंका, इन सबके बारे में सोच-सोचकर कमजोर पड़ते दिमाग की हालत बेकाबू हो उठी और फिर परिस्थितियों ने ऐसा भयानक मोड़ लिया जिसके बारे में कोई भी पूर्वानुमान लगा ही नहीं सकता था।

"रत्ना घर पर अकेली थी और उसके साथ रामकिशन के अवैध सम्बन्ध थे। जो तौलिया मौके पर छूट गया था, ईशान ने बताया, वो रामकिशन का ही था। जो परिस्थितिजन्य साक्ष्य प्रस्तुत किये गये, उनके मुताबिक रत्ना ने रामकिशन के साथ मिलकर अपनी सास की हत्या करायी है। रत्ना के खिलाफ प्रथमदृष्टया पर्याप्त साक्ष्य इस स्तर पर है इसलिए प्रार्थी की जमानत का पर्याप्त आधार नहीं है और जमानत प्रार्थनापत्र निरस्त किये जाने योग्य है।"

सुनते ही गश खाकर गिर पड़ी वो। किसी तरह होश में लायी गयी तो दिमाग में बस वही बात जैसे सैकड़ों चाकुओं से देह को काटने छीलने लगी। वकीलों की जिरह चलने लगी तेज-तेज लेकिन उसके दिमाग में बज रहे थे ईशान के बोल—"बेटा, तुम बार-बार रत्ना क्यों कह रहे हो? मम्मी क्यों नहीं कहते?"

"मेरी मम्मी ऐसा गन्दा काम कभी नहीं कर सकती और जो औरत ऐसा काम करेगी वो मेरी माँ कहलाने लायक नहीं सो उसे मम्मी कैसे बुला सकता हूँ? ये तो सिर्फ रत्ना हो सकती है, मेरी मम्मी नहीं।"

महज 13 साल के उस बच्चे के दिमाग में कितना क्या-क्या जहर डाला गया कि वह इतनी जल्दी इस तरह का सुलूक करना सीख गया? उसने हिचकी लेते हुए रोते-रोते कातर स्वर में कहा था—"बेटा, तुझे कुछ देने लायक हैसियत तो नहीं रही मेरी, बस माँ का प्यार दे सकती हूँ। हो सके तो इसे याद रखना कि तुझे जीवन में क्या चाहिए, पैसा या बेबस माँ की निश्छल ममता?"

उसकी लाचारी, निष्कलुष माँ की बेबस पुकार और निहत्थी स्त्री की बातों

पर कौन भरोसा करता? न तो कत्ल मैंने कभी करना चाहा, न तो कत्ल करवाने की बावत कभी दूर-दूर तक कोई खयाल दिमाग में आया मगर विधि की विचित्र विडम्बना देखिए, मुझे ताजिन्दगी जेल की सलाखों के भीतर पल-पल जीना-मरना है। यहाँ रहकर जाना, जीवन जीना क्या होता है? दिन में हजार बार मरने के खयाल आते हैं मगर यहाँ मरना भी तो आसान नहीं। वे सब मार-मारकर जिन्दा रखते हैं हमें। हारी बीमारी पर डॉक्टरों के पास भेजा जाता है, और कितनी औरतें तो यहाँ सालों से पड़ी छटपटाती—घिसटते हुए अपनी मौत के दिन गिन-गिनकर काट रही हैं। कितनी सारी तो यहीं रहते-रहते जवान से बूढ़ी हो जातीं और सजा पूरी काटने के बाद भी कोई उनकी सुधि नहीं लेता, न ही कोई उन्हें लेने या छुड़ाने आता। कितनी कम कीमत होती है हम जैसी स्त्रियों की। सच तो ये है कि इनकी जरूरत ही धीरे-धीरे वहाँ की खुली दुनिया में खत्म होने लगती। फिर एक दिन ऐसा आ धमकता जब उन सबको जीते जी मरा हुआ समझ लिया जाता और वे खुद को बार-बार झूठी तसल्ली दे-देकर एक-एक दिन गिन-गिनकर काटती रहतीं कि एक न एक दिन वे जरूर इस चहारदीवारी से बाहर आ पायेंगी। पता नहीं वैसा दिन कितने नसीब वालों को नसीब हो पाता है? होता भी है या यूँ ही खामखयाली में वे वहीं मर-खप जातीं किसी अनाम गुमनाम शख्स की तरह मिट्टी में मिल जातीं।

कुछ समय बाद कोर्ट कचहरी के घनचक्कर में पड़ना मजबूरी बनती जाती। वकीलों की जिरह का सामना करना इतना जानलेवा लगने लगता गोया उसे आरी से आरपार करने पर आमादा हो प्रतिपक्ष।

अगर ये औरत निष्कलंक निर्दोष होती तो सीढ़ियों से उतरते वक्त रामकिशन को क्यों नहीं पहचान पायी? जब ईशान उसका नाम लेकर बोलने के लिए तैयार था, तो इसने बच्चे को क्यों रोका? इसने बच्चे को क्यों अकेले ऊपर जाने से रोका? इसने बच्चे से क्यों कहा कि वह तौलिया की बात किसी को न बताये? तौलिया किस रंग का था, क्यों नहीं बताया इसने? बार-बार पूछने पर भी मौन धारण क्यूँकर कर लेती थी ये? जरूर इसी ने उसके साथ मिलकर साजिश रची थी तभी तो वही दिन चुना गया जब इसके ससुर पति संग बाहर गये थे। हर पल का हिसाब इसी के पास रहता था। नीयत खराब थी इसकी। चाल चलन तो पहले से ही बिगड़ा था सो योजना बनाकर साजिश हत्या को अंजाम दिया गया। दो बार इसे मौका दिया गया रामकिशन को पहचानने का। सोचो जरा, जब ये खुद पुलिस स्टेशन गयी थी रिपोर्ट लिखवाने, इसमें भी इसकी चाल थी ताकि कोई शक न कर सके। जब घर पर ही दोमुँहा साँप पल रहा हो तो ऐसे में किसी की भी जान भला कैसे बचाई जा सकती थी?

सवाल दर सवाल, कँटीले जहर बुझे और जानलेवा। इतने सारे सवाल जिनके जवाब देने की हिम्मत कहाँ थी उसके अन्दर? सारे साक्ष्य, सारे गवाह और सारी

घटनाएँ उसके खिलाफ जाती थीं सो उसे जेल की सलाखों के अन्दर पहुँचा दिया गया। शातिर किस्म की चालाक अपराधिनी करार दे दिया गया और उसके जमानत प्रार्थनापत्र को बलहीन होने के कारण निरस्त कर दिया गया। कानून क्या चाहता है? गवाहों के बयान, साक्ष्य और मौजूदा रिकार्डों के आधार पर खोजी गयी सचाई का हकीकत से कितना लेना-देना होता है? हम सब बखूबी जानते समझते हैं।

हाँ, इस पूरे वाकया में हकीकत कतई नहीं छिपाई गयी। कुछ भी छिपाने या गलतबयानी का कोई भी औचित्य नहीं रह गया है। मैं ईश्वर की शपथ लेकर सच-सच लिख रही हूँ कि जो कुछ भी पन्नों पर उतरकर आया है, वह आत्मा के पत्थरों पर घिसते झरनों की तरह साफ, शफ्फाक और पूरी तरह निष्कलुष निर्दोष मन की सच्ची हकीकत है। अब यह तो समय ही तय करेगा कि मेरे साथ जीवन में कितना कुछ अघटित घटने को बचा रह गया है। तुम्हें और ईशान को भगवान सदा खुश रखे। आज की गोद में जरूर सुनहरा कल छिपा रहता है पर ये तो खुद भी नहीं पता कि वो सुनहरा कल कब किस ब्लैकहोल में बदल जायेगा? और अन्त में सिर्फ एक असहाय स्त्री की तरफ से ढेर सारी प्रार्थनाएँ बची रह जाती हैं, सिर्फ प्रार्थनाएँ, महज कुछ शब्द, सूखे, रीते और बेहद हल्के पत्ते की तरह कहीं भी उड़कर मिट जाने वाले।

दिशाएँ गुम हो चुकी थीं

हादसों से हारती रही जिन्दगी। ऐसा कभी सपने में भी नहीं सोचा था कि इससे हमारे जीवन के सारे रास्ते बन्द हो जायेंगे मगर इन हादसों ने तोड़कर रख दिया वजूद। बस, सिर्फ एक हादसे से वर्तमान की सूरत बदलती गयी जिन्दगी की और विगत समय के वैभवपूर्ण इतिहास ने अपनी पलकें मूँद लीं। रत्ना सोचती और सोचती जाती।

"मौत और जिन्दगी में जीत हमेशा मौत की होती है, जिन्दगी हार जाती है..." शब्द ही शब्द थे, आवाजें ही आवाजें थीं जो उसके भीतर से बजते हुए उसके हलक तक चलकर आ रही थीं। अपने आत्मीयजनों को देखते ही बिखर गयीं वे आवाजें।

"पूरी तरह सच नहीं है ये, कभी-कभी कुछ हादसे ऐसे जरूर हो जाते हैं मगर इसका ये मतलब कतई नहीं कि जिन्दगी खत्म हो गयी।" जोर-जोर से सुबकती सिसकती रत्ना से मिलने उसके घर वाले यानी माँ-बाप, भाई-बहन जरूर आये मगर उनके समझाने वाले बोल सूखे पत्तों की तरह जमीन पर निरर्थक उड़ रहे थे।

"जिन्दा रहना है तो तुम्हें इस अन्दरूनी सन्ताप से बाहर निकलना होगा। अपनी बेगुनाही साबित करने के लिए जरूर जीना होगा तुम्हें। हर पल यूँ भयावह मौत से डर-डरकर खुद को सन्तप्त करने से है कोई फायदा?" इस बार भाई ने चन्द अलफाज बोले।

वह बेटे से मिलने के लिए बुरी तरह तड़प उठी मगर उससे मिलने की आस तो दूर-दूर तक नहीं बची। सुनने में आया कि बेटे को लेकर उसके ससुराल वाले शहर छोड़ कहीं दूर दक्षिण में रहने चले गये। उन्होंने किसी को अपना पता-ठिकाना नहीं दिया।

जेल के दृश्य भयावह होते। सच तो ये है कि जेल जीवन समय सीमारहित अनन्त आकाश की तरह सफेद बर्फ से ढका ऐसा इलाका है जहाँ सारे दुनियावी हिसाब-किताब नहीं चलते। साक्षात नरककुंड किसे कहते हैं, यहाँ आकर पता चला। कभी किसी की आँखों से कई-कई घंटे आँसू बहते रहते तो कभी किसी के मुँह से विचित्र किस्म की आवाजें निकलती रहतीं। कभी कोई जोर-जोर से बड़बड़ाने लगतीं तो कभी बहुत कोशिशों के बावजूद कोई बोल ही नहीं पाता। हाँ, एक चीज जरूर सबके लिए कॉमन थी, सभी के पास कोई न कोई सुनहरा अतीत होता। बच्चों से

जुड़ी मीठी प्यारी यादें उनके कलेजे को चीरकर रख देतीं। अक्सर वे रात के अँधेरे में चुपचाप पड़ी भीतर की दुनिया से संवाद करती रहतीं। वे सोते-सोते जगी रहतीं या जागते-जागते सो जातीं। जब हताशा चरम पर होती और भविष्य का कोई भी सुनहरा कतरा दूर-दूर तक नजर नहीं आता तो वे लम्बी-लम्बी साँसें लेते हुए किसी मुर्दे की तरह पथराये तन मन को ढोते सूनी पथराई आँखों से चारों तरफ देखकर भी नहीं देख पातीं। एक कोने में जमीन पर पड़ा रहता बिस्तरा, फटा पुराना कम्बल, बगल में रखी थाली, गिलास और चन्द कपड़ों की पोटली जिन्हें यहीं कहीं छोड़कर एक दिन बाहर चले जाना है, इस नश्वर दुनिया से बाहर हमेशा-हमेशा के लिए। चाहे हाड़ कँपकँपाती जाड़े की रात हो, चाहे आग उगलता सूरज का ताप हो, हर वक्त वही अकेला कम्बल उनके साथ लिपटा रहता। बैरकों की भीड़भाड़ में विचारों की रेलमपेल में कितना मुश्किल था आजादी से सोच पाना, कहना या आजादी से जीना।

कई बीमार स्त्रियाँ डॉक्टर को दिखाने नहीं जातीं, बस फटी-फटी आँखों से चारों तरफ फैले सूनेपन को महसूसते हुए उसाँसें भरकर रह जातीं। अमूमन कइयों को रात-रात भर नींद नहीं आती तो कई एक खर्राटे लेकर सोतीं। रात के अकेलेपन में दर्द उभर आता। ऐसे मुर्दा माहौल में अक्सर रत्ना को रात के गाढ़ेपन में अपना मिट चुका अतीत रह-रहकर याद आता। वो दुमंजिला मकान, जन्म से लेकर 13 साल के होने तक के बेटे की सूरत और ढेर सारी जानी-पहचानी आकृतियाँ अँधेरे में बनती मिटती रहतीं। एक छोटे-से सूराखनुमा खिड़की से आँखें टिका आकाश में छितराये बादलों के सफेद नीले टुकड़े देर तक निहारते हुए ललाट पर आये पसीने को पोंछने लगती। झूले जैसी ढीली ढाली चोटी को चारों तरफ से कसकर लपेट लेती और असहाय मन को झूठी तसल्ली देने लगती। ऊपर वाला जरूर एक न एक दिन इंसाफ करेगा मेरे संग। जब मैंने कुछ भी गुनाह किया ही नहीं, फिर भी ऐसी सजा भुगतनी पड़ रही है जब कि गुनहगार तो मैं हूँ ही नहीं। फिर भी...ताजिन्दगी कैद...माथे पर दागी होने का कलंक बोध, खौफनाक अतीत में अनकिये अपराध, अपराधिनी, समय की कठोरता, क्रूर सिस्टम के बीच दम तोड़ती संवेदना के बीच बहुत उम्मीद और उत्साह को सँजोकर बचाये रखना आसान नहीं होता।

समय अपने विशाल डैने में सबको लीलता जाता। बेरहम वक्त कहाँ किसी के साथ दया करुणा दिखाता है? काल की असीमता में सबको समाते हुए विलुप्त होते जाना है फिर महाशून्य और फिर घना होता इतना काला अँधेरा कि दिशाएँ सूझती ही कहाँ थीं? महज शब्द थे जो पिछियाते रहते हर वक्त। होली के मौके पर अपना बचपन याद आ गया जब उसकी चन्द सहेलियाँ बाल्टी में रंग भिगोकर उसे पूरा गीला कर देती थीं। मगर यहाँ तो हर त्योहार जैसे काट खाने दौड़ता। सब कुछ नीरस, मर्म पर यादों के नश्तर चुभोने वाला और उतना ही जानलेवा भी। जब अपने

जीवन के रंग उड़ गये हों तो सब कुछ फीका और नीरस लगता। मगर एक बात है कि जेल में हम सब एक हैं, समभाव वाला बर्ताव सुकून देता। चाहे कोई कितने ही बड़े घर की क्यों न हो मगर अपने एकान्त में वे अन्दरूनी तनावों, बेचैनियों और हताशा के चलते अक्सर रोतीं और डरी-सहमी रहतीं मगर क्रमशः वक्त उन्हें मजबूत बना ही देता। अतीत की आवाजें जब तब उन्हें पिछियाती रहतीं।

"इस कत्ल में रत्ना का हाथ होगा, यकीन नहीं आता। जरूर किसी ने फँसाया है इसे, अन्याय की शिकार हुई है ये औरत।"

"देखिए, जब रामकिशन ने खुद कुबूल लिया कि हायर किलर के जरिये अम्माजी को मरवाया गया..."

"मगर इसमें रत्ना का क्या कुसूर? उसे क्यूँकर इस जाल में बेवजह फँसाया गया?"

"शायद रामकिशन चाहता हो, जब मुझे इसी की वजह से जेल हो रही है तो मैं क्यों जेल में रहूँ और ये बाहर रहकर कहीं किसी और के साथ घुलने मिलने लगे तो उसका पत्ता, तो साफ...क्या करें, हालात ही ऐसे बनते गये कि कोई भी कुछ नहीं कर पाया। एक वो मनहूस तौलिया, दूसरा उसके बेटे का बयान और फिर चारा ही क्या था हमारे पास? क्या होगा रत्ना के बेटे का अब?"

"अब जो भी हो, हमने तो अच्छे वकील कर दिये। सारी कोशिशें कर लीं, बदकिस्मती होगी तभी तो सुनवाई नहीं हो पा रही। आप लोग दिल्ली जाकर कुछ और करना चाहें तो क्यों नहीं करते?"

सब तरफ बची थी बातें, बातें और ढेर सारी बातें। खाली पीली बातें होती रहतीं। दुर्भाग्य ने उसके जीवन के सारे रास्ते बन्द कर दिये थे। जैसे ही सुबूत के नाम पर कुछ मिला, पुलिस ने झटपट अफरातफरी में मामला रफा दफा कर दिया, "इसी चुड़ैल ने मरवा डाला मेरी सती सावित्तरी जैसी पत्नी को।" चीख-चीखकर समूची ताकत से चिल्लाये थे रत्ना के ससुर जिनकी त्योरियाँ चढ़ी हुई थीं।

"एफ.आई.आर. तो इसी ने करायी थी..."

भरी दुपहरी में मर्मान्तिक दुख में लिपटे थे वे और दहाड़ते हुए रत्ना की तरफ गालियाँ फेंकने लगे गोया वे गालियाँ न होकर ईंट-पत्थर के भारी भरकम टुकड़े हों—

"मेरा तो इकलौता सहारा छीन लिया इस राक्षसनी ने, किस जन्म का बदला लेने आयी थी ये चुड़ैल मेरे घर?" जोर से बोलने से आवाज पस्त पड़ चुकी थी मगर उन शब्दों ने छील दिया रत्ना को। रो-रोकर बेहाल थी वो। उसके भीतर एक साथ न जाने कितने लोगों के चेहरे और आवाजें गड्डमड्ड होती रहतीं। कितने प्यार से कहा गया था उससे—"तुम जरा भी फिक्र न करो रत्ना डियर, मैं हूँ न तुम्हारा वर्तमान भी और भविष्य भी। अब से तुम्हारी हर जिम्मेदारी मेरी होगी। समझीं? आइन्दा

से एक भी आँसू मत गिरने देना...” कहते हुए उसे अपने सीने में भींच लिया था। रत्ना को रह-रहकर अपने सूख चुके वर्तमान और निचुड़े हुए अतीत का हर कतरा याद आ रहा था। जब भविष्य रीता उजड़ा खँडहर में तब्दील होता नजर आये तो अतीत को खँगालने के सिवा वह करे भी तो क्या?

कुछेक भाग्यशाली जरूर हैं जो जमानत पर छूट जाते हैं सो उनके होठों की हँसी और हँसती आँखें छुपाये नहीं छिपतीं। सूखे सपने अचानक फिर से अँकुआने लगते गोया कड़ाके की सर्दी के बाद सुबह होते ही पूरी धरती पर सूरज अपने ताप से पल भर में घने कोहरे को छाँटकर गर्मी का अहसास कराने लगता। उनके जीवन के असमय मुरझाये सपनों में फिर से नयी कोंपलें पनपने लगतीं। न जाने कितनी तरह के फूलों के अक्स उनकी आँखों में तैरने लगते। अनायास तब सब की सब अपने-अपने गाँवों, कस्बों या शहरों की तरफ रुखसत करने सपने सँजोने लगतीं। जेल के सीखचों के बीच एक ही रिहाई औरों के लिए सन्ताप की वजह बन जाता। जेल के वार्ड देखते हुए ऐसा लगता जैसे वे जाल में फँसे जानवर हों और चिड़ियाघर में रहने वालों को बाहर वाले देखने आते तो सभी को जाली के भीतर से अपना-अपना चेहरा दिखाने की उतावली होने लगती। उनके अनुरोधपत्र अक्सर खारिज हो जाते तब वहाँ का माहौल और तकलीफदेह स्थितियों के साथ तालमेल बिठाना कठिन लगने लगता। जेल का परिसर कब, किस तरह उनके लिए शरणस्थली बन गया, यहाँ तक कि भीतर घुसते ही लम्बे-चौड़े लॉन में कतार से लगे पेड़-पौधे, हरी-भरी घास और सब तरह के कैदियों के भूले-बिसरे अनगिनत किस्से याद करके मन भर आता। यादों का रेला ऐसा उमड़ने लगता गोया नदी के बाँध को किसी ने अचानक खोल दिया हो। कैदियों से मिलने वाले दूर-दराज के लोगों को देखकर मन में एक अजीब-सी राहत होती, चलो, कोई तो है बाहर की दुनिया में अभी ऐसा इनसान, उनकी खोजखबर लेने वाला वरना इस जेल के अन्दर तो दिन-रात काटे नहीं कटते। सुबह कट जाती है तो शाम नहीं कटती और शाम कट जाती है तो सुबह नहीं। रात में चाँद देखते हुए अपने अकेले पड़ते जाने का अहसास कचोटने लगता और बेचैनी के बगूले चैन से जीने नहीं देते। मन बहलाने के लिए बचपन के भूले-बिसरे खेल याद आने लगते। उसकी उदासी के बीच पुरानी महिला कैदी बीच-बीच में आती जाती रहतीं तो कभी फुसफुसाकर आगे बढ़ जातीं—सबका अपना-अपना नसीब है। जब कभी उसका हाल लेने कोई साथिन आती और कुरेदकर पूछना चाहती तो वह टाल जाती या सीधे-सपाट ढंग से जवाब दे देती—पता नहीं।

रत्ना सोचती, कभी मेरी सचाई को लोगबाग जान पायेंगे या यूँ ही मर-खप जाऊँगी किसी रोज बेनाम कैदी का चेहरा लेकर। मेरे जैसी मामूली लोगों की सुनवाई तो ऊपर वाले के यहाँ भी नहीं होती। कौन भरोसा करेगा हम पर और क्यों करेगा

भला? जबकि हमने तो गुनाह किया ही नहीं। सच तो यही है कि हमें तो आखिरी लमहों तक पता ही नहीं चल पाया कि रामकिशन ने खुद सारी साजिश रची थी। पता नहीं कैसे वो उससे किसी ज्यादा पढ़े-लिखे आदमी की तरह कायदे से बात करता कि उसे दूर-दूर तक उसके मन में चल रहे कुत्सित इरादों का भान तक नहीं हो पाया। यूँ तो वो ग्रेजुएट था, शायद इसी के चलते वो इतने शानदार तरीके से सँभल-सँभलकर बड़े जतन से अच्छी भाषा का इस्तेमाल करना जानता था सो उसने पूरी एहतियात बरतते हुए रत्ना को जरा भी शक नहीं होने दिया कि उसके मन में क्या पनप रहा है। उसे तो ये भी ठीक से समझ नहीं आता कि मम्मी को मारकर उसे आखिर क्या मिलता? न पैसा, न कुछ और फिर ऐसा इरादा क्यूँकर बना लिया उसने और वो भी बिना उसे बताये क्यों किया उसने इतना बड़ा छल? क्यों उसे इस नरककुंड में सड़ने गलने के लिए फँसा गया नालायक? शायद पूर्व जन्मों के गुनाहों की सजा भुगतनी शेष रह गयी हो या जाने अनजाने हुए बुरे कर्मों की सजा इस रूप में भुगतनी पड़ रही है।

खबरें अक्सर सुर्खियाँ बनती हैं और सुर्खियाँ हमेशा सच का साथ नहीं देतीं। यह एक बड़ी हकीकत है। सच तो ये है कि रत्ना को इसका जरा भी आभास नहीं कि उसकी गिरफ्तारी के बाद बाहर की दुनिया में कितनी हलचल मची थी या अखबारों में कितनी कहानियाँ नमक-मिर्च लगाकर सुर्खियों में छपती रहीं। कितनी तरह के आरोप उस पर मढ़ दिये गये। कितनी तरह के झूठे-सच्चे काल्पनिक किस्से उन दिनों के तमाम अखबारों की हेडलाइंस बनते रहे। जेल में आते जाते लोग उसकी तरफ भरपूर निगाहों से देखते फिर चुपचाप अपने रास्ते निकल जाते। कोई कब तक तरस खाएगा उस पर और भला क्यों? ऐसे में एक सच्चे हमदर्द की शिद्दत से तलब जगती मगर नहीं, कोई नहीं इतनी बड़ी दुनिया में अपना कहने वाला। यहाँ रहने वाले सबके सब बाहर निकलते ही एकदम से नये परिधान में चमकते दमकते मिलेंगे तब वे यहाँ के धूमिल धूसर दिनों को याद भी नहीं करना चाहेंगे।

रात के घनघोर अँधेरे में एकान्त में जब कभी स्नेह रस से भीगा पति का मासूम चेहरा याद आने लगता तो एक टीस-सी उठती। क्या सोचा होगा जब उन्हें बताया गया होगा मेरे बारे में ये सब। सन्नाटे में यही सोचकर उसकी आँखें भर आतीं। अब कौन उनकी गर्दन के नीचे सिरहाने पर तकिया रखता होगा? कौन उनकी पसन्द की किताबें पढ़ने लायेगा? काश कि सिर्फ एक बार उनका मासूम चेहरा देख पाती वह।

पुलिस वाली कितनी कठोरता, कितनी निर्ममता से उस पर सवालों की बौछार करते हुए झपट पड़ी थीं—"जरूर तूने ही मरवाया होगा अपनी सास को, अपनी ऐयाशी की खातिर, बोल, क्यों किया तूने ये सब? प्रेमी संग मिलकर पत्ता साफ करा डाला बुढ़िया का, वाह भई वाह, कलजुगी बहुओं के काले कारनामे देख लो,

कैसा जमाना आ गया...”

कभी व्यंग्य तो कभी ताने तो कभी चिड़चिड़ाहट में बड़बड़ाती उनकी कटूक्तियाँ उसके कानों में सालों तक गूँजती रहेंगी—ये, तू दिखने में जितनी सीधी-सादी है, उतनी तू है नहीं। रो ले, जितना रो सकती है। यहाँ आने के बाद बस यही रोना, एकमात्र यही काम तो बचा रह जाता है दिन-रात। जब गुनाह कर रही थी, तब होश कहाँ था?

न जाने कितनी तरह की फजीहतें बर्दाश्त करनी पड़ीं उसे। शुरू-शुरू में बहन भाई कितनी बार मिलने चले आते जिन्हें देखते ही फूट-फूटकर रो पड़ती थी वह। पता ही नहीं चलता, कब इतना सारा वक्त हाथ से सर्र से निकल गया। जेल वार्डन की आवाज से तन्द्रा टूटती। सुना था, रामकिशन भी जेल में है, पता नहीं, जाने कहाँ सड़ रहा होगा। बदमाश, मेरी जिन्दगी बर्बाद करके रख दी उस नालायक कमीने कुत्ते ने, मुँह तक भर आयी गालियों को यहाँ वहाँ निकालने की सोचती रहती मगर मन ही मन में दुहराने के सिवा कुछ नहीं कर पाती।

जितना चाहे सोच ले, सोचती रह। बस यही तो काम रह गया है तेरे पास। नींद में पलकें गिरा लेती तो कभी जागते हुए भी पलकों के भीतर पसरा रहता अँधेरा। लगता जैसे वह ऊँचे, लम्बे, सीधी चढ़ाई वाले पहाड़ पर चढ़ती ही जा रही है, ऊँची चट्टानी रास्ते पर पैर जमा-जमाकर चलने की कोशिश जरूर करती है मगर ऐन मौके पर एक नुकीली-सी भारी भरकम चट्टान पर पैर पड़ गया जो काई लगी रपटीली थी सो वह सीधी खाई की तरफ लुढ़कती जा रही है। वह पूरी बाँहें फैलाकर दौड़कर बादलों को छूने के लिए बेताब हो उठी मगर अचानक आयी आँधी ने उसके रास्ते को रोक लिया और वह तूफान से घिरती चली गयी। सब तरफ धूल ही धूल, गोल गोल अन्धड़ में कुछ सूझता ही नहीं था। हताश, हारे हुए, बेचैनी और असुरक्षा के भँवर में वह डोलती रहती। ऐसे में कुछ भी अच्छा नहीं लगता।

कटखन्ने कठघरे की अन्दरूनी कहानियाँ

कोई जवान हो या बूढ़ी, बीमार हो या स्वस्थ, मानसिक तौर पर पागल हो या विक्षिप्त या सामान्य, सबको ठूँस-ठूँसकर उसी कटखन्ने कठघरे में बेरहमी से धकिया दिया जाता। जेल लम्बे पिंजरे जैसी इमारत लगती थी जिसके फर्श से लेकर चहारदीवारी तक सलाखों से बन्द कर दिया गया था। इनके अन्दर दम घुटता लगता। सीमेंट से बना आँगन, पानी का नल, अँधेरी कोठरियों की कतारें व रात में पर्याप्त रोशनी की व्यवस्था तक नहीं। जेल की चहारदीवारी के पार खड़े पेड़ों के ऊपर से झाँकते आसमान पर निगाह डालने पर यहाँ वहाँ उड़ते पक्षियों को देख पाना भी आसान नहीं था। पर हाँ, उन्हें देखकर बाहर वाली दुनिया की हलचलों का पल भर का अहसास जरूर होता है। जब कभी पागल बन्द कर दिया जाता तो उसे देखकर जेल-कर्मी आपस में हँसी-मजाक करते मगर ध्यान से देखने पर उन मासूम चेहरों पर लिखी हैं असंख्य दर्द भरी दास्ताँ। सामान्य दिखती औरतों के चमकती आँखों के नीचे पड़े काले धब्बे दिख जाते। उनकी फीकी हँसी या बेचैन नजरों में छिपी वेदना विचलित कर देती। उनके चेहरे पर अक्सर मुर्दनी छायी रहती। योग ध्यान, रुटीन कामों को निबटाकर काफी वक्त बच जाता तो लिखने का विचार बनता और मौका मिलते ही वह लिखने में जुट जाती।

अमुक-अमुक धारा 302 में है तो अमुक-अमुक इन इन धाराओं में सालों से बन्द है यानी धाराओं में फँसी जिन्दगानी है यहाँ सबकी। सचमुच, जेल में रहना अग्निपरीक्षा सरीखा है, सोचते हुए रत्ना के चेहरे पर बेइन्तहाँ दर्द, असहनीय तकलीफें और पछतावे की गहरी कचोट उभरने लगी। यहाँ रहते हुए उसके जो विचार, यादें और चौबीसों घंटे का जो जिन्दा जीवन है, उसे शब्दों में गूँथ पाने का सौभाग्य उसे मिला है सो लिखते-लिखते कितना सुकून मिलता है उसे। जब कि अदालत जाने के खयाल से ही दहशत होने लगती। पुलिस की वो दमघोंटू जीप से जाने के बाद लम्बा इन्तजार और अदालत के पिछले हिस्से में खड़ी होने से कुछ भी तो सुनाई नहीं दे रहा था। कठघरे की बातचीत तक ठीक से नहीं सुन पा रही थी।

पेशी पर जाते वक्त रास्ते में बाहरी लोग हम बन्दिनियों को देखकर आह ऊह, बेचारे कैसे जानवरों की तरह दड़बों में कैद बेरौनक जिन्दगी जीने को अभिशप्त हैं, सोचकर हम पर तरस खाते और हम सोचते कि ये भी तो अपनी भागती दौड़ती

जिन्दगी में ऐसा क्या कमाल कर पा रहे हैं। जिन्दगी भर आदमी नून तेल लकड़ी यानी रोटी कपड़ा मकान के घनचक्कर में फँसा फड़फड़ाता रहता। कहने के लिए वे आजाद हैं मगर हैं तो इस सिस्टम के गुलाम ही न। ये जेल दूसरों के लिए बनायी जाती मगर घरनुमा जेल में खुद कैदखाने में सिमटकर जीवन गुजार देती लाखों औरतें मगर मजे की बात तो ये भी कि उन्हें अपनी इस गुलामी का अहसास तक नहीं। जैसे ही हमने इस सिस्टम के खिलाफ अपने मन की करनी चाही कि पल भर में हम इस समूचे सिस्टम से बाहर कर दिये गये। आजकल की औरतें तो बाजार की कठपुतली बनी तमाम सामानों से घर भर-भरकर खरीदफरोख्त करने में ही जीवन गुजार देतीं और इसी जीने को जीने का जश्न मानकर प्रसन्न बनी रहतीं जबकि हम यहाँ सामूहिक जीवन जीते हुए मिलजुलकर जीने का जश्न मनाते रहते। यहाँ की हर बन्दिनी के पास अपने-अपने किस्से हैं, गाना बजाना है, भक्ति मंडली भी है और उदासी दूर करने के लिए आपसी चुहलवाजी और कमेंटवाजी भी। सच तो ये है कि जेल जीवन के इतने सारे शेड्स हैं जिन्हें समूचे उकेर पाना आसान नहीं जान पड़ता।

कोर्ट में पेशी के बाद हवालात से सभी कैदियों को ठूँस-ठूँसकर जेल लाया जाता। कोर्ट की हवालात से अदालत तक बन्दी को ले जाने में हथकड़ी का इस्तेमाल किया जाता। किस जमाने की रीतियाँ नीतियाँ अभी तक जस की तस चल रही हैं। पता नहीं ये कौन महान जज लोग भगवान बने बैठे हैं जो उसके भाग्य का फैसला करेंगे मगर जिनकी आवाजें सुन नहीं पा रही वो। नर्वसनैस इतनी कि जहाँ मौत और जिन्दगी के बीच फैसला लिया जा रहा है और वो खुद को ठीक से साबित तक नहीं कर पा रही। बन्दिनियों की जिन्दगी को नियन्त्रित करने वाली इस कोर्ट कचहरी के जजों के अन्दर पता नहीं कितनी संवेदना बची है या वे भी जेलरों की तरह पत्थर हो गये हैं जिनके हर हावभाव ताड़ना भी सीख गयी है वह। भला हो उस वांछा लड़की का जो अक्सर उसे समझाती रहती—कि न तो वह घबराये, न निराशा में कोई आत्मघाती कदम उठाये बल्कि बहादुरी से काम ले ताकि मेरी जैसी कई बेगुनाहों को उचित न्याय मिल सके और इसके लिए वह जीतोड़ मेहनत भी कर रही है। वह कहती है कि ढेर सारे अभागों, कमजोरों व गरीबों को बेवजह फँसाकर जेल में रखा गया जिनमें से कइयों की पैरवी करने वाले तक नहीं रहे, घर वाले या तो मर-खप चुके या नाता तोड़ चुके सो वह उन्हें न्याय दिलाने के लिए जी तोड़ कोशिश कर रही है। वांछा के लम्बे पत्र को वह पढ़ती जाती और सोचती जाती।

तालाबन्दी होते ही शाम उतरने लगती और रात घिरने से पहले जल्दी सोना उनकी विवशता थी। खड्डी (पत्थर की बनी सोने की जगह) पर लेटी औरतों को देखकर ऐसा लगता जैसे वे सब किसी गुमनाम कब्रगाह में लेटी पड़ी हों, जिनके भीतर की प्राणशक्ति किसी ने छीन ली हो। चारों तरफ मँडराते मच्छर, धूल का

बवंडर और बिना पंखे या एकाध पंखे के सहारे कटती रातें भयावह लगतीं। एक एक लमहा काटना भारी लगता। सुबह होते ही पता नहीं कैसे इन सोये शरीरों में नये सिरे से जान आ जाती, ताज्जुब है। सेनेटरी नैपकिंस कभी मिलते, कभी अचानक बन्द कर दिये जाते। फिर हमें मोटा स्लेटी कपड़ा इस हिदायत के साथ दिया गया कि इसे सँभालकर और धोकर फिर से प्रयोग में लाना वरना, बार-बार नहीं मिलेगा। रोटियाँ इतनी घटिया कि उन्हें खाने के नहीं जलाने के काम में आतीं यानी इन्हें जलाकर चाय या खाना गर्म किया जाता।

कुख्यात किस्म के कैदियों के सेल में कुछ औरतें भेजी जातीं, ऐसी अफवाहें वह अक्सर सुनती रहती। ढलती उम्र, ढलती शाम की तरह अहसासों की कचोटें महसूसते हुए आँखें भर आयीं। यहाँ आकर रोना, बस दिन रात किसी न किसी बात पर रोना ही रह जाता। जैसे-जैसे उम्र का पहिया खिसकता जाता, पछतावे का अहसास गहराता जाता। प्रायश्चित्त से लिथड़ती चेतना में वे आत्मभर्त्सना करने लगतीं या अपने आप से बड़बड़ाती हर रोज जीती और मरती रहतीं। जब कुछ ज्यादा सनक बढ़ जाती तो वे आपस में ही लड़ भिड़कर अपना तनाव निकालने लगतीं। इन्हीं में से एकाध दो दबंग टाइप की होतीं जो ज्यादा तेज आवाज में एक-दूसरे से भिड़ जातीं। श्यामा देवी के भेजे में अक्सर गर्मी चढ़ जाती फिर उसे होश नहीं रहता कि वह किसके लिए क्या बके जा रही हैं। अँधेरा घिरते ही वो चीखने-चिल्लाने लगतीं—"निकालो मुझे यहाँ से, इस नरक से बाहर निकालो तुरन्त। अरे कोई है? कोई सुनता क्यों नहीं? आओ, जल्दी आओ वरना दस्त से मैं मर जाऊँगी यहीं। अरी ओ हरामजादियो, कोढ़ फूटेगा तुम्हारी देह से, बेमौत मर जाओगी तुम सबकी सब...जाकर कोई बता दे उन्हें कि मुझे तेज दस्त आ रहे हैं।"

उसकी ये चीख पुकार सुनने की अभ्यस्त न थीं वे मगर दस्त की बात सुनते ही रत्ना सोच में पड़ गयी मगर रात के 2 बजे क्या हो सकता था। भोर होने पर कोठी का दरवाजा खुलने पर पता चला कि उसे सचमुच दस्त लग रहे थे। मगर चाहे जो नतीजा भुगतना पड़े मगर दबंगई दिखाने वालियों की आदत जल्दी जाती नहीं। मौका मिलते ही वे फिर से आपस में गुँथ पड़तीं फिर दंडस्वरूप उन्हीं को भंडारे पर भेजा जाता या बैरक बदल दिया जाता या कोई और दंड दे दिया जाता।

"तुम मान लो कि तुमने ऐसा किया। तुमने मर्डर किया, मानती क्यों नहीं?"

"मैं सचमुच बिल्कुल नहीं जानती..."

"तेरे प्रेमी ने किया या करवाया होगा, तुझे सब पता था, तू इस साजिश में शामिल थी, ऐ, तू बोलती क्यों नहीं?"

"तेरी हिम्मत कैसे हुई ऐसे बोल बोलने की? राक्षिसिनी, पापिनी, पति का कत्ल करने वाली हत्यारिन। चलो उठाओ अपना सामान और रफा दफा हो जाओ मेरी नजरों के सामने से, कहीं और ठिया बनाओ अपना, चल हट मेरी खड्डी से।"

"पहले मेरा सारा सामान लौटा दे जो मेरे मुलाकाती कल दे गये थे। तूने सारा नाश्ता चट कर लिया क्या? मेवा, मठरी वगैरह।"

उसने गुस्से व तिरस्कार से उसका सारा सामान जमीन पर तुरन्त फेंक दिया। जिन्हें उठाकर वो रोती हुई दूसरी साथिन से बतियाने लगी—"इससे अच्छा तो मैं मर ही जाती। सचमुच, मौत यदि मनुष्यता को लील जाने वाली क्रूर रहस्य भरी पिटारी है तो जेल में तो हम औरतें रोज ही जीती मरती हैं।"

"हाँ, सच कह रही हो, जीवन के सबसे ज्यादा कष्टप्रद अनुभवों में से एक है ये जेल यात्रा मगर कितने बड़े जल्लाद होते हैं ये राजनेता जो खुलेआम सिस्टम के सूराखों में से गुनाह करते हुए पकड़े नहीं जाते और यदि पकड़े भी जाते तो यहाँ ठाठबाट से लाटसाहब की तरह जमाईबाबू बनकर रहते हैं। घर लौटकर फिर भव्य स्वागत के शोर में खुद को शहंशाह समझ बैठते हैं।"

"हूँ, सुनो, कल सपने में पिताजी दिखे। बेचारे कितने कमजोर हो गये हैं। हमें पढ़ा-लिखाकर काबिल बनाने में कितनी मेहनत की उन्होंने मगर हमारी वजह से समाज में उनका सिर तो नीचा हो गया। हाँ, सब कुछ बर्बाद हो गया। जन्म अकारथ चला गया मेरा तो। जिम्मेदार चाहे कोई भी रहा हो मगर भोगा तो हमने ही न..." रत्ना कुछ सोचते सोचते-बोलती जा रही थी। सोच अक्सर विगत की तरफ दौड़ने लगती। अनायास एक धमाका-सा होता है जैसे अदृश्य बम विस्फोट हुआ हो और परखच्चे उड़ते गये दिलोदिमाग की नसें फटने लगी थीं। तनाव की अतिशयता में बरसने लगती हैं आँखें और होशोहवास खो बैठती वह।

सचमुच, कितने उतार-चढ़ाव देख चुकी वो अपने जीवन में। दर्द क्यों बिन बुलाये मेहमान की तरह जीवन में आ धमकते हैं, हम कितना उन्हें दुरदुराकर भगायें मगर वे घात-प्रतिघात के सिलसिले कैसे भी सोच से हटते ही नहीं। आज इतना सब कैसे सह पा रही है, आश्चर्य होता है खुद पर। ऐसी तो वो पहले कभी नहीं थी। बात-बात पर अम्मा के पीछे घूमने वाली उस लड़की में इतनी हिम्मत पता नहीं कहाँ से कैसे आ गयी।

उसे याद है, यहाँ आने पर जब वो बात-बात पर घंटों रोने लगती थी तो एक दिन बुजुर्ग साथिन ने समझाया था—"ऐसा नहीं है कि बाहर सब जगह स्वर्ग ही स्वर्ग है। एक-दूसरे नजरिये से भी तो दुनिया देखने की तमीज सीख। बाहरी दुनिया में हर तरफ घात-प्रतिघात, स्वार्थ, टुच्चई, नीचता, तिकड़म, जोड़तोड़ या ताकाझाँकी के अलावा और है ही क्या? जैसे वहाँ एक अजीब तरह का कम्पटीशन चलता रहता मगर यहाँ जेल में सब स्थगित, इसी वजह से तुम्हें यहाँ कष्ट, बेचैनी, तनाव या अनिश्चितता के बादल मँडराते नजर आते हैं। ठीक है मगर एक-दूसरे पहलू से देख, वहाँ की बाहरी दुनिया में सब जगह बाजारों में उमड़ता शोर है, स्टेशनों पर सैकड़ों लोगों की आवाजाही है, मारामारी है, पैसों को लेकर मारकाट मची रहती, तो

दुनियादारी की नीरस, उबाऊ, रुटीन जीवन की एक जैसी बातें भी तो बोर करती हैं। घर-परिवार, बाल-बच्चे या नौकरी वगैरह आपको बाँधते हैं, मुक्त नहीं करते मगर यहाँ है तमाम झमेलों से मुक्ति। न घर बनवाना, न पैसे इकट्ठे करना, बस भागते भटकने, भोगने से ही तो अनुभवों व परिपक्व सोच के नये दरवज्जे खुलते हैं। घर तजकर ही बुद्ध को बुद्धत्व मिला था, याद है न?"

"हूँ, अपना सब तजकर ही एक नयी शुरुआत की जा सकती है, एक बार श्रीश्रीरविशंकरजी को सुनने गये थे न हम लोग?"

"वहाँ बाहर से यहाँ आकर हमेशा मुर्दों की तरह जीना बन्द कर। ध्यान से सुन मेरी सीख। दुखों से भागो मत रत्ना। इनसे दोस्ती कर लो तो सहना सीख लोगी। जब दुख तुम्हारे दोस्त बन जायेंगे तो उनसे डरना बन्द हो जायेगा। सुख तो तितली की तरह चन्द लमहों के लिए आया था हमारी जिन्दगी में जो अब न जाने किस दिशा में उड़ गया जिसे हम चाहकर भी कभी पकड़ नहीं सकते। समझ लो इस सच को कि यहीं जीना-मरना है हमें। जो सजा हमारी किस्मत ने सुनाई है, उसे कुबूल करना हमारी विवशता है। इसलिए आपस में थोड़ा हँस बोल लिया करो। हर वक्त मुँह लटकाये रखने से कुछ नहीं मिलेगा सिवा खुद को कोसने से। अपने साथ रहना सीखना पड़ता है हमें। यहाँ कोई नहीं है हमारा खयाल रखने वाला।"

सचमुच, कितनी सटीक बात कही थी उन्होंने जो कई सालों से यहीं पड़ी है दोषारोपी बनकर। सच तो ये है कि जेल ही उनका स्थायी अड्डा बन चुका है सो पैरोल पर बीच में कुछ दिनों के लिए कभी घर जातीं मगर लौटकर यहीं आना मजबूरी बन जाता। रत्ना अक्सर उनके मुँह से निकले एक-एक बोल को रामनामी पाठ की तरह सुमिरती रहती।

पुलिस के शोषण करने के अपने तरीके बड़े निर्मम होते। इंटरोगेशन के कई दौर चलते। उनकी कोशिश रहती कि वे जुर्म कुबूल लें सो उसे मानसिक रूप से तोड़ने के कठोर उपाय अपनाये जाते। कानूनी गुत्थियों में भावनात्मक दोहन खूब होता और पैसा तो पानी की तरह बहता मगर हरेक की मजबूरी थी कि उसे कचहरी के कुचक्र में फँसना ही पड़ता। कचहरी में कैदियों की पेशी पर पेशी होती रहती दर्जनों बार। जमानत के लिए होते तर्क-वितर्क, कुतर्क, मिथ्या, बात वितंडावाद आदि के इतने लाइव केस देखने पड़ते कि वे ठिठककर डर जातीं। सच और झूठ, दो ऐसे भीमकाय राक्षस बनकर उन्हें अपनी गिरफ्त में ले लेते जिनके बीच जमकर मुकाबला होता। इनके द्वन्द्व युद्ध से गुजरना हर कैदी की नियति थी। जहाँ तक फैसले का सवाल है, हर बार उसे यही लगता जैसे न्याय की देवी ने अपनी आँखों पर काली पट्टी बाँध ली हो मगर उनके कान जरूर खुले रहते। उसे लगता, वे सबकी सुनती हैं मगर बोलती नहीं। सीधे रिजैक्शन का डंडा फटकारना खूब आता है न्याय की देवी को। कइयों बार विपरीत हालातों की शिकार औरतों की बेल बार-बार निरस्त हो जाती। सारी

उम्मीदें ढह जातीं। बार-बार जमानत का रद्द होना उन्हें अन्दर से तोड़कर रख देता। कुंठित व हताश होते ही मानसिक सन्त्रास का अनवरत सिलसिला उन्हें इतना थका डालता कि नये सिरे से केस से लड़ने की इच्छा ही नहीं बच पाती।

सच तो ये है कि अगर हालात उल्टी धार पर चल रहे हों और साक्ष्यों की कड़ियाँ एक-दूसरे से जुड़ जायें तो फिर तो दोषारोपी को किसी भी सूरत में बचाया ही नहीं जा सकता, भले ही कैदी पूरी तरह से बेगुनाह क्यों न हो। रह-रहकर उसे अपना केस याद आ जाता जिसमें मीडिया और पुलिस ने मिलकर ऐसी कहानी गढ़ दी जिसके कुचक्र में वो जकड़ती चली गयी। ऐसी-ऐसी लेडीज पुलिस देखी हैं जो महिला होते हुए मौका मिलते ही अपना महिला होना भूलकर जानवर बन जातीं। इसी तरह कचहरी के सीन होते। वकीलों का हुजूम, पेशी पर आते-जाते मुजरिम जिनके अन्दर भी उतनी ही गर्मी होती जितनी बाहर कॉरीडोर में उमस भरी तपिश पसरी थी। कई बार तो कानून और मानवता के बीच जंग छिड़ जाती लेकिन हर बार जीतता कानून ही। सच तो ये है कि करोड़ों के देश में मुट्ठी भर लोग जेल में ठूँस दिये जायें तो किसी की सेहत पर क्या फर्क पड़ता है? धीरे-धीरे घर वाले भी मुँह मोड़ने लगते। साल दर साल यह दुख और यातना भरी जिन्दा कहानियाँ चलती रहतीं। सूरज नियत समय पर निकलता और जल्दी डूब जाता। हवा धीमी गति से बहती मगर सेशन जज की अदालत तक मामले पहुँचने में कई साल लग जाते। मामला पेश होने व सुनवाई शुरू होने के इन्तजार में इतना लम्बा वक्त लग जाता कि सजा मिलने तक कई औरतें अपनी सजा काट चुकी होतीं। गलती से कभी शीशा देखती तो हैरानी से खुद को देखती जाती। हाय राम, कितने मौसमों की मार से कितनी तब्दीलियाँ आ गयीं हममें, कितने बूढ़े से दिखने लगे हम, जब यहाँ आये थे तो कितने छोटे थे।

बदलते मौसमों की मार

वहाँ का एक-एक दृश्य आँखों के सामने नमूदार होता रहता। दीवार पर पड़ती धूप की सुनहरी बिछावन से वे तय समय की नापजोख करतीं और सर्दी-गर्मी या बारिश के मौसमों का हिसाब-किताब लगाते हुए कहतीं—"अरे, इतने साल बीत गये यहीं रहते रहते, किसी के 14 साल, तुम्हारे 12 साल, तो तुम्हारे 9 साल और मेरे तो पूरे 17 साल बीत गये यहीं रहते रहते..."

जाड़े की कँपकँपाने वाली ठंड में तेज हवा व धूल से देह सिकुड़ने लगती। ठंड से बचाव के लिए वही फटे पुराने कम्बल होते जिनके भीतर अपनी देह को फँसाये रखने की जुगत में हर समय जुटी रहतीं। सब औरतें चुपके से आग तैयार करके अपने-अपने घरों, परिवारों से जुड़े असंख्य किस्से एक-दूसरे को सुनाने लगतीं। तब वे सब एक होकर अपने बचपन, किशोर जीवन या जवानी के रोचक संस्मरण सुनने सुनाने में वक्त काटतीं। जाड़े में जब कुहरा कड़कड़ाता अपना आयतन फैलाता तो हम औरतें पास-पास खिसककर चिपक जाते जिससे ठंड भी कम लगती और जाड़ों की लम्बी रातें कट जातीं।

किसी समय रही होंगी ये खूँखार, फाड़खानी, जाने-अनजाने कत्ल करने वाली या चंडी का अवतार मगर अब तो उन चेहरों की चमक स्याह गड्ढों में तब्दील होती जा रही हैं। चेहरे पर झुर्रियाँ, हथेलियों व गर्दन के नीचे ढीली पड़ी त्वचा उनकी उम्र को दर्शाने लगती। आज वही तेजतर्रार औरत कितनी अनुशासित, पुरानी साथिनों को इज्जत बख्शती किसी नेक स्त्री में कायान्तरण कर चुकी थी। जेल इस मायने में खास जगह है कि यहाँ हिन्दू, मुस्लिम, सिख, ईसाई, या बूढ़े, जवान, कमजोर, मरियल, मोटे या पतले आदि के बीच कोई भेदभाव नहीं बल्कि दुख-तकलीफ में ये सब मिलकर एक हो जाते। इन्हीं में से चन्द साथिनों से तो ऐसी गहरी दोस्ती हो गयी कि उनके बिना तो यहाँ एक पल भी नहीं रहा जाता।

एक बार वह तेजतर्रार लड़की सायरा कभी विक्षिप्तावस्था में चीखने-चिल्लाने लगती—"क्या मैं जानवर हूँ जो मुझे इस तरह बन्द किया गया है? पता नहीं मैं इनसान हूँ सो जल्दी से निकालो मुझे बाहर, आओ न, जल्दी आओ। मुझे बाहर निकालो।" कायदे से उसे मानसिक अस्पताल भेजना चाहिए मगर फिर वही सवाल। व्यवस्था की मन्थर गति और नियम कानूनों के मकड़जाले।

तो कभी सामान्य होने पर बड़बड़ाने लगती—"मन करता है, अभी जाकर उन

सबका सिर फोड़ दूँ। क्यों नहीं उसी वक्त मैंने सचमुच उस बुढ़िया का कत्ल कर दिया, वहीं पड़े सिलबट्टे से सिर फोड़ दिया होता तो आज ये दिन न देखने पड़ते, हाँ...अब न इधर की रही, न उधर की। जब इस सिस्टम ने हमें गुनहगार ठहरा ही दिया तो चलो, यही मान लेती हूँ। मैं तो हमेशा अपनी भाभी का पक्ष लेती थी मगर दहेज हत्या की साजिश में मुझे भी शामिल मान लिया। अब बताओ, इसे कैसे साबित करें? सच, अच्छा बनकर तो बहुत देख लिया, क्या मिला अच्छाई से? ये नरकवास। जरा नेताओं को देखो, वाह री न्यायव्यवस्था, उनके खिलाफ कितने ही संगीन जुर्म लग जायें मगर वे फिर से बाहर आकर अपने गलों में ढेर सारी फूलमालाओं से लद जायेंगे फिर यहाँ वहाँ बड़ी आन, बान, शान से जनसभाओं में भाषण पेलते देश सेवा की झूठी नकली बातें करेंगे। धिक्कार है ऐसी न्यायव्यवस्था का। साली, कुत्ती राजनीति, यहाँ इस कोयले की खदान में आकर सब नेता धवल बत्तख बनकर नाचने लगते, हुँह...” दाँत पीसते हुए वे एक-दूसरे पर उल्टा-सीधा इलजाम लगाने लगतीं।

“याद है न उस लड़की की जिसने दो दिन के लिए पैरोल के लिए अर्जी दी थी ताकि वो कैंसर से जूझ रही अपनी माँ से मिल सके मगर लेट लतीफी इतनी कि उसकी अर्जी जिस दिन मंजूर हुई, उसके दो दिन पहले उसकी माँ की मौत हो चुकी थी। सोच लो, कैसा कानून है ये? बेचारी अपनी माँ की अस्मत बचाने की खातिर जेल में ठूँसी गयी मगर नहीं मिल पायी जमानत। एक गरीब मजदूरिनी कहाँ से कैसे वकील करती? फिर भी उसने किया मगर...नहीं छुड़ा पायी बेटी को।”

“हूँ...” एक लम्बी साँस भरी रत्ना ने।

उस दिन किस कदर समझाया था उन बुजुर्ग महिला कान्ताजी ने जिनकी सब खूब इज्जत करते हैं—“किसी भी समस्या का हल क्या एक और समस्या पैदा करने से हो जायेगा? माना कि तुमने गुनाह नहीं किया या सीधे-सीधे तुम्हारी संलिप्तता नहीं है मगर कानूनी मकड़जाल में तो फँसी हो न, तो क्या एक और गुनाह करके उस समस्या से राहत मिल जायेगी तुम्हें? नहीं न, तो फिर इस कदर हल्ला-गुल्ला करने से क्या मिल जायेगा तुम्हें, बोलो?”

उसे याद है, अपनी सजा सुनते ही बन्दिनों के सामने घोर अँधेरा छा जाता। अँधेरा और अँधेरा चारों तरफ से उन्हें बेवजूद कर देता। अदालत से सजायाफ्ता औरतों को देखकर ऐसा लगता जैसे बेरहम वक्त ने इन्हें सीधे आसमान से नीचे फेंक दिया हो मगर आश्चर्य कि वे पूरी तरह मरती नहीं या उन्हें मरने नहीं दिया जाता। साँसें चलती रहतीं भले ही देह शिकंजे में जकड़ी रहती मगर साँसें हैं कि अटकी रहतीं उनके जिन्दा बने रहने की गवाही देते हुए। इस गहरे सदमे से उबरने में उन्हें समय लगता। अवसाद किसी गहरे कुएँ की तरह भीतर धकेल देता उन्हें। सच तो ये है कि यहाँ तो सोचने की भी एक सीमा तय है यानी देह बँधने के बाद मन या सोचविचार के रेशे-रेशे अलक्षित धागे से बँधते चले जाते हैं। कैद मायने कैद यानी सब की सीमाएँ कैद।

इतनी सारी दुश्वारियों को झेलना उसकी नियति बन चुकी है, उसकी विवशता है और हर रोज ऐसे दर्द भरे लमहे जीते हुए वह एक नये अनुभव से गुजरती। उसकी सोच अक्सर इन्हीं तकलीफों में जकड़कर बन्द हो जाती। परकटे पंछी की तरह लोथ बनी वे वहीं पड़ी रहतीं और समय उन्हें छोड़ आगे निकल जाता। सच तो ये है कि इन सबसे उबरकर मानसिक तौर पर मजबूत होकर ही वह अपने जीवन में आगे बढ़ पायेगी मगर अकेलापन उसे काटने दौड़ता। अकेलापन और एकान्त दोनों का फर्क भी यहाँ रहकर समझ में आया। अपने अकेले पड़ते जाने का मार डालने वाला अहसास कितना जानलेवा होता है। देह की चोटें तो कुछ समय बाद ठीक भी हो जातीं मगर दिलोदिमाग पर लगी चोटें इतनी गहरी, इतनी मारक और जानलेवा होतीं जिसे बयान करने के लिए शब्दों का टोटा पड़ने लगता। आसमान को जब काले बादल घेर लेते हैं तो वे बरसकर ही चैन लेते हैं। जब दुख के चरम पर वेग जा पहुँचता है तो आँसू अपने आप बहने लगते जिन्हें पोंछने वाला कोई नहीं।

शुरू-शुरू में रत्ना की सारी सोच इसी बिन्दु पर आकर थम जाती, आखिर कब वो आजाद औरत की तरह खुले आसमान के नीचे खुली हवा में साँस ले पायेगी? खुली रोशनी, खुली दुनिया में अपनी मर्जी से कहीं आ जा पायेगी? जैसे-जैसे दिन गुजरते गये, ये तस्वीर साफ होती गयीं कि उसे न जाने कब तक यहीं टिकना पड़े। उम्मीदें धुँधलाती गयी और अँधेरे अपना आकार बढ़ाते रहे। रोजमर्रा का जीवन कठिन होता गया। दिन रातों से बेहतर भला कैसे हो सकते थे? उमस और तापमान बढ़ता जाता और हालात जस के तस। वही स्थायी बदबू, सड़ा-गला खाना, भिनभिनाती मक्खियाँ, पसीने से तरबतर शरीर, कीचड़, गन्दगी और दुर्गन्ध से भरे डब्बे में बन्द कीड़े-मकोड़ों की तरह गुजर बसर करती जिन्दगियाँ। हाँ, खुशगवार मौसम होने पर जरूर चन्द घड़ी के लिए जेल की एकरस जिन्दगी में ताजगी का अहसास हो जाता वरना अपने को जिन्दा रखने का संघर्ष करते-करते मासूमियत छिन जाती।

उस जादुई पल का हर बन्दिनी को बेसब्री से इन्तजार रहता जब वे सड़क पर आजादी से साँस लेते हुए आते जाते वाहनों के बीच भीड़ भरी दुनिया के साथ चहलकदमी करते हुए जी पायेंगे। जैसे एक-एक करके दिन निकलते जाते, उसकी उम्मीदें हताशा में बदलने लगतीं। महीने के बाद साल, दो साल फिर कई सालों की परतें जमा होने के बाद हताश जीवन के आगे आत्मसमर्पण करने के सिवा कोई और रास्ता नहीं सूझता। सो वे सब धीरे-धीरे भाग्य भरोसे जीने लगतीं। बात-बात पर—यही बदा था हमारे मुकद्दर में, ये सब पूर्वजन्मों का हिसाब-किताब है, यही होनी थी...बस यही दुहराते हुए वे अपने दिन बिताती रहतीं।

गर्मियों की तपती लम्बी दुपहरी में गर्म रास्तों पर चलते हुए उनकी चप्पलें घिस जातीं फिर दूसरी आसानी से नहीं मिल पातीं। वे दरवाजे की सलाखों से सटकर आँखें मूँदे विगत के सपनों में चली जातीं। उनके जलते शरीर को छूकर गुजरती ठंडी

हवाएँ पुराने समय की सैर कराने ले जातीं उन्हें सुदूर इलाकों की तरफ।

मगर साल दर-साल-गुजरने के बाद वे इस हकीकत को स्वीकारने का आत्मनबल जुटा लेती कि उनके तमाम नाते-रिश्तेदार या सगे-सम्बन्धी उन्हें भूलते जा रहे हैं और उनसे जुड़ी यादें भी अपने आप मिटती रीतती जा रही हैं। सच तो ये था कि न तो रामकिशन कभी मिलने आया, न कोई और। बहन भाई जरूर साल में एकाध दो मौकों पर भूले-बिसरे लमहों को याद दिला देते और कुछ नहीं। कोई किसी का नहीं। किसी के साथ कोई भी दूर तक या देर तक नहीं चल सकता। हम जैसे तो अब बस तस्वीर में लटक गये होंगे या वो भी नहीं। तो हम उस दुनिया के हिस्से ही नहीं थे क्या कभी, लगता तो यही है जैसे घर के पुराने टूटे-फूटे फर्नीचर को हटाकर जब हम नया सामान लाते हैं तो धीरे-धीरे पुराने सामानों को भूलने लगते हैं यानी वह क्या महज सामान भर थीं जैसे कोई प्रयोज्य वस्तु हो। जिन अनुभूतियों के सहारे हम तब उस समय हर पल जीते थे, सबके सामने करते कुछ भी हों मगर अन्दरूनी दुनिया में रामकिशन रहता था, वे सब पात्र क्या इस जीवन रूपी नाटक में महज अभिनय कर रहे थे या उस नाटक का अभिन्न हिस्सा भर थे? नाटक खत्म, खेल खत्म, दुनिया वाले ताली पीटकर अपने-अपने घर लौट गये और वह इस तमाशे को आजीवन भुगतने जीने के लिए अभिशप्त बना दी गयी।

वे सब बस खुद को साँसों की आवाजाही के हवाले कर देती। कठोर वक्त उन्हें यह जरूर सिखा जाता कि अब उन्हें यहीं जीना है, यहीं मरना है सो जीने की बुनियादी जरूरतों के लिए जद्दोजहद करनी पड़ती मसलन, ठीक से खाना-पीना या बीमार पड़ने पर स्वास्थ्य का ध्यान उसे खुद रखना होगा। जिनका खाने से पेट नहीं भरता, वे बाजार से तीनगुना ज्यादा कीमत पर सब्जियाँ खरीदवा लेती। रत्ना और शीला, दोनों औरों की अर्जियाँ लिखकर बदले में चन्द रुपये पातीं जिनसे अपनी जरूरतों का सामान मँगवा लिए जाते जैसे मनपसन्द साबुन, तेल, दवाएँ, बिन्दी, चूड़ी, सब्जियाँ या कपड़े वगैरह। तालाबन्दी के दौरान जब वे बन्द हो जातीं तो वहाँ एकल सेल में एक दो टॉयलेट होते जो अमूमन बेहद बदबूदार, असहनीय तरीके से गन्दे जहाँ जाते ही इनफैक्शन होने का हर पल खतरा मँडराता।

जेल के प्रांगण में कभी-कभार रत्ना अपनी साथिन के साथ सुबह 5 बजे उठकर यहाँ वहाँ बेमतलब टहला करती। खुले आसमान की तरफ देखते हुए पीपल के पेड़ पर बैठी चिड़ियाएँ उन्हें खूब लुभातीं। पीपल के पेड़ की कितने मन से पूजा करते थे हम। फिर वे किसी पेड़ के नीचे बैठकर धूप भरी लम्बी दुपहरी आने से पहले की हवा का लुत्फ उठाना चाहतीं। आसपास से गुजरती बुजुर्ग कैदी महिलाएँ अक्सर एक-दूसरे के हालचाल पूछा करतीं। सच तो ये है कि यहाँ कोई किसी का नहीं है मगर जब सगे नाते-रिश्तेदार एक-एक करके हाथ छुड़ा दूर होने लगते तब यही जेल बन्दिनियाँ एक-दूसरे के हमदर्द बनकर अपना सुख-दुख साझा करने लगतीं।

इस बारिश में भीगते तन मन

अचानक मूसलाधार बारिश होनी शुरू हो गयी और सारा सूखापन पल भर में गायब। क्यूँकर ऐसा नहीं हो सकता हमारे जीवन में भी जैसे अचानक हरे भरे पेड़-पौधे इस गीली बरसात में झूमने लगते हैं। कितना मनभावन मौसम और कितने खाली हैं हम।

बाहर निकल देखो न रत्ना, आसमान का रंग एकदम भूरा हो गया...याद है न, भूरे बादल पानी लावें, काले बादल बस भरमाएँ...जोर-जोर से चहकते हुए उसकी साथिन सायरा ने ऐसा कहा और फिर वो अपनी दूसरी सहेली को साथ लेकर मौसम का लुत्फ उठाने बाहर निकली। सचमुच, अरसे बाद मानसून के आसार नजर आने लगे। रत्ना अपनी साथिनों को साथ लेकर बाहर खुले आसमान के नीचे आयी जहाँ उसके सिर पर दो बूँदें गिरीं जिन्हें उसने अपनी हथेलियों में लेकर होठों से लगा लिया बिल्कुल वैसे ही जैसे उसका बेटा करता था। मेरा बेटा, ईशान, कहाँ हो तुम, कितने सालों से तुम्हें देखने के लिए तरस रही हैं आँखें। फिर वही बुदबुदाहट, वही कुलबुलाहट, वही बेचैनी और वही तड़प जो हर बन्दिनी के दिल में हूक-सी उठती और उसका जीना मुश्किल कर देती। न वे मरने में है, न वहाँ जीने में। जैसे भीतर का जमा सब कुछ धीरे-धीरे बूँद-बूँद करके रीत गया हो। झर गया है यूँ ही जीवन भी तो। जैसे कोई वेग से बढ़ते पौधे का वजूद एक दिन अनायास सूख जाये। जब जीवन के रस स्रोत एक-एक करके सूखते गये तो जीवन को गति देना कितना मुश्किल जान पड़ता है। इसी तरह एक-एक करके खुशियों के सारे स्रोत समय के साथ-साथ बन्द होते गये और हम निरीह भाव से बस ताकते रह जाते। कुछ न कर पाने की बेबस स्थितियों में ऊभचूभ करते बेचैन, व्यथित और अकुलाये मन में यहाँ वहाँ की बेसिरपैर की बातें घूमती रहतीं।

इस गीले मौसम में पुलकित मनःस्थिति में हर बन्दिनी को अपने सुन्दर दिन याद आने लगते। जिसे याद करते हुए वे अपने मौजूदा सूखेपन को और फीकेपन को कैसे भी भूल जाना चाहती थी। बारिश तेज होती जा रही थी और जेल के उजाड़ मंजर में बन्दिनियों के सूखे और म्लान मनों में सरस यादें रह-रहकर उमड़तीं और विगत की तरफ खींच ले जातीं। कभी अकुलाहट तो कभी बेचैनी और कभी अकेलापन उनकी उदासी को बढ़ा देता। जब हताशा अपने पूरे आकार-प्रकार में

होती है तो अपने साथ ले आती है अपने चन्द साथियों को जैसे भग्न तन मन में कभी न जाने वाली उदासी उनके वजूद की धज्जियाँ उड़ाने लगती। लगता है जैसे इस बरसात के खूबसूरत समाँ में हम कितने अकेले और असहाय पड़ गये। तभी हवा का ताजा झोंका आया जिसने उनके भीतर नये सिरे से जीवितेष्णा को अँकुआते हुए कहा—ऐसे थके हारे योद्धा की तरह क्यों बैठी हो मुँह लटकाये? मन थका है, पस्त पराजित हो, कोई बात नहीं। यह भी एक दौर है निकल जाने के लिए आया है। फिर कोई नयी वयार आयेगी ही, जैसे बन्द कोपलें भी कभी-कभार अनायास अप्रत्याशित रूप से फूट पड़ती हैं लेकिन कुछ दिनों बाद अचानक पता चलता, अरे, ये तो सिर उठाकर हमसे आँखें मिलाकर मुस्करा उठी।

तो जीवन को इसी भाव से लेना, उठाना और सार्थक दिशा की तरफ खींच ले जाना पड़ता है। तुम न रुकोगी कभी, तुम न थकोगी कभी, भाव से जीना होगा और हर पल को जीने के लिए अपने अन्दर वैसी ही सहस्रधारा वाला वेग भरना होगा जैसे पहले प्रेम की पहली बारिश में अपने प्रेमी का मुखड़ा देखने के लिए भीगते हुए कहीं भी उल्टे-सीधे कदम पड़े थे, उस एक झलक पाने की खातिर तब दिन-दिन भर न जाने कितनी बार सड़कों की खाक छानी होगी। न जाने कितनी बार कितनी जगहों के लिए कितने चक्कर लगाये होंगे तब, प्रेमातुर मन कहाँ मानता है जग की रीत नीत? बेध्यानी की मुद्रा में डूबते हुए उगते-डूबते सूरज को ध्यान से देखते हुए ताजी हवा को सूँघने के लिए लपक पड़ती थी वह। भीगते पेड़ों से आती ताजी सोंधी महक को पीने के लिए दौड़ पड़ती थी गीली मिट्टी भरे आँगन की तरफ।

सच तो ये है कि हर मौसम से बचाव की चिन्ता उनके चेहरे पर स्थायी तौर पर चिपक जाती थी। बरसात शुरू होते ही जेल की कठिनाइयाँ और दुश्वारियाँ बढ़ने लगतीं। बादल घिरते ही अँधेरा छाने लगता और तेज हवा के हर झोंके के साथ मूसलाधार बारिश शुरू होते ही पानी दीवारों व छतों से रिस-रिसकर उनकी कोठरियों तक आने लगता। कपड़े लत्ते सीलने लगते और खाने का स्वाद पहले से बदतर हो जाता। आसमान की तरफ नजर डालो तो वहाँ अनगिनत बादल अट्टहास करते राक्षस में तब्दील हो गये थे। सामने का बगीचा दलदल बन गया था। वे जहाँ कहीं जिस किसी कोने में अपना सिर छुपाने की जद्दोजहद में जुटी रहतीं मगर हाँ, वे सब मिलजुलकर खूब गपियातीं। कभी अपने-अपने क्षेत्र के लोकगीत सुनातीं तो कभी मिलकर कोई खेल खेलतीं या भूत, प्रेत, पिशाचिनी से जुड़े तमाम अन्धविश्वास से जुड़े किस्से सुनाया करतीं।

फिर वही यादें, वही बातें

दहेज उत्पीड़न के मामले में एक नयी लड़की सुमन को भी यहाँ की नारकीय यातना में फेंक दिया गया तो सभी मिलकर उसका खूब ध्यान रखते। वह धाड़ धाड़ रोये जा रही थी। कैसे भी चुप होने का नाम ही नहीं ले रही थी-

"अब मैं किसके लिए जिऊँ, मेरे जीने का मकसद ही खत्म हो गया अब तो। कोई नहीं है मेरा, एकदम अकेली, असहाय, असुरक्षित, निहत्थी लड़की को जंगलियों के बीच पटक दिया गया।"

थोड़ी-सी सभ्य, पढ़ी-लिखी रत्ना ने उसे सान्त्वना देते हुए समझाया—"वैसे तो हम सभी अकेले ही जन्मते हैं और अकेले ही मरते भी हैं। क्या किसी और को साथ ले जाकर मरने का इरादा है तुम्हारा? फिर भी एक बात याद रखना, सब एक-दूसरे का खयाल रखते हैं।" उसकी बात का सभी ने एक-दूसरे से मुंडी हिलाकर जता दिया कि वे जैसे भी है, ठीक है। जिस दिन सुमन को पहली बार नाम के साथ लगे—सुमन वाइफ ऑफ...नम्बर...कहकर मुलाकातियों हेतु निर्धारित हॉल में पुकारा गया, वो तेजी से वहाँ गयी तो वहाँ की भीड़ देखकर उसे अपने शहर का मछली बाजार याद आ गया। बाप रे, इतनी भयानक गर्मी जहाँ तमाम बन्दिनियों के रिश्तेदारों की आवाजों का शोर ही शोर इतना ज्यादा था कि ऐसे में ठीक से सुनने के लिए कितनी मेहनत मशक्कत करनी पड़ी। सभी अपने हालातों से दुखी, पस्त, कुढ़े भुने, कुंठित, असहाय और निरुपाय खड़े एक-दूसरे की तरफ विवश भाव से देखते और अगले ही पल वे भावावेश में रो पड़ते। ऐसे में सान्त्वना के शब्द खोखले और बेजान लगते। वे हालातों व परिस्थितियों की बेबसी पर रोती-बिसूरती, पुराने दिनों को याद करके अवसाद से घिर जाती। बैरक में लौटकर भी वे मानसिक रूप से अस्थिर अनमनी ही बनी रहती।

जेल में अमूमन सभी शुरू के चन्द दिन तो खूब उदास अनमने रहते लेकिन कुछ महीनों बाद इसे ही अपनी नियति समझकर चुप लगा जातीं। मौसम बदलते तो घर से जुड़ी बातें बरसाती पानी की तरह टपकने लगतीं। कड़ाके की ठंड पड़ने पर बेटा किस कदर उसके सीने से चिपटकर सोता था। अब कैसे उसे नींद आती होगी। एक बार वह किसी रिश्तेदारी में रात भर के लिए चली गयी थी तो बेटे ने घर पर पूरी रात चिल्ला-चिल्लाकर तमाशा खड़ा कर दिया। देर रात तक हंगामा मचता रहा

और सुबह होते ही बच्चे को लिए माताजी उसके सामने नमूदार हो गयीं।

अनगिनत बातें, बेशुमार यादें उमड़तीं तो बरसाती बूँदों की तरह टपकती ही रहतीं। कभी कभार उदासी और हताशा का ऐसा दौरा पड़ता कि महीनों चैन नहीं मिल पाता कलेजे को। मुलाकाती वाला दिन बड़ा कारुणिक होता। वहाँ से लौटकर औरतें अपने-अपने किस्से सुनाया करतीं। वे फिर से पुराने समय में चली जातीं और वे प्रसंग याद करके एक टीस-सी उठती और वे तड़पकर रह जातीं। वे घटनाएँ, वे लोग, वे किस्से याद आते जिन्हें हम दुनिया के सफर में कब का छोड़ चुके थे। उन्हें सामान्य होने में काफी देर लगती। सबीना का झगड़ा जमीन-जायदाद को लेकर हुआ था। झगड़े में उसका बहनोई मारा गया और उसे पति समेत 20 साल का कारावास हुआ था। जब उसे सजा सुनाई गयी, उसका छोटा बेटा 13 साल का था और दो बड़ी जवान लड़कियाँ घर पर अकेली रह गयी थीं जिनके बारे में सोच-सोचकर वह बेतरह घबराने लगती। वे बेचारी कैसे अकेले रह पायेंगी। कहीं किसी गलत आदमी के बहकावे में न आ जायें या कोई उन्हें शहर ले जाने के लालच में न बेच दे किसी कोठे पर। जितना सोचती, उतनी बेचैन होकर रत्ना का हाथ पकड़ लेती। वो उसे कई तरह के तर्कों से समझाने की कोशिश करती। इसी तरह पढ़ी-लिखी नीरा पर हत्या का आरोप था पर वह हमेशा गुमसुम बनी रहती। किसी से कभी नहीं बतियाती, यहाँ तक कि शारीरिक काम करने से कतराती मगर मन मारकर करना पड़ता तो नाक-मुँह सिकोड़कर करती ही। बाद में पता चला कि उसने अपने हाथों अपनी बेटी को जहर देकर मार डाला था। कुरेदने पर खुद ही फट पड़ी उस दिन—“और क्या करती, किसी ईसाई संग पेट से हो गयी। रंडी मनहूस ने नाक कटा दी मेरी। उसने शादी से साफ मना कर दिया। चारों तरफ से रोज-रोज ताने सुन सुनकर कान पक गये थे। जब उसने एबॉर्शन से मना कर दिया तो बात बर्दाश्त से बाहर हो गयी सो पिलानी पड़ी वो दवाई...” बताते-बताते रो पड़ी अचानक। गलती तो हुई हमसे, अपनी जाई को ही मार डाला...रो-धोकर उसकी निर्मल आँखें देखकर यही लगता कि हत्या या तो बदले की भावना से की जाती या परिवार की तथाकथित इज्जत को ढकने की खातिर। कितना असंगत जीवन लगता था।

जिस्मानी धन्धा करने वाली औरतें अक्सर इतनी गन्दी-गन्दी बातें करती रहतीं जिसे सुनकर बाकी बन्दिनियाँ शरमा जायें। नूर बानो तो खुलकर बढ़ा-चढ़ाकर बतियाती रहतीं—“हमारी ये खाल तो इतनी बार घिस-पिस चुकी है कि चूरमा बन गया है इसका। बड़े-बड़े अफसरान, नेताओं के काम आता रहा है ये शरीर। अरे, अगर जरा-सी सेवा-टहल से अपना काम चुटकियों में बनता हो तो कौन मेहनत मशक्कत करे। अपुन का शरीर ऊपर वाले ने तबीयत से बनाया है। देख रही हो न, साँचे में ढली है मेरी ये देह और इस गोरी चमड़ी पर दर्जनों मरते मिटते रहे हैं सो अब किस किसका नाम लूँ मीना और नाम में क्या धरा है। सच तो ये है कि

मैं तो ऐसा तेज बहता दरिया हूँ जिसमें डुबकी लगाकर अनगिनत प्यासों ने अपना तन-मन सराबोर किया है। कुदरत ने अगर हमें इतनी खूबसूरती बख्शी है तो इसमें हमारा क्या कुसूर? बताओ, गलत कह रही हूँ? खामखाँ तंग करते हैं ये नियम कानून, हुँह...सुन बीना, कहीं से एक सिगरेट की डब्बी का जुगाड़ कर न? अरे, न हो तो अपनी बीड़ी ही दे दे। बड़ी देर से तलब लगी है।" मौका मिलते ही इन्हें नंगी गालियाँ बकने से भी परहेज नहीं था। इनकी चीखें सारी रात गूँजती रहतीं।

बीना एक मजदूरिनी की लड़की थी जिसे रत्ना ने रात के अँधेरे में फूट-फूटकर रोते देखा मगर साथी कैदिनों के बीमार पड़ने पर वह तन-मन से जुट जाती। कठिन हालातों में भी हँसती हँसाती। जो भी हो, वह सबका मनोबल बढ़ाती रहती। एक दिन ऐसे ही बातों-बातों में बताना शुरू किया कि किस कदर उसके सौतेले बाप की हत्या के बाद उसके सौतेले भाइयों ने उसे घर से बेघर कर दिया। कितनी मुसीबतें झेलने के चलते वह यहाँ कैद है क्योंकि उसकी मजदूरिनी माँ अपने सिर पर तसला रखे ईंटें ढो रही थी, तभी पीछे से ठेकेदार ने माँ को गन्दे तरीके से पकड़ लिया और गुस्से से थर-थर काँपती बीना ने पास पड़ी ईंट उसके सिर पर दे मारी। बीना बखूबी जानती थी कि जेल में आने के लिए अपराध करना जरूरी नहीं बल्कि असली अपराधी तो बाहर घूमते रहते। वो दुबली पतली-सी मरियल लड़की मामूली सी चोरी के आरोप में दो साल से यहीं पड़ी अपनी बीमारी से बेजार है मगर कोई ठीक से इलाज नहीं कराता उसका।

कभी गाँव से जुड़ी बातें तो कभी बचपन की अठखेलियाँ तो कभी सहेलियों की चुहल भरी बातें दिलोदिमाग में घुड़दौड़ मचाती रहतीं। अक्सर एक महिला कैदी दूसरे की चुप्पी देखकर कुरेदती नहीं बल्कि वे सब धीरे-धीरे खामोशियों के बीच पसरे एकान्तवास में अपने-अपने दुख के खोहों में दुबकने की आदी हो जातीं। उदासी, हताशा और अटूट खामोशी के बीच कुछ ऐसी महीन रेखाएँ होती हैं कि इनमें से सभी एक-दूसरे की पूरक बन जातीं। जब कोई संवासिनी फूट-फूटकर रोने लगती या सब्र का बाँध एकदम से ढह जाता तभी वे एक-दूसरे को ढाढस बँधाते हुए अपने-अपने भगवान की खुशामद में लग जातीं। कोई नमाज के वक्त नमाज पढ़ने लगतीं तो कोई नियम से हनुमान चालीसा या गीता बाँचने लगतीं। कुरान के प्रवचन और दुआएँ जेल में सभी को पसन्द आतीं। ऐसा करते-करते सभी अपने अपने जाने अनजाने में हुए गुनाहों को याद करते हुए किसी अनजान काल्पनिक लोक में खो जाते। बेगुनाह भी फरियाद करते और गुनहगार भी दुआएँ माँगने में किसी से पीछे नहीं रहते। सबके मालिक एक हैं, की तर्ज पर सबके हाथ जुड़ जाते, आँखें मुंद जातीं और होठ प्रार्थना के स्वर उचारने लगते अपने आप।

रात में सभी अपने-अपने नियत अड्डे पर सोते लेकिन सबके भीतर सोते जागते किसी न किसी प्रियजन की आहटें होतीं। न जाने कितनों के साथ बेखयाली के

किसी लमहे में अपनों का मनचाहा साथ भी होता। वे सोते-सोते जब जो देखना चाहतीं, देखती रहतीं। कभी प्यार तो कभी उपेक्षा से उपजी नफरत। रात की स्याही में वे कुनमुनाकर उठतीं तो कभी नींद में बड़बड़ाने लगतीं तो कोई अपने बिछौने पर सोते-सोते न जाने विगत की किस बात पर मुस्करा उठतीं कि क्या दिन थे वे भी, चमकदार, सुन्दर व सुगन्धित दिन जब दिन भर धूप में लेटे बैठे गुड़ के लड्डू खाते रहना और रात को चुपचाप रजाई में घुसकर बेटू को दूध भरा गिलास पकड़ाते हुए झूठमूठ की कहानियाँ सुनाते-सुनाते सो जाना, अब तो ये सपने की बातें लगती हैं। अब तो ऐसा लगता जैसे कोई चील सिर के ऊपर गोल गोल मँडरा रही, किसी भी वक्त झपट्टामारकर भेद डालेगी खोपड़ी, दूर-दूर तक उजाले की उम्मीदें नजर नहीं आतीं। अब तो वे सुनहरे जादुई सपने भी पास आने से जैसे सहमने लगे हैं।

अन्दर बाहर की दो दुनिया हमेशा उसके साथ सफर करती रहतीं। आँखें बन्द करते ही प्रेतछाया की तरह अतीत दबोच लेता तो आँखें खोलते ही मौजूदा खँडहर सा वीरान लगता जेल परिसर जहाँ यहाँ वहाँ गप्पें मारतीं स्त्रियों का जत्था कभी किसी बात पर चुस्की लेती हँसती हँसाती तो कभी सर्द उदासी भरी आहें भरती अपने आप से बुदबुदाती बड़बड़ाती रहतीं। उनमें से जो बूढ़ी स्त्रियाँ होतीं, वे अक्सर जेल संवासिनियों के बच्चों पर खूब सारा लाड़ दुलार उड़ेलतीं। ओझल हो चुके सीन बार-बार भीतरी दुनिया में जिन्दा होने लगते। रत्ना समेत सभी औरतों को इस हकीकत का अहसास था कि तालाबन्दी के समय से पहले सारे काम निबटाने हैं सो वे बच्चों के भी अधूरे कामों को निपटाने लगतीं। जेल में रहने वाले बच्चों को जब वह चाँद तारों की कहानियाँ सुनाने लगती तो वे टुकुर-टुकुर ताकते हुए पूछ बैठते—“अम्मा, चाँद क्या होता है और तारे कैसे दिखते हैं...”

सुनते ही धक्का-सा लगता है उन्हें। ये बेचारे कैसे देख पायेंगे चाँद तारों सितारों भरी रात को। इन्हें तो दुनिया देखने का मौका ही नहीं मिला। जेल परिसर में घूमती बिल्लियों के सिवा इन्होंने कुछ भी तो नहीं देखा, जाना, समझा या महसूसा। एक बार एक एनजीओ वाले बच्चों को घुमाने चिड़ियाघर ले गये तो वे हर जानवर को देखकर चिल्ला पड़ते थे—“ये कित्ती बड़ी बिल्ली...ये कित्ती छोटी बिल्ली...” सुनकर मन कचोटने लगा था। बेचारे मासूमों की दुनिया यहाँ कितनी सीमित होकर सिमट गयी है, इन बिल्लियों के सिवा इन्हें कुछ देखने का मौका ही कहाँ नसीब हो पाया...ओफ...कैसी बिडम्बना है भाग्य की या विधाता की या कर्मों की या पता नहीं किसकी....सोचकर रत्ना राहत की साँस खींचती, चलो, ईशान को एक भरी पूरी दुनिया तो जीने को मिली है। वहाँ का एक-एक सीन आँखों के सामने नमूदार होता रहता।

“बी.ए. पहली साल में थी जब यहाँ आयी थी, अब तक तो एम.ए. पूरा हो चुका होता और कम्प्यूटर का तीन साल वाला कोर्स भी...जवान जहीन लड़की नीतू

की उदास आवाज सुनकर हताशा के काले बादल घिरने लगते जिसके पति किसी चिटफंड कम्पनी में थे जिसने उसे सीएमडी बनाया था। प्रेम विवाह किया था न, सो बड़े लोगों की बददुआएँ मिलीं, शायद इसी वजह से ये दुख उठाना पड़ रहा है। अब यहाँ आकर तो मैं खत्म हो गयी। बस हर रोज गिनती हूँ, हर पल गिनती हूँ, कब बाहर जायेंगे, एक बड़ा सवाल घेरे रहता। कब वह अपनों से मिल पायेगी, पति तो तिहाड़ में बन्द था, सुना है, उसकी जमानत हो गयी। शायद उसने तो दूसरी शादी भी कर ली हो। ओ माई गॉड....मैं खत्म होती जा रही हूँ हर रोज घुटती हूँ यहाँ, हर पल मरती हूँ फिर न जाने कैसे अगले दिन जी भी जाती।" बोलते-बोलते आँसू भल भल बह निकलते।

"आपकी जो यंगयेज है न, उसमें इतनी एनर्जी होती है तन मन में कि क्या बतायें। इस एनर्जी को अच्छे काम में लगाओ, समझीं न?" उसके थके-हारे, सूखे चेहरे देखकर उस पर दया-सी उमड़ आयी।

"हूँ...हैल्पलैस, टोटली हैल्पलैस, कांट हैल्प माईसैल्फ। इन मच्छरों से तंग आ गयी हूँ, कितना चेहरा सूज गया है। कल से तेज सर दर्द हो रहा है। न पानी, न ठीक से खाना। कितनी कठिन व बदतर हालातों में जीने को अभिशप्त है वह, ऐसे में मौत कितनी छोटी घटना है..." वह अंग्रेजी में बड़बड़ाने लगी। हालातों से घबराकर वे चिड़चिड़ाने लगतीं। फिर किसी ने समझाया और मुकदमे की अनिश्चितताओं से बचने के लिए उसे कुछ किताबें पढ़ने को दीं।

"यही उम्र टर्निंग प्वाइंट भी होता है मगर किस्मत के आगे मजबूर हैं हम सभी। 12 साल अत्याचार सहने के बाद पति को चाकू से मारा था मैंने कि कैसे भी इससे पीछा तो छूटे। न वो अलग रहने देता था, न साथ में ठीक से रहता था। हरदम बात-बात पर घूँसों, लातों से या जो भी सामने दिखता, उसी से कचूमर निकालने लगता। एक बार तो पास में पड़ी सिलबट्टा को मेरे पर इतनी जोर से फेंका था कि जान बचाने के लिए मैं सीढ़ियों से कूद पड़ी। आ गया उस रोज गुस्सा। रोज-रोज गुस्सा पीते-पीते एक दिन सब्र का बाँध टूट गया तो क्या करती? 4 छोटे-छोटे बच्चे थे मेरे पूरे 16 साल हो गये। एक आम घरेलू स्त्री जब जेल में जाती है तो पहला कदम रखते ही जी घबड़ाने लगा था। वो घरेलू औरत घर का नरक भुगतने के बावजूद जी तो रही थी मगर मुझे क्या पता था कि ये नरक उस नरक से चार गुना ज्यादा भयावह नरक है। दो साल बाद जाकर एडजस्ट कर पायी यहाँ। बहुत रोया, बहुत पछताती रही पर जो हो चुका था, उसे तो अनडू नहीं कर सकते न। काश कि ऐसा न किये होते।

बच्चे बहुत दूर हो चुके थे। बच्चों की बहुत याद आती। इतने छोटे-छोटे बच्चों के चेहरे हमेशा आँखों के सामने नाचते रहते। वे कैसे एडजस्ट कर पाते होंगे मेरी उस जिठानी के संग जो बहुत परेशान करती थी मुझे। उनके भविष्य के बारे में सोचकर बहुत बुरा लगता था। सच में, जेल में इनसान रोज-रोज मरता है और

रोज-रोज नये सिरे से जी उठता है। निगाहें हमेशा गेट पर लगी रहतीं। एक ही आशा, एक ही उम्मीद, कब बाहर आयें। मेरे साथ कई बार आत्महत्या का विचार आता कि मैं खुद क्यों नहीं मर गयी...” बोलते हुए वे फिर से अपने दुख को जीने लगी थी।

“अरे, आज भी जमानत नहीं हुई..., हे भगवान, दुश्मन को भी जेल की सजा न हो।” सुनकर उदास नजरों से वापस वैरक लौटना पड़ता।

“सच में, नहीं मारना चाहिए था। माफ कर देना चाहिए था। एक पल का गुस्सा बैठ जाता, सब्र कर लेती तो ये दिन न देखने पड़ते। उस वक्त 12 साल पहले इतनी समझ नहीं थी। उस वक्त के हालात इतने खराब थे, तब लगता था, काश कि धरती फट जाये और उसी में समा जायें वे। मगर वो गुजरा समय कैसे भी लौटकर नहीं आता कभी, तब इतनी दूर तक कहाँ सोच पाते थे। हमेशा पॉजिटिव एनर्जी को अच्छे काम में लगाना चाहिए मगर गुजरा समय या गुजरी उम्र दुबारा नहीं लौटती चाहे जान लगा दो फिर भी कुछ नहीं लौटता...” रीना ने रत्ना के कन्धे पर नरमाई से हाथ रखते हुए कहा—दिन भर सोचते रहते हम लोग। हर वक्त बुरे विचार ही आते। रोज ही बीती जिन्दगी याद करते रहते। इसके अलावा करें तो क्या करें? मीताली कहने लगी—मेरा सौतेला बाप ही मुझे गुमराह करने लगता—अरे, हमारा हक मारा है उन लोगों ने, तुम्हारे मामा हैं वो सो माँ की सम्पत्ति पर तुम्हारा भी हक बनता है। अगर वे हँसी खुशी नहीं दे रहे तो चुराने में क्या हर्जा, मगर एक दिन पकड़ी गयी। अब क्या, जो होना था, वो हो गया यानी उसकी चालाकी थी ये। वो मुझे उस घर से भगाना चाहता था।

महज 22 या 24 की होगी वो मगर जेल की इस जंगल व्यवस्था की भीड़ में खो जायेगा इसका वजूद। इसके सारे सपने माटी में मिल जायेंगे। टाइमलैसनैस के इस जोन में यहाँ किसके भरोसे, किसके दम पर जी पायेगी ये। इसकी जिन्दगी का हर खिलता लमहा बीत चुका है। एक दिन सब कुछ रीत जायेगा इसके भीतर से। उम्मीद की रोशनी में किसके सहारे जिएगी जीवन ये यहाँ? जैसे-जैसे बड़ी होती जायेगी, वैसे-वैसे काली रात का सूनापन, उजाड़ बियाबान की हू...हू...डरायेगी इसे, फिर, फिर क्या होगा? बाहर निकलने पर भी क्या लांछन और दुत्कार के दौर में जीना पड़ेगा। इस भरी पूरी दुनिया में है कोई ऐसा जिससे बातें करके मन का बोझ किसी तरह कमतर हो। सो मौका मिलते ही जेल अधिकारी से मिमियाते हुए बोली—“क्या मैं यहाँ रहकर पढ़ सकती हूँ? जब कभी यहाँ से रिहाई हो तो कम से कम बाहर निकलकर चार पैसे कमाने लायक किसी नौकरी का जुगाड़ या कोई काम धन्धा तो मिल सके। मान लो, तब तक नाते-रिश्तेदार वगैरह न रहें तो पेट भरने लायक कुछ करना पड़ेगा। यहाँ रहते-रहते 3 साल तो बीत गये...” बोलते-बोलते नाउम्मीदी के मारे उसके आँसू निकल आये।

कितनी दूर तक दर्द ही दर्द पसरा है यहाँ की इन चहारदीवारियों की अन्दरूनी

काल कोठरियों में।

जानती हूँ, रोने का यहाँ कोई मतलब नहीं रह गया है...आँसू बहाते रहना या रात-रात भर कराहते रहना या घंटों अकेले से बतियाना, इन सब मूक आवाजों को सुनने वाला यहाँ दूर-दूर तक कोई नहीं। सारी पुकारें बेकार जो इन्हीं दीवारों से वापस लौटकर हमारे पास आ जातीं।

"यहाँ से बाहर कब निकल पायेंगे?" बस यही एक चुनौतीपूर्ण भारी भरकम सवाल वे जिस किसी से मिलने पर दुहराती रहतीं। मुकदमों में होती देरी और उड़ती अफवाहें सुनने की वे इतनी आदी हो गयीं कि अब आजाद होने की बातें करना उन्हें रास नहीं आता। हर बार मुकदमे की तारीख मुल्तवी होती जातीं और उसी क्रम में हताशा और निराशा हावी होने लगती सो इससे बचने के लिए वे अपना ध्यान रिहाई की तरफ से हटाने की भरसक कोशिश करतीं।

"और दूसरा सवाल, यहाँ से निकलने के बाद समाज अपनायेगा हमें या नहीं? समाज का नजरिया हमारे प्रति पहले जैसा तो होगा नहीं। क्या पता वहाँ जाकर भी हमें अपनों से लांछना और नाते-रिश्तेदारों से दुत्कार झेलनी पड़े। पता नहीं कितने गलत नजरिये से वे देखेंगे हमें? अगर हमारे बॉस को पता चल गया तो जॉब से निकाल देंगे वे तो।"

किसी पढ़ी-लिखी महिला के मुँह से निकल गया—"निकाल ही दिया होगा अब तक तो। ऐसी बातें भला छिपती हैं?"

"अरे, अब तक तो बात सब जगह फैल गयी होगी। जॉब वाले तो पक्का निकाल ही देते हैं, ऐसे नियम बना दिये गये हैं कि यहाँ से बाहर निकलने पर भी जीवन आसान नहीं रहेगा।" लम्बी साँस भरते हुए किसी बुजुर्ग महिला कैदी ने उसे समझाना चाहा।

"उफ, कितना बड़ा खालीपन है। काश कि ये न होता, काश कि वो न होता, काश कि बच्चे न होते या बच्चे वहाँ न रहते होते। काश कि गुस्सा काबू में रखते या सबको माफ करते चलते..."

मतभेदों के बावजूद सबके साथ रहने में वक्त गुजर जाता सो धार्मिक स्वभाव की औरतें अपने-अपने धर्मग्रन्थ पढ़ा करतीं। वे रोज-रोज वही बातें करती रहतीं। चूँकि जीवन में नया कुछ करने धरने या घटने को होता नहीं सो अमूमन वे रोज-रोज वही बातें कइयों बार दुहराती रहतीं। कभी खाने को लेकर बातें होतीं—"खाना जरा भी अच्छा नहीं लगता। कितना गन्दा खाकर भी हम जैसे लोग जिन्दा रहते हैं। रोटी तो बिल्कुल भूसे जैसी लगती है। फिर रोज-रोज की चैकिंग से तंग आ जाती। कपड़े इतने-इतने गन्दे पहनने पड़ते, क्या करे, साबुन पानी वगैरह का इन्तजाम भी कहाँ ठीक से हो पाता है। गुस्से में वे सामान उठा-उठाकर फेंकने लगतीं। अक्सर गालियाँ ख़ानी पड़तीं या जेलर साहिबा नाराज हो जायें तो किसी का भी सिर पकड़कर दीवार से मार देतीं या बाल उखाड़ने लगतीं।

जिनकी सजा पूरी हो चुकी, उनकी यहाँ से रिहाई क्यों नहीं हो पाती, सवाल उठाती है कोई।

"सुनो, महिला कैदियों से जुड़े कुछ विचित्र नियम हैं यानी जब उनकी सजा पूरी हो जाये तो उन्हें लेने जब तक कोई गार्जियन वगैरह नहीं आयेगा, तब तक उनको नहीं छोड़ा जा सकता।"

"और ये जो पुष्पा वाइफ ऑफ रमेश हैं, इन्हें लेने तो कोई आता ही नहीं तो जेल प्रशासन इन्हें यूँ सड़क पर दिन बिताने के लिए तो छोड़ेगा नहीं, समझीं कुछ?"

"मगर कोई लेने क्यों नहीं आता? क्या सभी इतने पराये हो चुके, भूल गये जिन्दा आदमी को, ऐं?"

"हो सकता है जो अपने खास हों, इतने सालों में वे मर-खप गये हों, भुला गये होंगे, और क्या?"

सुनते ही रत्ना को तेज झटका लगा। जब तक माँ-बाप हैं, तभी तक तो रिश्ता जिन्दा रहेगा बच्चों से, उनके गुजरते ही भैया भौजाई या भतीजे वगैरह कौन कहाँ किसको पूछता है? फिर अपनों का इन्तजार करते-करते इसी तरह कई साल निकलते चले जायेंगे मगर अभी भी इनके मन में इनकी आँखों में अपनों का इन्तजार रहता। अपनी जन्म भूमि पर मरने पर जो सुकून शान्ति मिलती है, वह यहाँ इस नरककुंड में कहाँ मयस्सर हो पायेगी?

"वैसे बड़ी दिलेर है पुष्पा और हिम्मती भी लेकिन उतनी ही भावुक भी। बात-बात पर रो पड़ती हैं लेकिन हर तिथि त्योहार पर तबीयत से गाने जरूर बैठ जायेंगी। सबको प्रवचन भी खूब देतीं–अब जो बाकी की जिन्दगी है, यहीं काटनी है सो क्यों न हँसी खुशी काट दें? उनके जाने के बाद जेल परिसर कितना सूना हो जायेगा? कितने अकेले पड़ जायेंगे हम भी तो? दूर-दूर तक ऐसा कोई अपना नजर नहीं आता जिसकी आँखों में मेरे लिए हमदर्दी हो। सो अपनी इन आँखों में निर्मलता और निष्कलुषता को बचाकर रखो, है कि नहीं?"

"लेकिन कल अपने बेटे की याद में खूब रोयी। होठ कँपकँपाकर रह जाते। किसी से कुछ बोली चाली भी नहीं। चुपचाप घंटों आँखें मींचे बैठी रहीं, ऐसे में उन्हें छेड़ना ठीक नहीं लगा सो हम भी चुप्पी साधे बैठे रहे।"

"कल रात को यही सोच रही थी कि जब हम अन्दर जाते हैं तो समाज के ही घटक हैं यानी गुनाह की सजा काटकर बाहर आते हैं तो जो भी गुनाह किया, उसकी सजा मिल गयी। अब हम भी एक अच्छी जिन्दगी जीना चाहते हैं तो यही समाज क्यों नहीं स्वीकार करता? आज भी हम महिलाएँ जेल से बाहर निकलने के बाद भी सीधे तनकर आत्मसम्मान से क्यों नहीं चल पाते?" एक मुकम्मल सवाल उठाती है मीता जिसे सुनकर सब चुप हो जाती हैं।

काश कि ऐसा गुस्सा न आया होता काश ही काश बिखरे हैं यहाँ

बैठे हम अक्सर यही सोचते रहते—ऐसा होता तो ऐसा नहीं होने पाता। काश कि उस घटना को वहीं उस बिन्दु पर रोक पाते मगर कुछ भी तो हमारे वश में नहीं रह गया है। जब उसे लगा कि उसकी बातों को कोई तूल नहीं देना चाहता, उसकी चित्रकारी की किसी की नजर में कोई कद्र नहीं या उसकी आगे की पढ़ाई की तरफ कोई ध्यान नहीं देना चाहता सो धीरे-धीरे वह मानसिक रूप से थकने लगी। गहने, पैसे, कपड़े लत्ते, सारे कीमती सामान तो सास अपने कब्जे में रखतीं। बस जब कभी किसी के यहाँ शादी ब्याह में जाना होता तभी उसकी भारी भरकम साड़ियाँ बाहर निकल पातीं। धीरे-धीरे वो उस मीठी जेल से उकताने लगी थी। फिर एक दिन सोचा, क्यों न बूटीक खोला जाये।

शुरू-शुरू में इस योजना को अमली जामा पहनाया गया तो सभी खुश थे। सभी के चेहरे पर जिज्ञासा थी, खास तौर पर उसके ससुर के चेहरे पर सन्तोष और तृप्ति के भाव चस्पाँ थे। कितना तो सजाया था उसने अपने रत्ना बूटीक सेंटर को। छोटा मोटा प्रोग्राम भी हो गया था। हर किसी ने कुछ न कुछ सुनाया था वहाँ। किसी ने चुटकुले तो किसी ने फिल्मी गाने तो किसी ने किसी एक्टर की नकल। रत्ना ने सबके बीच दो लोकगीत सुनाये थे। हॉल में सभी आनन्द, उत्साह, जोश और उमंग में डूबे थे। आनन्द के अनमोल पल, पुलक भरे मीठे लमहे। प्रोग्राम खत्म होने पर जोरदार तालियाँ फिर हुई खरीददारी। कितनी बड़ी खुशी की घड़ी थी वो उसके जीवन में। गीत गुनगुनाते हुए केक काटना, फिर मिठाई और सबसे आखिर में डांस। आनन्द की तरंग में बेटा उछलकूद करने लगा। ये सब देखकर किसी अनाम किस्म की अनूठी खुशी में डूब गयी थी वो।

बच्चों संग मस्ती करती रत्ना ने डिनर पार्टी की शानदार तैयारी की थी। एक चहचहाती सफेद बगुले जैसी सुबह थी वह, जब कोई पहला ग्राहक उसके बूटीक पर सबसे पहले आ धमका।

रत्ना ने चहककर उसका स्वागत किया और घूम-घूमकर उठा-उठाकर हरेक कपड़ा सूट वगैरह दिखाने लगी। अपना काम खत्म करके कितनी प्यारी नींद आयी

थी उसे। नयी शुरुआत का एक खुशी भरा दिन। कामयाबी का नया-नया सुरूर जिसमें मगन थी वह, अपने आप में मस्त थी जहाँ भविष्य का कोई आतंक नहीं, अतीत का खौफ भी नहीं बल्कि एक नयी सुबह थी ये जहाँ एक नयी दुनिया में प्रवेश करना सीखती जा रही थी वह। तेजी से ग्राहक बनाने की कला में निष्णात थी वह सो किसी से नोंक-झोंक नहीं करती। न जाने कब और किस तरह रामकिशन उसकी जिन्दगी का अभिन्न हिस्सा बनता गया कि उसके आने का इन्तजार या उससे बातें करने की बेताबी घेरने लगती उसे। पता नहीं कब और कैसे उसकी बेसिर-पैर की बातें सुनकर ही-ही, खी-खी करना सीखती गयी वह। जैसे ही वो मेमसाब, आपकी ये खासियत, आप में वो हुनर या वैसी हिम्मत है जो आम औरतों के वश की बात नहीं—सुनते ही एक झेंप भरी मुस्कान चेहरे पर चुपके से आकर बैठ जाती। उसकी हँसने हँसाने वाली बातों का हर घूँट पीते हुए न जाने कितनी योजनाएँ, न जाने कितने सोये सपने मन के समन्दर में हिलोरें लेने लगते।

"अपने नाम एक छोटा-सा घर क्यों नहीं डाल लेतीं आप?" उसके उकसाने पर उसने झटपट अपनी समूची जमा पूँजी लगाकर एक कमरे का सेमीफिनिस्ड सेट खरीद लिया। जहाँ शुरू-शुरू में दोनों अक्सर देखने या काम करवाने जाया करते फिर वे धीरे-धीरे वहीं मिलने लगे। ये रामकिशन की ही चाशनी लगी बातों का जादुई असर था कि उसे 13 साल की जमी जमाई पक्की गृहस्थी की मानमर्यादाएँ या नैतिकता के रटे-रटाये पाठ पल भर में भूलने बिसरने लगे। दोनों साथ-साथ कई जगहों पर घूमने निकल जाते। साथ-साथ कभी वाटरपार्क तो कभी झील में वोटिंग सैर तो कभी हाथ में हाथ डाले सिनेमा हॉल।

सालों बाद रत्ना को लगा जैसे बरसाती मेंढक की तरह वह खूब जोर से बेवजह टर्राये और फुदकती फिरे सारी सीमाएँ लाँघकर अपनी गोद में रामकिशन का बच्चा हो, सोचते ही शर्म की चिड़िया पलकों पर बैठ जाती। प्रेम अक्सर बिन बताये मेहमान की तरह आ धमकता है फिर जल्दी जाने का नाम नहीं लेता।

पहले दिन महीने में बदलना भारी लगता था जबकि आज हर दिन नये उगते फूल की तरह सतरंगा लगता। पेड़ों से झरते पत्तों पर चरमराकर चलते हुए वह कोयल बन मीठी आवाज में कूकना चाहती। खुशियाँ किसी मेहमान की तरह नहीं आतीं बल्कि अन्दरूनी दुनिया में डूबी वह इतनी हलचलें, इतने सारे फूलों के रंग और फलों के स्वाद चखती रहती कि जीवन का हर पल मधुमास बनकर उल्लास से उमगता भरा-भरा लगता। दोपहर की तपिश भी भाती तो बरसात की टपकन भी अद्‌भुत समाँ बाँध देती। जाड़े तो खैर होते ही मनभावन व मीठी छुअन जगा जाते जब वे दोनों संग साथ के अनूठे पल में एकाकार होकर दिन-रात दुनियाजहान को भूलकर कहीं दूर जाकर एक नयी दुनिया के ख्वाब देखने में लग जाते। ये सब कब कैसे होता गया, खुद को ही पता कहाँ चल पाता है? वह लाख चाहे, करोड़ों बार

सोचे कि ये गलत है, ठीक नहीं हो रहा मगर दिलोदिमाग पर उसका वश नहीं चल पाता और वह फिर से उसी रसभँवर में गोल-गोल चक्कर लगाती रहती।

रामकिशन के लिए क्या रत्ना वही थी जो रत्ना के लिए रामकिशन था? जब भी वह खुद से सवाल पूछती, लहूलुहान हो जाती। इतना अतार्किक क्यों होता है प्रेम? कि पैर अपने आप वहीं मुड़ जाते हैं जहाँ दिल कहता और दिल वही कहता जिसमें अनिर्वनीय किस्म का नशा मिलता, क्या प्रेम नशीला होता है? जिसे वह बार-बार सूँघने के लिए लालायित रहतीं। वौराई स्त्री की तरह उसके पीछे-पीछे चल पड़तीं।

सभी कहते हैं कि उसकी निगाहें उसकी धन दौलत पर थीं और जिस दिन अखबारों में नोटिस छपा, उसी दिन से रामकिशन की नजरों में तब्दीली आनी शुरू हो गयीं। पता नहीं पूरा सच क्या है मगर इतनी हकीकत तो वह भी जानती समझती है कि रामकिशन ने ही उसकी सास को योजनाबद्ध तरीके से मरवा दिया। सास के मरने की शोक लहर चारों तरफ व्याप्त थी कि किसी दिन अचानक उसका फोन कालरात बनकर उसके जीवन को लील गया। उस फोन को उसकी ननद ने उठा लिया। फोन पर उसका बड़बड़ाना कब तक चला या उसने उससे क्या राज खोले, उसे पता नहीं चल पाया, बस इतना पता है कि अचानक उसकी ननद ने उसे टेढ़ी नजरों से नफरत से देखा फिर ढेर सारे जहर बुझे सवालों की बौछार लगा दी। उनका गुस्सा एकदम से फूट पड़े बम की तरह फट पड़ा—"तो ये सब कब से चल रहा है तेरे और उसके बीच?"

"कैसे बोल रही हैं आप दीदी?" उसने भरसक मुलायम आवाज में पूछा।

"न, न, तू अब मेरी क्या, किसी की भी कुछ नहीं लगती। किसी से बात करने लायक नहीं बची तू। सुन, तेरे आशिक का फोन था, तेरे दीदार के वास्ते मर रहा था। हमने इतने दिनों से नहीं देखा...न जाने क्या-क्या बकवास कर रहा था। ऐ रत्ना, तेरी आँखों से दो बूँद आँसू तक नहीं गिरे मम्मी की मौत पर तभी से मुझे शक तो था मगर इस हत्या में तेरा भी हाथ होगा, यहाँ इस नीचता तक सोच नहीं पायी मैं। फोन पर पूरी हकीकत उगल दिया तेरे उस आशिक ने..."

सीढ़ियों से नीचे उतरते पापा को जोर-जोर से सुनाते हुए अचानक वो रोने चीखने लगीं—"पापा, पता है आपको, किसने कराया मेरी मम्मी का मर्डर? इस कुजात बहू के आशिक ने, आस्तीन का साँप निकली ये नीच औरत, तभी तो हत्या का कितना सही वक्त चुना था इसने। आप और भैया बैंगलोर में यानी हम सब बाहर और घर पर बैठी ये कातिल औरत...इतनी नीच, गिरी हुई हरकत की इसने, ओफ..." मुँह बिचकाते हुए वे अचानक जोर-जोर से दहाड़ने लगीं।

"नहीं, नहीं, मुझे तो सच्ची में कुछ भी नहीं पता। मैंने कुछ नहीं किया, न, मैंने नहीं किया मम्मी का मर्डर, प्लीज यकीन करो मेरा, जरूर मुझे फँसाने की साजिश रची जा रही है..." आगत के भय से रत्ना रोते-रोते ननद के पैर पकड़ माफी माँगने

लगी—"सच्ची बात कह रहे दीदी, हम बेकसूर हैं, हमने कोई गुनाह नहीं किया। अनजाने में भी यदि कोई गलती हुई हो तो माफी दे दो दीदी...।"

"अगर तू बेकसूर है तो उसी वक्त, हमें क्यों नहीं बताया कि तूने रामकिशन को ऊपर से नीचे उतरते या आते जाते देखा है, बोल? तूने बेटे को भी बताने से मना किया था न, कि वो किसी को न बताये कि ये तौलिया उसी पापी का है, सुबूत नष्ट करना चाहती थी न तू? ऐं, बोल न?"

"हाय राम, मेरी सीधी-सादी मम्मी को मार डाला इसी पापिन ने, बेचारी ने तो इसी की भलाई की खातिर खुलवाई थी वो दुकान। इसी के लिए न जाने क्या-क्या योजनाएँ बनाया करती थी वो। ओ माई गॉड...कितनी कमीनगी, कितनी जहालत भरी नीच औरत निकली ये तो। इसे तो जेल की कालकोठरी में होना चाहिए...यहाँ, हमारे इस घर में ये कर क्या रही है? चल हट यहाँ से, निकल जा इसी वक्त मेरे घर से," गुस्से की अतिशयता से थर्राते हुए वे गुर्राने लगीं।

"सोनू, तू ठहर जो जरा, मैं अभी पुलिस को खबर करता हूँ, सारी हेकड़ी पल भर में उतर जायेगी। कितनी पुण्यात्मा थी वो, तभी न मरकर भी कातिल को पकड़ा गयीं। कितनी सफाई से कत्ल करवाया इसने उस पवित्तर आत्मा को। ओफ!..." कहते हुए वे सिर पकड़कर धम्म से जमीन पर बैठ गये फिर बेचैनी से चहलकदमी करते हुए कई लोगों को फोन पर जोर-जोर से बातें करते हुए मशवरा लेने लगे।

"पापाजी, कोई भूलचूक हुई हो तो माफ कर दो हमें, हम तो बेकसूर हैं, कुछ नहीं पता हमें।" घिघियाती आवाज में गिड़गिड़ाने लगी वो।

"अगर तुझे कुछ नहीं पता था तो रामकिशन फोन पर सोनू से क्या-क्या बक गया था, बोल? जिस थाली में खाया, तूने तो उसी में छेद कर दिया। हे भगवान, हमारे ही घर में कातिल पनाह पा गये।"

"मुझे सचमुच नहीं पता, सोनू दीदी से क्या बक रहा था वो और क्यों?" घबरा गयी अचानक से।

"सुनना चाहती है अपनी रासलीला तो सुन—मेरी जानेमन, बुढ़िया ठंडी पड़ गयी तो अब हमारी आत्मा को भी चैन मिल गया। अब हम दोनों मिलकर अपनी जिन्दगी जियेंगे, सुकून से रहेंगे। ऐ, कब से तेरे दीदार नहीं हुए, तुझे समूचा पाने छूने के लिए किस कदर तड़प रहा हूँ, ओ मेरी रत्ना, कुछ बोलती क्यों नहीं? तेरी आवाज सुनकर ही मेरी जान में जान आती है..." इससे ज्यादा तो अब और बोला नहीं जाता।

"चुप कर, इससे ज्यादा अब और कुछ बोलने की जरूरत भी नहीं। अब इस मसले पर आगे जो भी करेगी, पुलिस ही करेगी।" निर्णयात्मक लहजे में बोलते हुए उन्होंने भरपूर नफरत से उसकी तरफ देखा सो ऐन मौके पर रत्ना उनके पैरों पर गिर पड़ी—"पापा, बचा लीजिए हमें, यकीन करो, हमने कुछ नहीं किया, बेटे ईशान की

कसम खाकर कह रही हूँ, मैंने कुछ नहीं किया, सच्ची पापा, अपने खून की कसम खाकर कह रही हूँ, इससे बढ़कर तो और कुछ नहीं होता न..."

"खबरदार जो मेरे पोते का नाम भी लिया अपनी गन्दी जुबान से। वो मेरा बच्चा है, समझीं कुछ? तुम्हारे साथ जो भी जैसा सुलूक पुलिस करे, उसमें मैं कुछ नहीं कर सकता। मेरी निरपराधिनी पत्नी के प्राण हर लिए तूने, पापिन, हत्यारिन..." उनके बदले रंग ढंग व सुर को ताड़ गयी रत्ना।

उसे दुखों से कभी मुक्ति मिलेगी भी? आशंकाओं, कुशंकाओं के काले बादलों से घिरती गयी वह। एक छोटी-सी चूक ने उसका पूरा जीवन लील लिया। हर किसी की नजरों में उसे अपराधिनी ठहरा दिया गया। वे सब पग-पग पर उस पर नजर रखने लगे। घर से बाहर सब तरफ इसी केस की चर्चा फिजाँ में गूँजने लगी। सबसे ज्यादा तकलीफदेह अहसास था, उसका अपना बेटा जिसने उसकी तरफ से आँखें फेर लीं। उसने अपनी ममता का वास्ता देकर खूब सारी बातें कीं, अपनी सफाई देती रही मगर न, वो तो पूरी तरह अपनी बुआ और पापा के रंग में रंगा उसे कुसूरवार ठहराने पर आमादा था—आपने मेरी दादी को क्यों मरवाया? एक ही बात की रट लगाये था।

कभी वह उसके बचपन से जुड़ी घटनाएँ याद दिलाने बैठ जातीं—माथे पर मुकुट और चाँदी का हार पहने उसे नारद जी बनाया था न उसने, फिर वो फैशन शो में मिस्टर हैंडसम का खिताब मिला था न तुझे, बेटा, तेरे लिए क्या-क्या नहीं किया? वह दौड़-दौड़कर ईशान को अपनी तरफ खींचने लगती।

"मुझे यहीं रहने दो, कोई जबरदस्ती है क्या? मैं यहाँ से कहीं नहीं जाऊँगा," कहते हुए वह तेजी से उसकी गिरफ्त से बाहर निकल भागा। जाते-जाते उसकी आवाज में भी रत्ना के प्रति वितृष्णा और नफरत उतर आयी—"आपने ऐसा क्यों किया, मेरी दादी के साथ ऐसा क्यों किया? बोलिए न, चुप क्यों हैं? उन्होंने आपका क्या बिगाड़ा था?" उसके बोलने का अन्दाज तेजी से बदलता यू टर्न लेता गया जैसे वो उसका जाया न होकर पराया हो। वह बेबसी में बोली—"तू भी इनके संग इनके रंग में रंग गया बेटा, यकीन कर, मैंने ऐसा गुनाह नहीं किया, मैं ऐसा करने का सोच भी नहीं सकती।" बोलते-बोलते उसकी आँखें छलछला आयीं मगर ईशान पर कोई असर नहीं पड़ा।

"तौलिया वाली बात बतायी थी न मैंने पर आपने मेरी बात तो सुनी ही नहीं।" कहते हुए वह सर्र से बाहर की तरफ निकल गया।

झरते आँसुओं संग उसने धुँधली आँखों से ईशान, अपने जाये बेटे को अपने से अलग खड़ा पाया। वह उसे, इतने छोटे बच्चे को किस मुँह से कैसे समझाती कि ऐन मौके पर बेटे को जान से मारने वाला वो धमकी भरा फोन न आया होता जिसे सुनकर वो इतना डर गयी थी वरना क्या पता, आज जिन्दगी कुछ और होती। शायद।

इसके जन्म से लेकर बड़े होने तक की एक-एक घटना आँखों के सामने जिन्दा होने लगी। दो पंडितों के पास जाकर जन्मकुंडली बनवा लायी थी वो। जब उसने पहली बार जमीन पर पैर रखा और जब पहली बार चेहरे पर मुस्कान उगी और जब पहली बार स्कूल में एडमिशन कराने गयी तो वह कैसे भी उसे छोड़ता ही नहीं था। किसी तरह बातों में उलझाकर छोड़ने पर कितना रोया था ईशान। 5 घंटे स्कूल कैम्पस में घूमती रही वह और उसे छुप-छुपकर देखती रही फिर छुट्टी होने पर जब लिया तो कितना रोया था ये बच्चा। कैसे भी छोड़ता ही नहीं था, बस एक बात दुहराता रहा–"आप मुझे छोड़कर कहाँ चली गयी थीं? मैं कितनी देर तक आपको ढूँढ़ता रहा पर आप क्यों चली गयी थीं? बोलिए न, मेरा पढ़ने में मन नहीं लगता मम्मी, मेरी आँखें तो हर वक्त बस आपको ढूँढ़ती रहीं।" कहते हुए उसने अपनी दोनों बाँहें उसके गले में डाल दी थीं फिर पुच्ची करते हुए उसके गालों पर अपने हाथ फेरते हुए बोला–"अरे, इसमें इतना रोने की क्या बात है मम्मी? मैं डरता नहीं हूं, मैं तो आपका बहादुर बच्चा हूँ न, मेरे लिए अब स्पेशल वाला पास्ता बनाओगी न, याद है न अपना प्रॉब्लम, स्कूल से लौटने पर स्पेशल डिश बनाऊँगी तेरे वास्ते बोल।"

वे मोहक प्यारी-प्यारी बातें जो कभी नहीं भुलायी जा सकतीं, वे सुन्दर घटनाएँ जो लौटकर कभी उस रूप में नहीं घट सकतीं या विगत के वही दृश्य रह-रहकर हमेशा आँखों के सामने झूलते रहते। काश कि अतीत को फिर से लौटा लाने की कोई तरकीब किसी के पास होती, काश...कि ऐसा न होता तो ऐसा हो जाता। ऐसी अनगिनत टीसें, कचोटें और कितने घात प्रतिघात झेलकर भी हम जिन्दा बने रहते हैं। ओफ, वे प्रसंग भुलाये नहीं भूल पाते बल्कि भुलाने की कोशिश में और ज्यादा याद आने लगते।

बेतरतीब कतरनें

कभी जब मन बुरी तरह ऊबता सो मौका निकाल वह जेल की लाइब्रेरी से किताबें लेकर घंटों पढ़ती रहती। पढ़ते-पढ़ते विचार उमड़ते घुमड़ते सो वह विगत व मौजूदा समय को ताकते हुए सोचती रहती। कुछ हकीकत तो कुछ अधूरी बातें भी लिखी हैं इन किताबों में।

जेल की उन अभेद्य ऊँची दीवारों से दुनिया देखने के लिए खिड़कियाँ या झरोखे बनवाया जाना मुश्किल नहीं। हिन्दुस्तान की पहली आईपीएस अधिकारी डॉ. किरन बेदी ने तिहाड़ जेल में कुछ जरूरी सुधार कार्यक्रम अपनाये जिन्होंने जेलों में सुधार लाकर एक नया इतिहास रच दिया। बेशक जेल के दरवाजे गैर-सरकारी संगठनों, स्वयंसेवियों, उद्यमियों, मीडिया कर्मियों, रचनाकारों आदि के लिए खोल दिये थे जिससे दुनिया भर के लोगों को जेल की अन्दरूनी व्यवस्था के बारे में हकीकत का पता चल सके और कुछ नयी योजनाओं को अमली जामा पहनाने की दिशा में सकारात्मक शुरुआत की। धीरे-धीरे कैदियों को टीवी या टाइपराइटर जैसी सुविधाएँ देना कोई अपराध नहीं समझा गया। कैदियों को इस तरह की छोटी मोटी खुशियाँ देना एक प्रयास मात्र था मगर इन सुविधाओं से उनकी जिन्दगी का प्रवाह अच्छे रास्ते पर एक नया मोड़ ले लेता है तो इसमें कुछ भी गलत नहीं है। सच तो ये है कि लोग सिर्फ बाहरी आवरण देखते हैं, कैदियों का अन्दरूनी सच कुछ अलग ही है। हाँ, सच का एक पहलू जरूर है ये।

महिला कैदियों में से कई महिलाओं को बुनाई, कढ़ाई, पेंटिंग, सृजनात्मक लेखन के लिए प्रोत्साहित किया गया। उनके सामानों की प्रदर्शनी लगवाकर बाजार में बेचा गया जिससे वे कैदी आर्थिक रूप से स्वावलम्बी हो सकें। तमाम स्वयंसेवी संगठनों ने उनके इस मुहिम में पूरे मन से साथ दिया। अधिकतर बन्दिनियों ने बैंक खाता खोलना सीख लिया। उनके द्वारा किये गये सुधार कार्यक्रमों की चर्चा पूरे देश में हुई। सभी के लिए रुटीन कार्यक्रम तैयार किया गया। साक्षरता, प्रौढ़ शिक्षा कार्यक्रम, स्वच्छता अभियान, रचनात्मक कविता कहानी पाठ आदि के जरिये बन्दी स्त्रियों ने आत्माभिव्यक्ति की नयी राह खुद निकालना सीखा। जिस समय वे बन्द नहीं होतीं, उस समय सब की सब एक साथ एक ही जगह बैठकर निरर्थक गप्पें लगाती थीं या उनका दिमाग खुराफात में उलझा समय बर्बाद करता रहता

मगर जेल सुधार कार्यक्रमों की कल्याण योजनाओं में जाकर उनके बन्द दिमाग के सालों पुराने जड़े जाम ताले धीरे-धीरे खुलने लगे। तन्हाई व निराशा के दलदल से निकल वे धीरे-धीरे आशा और नयी कर्मठता के रास्ते अपने अँधेरे जीवन में उजाला भरना सीख रही थीं। उनका मन अब तमाम रचनात्मक गतिविधियों में लगने लगा। शैक्षणिक के साथ-साथ वे टाइपिंग, टेलरिंग, सूत कताई योजना, संगीत, गायन, वादन आदि अपनी सोयी प्रतिभाओं को निखारने लगीं। महिला वकीलों से परामर्श करके वे किताबें पढ़ने लगीं। अनपढ़ कैदियों के लिए अक्षर ज्ञान का प्रशिक्षण शुरू किया गया। रत्ना को ये सब काम खूब पसन्द आते थे।

फिर एक बार मोनो पेंटिंग कार्यशाला हुई। वे धीरे-धीरे नये तरीकों से मोनो प्रिंट तैयार करने में माहिर होती जा रही थी। चित्रकला कार्यशाला में भी कुछ औरतों ने अपनी क्षमता दिखाई। सबकी आँखों में कुछ न कुछ करने या बनने के सपने तैरने लगे। कुछ पेशेवर कार्टूनिस्ट बनना चाहती थीं तो कुछ पेशेवर पेंटर। धीरे-धीरे अपने सुन्दर भविष्य के बारे में वे आशान्वित नजर आने लगी थीं। ऐसा करते हुए वे आपस में अपनी विगत जिन्दगी के टुकड़े भी शेयर करतीं। धीरे-धीरे उनके सोचने का नजरिया विस्तृत व बड़ा रूप लेता जा रहा था। वे सब नये सपनों और आशाओं के साथ आने वाले कल की तरफ देखने लगी थीं। सच तो ये है कि जेल अब उनके लिए रिहाई की तैयारी करने के लिए शक्ति केन्द्र बनता जा रहा था। ये सब एक सुखद बयार की तरह जीवन को नये सिरे से देखने और जीने की तमन्ना जगने लगी थी। ये सुधार कार्यक्रम मीडिया में प्रचारित प्रसारित किये जा रहे थे सो ये सब सुधार कार्यक्रम अन्य जेलों में भी लागू होने का दबाव बढ़ने लगा था।

सोचते हुए अनायास याद आया कि एक बार निशा नाम की मैडम ने यहाँ एक छोटा-सा नाटक किया था जिसे देखते हुए हम सब रोने लगी थी फिर उन्होंने हम सबको अपना दर्द लिखने के लिए रजिस्टर पेन आदि भी बाँटे थे मगर उसके बाद तो फिर वे दुबारा नहीं आयीं। पता नहीं, फिर कब मुलाकात होगी उनसे, सोचते हुए एक लम्बी साँस भरी रत्ना ने। इस वांछा ने भी कितना सारा लिखवा लिया हमसे।

यहाँ वहाँ बिखरी कड़ियों को क्रमशः जोड़ने का सिलसिला

"ईशान, यही नाम है न, ठीक से तो याद है न?" वांछा ने अब उसे सीधे-सीधे कुरेदना शुरू कर दिया।

अनायास वांछा को उसके बचपन के वे सारे दृश्य, एक-एक करके सालों पुरानी रील में से निकल भागी तस्वीरें और एकाएक फिर से याद आ गये कुछ बचपन के दृश्य... टुकड़ों-टुकड़ों में समेटा गया अब तक का जिया जीवन। क्या जिये गये इतने सालों को समूचे रूप में पन्नों पर उतारा जा सकता था? शायद नहीं। लिखा गया पूरा जीवन पढ़ने के बावजूद क्या वह स्त्री जीवन के काले किये गये पन्नों में उजाला भर सकती है? न, इतने सालों तक बेगुनाह औरतें जेल में सड़ने गलने के लिए मजबूर हैं, आखिर क्यों? जेल के भीतर हाईरिस्क कैदी का तमगा देकर जिन्हें एकान्तवास में डाला जाता है जिससे वह मानसिक तौर पर टूटता चला जाता। ऐसा भी होता है, जब दूर से कोई परिजन मुलाकात के लिए जेल आये तो तरह-तरह के अड़ंगे डालकर उसे मिलने का मौका दिये बगैर वापस भेज दिया जाता। न जाने कितने ऐसे कैदी हैं जिनकी सुनवाई पिछले कई सालों से रुकी पड़ी है। इसी तरह के अनगिनत सवाल ही सवाल, जिन सवालों में वांछा बार-बार सिर खपाती और सालों से खाली जीवन पर नये सिरे से इबारत लिखे जाने की पहल करने की दिशा में तेजी से सोचती।

"हाँ, भई हाँ", पूरे भरोसे की आवाज में रत्ना ने कहा था।

"अरे ये तो वही है,..." वांछा को कल का प्रसंग याद आ गया जब उसने जिद करके ईशान से पूछा था—बचपन में क्यों बरेली में रहे हो तो उसने कहा था, हाँ, मगर ये बात तुम्हारे दिमाग में कैसे आयी? किसने बताया? तो उसने तुरन्त बात सँभालते हुए कह दिया—"बस, ऐसे ही, किसी केस के सिलसिले में।"

"यार, तुम तो हर जगह मुझे ही एक्जामिन करती रहोगी क्या? तुम्हें हर जगह मैं ही क्यों नजर आता हूँ?"

"हर जगह तू ही तू है जाने सनम..." गुनगुनाते हुए वांछा ने उसकी तरफ देखा तो ईशान ने मुस्कराकर उसके कन्धे पर हाथ रखते हुए कहा—"ओके, वकीलनी साहिबा...तुमसे कोई नहीं जीत सकता।"

ओ माई गॉड, तो क्या यही है ईशान की माँ..., वांछा के सामने वो नीले रंग

की डायरी कौंध गयी जो ईशान ने बड़े आग्रह से लिखी थी, खास उसकी जिज्ञासा को शान्त करने। वह अपने आप से बुदबुदा उठीं, बाप रे, कितनी बुरे हालातों में रह रही हैं वो वहाँ, उस नरकवास में कब से कब तक हैं, जैसे सवालों के प्रति जिज्ञासु हो उठी वह।

एलबम से तस्वीरों का मिलान करते हुए कई तस्वीरें उलटपुलटकर देखने से साफ हो गया, अरे हाँ, ये तो ईशान ही है, वही चेहरा, वही ठुड्डी और वही माथे के दायीं ओर का काला निशान और वही हँसी भी, गालों में पड़ते गडढे भी वैसे ही। रत्ना के पास मिली बचपन की वही तस्वीर उसने ईशान के एलबम से निकालकर देखी जिसे उसने रत्ना जी के सिरहाने रखी देखा था। ईशान से भी हू-ब-हू मिलती हैं, बस लम्बाई का फर्क है। बात साफ हो जाने पर वह अगली बार जब उनसे मिली तो उसने कई तस्वीरें उन्हें दिखाईं। कुछ बचपन की, कुछ किशोरावस्था की तो कुछ हालिया तस्वीरें।

"अरे, सुनिये तो," वह दौड़कर उनके पास गयी—"देखो, इस तस्वीर को देखो ध्यान से, जानती-पहचानती हो इस बच्चे को? बताओ, कौन है ये?"

उसके हाथों से उस फोटो को देखने लगी फिर प्रश्नातुर निगाहों से वांछा की तरफ ऐसे देखने लगी जैसे उसे अब किसी से कोई वास्ता नहीं रखना। किसी को नहीं पहचानना चाहती वो तभी अचानक ईशान की बचपन वाली उस फोटो से इस नयी फोटो को मिलाते हुए वांछा बोल पड़ी—"इस बच्चे को तो जानती होगी न? पहचान लिया न?"

अचानक रत्ना के मुड़े कदम ठिठक गये—ई...शा...न...मेरा बेटा, ईशान, मेरा बच्चा...; ममतालु आँखों में भूले-बिसरे बच्चे के प्रति सोये प्यार का सोता फूट पड़ा और उस तस्वीर पर झटपट अपनी उँगलियाँ फिराते हुए आवाज गीली होने लगी—"कैसे न पहचानूँगी इसे? मेरा प्यारा बच्चा, मेरा मासूम ईशान, न जाने कहाँ किस हाल में होगा? तुम जानती हो उसे?"

भावावेश में कँपकँपाती आवाज में अनायास प्यार फूट पड़ा—"मेरा बच्चा, मेरा लाड़ला, मेरी आँखों का तारा..., बताओ न, जानती हो उसे? देखा है तुमने? कैसा दिखने लगा अब, सुन्दर तो बहुत होगा मेरा राजा बेटा", आतुर आवाज, बेसब्र सवाल और नम आँखें।

"हाँ, मैं जानती हूँ इसे, मेरे साथ पढ़ा है।" सीधा-सपाट जवाब पूरी तटस्थता बरतते हुए दे दिया गया जैसे।

"ईशान कभी याद करता है अपनी माँ को? बोलो न, कैसा है वो? कितना बड़ा हो गया होगा? इत्ता...इत्ता..." उसने अपने हाथ फैलाते हुए जमीन से ऊँचाई नापते हुए पूछा—"इत्ता कि इत्ता? अरे, और ऊँचा निकल गया? पापा पै पड़ा था न?" भावावेश में न जाने क्या-क्या मुँह से निकल जाता जिसे वह कोशिश करके

रोकने लगी। ईशान की बचपन की मीठी-मीठी प्यारी-प्यारी बातें याद आने लगीं, उसका बैठना, चलना या ठिमक ठिमक कर इठलाते हुए चलना। आँखें मींचे वह उसके बचपन में पहुँच गयी अनायास। अनेकानेक छवियाँ बनने लगीं जैसे सालों बाद किसी पुराने एलबम को देखते हुए लगता है। एक बार कोर्ट में ईशान को देखकर मन किया था कि उसे बाँहों में जकड़कर कसकर चिपटा लूँ सीने से और इतना प्यार करूँ और सबके सामने चिल्लाकर कहूँ कि अब तुझे अपने से दूर नहीं जाने दूँगी पर ईशान के कठोर चेहरे पर चिपकी आँखों में अपने प्रति गहरा तिरस्कार, अपरिचय और नफरत को ताड़कर उसने गर्दन झुकाकर चुपचाप अपनी ममता का गला घोंट दिया। बच्चा सधे कदमों से अपने दादा की उँगली थामे आगे बढ़ गया मगर एक बार भी पलटकर नहीं देखा उसकी तरफ। वही सब सोच-सोचकर अनायास उसकी आँखें भीगती रहीं।

"अरे, कहाँ खो गयीं आप...? ये रहीं आपकी कुछ तस्वीरें, इन्हें भी देख लीजिए...।"

कँपकँपाते हाथों से सालों बाद अपनी ही पुरानी तस्वीरें देखकर ऐसा लगा जैसे ये तो वह कतई नहीं हो सकती। ऐसा लगा जैसे वह किसी अजनबी की तस्वीरें देख रही हो। जिसे सालों अपनी छाती से चिपटाकर अपना दूध पिला-पिलाकर पाला पोसा, माथा चूम-चूमकर हर रोज सुलाया करती पर सालों बाद आज भी मन पर लदा बच्चे का मोह कम होता नजर नहीं आता बल्कि रोकने पर ममता की लहर दर लहर उछाल लगाकर बेरोकटोक ऊपर आ जाती। उसके वे गुच्छे से घुँघराले बाल और मुस्कराते होठों के बीच पड़ता गोल गड्ढा, सचमुच तब कितने रंग थे जीवन में? बाप रे, कितनी मासूमियत थी उसके चेहरे पर, पर आज तो वह कैसी कुरूप या बदरंग जिन्दगी जीने को विवश है, सोचती रही देर तक। वांछा के कुरेदने पर वह थोड़ी देर बाद सचेत होकर बोली—"ईशान तो आज तक कभी मिलने ही नहीं आया, हो सकता हो, उसे किसी ने आने ही न दिया हो। क्या ईशान ने पता कराने भेजा है? ईशान को तो मेरा नाम भी अब ठीक से याद नहीं होगा, कौन जाने। जब कभी एकाध पुराने लोग मिलने आते भी हैं तो उनमें कहाँ बची वे भावनाएँ सो ईशान भी भूल गया हो तो आश्चर्य की बात नहीं।" रुँधे कंठ से वे ठहर-ठहरकर बोलती रहीं। उनकी आवाज में हताशा के धूसर रंग घुलेमिले थे।

"मुझे किसी विश्वस्त सूत्र से पता चला था कि ईशान की माँ सजायाफ्ता कैदी है, बस तभी मैंने ठान लिया था कि कैसे भी आपका पता लगाकर आपसे मिलकर आपकी हकीकत जान लेनी है मगर ये सब इस तरह हो जायेगा, ऐसा कभी नहीं सोचा था। मैं सच की अन्दरूनी तहों तक जाना चाहती थी आंटी जिसमें आपने सच्चे दिल से मेरी मदद की, बस और क्या?" उसने उनका रूखा सूखा चेहरा देखते हुए सवालिया नजर से उनकी तरफ देखा।

उसकी बात को अनसुना करते वो पूछ बैठीं—"ईशान को पता है? उसने कभी कोई चर्चा की मेरे बारे में?"

जिज्ञासा इतनी गहरी कि उससे पूछे बिना नहीं रहा गया।

"न, उसे फिलहाल तो कुछ नहीं बताया। मैं तो अपने काम से, अपनी मर्जी से यहाँ आयी हूँ।" पूरी सतर्कता बरतते हुए बोली वह।

"ईशान कहाँ है, क्या कर रहा है आजकल? पढ़ता होगा?" उसने सकुचाते हुए फिर से एक सवाल पूछ डाला।

"अरे नहीं, पढ़ाई पूरी कर चुका, एम.बी.ए करके एक नामी कम्पनी में अच्छी-खासी नौकरी करने लगा।"

"क्या उसे मेरा नाम भी ठीक से याद है, वो तो नफरत करता होगा मुझसे। वो शायद कभी मेरी सूरत तक न देखना चाहे। है न? वो कभी नहीं आयेगा यहाँ मेरे पास? अब और नहीं भटकाना मुझे। इतने लोगों के बदलते चेहरों के रंग देखकर वक्त ने इतना जरूर सिखा दिया कि अब और भटकाना ठीक नहीं। बहुत त्रास दे चुकी खुद को मगर अब और नहीं बहलाना। एक-एक करके सब अपना दामन छुड़ाकर चलते बने। छूटते शरीर के साथ बेलगाम भागते मन को काबू रखना कितना जरूरी है वरना ऐसे अराजक भागते मन का क्या, वो तो साथ छोड़कर कहाँ से कहाँ भाग जाये और फिर जीने ही न दे। बेचारा मन भागते-भागते पस्त पड़ जायेगा मगर लालसाएँ आसानी से नहीं मरतीं। ये देह तो खाली हो गयी और इस झुर्रियाँ भरे चेहरे के साथ मन को साध लेना कितनी बड़ी तपस्या है, शायद ये बात तुम्हें ठीक से समझा न पाऊँ..." गहरी साँस लेकर उन्होंने उदास भाव से कहा।

"न, ऐसा क्यों सोचती हैं आप? मैं ईशान को जरूर लाऊँगी यहाँ आपसे मिलवाने। आपको यहाँ से आजाद कराने का संकल्प लेकर ही यहाँ पैर धरे हैं हमने। जानना चाहती हैं पूरा सच, यानी कौन हूँ मैं?" कहते हुए उसने अपने संग ईशान की कई करीबी तस्वीरें दिखानी शुरू कीं—वह बोलती जा रही थी किसी कमेंटर की तरह—"ईशान मँगेतर है मेरा। शादी करने वाले हैं हम लोग।" आगे कुछ और बोलने से उसने अपने को सायास रोक लिया। हालाँकि मन में ये बात जरूर आ गयी थी कि आपका आशीर्वाद चाहिए हमें लेकिन ये उपयुक्त मौका नहीं है ये सब बातें कहने सुनने का, सोचकर चुप लगा गयी।

लम्बे अरसे बाद किसी के मुख से मान सम्मान भरे बोल सुनकर अनायास बर्फ पिघलने लगी। स्वतःस्फूर्त वेग से बोल पड़ी—"क्या?, हमारे ईशान की शादी हो रही है और वो भी आपसे, सच में, अरे वाह..." इस बार दोनों की नजरें नये तरीके से मिलीं तो इनमें कुछ बदले हुए भाव नजर आये। अपनापन भी, प्यार भी और अनकहा स्नेह भी, भरोसा भी, और भी न जाने क्या-क्या...

बेतरतीब उधेड़बुन

वांछा के जीवन का फिलहाल यही सबसे बड़ा प्रयोजन रहेगा। एक निर्दोष की दयायाचिका को तेजी से कार्यरूप देने के लिए क्या कैसे करना है, इस तरफ एक नये सिरे से जुटना होगा। वो ऐसा करके ही चैन की नींद सो पायेगी और तभी वह ईशान के साथ शादी के सपने को साकार करेगी, इसके पहले तो वह ऐसा सोच भी नहीं सकती।

उसके लिए सबसे जरूरी, सबसे बड़ी प्राथमिकता है रत्ना जी की रिहाई और वह इसे बेहतर ढंग से करके ही अपनी बेचैनी से निजात पा सकेगी। एक सुचिन्तित योजना को मूर्त रूप देने के लिए वांछा को क्या कैसे करना है, कैसे-कैसे नयी रणनीतियाँ बनानी हैं और किस तरह पहल करके उसे नया और खूबसूरत मोड़ दिया जा सकता है, पुस्तकालय में दो घंटे से बैठी-बैठी वह सोचती रही। विधि सम्बन्धी तमाम किताबों को उलटते पुलटते हुए तमाम केस हिस्ट्री पढ़ने लगी। आँखें तेजी से किताबों और अखबारों पर तैर रही थीं। अन्दरूनी दुनिया में कुछ चित्र विचित्र ढंग से जिन्दा होने के लिए अकुलाने लगे जहाँ माँ का जल्दी से शादी करने का दबाव था तो ईशान का ये आग्रह कि पहले अपना काम खत्म कर लो फिर हम 6 महीने तक फ्री रहकर घूमने की योजना बनायेंगे। किताबें पढ़ते हुए भी अनायास ईशान के सुन्दर मैसेज पढ़ते हुए मुस्कराने लगती।

कैंटीन से कॉफी लाने वाला लड़का अखबार भी रख गया। आँखें तेजी से खबर पर टिक गयीं—क्या किसी कानून से राष्ट्रपति या राज्यपाल का क्षमादान का अधिकार समाप्त किया जा सकता है, इस कानूनी मुद्दे पर सुप्रीम कोर्ट की बड़ी पीठ विचार करेगी। दो न्यायाधीशों की पीठ ने नशीले पदार्थों पर रोकथाम से सम्बन्धित एनडीपीसीएस एक्ट की धारा 32 ए की वैधानिकता का सवाल विचारार्थ बड़ी पीठ को भेज दिया जो दोषी को माफी देने पर रोक लगाती है। कहा गया कि इस मामले में कानून का सवाल शामिल है। ऐसे में इस कानूनी सवाल पर तीन या पाँच न्यायाधीशों की पीठ को सुनवाई करनी चाहिए। याचिका खारिज करते हुए कहा गया कि उसे धारा 32 ए में माफी या सजा कम करने का अधिकार नहीं है। हाईकोर्ट के इस फैसले को सुप्रीम कोर्ट में चुनौती दी गयी जब कि संविधान का अनुच्छेद 72 राष्ट्रपति और अनुच्छेद 161 राज्यपाल को हर उस अपराध में दोषी

ठहराये गये व्यक्ति को क्षमा देने का अधिकार देता है जहाँ केन्द्र या राज्य सरकार को कानून बनाने की शक्ति प्राप्त है।

पता नहीं क्या-क्या छपता रहता है इन अखबारों में। जेलों में अभी तक सारा काम मैनुअल ही होता है, वाह रे सिस्टम, वे अभी भी 1960 में जी रहे हैं जब हर रोज इतने सारे कैदी पेशी के लिए जाते हैं, उन सबकी हाजिरी ली जाती और सारा लेखा-जोखा कम्प्यूटराइज्ड क्यों नहीं है, हमारी जेल व्यवस्था के नियम कानून और तौर तरीके इतने बासी, पुराने और आउटडेटेड हो चले हैं कि वे कैदियों को सुकून से साँस लेने लायक माहौल ही मयस्सर नहीं करा पाते, सब जगह निष्ठाहीन, भ्रष्ट, स्वार्थी व दो टके के लोग भरे पड़े हैं जो जेल में बन्द इनसानों को इनसान कम जानवर ज्यादा समझते हैं जिन्हें उनकी बुनियादी जरूरतों से वंचित करना सचमुच कितनी बड़ी यातना है वो भी दुहरी यातना, शारीरिक भी और मानसिक भी जिसे शब्दों में बाँध पाना मुश्किल है। जेल अफसरों से बात करने पर वे तमाम कानूनी मकड़जालों का वास्ता देकर सुधार के रास्ते में लगने वाले अड़ंगों की फेहरिस्त गिनाने लगते। ज्यादा कुरेदने पर वे इसे 'परम गोपनीय' कहकर फाइलों में लॉक कर देते। सच तो ये है कि न तो जेल अफसरों के लिए कायदे से नयी चुनौतियों से निबटने के लिए प्रशिक्षण की व्यवस्था की गयी और न ही वे सालों से जेल संवासिनियों की रिहाई के बारे में साफ-साफ बता पाने की स्थिति में हैं। वांछा ने जब जोर देकर जानना चाहा कि आखिर इतना लम्बा-चौड़ा वक्त कैसे कटता होगा इन सबका यहाँ, पूछने पर वही रटा-रटाया जवाब थमा देती—क्या करें, हमारा ये सिस्टम ही लचर है। कभी कुछ करने की सोचो भी तो ऊपर वाले हमें शक की नजरों से देखने लगते।

"तो फिर जब ये अक्सर मौन रहेंगी तो मौत जैसा सन्नाटा नहीं पसरा रहता यहाँ...? जबकि राजनेता आता है तो तुरन्त बीमारी का बहाना करके अस्पताल की शरण ले लेता और उन्हें मुहैया करायी गयी वे तमाम विशेष सुविधाएँ, आखिर क्यों मिलती हैं उन्हें...? न्याय की अदालत में न्याय की कुर्सी पर विराजमान जज की लापरवाही से यदि न्याय बाधित हो तो आम जनता का कोर्ट कचहरी से भरोसा डगमगाने लगता है, पर क्या करें, हमारा सिस्टम ही ऐसा है, किसे दोष दें?" ऐसे सवालों से ध्यान हटाकर वह अपनी मित्र से फोन पर बातें करने लगी। अनायास वांछा को तत्कालीन राष्ट्रीय महिला आयोग की अध्यक्षा मोहिनी गिरि की बात याद आ गयी—"जो औरतें बार-बार अपराध किये बगैर सिर्फ परिस्थितियों के कारण जेलों में बन्द हैं या अपने पति के दुर्व्यवहार के कारण मानसिक सन्तुलन खो चुकी हैं, उन्हें रिहा कर दिया जाये। देश की बहुसंख्यक जनता अन्याय के वातावरण में जिन्दगी गुजारने के लिए अभिशप्त है, मगर ये सब कब और कैसे मुमकिन होगा?" इस पेचीदा सवाल पर वह अक्सर उलझती सोचती जाती और हाथ अनायास फिर

से उन्हीं जेल जीवन पर लिखी किताबों पर चला जाता जिनके पन्ने उलटते-पुलटते सोचती जा रही थी।

कितनी बारीकी से सालों पहले जेलों की अन्दरूनी दुनिया के शानदार अक्स खींचे गये हैं। किसी बेगुनाह की रिहाई होने पर जज ने कहा—जाओ और खुश रहो तो उस बन्दिनी ने पलटकर बेलाग लहजे में कहा—जब तक इतने सारे लोग बिना मुकदमा चलाये जेल में पड़े रहेंगे तब तक यह कैसे सम्भव होगा कि कोई खुश रहे। व्यवस्था में आमूलचूल तब्दीली कितनी जरूरी है तभी भारतीय जनता की कुशलता, रचनात्मकता आदि का पूरा विस्तार दिया जा सकता है। कितनी साफगोई से लिखा गया है—वर्तमान सरकार या किसी भी दूसरी सरकार द्वारा वर्तमान अन्याय और अमानवीयता के खिलाफ सक्रिय रहने वालों या आवाज उठाने वालों को चुप कराने के लिए अनिश्चित काल तक हिरासत में रखना, नागरिक अधिकार से वंचित कर देना, डराना, धमकाना या इस तरह का कोई भी नकारात्मक कदम उठाना भारत की समस्याओं के समाधान में कभी मददगार नहीं साबित होगा।

किताबों के बाद नियम से वहाँ पड़े सारे अखबार पलटना वांछा की आदत में शुमार था। पढ़ते-पढ़ते अनायास उसका ध्यान आज की खबर 16 जुलाई, 2014 की तरफ चला गया—"योर ऑनर मैं तो जिन्दा हूँ, इन लोगों को छोड़ दीजिए।" अरे, बाप रे बाप, ओफ...ये कैसी खबर है, अनजाने उसका ध्यान फिर उन्हीं बेगुनाह बन्दिनियों की तरफ चला गया।

फटाफट उसने जौनपुर उत्तरप्रदेश में घटी अप्रत्याशित खबर को एक साँस में तेजी से पढ़ डाला—"पाँच महीने पहले एक महिला की जली लाश मिलती है। परिवार वाले उसकी शिनाख्त करते हैं। सात लोगों पर हत्या का मुकदमा दर्ज कर, दो को गिरफ्तार कर लिया जाता है। पाँच आरोपियों की तलाश जारी है कि अचानक इस सत्यकथा में एक नया मोड़ आ गया। जिसकी हत्या हुई, वह अचानक 3 जुलाई को इलाहाबाद हाईकोर्ट में दाखिल होती है, वह भी खुद की हत्या के आरोपी अपने दूसरे पति के साथ। कोर्ट से दरख्वास्त करती है, योर ऑनर, मैं जिन्दा हूँ, इन लोगों को छोड़ दीजिए।" हाईकोर्ट ने मामला स्थानीय कोर्ट के हवाले कर दिया। प्रतिमा नाम की इस महिला ने पति के साथ मंगलवार को स्थानीय कोर्ट का भी दरवाजा खटखटाया है।

सोचो जरा, पाँच महीने के भीतर हत्या और फिर जिन्दा होकर अदालत में हाजिरी देकर इस महिला ने समूची प्रशासनिक व्यवस्था द्वारा की गयी विवेचना प्रक्रिया पर सवाल खड़ा कर दिया है। फरवरी में निगोहाँ गाँव के खेत में एक महिला की लाश मिली। खबर मिलते ही अपनी लापता बेटी प्रतिमा की तलाश कर रहे अमरजीत अपने बेटे रोहित के साथ पोस्टमार्टम हाउस आये। उन्होंने शव व मौके से बरामद प्रतिमा का सामान देखा और अपनी बेटी के रूप में उसकी शिनाख्त की।

पहले से ही प्रतिमा को अगवा करने के आरोप में 4 के खिलाफ मुकदमा दर्ज था सो बिना कायदे से तहकीकात किये आनन-फानन में पुलिस ने उन्हें बन्दी बना लिया और झूठा हत्या का मामला दर्ज कर गिरफ्तार कर लिया। इसी से मिलती-जुलती खबर पढ़कर वह सन्न रह गयी—दो साल पहले सन्दिग्ध हालत में लापता जिस विवाहिता को मरा मानकर उसे गायब कराने के आरोप में पति समेत ससुरालवालों को गिरफ्तार किया गया था, आज वही औरत सही सलामत अपने प्रेमी संग शादी करके खुश है। सोचो जरा, साल भर पहले जिस शव की नफीसा ने अपनी बहन के रूप में शिनाख्त की थी, वही जिन्दा है जबकि बिना किसी कुसूर के वे सब सालों से जेल में ठुँसे हैं जबकि उस वक्त वे बराबर चिल्लाते रहे—उस औरत के गायब होने में हमारा कोई हाथ नहीं लेकिन किसी ने नहीं सुनी। पुलिस ने तो नहीं मगर ऊपर वाले से जरूर उन बेगुनाहों को इंसाफ मिला। पर ऐसा कितनों के साथ हो पाता है? सब यही सोचकर दिल को तसल्ली देते रहते कि एक न एक दिन इंसाफ जरूर मिलेगा और चमत्कार होगा मगर कितने कम भाग्यशाली लोग हैं ऐसे, शायद न के बराबर जिनके साथ ऐसा इंसाफ हो पाता है, सवालों से घिरी सोचती रही वह।

सचमुच, ये कैसी न्यायव्यवस्था है जहाँ कितने बेगुनाह जेलों की हवा खाने को अभिशप्त हैं। इतने सारे झूठे इनकाउंटर आये दिन सुनते ही रहते हैं सो ऐसे सिस्टम में सच्चे न्याय की उम्मीद ही व्यर्थ है। इस विशाल लोकतान्त्रिक देश की न्याय व्यवस्था ही कठघरे में खड़ी है जहाँ कभी भी, किसी के साथ भी कुछ भी मुमकिन है। रत्ना जी सरीखे नामालूम कितने बेगुनाह कैदी भाग्य भरोसे जीने की मजबूरी ढोने को विवश हैं। आखिर कहाँ जायें, क्या करें, कैसे जीएँ, किसके सहारे, किस सिस्टम पर यकीन करें जो उन्हें बेगुनाह साबित कर दे, है कोई ऐसी पारदर्शी न्यायव्यवस्था? कँटीले सवालों की सेज पर सोने को अभिशप्त हैं तमाम बेगुनाह कैदी।

सच तो ये है कि तेजी से आगे बढ़ता वक्त उन्हें धीमे-धीमे कुतर रहा है और वे भी अपने को धीरे-धीरे खाली करते रीतते छीजते जा रहे हैं। विवश हालातों पर किसका वश चलता है? वे सब औंधे मुँह लटके हैं बीच में लटके त्रिशंकु की तरह, न आसमान की तरफ जा पा रहे हैं और न धरती उन्हें अपने पास रख पा रही है। तो क्या वे ताजिन्दगी ऐसी हालत में ही लटके रहने को अभिशप्त हैं और क्या हमेशा ऐसे ही रहेंगे? पता नहीं मगर वक्त ने इनके पास से कितने सारे बेशकीमती जीने के लमहे छीन लिए, अब न इनके पास वैसा तेजपुंज रहा, न आँखों में सपने बचे और न वैसा लकदक कान्तिपूर्ण व्यक्तित्व ही जिन्दा रह पाया कुछ हद तक तो ये सही कहते हैं कि वे तो यहाँ जीते जी मुर्दा की तरह जीने को मजबूर हैं। सचमुच, कहाँ से कैसे आशा के बीज प्रस्फुटित हो पायेंगे इनके अन्दर? जो कभी किसी जमाने में अपने-अपने क्षेत्र के माहिर व्यक्तित्व थे, आज वे कितने कातर, दीनहीन, निरीह, निचुड़े व बेजान नजर आते हैं। सचमुच, प्रायश्चित्त करने की भी

एक सीमा होती है, उसके बाद चीजें कितनी अप्रासंगिक होती जातीं। वक्त-वक्त की बात है दोस्तो, यही कहा था न किसी अनाम कैदी ने, सचमुच यहाँ रहते रहते ये सब के सब कितने दार्शनिक बन जाते हैं।

"ऐ वांछा, कब से तुम्हारी राह देख रहा हूँ, प्लीज कम आउट, आज मूवी देखने चलना है, टिकट ले लिए..." ईशान का एसएमएस पढ़ते हुए वह तुरन्त बाहर निकल आयी जहाँ अस्ताचल की पीली रोशनी से रास्ते के पेड़ पीले रंग में चमक रहे थे।

पुत्र बनाम पुरुष की निगाह में माँ बनाम औरत

वांछा ने पूरे ब्योरों को तफसील से पढ़ा और गुना फिर भी बार-बार सवालों की कँटीली झाड़ियों में फँस जाती। मौका मिलते ही ईशान को सारे कोणों से सचाई समझानी चाही पर पूरी तरह कंविंस नहीं कर पायी। पुरुष की नजरों में प्रेम को क्यूँकर गुनाह माना जाता रहा है? क्या केवल पुरुष की नजरों में? हमारे हिन्दुस्तानी समाज का ये कैसा दोगला रवैया है जहाँ विवाहिता के प्रेम करने पर इतनी जबरदस्त पाबन्दियों की बाड़ लगा दी जाती, आखिर क्यों? पुरुष जब चाहे, तब प्रेम करने की छूट लेता रहे लेकिन स्त्री करे तो गुनहगार या अपराधिनी। अगर किसी बेटे की माँ को कातिल बनाकर कठघरे में खड़ा कर दिया गया तो वो चाहे कितनी तरह के तर्कों से प्रेम जैसी कोमल भावना का बचाव क्यों न करती रहे, पुरुष वनाम पुत्र बना यह आदमी उस अहसास को स्वीकार करने को कतई तैयार ही नहीं।

आये दिन वांछा और ईशान के बीच इसी मुद्दे पर बहस छिड़ जाती जिनका कोई अन्त नहीं निकल पाता। ऐसा लगता जैसे वे नदी के दो किनारे बन गये हों। वे एक किनारे से दूसरे किनारे तक न तो आना चाहते थे और यदि आना भी चाहें तो ईशान ये स्वीकारने को कैसे भी तैयार ही नहीं हो पा रहा था। जीवन के दो अतिवादी छोरों पर खड़े रहते दोनों। बहसें धुआँधार होतीं आये दिन। "जब तक कोई अपराधी साबित न हो जाये तब तक तो वह सज्जन है वरना...वे अक्सर इस व्यवस्था का मखौल उड़ाने लगती। कितने सालों से जो बिना मुकदमा चलाये बन्द हैं, उनके मामलों में भी अदालती कार्रवाई के आसार नजर नहीं आ रहे। न, इनकी रिहाई की कोई उम्मीद नहीं दिख रही। जेल के अफसर भी इनकी जाति पूछकर इनके अपराध का आकलन करने से नहीं चूकते। ये गलत है न?"

"तुम्हें क्या लगता है, उसने कोई गुनाह किया ही नहीं, क्यों लगता है ऐसा? पता है, एक बार का वाकया, अपने दोस्तों संग खेलने गया, तभी पड़ोसन के बेटे ने कहा—तू एक हत्यारिन का बेटा है, मम्मा कह रही थी, ऐसों की संगति ठीक नहीं ...हमें नहीं खेलना तुम्हारे संग...फिर एक-एक करके सारे दोस्त साथ छोड़कर चले गये। घर आकर मैं घंटों रोया और बस उसी घड़ी बाबा ने तय कर लिया कि हम सब बुआ के पास बैंगलोर में ही रहेंगे, वहीं रहकर पढ़ेंगे-लिखेंगे यानी नये सिरे से जिन्दगी की शुरुआत करनी पड़ी। तो सोचो जरा, एक बसा बसाया हँसता खेलता

घर उस औरत के कुकर्म के चलते बर्बाद हो गया, मेरा पूरा जीवन होम हो गया, मैं एकल बच्चे की तरह अपना बचपन ठीक से जी तक नहीं पाया, हर पल माँ बनाम कातिल के द्वन्द्व तले टीनेजर्स पीरियड को इंजॉय नहीं कर पाया, अपने बचपन के प्यारे-प्यारे दोस्तों, अपने उस शानदार स्कूल को छोड़कर बैंगलोर शिफ्ट होना पड़ा, कैन यू इमेजिन दैट पेन? कितने सालों तक कितनी तकलीफों से गुजरता रहा हूँ मैं हर पल, कभी सोते वक्त तो कभी सुबह उठते ही तो कभी पढ़ाई के दौरान अक्सर दादी या माँ का चेहरा आँखों के सामने घूम जाता और ऐसे नाजुक मौकों पर मुझे खुद को बेरहमी से कठोर बनाना पड़ता। जैसे ही माँ वनाम रत्ना के बीच लड़ाई छिड़ती, मैं चाहता कि माँ का अहसास ही हार जाये और ऐसा होता भी। सोचो जरा, इस कोण से भी सोचकर देखो, हमारे बूढ़े दादा जी ने अगर मेरा सपोर्ट न किया होता तो आज कहाँ खड़ा होता मैं? किसी गली में, किसी चौराहे पर चाय बेच रहा होता या ढाबे पर बर्तन मल रहा होता, डिस्गस्टिंग, आई कांट टॉलरेट हर। एनी वे, प्लीज डोंट डिस्कस दिस टॉपिक अगेन।"

"ईशान, वह पास आकर हौले से उसके कन्धे पर अपने प्यार से दबाव बनाते हुए मीठी आवाज में कहतीं–"ईशु, मेरा मतलब वो नहीं। तुम्हें कतई हर्ट नहीं करना चाहती, यकीन करो मेरा। आई नो योर पेन, प्लीज लिसन टु मी। क्या थोड़ी-सी इज्जत से पेश नहीं आ सकते तुम उनके संग, आई मीन, इतनी नफरत जरूरी है क्या?"

"ओके, पर क्या हम इसके अलावा कुछ और बातें नहीं कर सकते?" कहते हुए वह सचमुच झल्ला पड़ा–"देखो वांछा, एक बात बिल्कुल साफ तौर पर बता देना जरूरी समझता हूँ तुम्हें कि चाहे वो गुनहगार हों या न हों मगर अब मेरी जुबान से मम्मी तो कभी नहीं निकल सकता। दूसरी बात, एक पल के लिए तुम्हारी बात मान भी लूँ कि उसने दादी का कत्ल नहीं करवाया मगर उस हत्यारे का नाम क्यों नहीं लेते बना उससे उस वक्त जब कि मैं बार-बार चीख-चीखकर उसका नाम ले लेकर चिल्लाता रहा। यही सब बातें मैंने अपनी नीले रंग की उस डायरी में लिखी हैं जिसे ध्यान से पढ़ना और फिर इसके बाद इस मुद्दे पर कोई और चर्चा कतई नहीं करेंगे, कभी नहीं। प्लीज, तुम उसे जानती नहीं हो, जरा भी नहीं समझ पाओगी उसकी चालें। सीधी-सादी घरेलू स्त्री कतई नहीं समझना उसे, न किसी गफलत में रहना। चेता रहा हूँ तुम्हें। आगे से हमारे तुम्हारे रिश्ते के बीच वो औरत कभी नहीं आयेगी। आई रियली हेट हर एंड यू नो इट, प्लीज, इस मुद्दे पर नो मोर डिस्कसन।"

"तो इसका मतलब तो यही रहा कि तुमने जो एक बार ठान लिया या मान लिया या परिस्थितियों ने जैसे साक्ष्य प्रस्तुत कर दिये, तुम्हारी नजरों में भी अकाट्य बने रहेंगे। और वो भी हमेशा हमेशा के लिए। तुम्हारी सोच उनके प्रति कभी नहीं बदलेगी, यही न? यही कहना चाहते हो न?"

"तुम कहना क्या चाहती हो? वांछा, तुम मुझसे क्या चाहती हो? साफ-साफ बताओ? क्या साबित करना चाहती हो कि वो बेगुनाह हैं? तो, तो भी मैं क्या कर सकता हूँ? देखो, तुम्हें कुछ भी करने से कभी नहीं रोकता मैं, ये तुम्हारा फील्ड है, तुम्हारा चुना रास्ता है, सो तुम जो चाहो, जैसा करना चाहो, करने के लिए आजाद हो। बस मुझे अपने इस मिशन या किसी केस में इन्वॉल्व मत करो। प्रॉमिस करो, मुझे मत घसीटो अपने रास्ते। अपना स्पेस या स्टैंड लेने से कौन रोक रहा तुम्हें, कोई भी नहीं, इनफैक्ट मैं भी नहीं।" दोटूक लहजे में एक साँस में बोल दिया गया हो जैसे ये सब।

उसके बोले एक-एक शब्द वांछा अपने अन्दर जज्ब करती रही। उनके बीच अक्सर रत्ना को लेकर बहसें छिड़तीं मगर इससे हासिल क्या रहा? कुछ भी तो नहीं। सच तो ये है कि यदि किसी छोटे बच्चे के दिमाग में बचपन से ही किसी के प्रति नफरत के बीज जतन से सालों साल रोपे जाते रहें तो बड़े होकर उसकी सोच बदल पाना बेहद मुश्किल है। अब तो वो नन्हा पौधा पूरी तरह हरा भरा मजबूत पेड़ बन चुका है सो इस जहरीले पेड़ को फिर से बना पाने की कोशिश करना मूर्खता होगी। आगे उसे जो भी करना होगा, वो अपने दम पर करेगी। बेचारी रत्ना जी, काश कि उसी वक्त उन्होंने फोन पर मिली धमकी की बात सबको बता दी होती तो कम से कम उनका ये हश्र नहीं होता, शायद...

"क्या, सोचने लगीं? वांछा, प्लीज, डोंट माइंड इट। चलो, बाहर चलें कहीं। मूड भी ठीक हो जायेगा और कुछ खा-पी लेंगे। ऐ, इतनी खामोशी ठीक नहीं। तुम चुप हो जाओगी फिर कैसे काम चलेगा हमारा?" अनायास उसने वांछा को निकट खींचते हुए कहा—"अब कहीं भी चलो, जल्दी चलो, मुझे तेज भूख लग रही है।" विषयान्तर करने के इरादे से ईशान ने ऐसा कहा।

"चलो, चलते हैं।"

अनमनी मनःस्थिति में कई तरह की बातें दिमाग को मथने लगीं। अब इस केस को नये सिरे से उठाना पड़ेगा। रत्ना जैसों की लड़ाई मैं खुद लड़ूँगी। न जाने क्यों, उन्हें देखकर यही विचार उपजता, कितनी भोली, कितनी मासूम हैं ये तो जिनके माथे पर ही निष्कलुषता लिख दी गयी हो। जब जेलर साहिबा से मिली तो उन्होंने रत्ना जी को लेकर कितनी सारी ऐसी बातें बतायीं कि ये सबसे अलग-थलग, सभ्य व शिक्षिति महिला है। इनकी बातों में दार्शनिकता के साथ-साथ आध्यात्मिकता का भी पुट रहता। इतनी समझ वाली, इतनी सुलझी हुई कि इन्हें बार-बार सुनने का मन करता है। जरूर इनकी सजा कम की जानी चाहिए। कितने साल तो यहाँ काट लिए इन्होंने। संन्यासिनों जैसी तेजस्वी दिखती हैं ये। सही कहा आपने। कई बार तो संवासिनियाँ अपनी-अपनी मनोजगत की गुत्थियाँ लेकर, तमाम कुंठाओं या मन की समस्याएँ लेकर इनके पास आती रहतीं और ये सबकी सुनकर बड़े शान्त लहजे

में सबके सवालों के जवाब भी देती रहतीं। तभी तो इन्हें इनके अच्छे आचरण के चलते बढ़िया काम करने की खातिर तैनात कर रखा है हमने यहाँ। ईशान की बातें सुनते हुए भी वो किसी और दुनिया में खोयी थी।

"क्या सोचने लगी वांछा? तुम्हारी यह आदत बहुत खराब लगती है मुझे कि तुम सोचती बहुत हो। पहले हॉस्टेल के दिनों में भी तुम बहुत सोचती थीं। चलो, अब कुछ दफ्तर की जरूरी बातें भी हो जायें, पता है आज क्या हुआ रमोला के संग, बताऊँ?"

वांछा ईशान की बातें सुनकर, हाँ, हूँ, बोलो न, कहकर जवाब देती रही। बाहर खुले में निकल वे देर तक विंडो शॉपिंग करते रहे फिर वांछा बोली—"ईशान, याद आया, आज तो मुझे अपनी सीनियर वकील सुजैन के यहाँ जाना है, उसका फोन आया था। मुझे उसके पास 8 बजे तक पहुँचना था। कम्पनी के जरूरी केस पर चर्चा करनी थी। उसी सफेद कोठी के पास छोड़ दो प्लीज।"

"ओके, तो चलें अब..." वांछा की आँखों में प्यार से देखते हुए कहा और उस हथेली पर दबाव बनाते हुए कार की स्पीड बढ़ा दी। गाड़ी में म्यूजिक का शोर इतना ज्यादा था कि वे आपस में एक-दूसरे की बातें नहीं सुन पा रहे थे। अनायास वांछा का हाथ ईशान के कन्धे पर अपने आप चला गया तभी एक महकता हुआ सुन्दर लमहा चलकर उनके पास आया जिसमें वे अपने आप डूबते चले गये। गहरे चुम्बन के बाद सहज ढंग से आलिंगनबद्ध होते गये दोनों। साथ की उस खुशबू को सूँघते ही सारे धूसर रंग गुलाबी हो उठे। इस साथ में सुकून भी था और सुरक्षा की निश्चिन्त छाँह भी।

"कई बार जो सच व साक्ष्य दिखते हैं, वे सच से कोसों दूर भी होते हैं या हो सकते हैं सो यूँ किसी पर इल्जाम मढ़कर नफरत करना ठीक नहीं..." उसे बेहद प्यार से पुचकारती आवाज में ऐसे बोला जैसे किसी बच्चे को जरूरी पाठ समझा रही हो। इस बार ईशान ने भी उसे नयी नजरों से देखा और एक बार फिर से उसकी हथेली को चूम लिया। फिर माथे पर आये बालों को परे हटाते हुए बोला—"ओ गॉड, इस वकीलनी से बचाये कोई मुझे, इससे सचमुच नहीं जीता जा सकता। लव यू डियर..." आवाजें फिर कहीं खो गयीं अहसासों के सामने।

नीले रंग की वो डायरी

क्या-क्या लिखा गया था उसमें, कहाँ-कहाँ की बातें, नीले रंग की डायरी में काली स्याही से लिखे वे शब्द उसकी आँखों के सामने मूर्त हो उठे।

कोई बच्चा जोर-जोर से रोये जा रहा है और सभी उससे सवालों की झड़ी लगाये हैं—तूने किसे आते जाते देखा? किसने तेरी दादी पर तमंचा चलाया? महीनों तक पुलिस दल बल समेत आती रही। बड़ी मुश्किल से वह खून से लथपथ दादी को देखने ऊपर जा पाया था। कोई भी उसे जाने नहीं दे रहा था। आते जाते लोगों का हुजूम, कई लोगों की मदद से दादी को कार की सीट पर लिटाया गया फिर जल्दी-जल्दी उन्हें मेडिकल कॉलेज ले जाया गया और सबने उसे बार-बार यही समझाया—"चिन्ता न करो, रो मत मेरे बेटे, वे तो अस्पताल गयी हैं जल्दी ही ठीक होकर घर लौट आयेंगी।"

ऐन मौके पर माँ ने यही बात समझायी थी—तुम्हें मुँह नहीं खोलना है वरना ये पुलिसवाले हवालात में बन्द कर देंगे। हाँ, एकदम मुँह बन्द रखना वरना तुम्हारे साथ हमें भी हवालात हो जायेगी। सब तरफ डरे सहमे लोगों का हुजूम। उसके सारे दोस्त। उसे अजीब नजरों से घूर रहे थे। शायद उनकी आँखों में ईशान के प्रति दया जैसा भाव रहा होगा।

"तुमने कितने बदमाशों को किस रास्ते से आते जाते देखा? वे यहाँ से सीधे ऊपर गये फिर लौटकर कहाँ भाग गये? सोचकर बताओ, ईशान बेटा..."

उन बदमाशों में से एक रामकिशन भी था जिसे उसने खुद अपनी आँखों से देखा था। उसने उसका तौलिया भी दादी के पास पड़े देखा था और उसने मम्मी को हिला-हिलाकर कई बार बताया भी लेकिन वे हर बार उसे डाँट डपट देती—चुप रहेगा कि नहीं? देख, ये सब बदमाश हैं। इनके खिलाफ कुछ भी बकेगा तो ये तुझे खींच ले जायेंगे किसी जंगल में किडनेप करके फिर जानवर वगैरह खा जायेंगे तेरी को। दादी को इस हाल में देखकर उसका रो-रोकर बुरा हाल हो गया तभी पड़ोसन आंटी अपने घर लिवा ले गयी। उसके बाद क्या कैसे होता गया, उसे कुछ-कुछ दृश्य याद है, टुकड़ों-टुकड़ों में, काँच की टूटी किरचों की तरह।

"पूरी बात बताओ, शुरू से लेकर आखिरी तक, ठीक-ठीक सोच-समझकर बताओ। धीरज धरो ईशान, हम आ गये हैं सो अब तुझे कुछ नहीं होगा। तुम्हारे

बाबा तो अभी जिन्दा हैं न बेटा, तेरे पापा भी आ गये। ऐसे अधीर होकर रोना बन्द कर बेटे।"

धीरे-धीरे उसके अन्दर साहस आता गया फिर उसने शुरू से लेकर आखिरी तक बताने के लिए अपना मुँह खोला–

मैं शाम को 7 बजे अपनी दादी के साथ मन्दिर जा रहा था। अचानक लाइट चली गयी और चारों तरफ खूब घना अँधेरा छा गया सो डर के मारे मैंने दादी का हाथ कसकर पकड़ लिया। हम लोग थोड़ी देर बाद वापस लौट रहे थे। रास्ते में दादी की सहेली का घर पड़ता था सो दादी वहीं बैठकर थोड़ी देर बातें करने लगी। फिर हम घर वापस आ गये। घर लौटने के बाद मैंने मम्मी से कहा–मुझे भूख लगी है, कुछ खाने को दो। लेकिन तभी कोई बूटीक में आ गया अचानक सो मम्मी मुझे झटपट खाने की प्लेट पकड़ा बूटीक की तरफ चल दी। खाना खाकर मैं वीडियोगेम खेलने लगा। जैसे ही मैं ड्राइंगरूम से अन्दर बैडरूम की तरफ पहुँचा, तभी माँ ने कहा–तुम दूसरे बैडरूम में जाकर अपनी पढ़ाई करो। मैं आती हूँ, तुम चलो अन्दर। दादी थोड़ी देर तक मुझसे बातें करती रही फिर बोली–बेटा, मैं ऊपर जा रही हूँ, वहाँ का फोन बज रहा है, तेरे दादा का होगा...कहते हुए वे ऊपर चली गयीं और मैं वहीं गेम खेलता रहा।

अभी मेरा फर्स्ट राउंड ही चल रहा था, तभी ऊपर से तेज-तेज धम्म-धम्म की आवाजें आने लगीं और मैं तेजी से अपने कमरे से बाहर निकला तभी मम्मी भी तेजी से अपने कमरे से बाहर निकल आयीं। मैं घबड़ा गया था और मैंने मम्मी से कहा–

"मैं ऊपर जा रहा हूँ, वहाँ से किसी की तेज-तेज आवाजें आ रही हैं।"

"ईशान, रुक, अकेले मत जा, मैं आ रही हूँ, शायद वो कुछ सामान फेंक रही हों।"

"मैं थोड़ा-सा बाहर तो निकल ही आया था तो देखा कुछ लोग तेजी से भाग रहे थे। एक आदमी सीढ़ी से उतर रहा था, वह काला जैकेट पहने था और दूसरा सफेद स्वेटर पहने भाग रहा था और तीसरा रंगीन स्वेटर पहने था। जो सीढ़ी से उतर रहा था, मैंने देखा, वो रामकिशन जैसा ही दिख रहा था लेकिन दूसरे तीसरे को मैं नहीं पहचानता था। मैं बड़ी तेजी से उन तीनों के पीछे भागा। मुझे भागते हुए जिसने देखा, वो काली जैकेट पहने हुए रामकिशन जैसा ही लग रहा था।"

हाँ, रामकिशन हमारे घर में आता जाता था। हमारे बूटीक में काम करता था, सो मैं उसके पीछे तेजी से भागने लगा तभी मम्मी ने आवाज दी–कहाँ भागे जा रहे हो? इधर आओ। "मगर मैं फटाफट सीढ़ियाँ लाँघते हुए दादी की तरफ जाने के लिए लपका। ऊपर खून से सनी दादी पड़ी हुई थी। उनके पास एक नीले रंग की पॉलिथिन पड़ी थी। उत्सुकतावश मैंने उसका सामान पलट दिया तो उसमें एक

तौलिया, एक बाँका यानी चाकू टाइप था, वो नीचे गिरा। उसी समय मैंने मम्मी से चिल्लाते हुए कहा भी—मम्मी, ये तौलिया तो रामकिशन का है, वही तो यहाँ आया था, हाँ, मैंने उसे खुद सीढ़ियों से नीचे उतरकर जाते देखा है, वही तो था काला जैकेट वाला।"

"चुप कर ईशान, बहुत बोलने लगा है। तुझसे कोई पूछे तो अपने मुँह से किसी का नाम मत लेना। अभी पुलिस आयेगी तो सारी इनक्वायरी करेगी। वे दुनिया भर के सवाल पूछते हैं। तू तो बस चुप रहना वरना...वे लोग बहुत खतरनाक हैं, उनसे डरकर रहना है हमें।"

आज तक मेरे दिमाग में बस वही सीन कैद है कि तीन आदमी भाग रहे हैं। मैंने मारते हुए तो नहीं देखा मगर अपनी दादी को खून से लथपथ देखकर बदहवास हो उठा था मैं।

घटना के चन्द मिनट बाद ही पुलिस आ गयी थी। मुझे यही लगता, पुलिस को खबर किसने की मगर हल्ला-गुल्ला सुनकर घबरा गया था मैं। हाँ, आठवीं के एक्जाम्स दे रहा था मैं। मेरे बाबा के कई भाई हैं सो उस दिन वे सब इकट्ठे हो गये जिनके पास मैं कई रातें रुका था। पुलिस ने मेरे बयान दर्ज किये। मुझे कुछ घटनाएँ कभी नहीं भूलतीं। मेरी जान से प्यारी दादी को जब मैंने खून से लथपथ देखा तो मैं बेहोश हो गया था। पता नहीं किसने उठाया, कौन मुझे वहाँ ले गया था और कौन घर लौटा लाया, कुछ भी याद नहीं। दादी की तेरहवीं के मौके पर खूब सारे रिश्तेदार आये थे। बाबा के भाई, चाचा, चाची, ताई, तायाजी यानी दोनों घरों से ढेर सारे लोग मगर मम्मी के यहाँ से कोई भी नहीं दिखा। हाँ, मैंने अपनी मम्मी के बारे में जरूर पूछा मगर कोई भी उनके बारे में पूरी जानकारी देने से कन्नी काटता रहा। सब मुझे बरगलाते रहते बातों में उलझा लेते तभी किसी के मुँह से कहते सुना—"अरे, इसमें उस बेचारे की क्या गलती, देखना, अब तो इसकी माँ को पक्का उम्रकैद हो जायेगी, बिना माँ के कैसे जिन्दगानी काटेगा बेचारा ये मासूम बच्चा, हाय राम, बिन माँ का हो गया अब से मासूम बच्चा", सुनते ही दहाड़ें मारकर रोने लगा था मैं। लगा जैसे मेरे भीतर का काफी कुछ टूट-फूट गया हो। जल्दी ही बाबा ने मुझे सब कुछ बता दिया। गुजरते वक्त के साथ-साथ सारी कहानी मैं खुद ही समझता गया।

मुझे सचमुच नहीं मालूम कि पुलिस कब किस तारीख को मम्मी को पकड़कर जेल ले गयी, न ही किसी ने कभी कुछ उनसे जुड़ी बातें बतायीं मुझे। घटना के दौरान चूँकि मेरे दादा व पापा बुआजी के पास बैंगलोर गये थे सो तमाम जाने-अनजाने लोगों ने मुझसे ऊटपटाँग सवाल पूछे थे। मैं भौचक्का बना सबको ताकता रहता पर समझ में काफी कुछ आता भी नहीं था। बुआ ने आते ही मुझे अपने सीने में चिपका लिया। ये सच है कि मुझे अपनी बुआ का साथ बहुत पसन्द

था। बेशक दादा जी मेरी हर सुख-सुविधा का खयाल रखते थे। बचपन से लेकर आज तक मैं जो कुछ भी हूँ, उन सबके पीछे दादाजी का ही हाथ रहा है। अगर मेरी जिन्दगी में वे न होते तो गॉड नोज, मैं आज कहाँ होता, क्या कर रहा होता? न जाने किसके मुँह से उस वक्त एक उड़ती-सी खबर सुनने में आयी थी कि मेरी मम्मी यदि उस आदमी के साथ शादी करके कहीं और चली जाती तब तो वो मुझे भी साथ में ले जाती तो वहाँ मेरा क्या भविष्य बनता? सुनने में आया था कि उस आदमी रामकिशन ने कोर्ट में सबके सामने कहा था—उसे तो मैं चाय की दुकान खुलवा देता, और क्या? सुनते ही तन मन में आग लग गयी। दादाजी ने तुरन्त कहा था—उसकी सोच समझ का जो स्तर था, वो इससे ज्यादा सोच ही क्या सकता था? हाँ, कितना सच कहा था दादाजी ने।

तो आज इतना सारा एक रौ में लिखता चला गया। पता नहीं वांछा, तुम जब इसे पढ़ोगी तो क्या सोचोगी? क्या राय बनाओगी? मगर वांछा, ये तुम्हारी ही जिद थी कि मैं खुद अपनी माँ के बारे में क्यों नहीं साफ-साफ बात करता या उनका नाम आने पर कन्नी काट जाता था। तो हो गया न अब सब साफ? माँ की तस्वीर तुमने जैसी भी तैयार की होगी, उसमें कहीं नहीं फिट बैठती ये रत्ना नाम की औरत एंड आई रियली हेट हर...।

अपनी माँ को मैंने मम्मी कहना उसी दिन से बन्द कर दिया था जिस दिन ये कन्फर्म हो गया कि इसी औरत ने मेरी दादी का कत्ल कराया है। बस तभी से मेरे अन्दर उसे लेकर इतनी नफरत, इतना आक्रोश व इतना गुस्सा भरता गया जिसे पूरी तरह शब्दों में शायद ही कभी उड़ेल पाऊँ। मगर तुमने इतना जोर दिया तो ये लिखना एक हल्की-सी कोशिश भर है। जब कभी वांछा, तुम इसे पढ़ोगी, तभी ठीक से समझ पाओगी मुझे या मेरे भीतर बैठी नफरत की चिंगारी को।

उसे याद आया, वांछा कितनी जिद्दी लड़की है, इतनी हठी कि हर रोज एक ही बात घुमा फिराकर पूछती रहती—"ईशान, प्लीज, लैट मी नो एबाउट हर, आखिर हुआ क्या था उस दिन? जो भी जैसा भी घटा हो, मैं सब कुछ जानना चाहती हूँ। प्लीज, मुझे बताओ न, बता न सको तो प्लीज लिखकर दे दो।"

"देखो वांछा, मैं तुम्हें कितनी बार बता चुका, समझा भी चुका कि रत्ना नाम की उस औरत से मेरा कोई वास्ता नहीं, कोई नाता नहीं रहा, पक्की क्रिमिनल है वो, बस इतनी-सी बात क्यों नहीं समझना चाहतीं तुम?" गुस्से में उबल पड़ा था वो उस दिन।

"इसमें इतना गुस्सा करने की क्या बात है ईशान, मैंने वकालत पढ़ी है, ऐसे तमाम मामले मेरे सामने भी आते रहते जिनकी हकीकत कुछ और बयाँ करती है जब कि वे अपनी पूरी जिन्दगी जेल में बिता चुकी होती हैं यानी जिस सचाई की तह तक तुम कभी नहीं पहुँच पाओगे, जब कि सच बात तो ये है कि बाहर से जो

दिखाई देता है, वह भी कहाँ होता है पूरा सच? बेशक वे विद्रोहिणी हो सकती हैं, समाज के तथाकथित परम्परागत रीति-नीति या नियमों के प्रतिकूल आचरण करके वे विद्रोह तो करती हैं मगर अपराधिनी ज्यादातर केस में औरतें नहीं होतीं। इस केस में भी मुझे कुछ-कुछ ऐसा ही लग रहा है। प्लीज ट्राई टु अंडरस्टैंड माई प्वाइंट डियर...।"

"मगर इन सब पचड़ों में तुम पड़ना ही क्यों चाहती हो? क्या हासिल होगा ये सब करके? बोलो न, मैं उस औरत की कभी इज्जत नहीं कर सकता जिसने मेरी प्यारी दादी का कत्ल करवाया हो। उससे तो कभी सपने में भी नहीं मिलना चाहता, नो, नैवर..." उसने दोटूक लहजे में अपना अटल फैसला सुना दिया।

"यह भी तो हो सकता है कि किसी खास वजह के चलते वे उस समय डरकर बोल न पायी हों या उन्हें किसी ने धमकी दी हो, कुछ भी हो सकता है।"

"स्टॉप इट, प्लीज, मैं अपनी प्यारी दादी को कभी नहीं भूल सकता, सॉरी। ...लिसन, तुम पूरी हकीकत नहीं समझ सकतीं सो इस विषय पर आगे से कोई बहस नहीं। ओके?"

"आइन्दा से हम इस टॉपिक पर फिर कोई बात नहीं करेंगे। ओके? बस, इस बारे में तुमने जो सोचा है या तुम्हारी आँखों के सामने जो भी जैसी भी घटना घटी, बस एक बार मुझे उस हकीकत को तो लिखकर बताओगे न? प्लीज माई लिटिल बॉय," प्यार से उसके बालों में उँगलियों से कंघी करते हुए उसने ईशान को अपने करीब खींच लिया—"प्रॉमिस करो, प्लीज, आखिरी बार, लिखोगे न अपने बारे में?" वांछा को अपने सम्बन्धों को जीना या नये सिरे से सींचना आता था सो वहाँ कँटीली खरपतवार नहीं उगने पाती और समरस सरस रिश्ते चलते रहते।

"अच्छा ठीक है। तुम्हारी जिद के चलते पिछले दिनों जब राजस्थान टूर पर गया था, तो वहाँ तुम्हारी हठधर्मिता याद आ गयी, तभी जो भी थोड़ा बहुत मैंने लिखने की कोशिश की तो है, तुम उस नीली डायरी को पढ़ लेना, पर प्लीज पढ़कर नो एनी डिस्कसन, ओके?"

"तुम कितने अच्छे हो ईशान, सच्ची में, यू आर स्टिल ए स्वीट चाइल्ड..." कहते हुए वांछा ने उसे अपनी बाँहों में भर लिया। फिर दोनों अपने प्यार में खो गये। कहीं किसी किताब में लिखी एक पंक्ति वांछा के दिमाग में घूमने लगी—इंसाफ में देर करना इंसाफ से मुकरने जैसा ही है। जस्टिस डिलेड इज जस्टिस डिनाइड। रात के घने अँधेरे पर कोहरे ने अपनी चादर बिछानी शुरू कर दी थी। दिसम्बर खत्म होने वाला था और शीतलहर अपने चरम पर थी।

कुछ अखबारों के मुख से तो कुछ अपने लिखे पन्नों में से

"इनसान की आत्मा के लिए आजादी उतनी ही महत्त्वपूर्ण है जितनी कि आँखों के लिए रोशनी, फेफड़ों के लिए हवा और हृदय के लिए प्रेम।"

अमरीकी लेखक आर.जी. इंगरसौल।

कितना सही व कितना सटीक आकलन है, अपने शोध से सम्बन्धित कागजातों को उलटते पुलटते वांछा की नजरें इन पंक्तियों पर पड़ीं। उसके मन में इस लोकतान्त्रिक व्यवस्था को लेकर कुछ सवाल तैरने लगे। फ्रांसीसी दार्शनिक के शब्द आज के दौर में कितने अप्रासंगिक जान पड़ते हैं—"मैं तुम्हारे विचारों से सहमत हूँ या नहीं, यह दीगर बात है मगर तुम्हें अपने विचार व्यक्त करने का अधिकार मिले, इसके लिए मैं अपने प्राण त्यागने को तैयार हूँ।" लोकतन्त्र के इस बुनियादी उसूल की बेरहमी से धज्जियाँ उड़ायी जाने लगीं इन दिनों। लोकतन्त्र की रक्षा के नाम पर क्या-क्या नहीं हो रहा है हमारे इस देश में? गरीब वादकारों को राज्य द्वारा निःशुल्क कानूनी सहायता दिये जाने के मामले में कल्याणकारी राज्य की व्यवस्था के तहत संविधान के अनुच्छेद 39 ए में तो मौजूद है मगर दैनिक व्यवहार के वास्तविक धरातल पर इसकी मौजूदगी न के बराबर। ऐसे में न्याय की हत्या तो होगी ही। मन में उठ रहे सवालों पर चर्चा करने के लिए वांछा आज पड़ोस में रहने वाली वरिष्ठ वकील कुसुम जैन से मिलने चल दी। मिलते ही कानूनी दाँवपेंच या पेचीदे मुद्दों पर बहस छिड़ गयी। एक कुछ कहता तो दूसरा उसे अपने तर्क से काटता तो कहीं वे आपस में सहमत भी होती दिखती मगर बहस चलती रहती।

"वांछा, गरीबों के साथ हो रहे भयंकर अन्याय की हालत का एक मामला स्वयं सुप्रीम कोर्ट के सामने आया था। हुस्नेआरा खातून बनाम स्टेट ऑफ बिहार। हुसनेआरा बेहद गरीब परिवार की महिला थी जिसके परिवार का एकमात्र कमाऊ सदस्य उसका पति था। बिहार राज्य की पुलिस ने उसके पति को ऐसे आपराधिक आरोप में पकड़ लिया जिसमें अधिकतम सजा 3 से 4 साल की हो सकती थी मगर उसके पति को 10 साल तक बिहार की जेल में ठूँसकर रखा गया था। जबकि उसका मुकदमा अभी शुरू ही नहीं हुआ था। मुकदमा शुरू होता तो 5-6 साल चलता और तब तक वह जेल में ही बन्द पड़ा रहता। हुस्नेआरा ने सुप्रीम कोर्ट में बन्दी प्रत्यक्षीकरण याचिका दायर करके याचना की कि उसके पति को न्यायालय में

प्रस्तुत किया जाये। उसने ये भी कहा कि उसके पति की तरह बिहार की जेलों में सैकड़ों महिलाएँ व बच्चे कई सालों से बन्द हैं जहाँ अभियुक्तों के केस में सुनवाई भी शुरू नहीं की गयी।"

"बाप रे, फिर क्या हुआ?"

'बिहार राज्य की ओर से जो रिपोर्ट कोर्ट में दायर की गयी, उसमें बिहार राज्य ने स्वीकार किया कि हुस्नेआरा खातून की याचिका में उठाये गये तथ्य सही हैं कि बिना ट्रायल शुरू हुए ही सैकड़ों आरोपियों को दस-दस सालों से लोगों ने जेल में बन्द कर रखा है जबकि जानती हो, इनकी निर्धारित अधिकतम सजा अवधि इससे काफी कम है। सरकारी तर्क वही घिसापिटा कि ये अपनी पैरवी के लिए वकील नियुक्त नहीं कर पाये हैं सो न तो इनके केसों की सुनवाई हो पा रही और न ही इन्हें जमानत पर छोड़ा जा सकता। सोचो जरा, कैदी बिना ट्रायल शुरू हुए ही कैसे दसियों सालों से जेलों में बन्द हैं।"

"हूँ, कई केसेज में तो पुलिस इन्वेस्टिगेशन ही पूरी नहीं। सो पहले जाँच पूरी होगी, तब कहीं चार्जशीट कोर्ट में दाखिल होगी और तब जाकर कहीं मुकदमे की सुनवाई का ट्रायल शुरू हो पायेगा। मैंने तो ये भी देखा है कुसुमदी कि कुछ मामलों में तो महज 3 महीने की अधिकतम सजा पाने वाले अभियुक्तों को कई सालों से जेल में बन्द रखा गया था। सोचो जरा, क्या इससे संविधान के अनुच्छेद 21 में दिये गई उन अपराधियों के मौलिक अधिकार का उल्लंघन नहीं होता?"

"तो क्या कोई केस अनन्त समय तक चलाया जा सकता है दी? अरे दी, कॉफी तो लो, ठंडी हो रही है।"

"मैं ठंडी ही लेती हूँ वांछा। एक सवाल परेशान करता है, ऐसे वादकार जो बहुत ही गरीब हैं यानी अपनी पैरवी के लिए अपना वकील नियुक्त नहीं कर सकते, क्या उन्हें सरकार द्वारा निःशुल्क कानूनी सहायता नहीं दी जानी चाहिए? जैसा कि संविधान के अनुच्छेद 21 में दिये गये मूल अधिकारों में शामिल है, याद है न?"

"हाँ, एक बार किसी केस में सुप्रीम कोर्ट ने निर्णय दिया था कि ऐसे अभियुक्तों को तत्काल रिहा किया जाये जिन्हें सजा से अधिक समय तक जेल में रखा गया है। जो गरीबी के चलते अपने लिए जमानती प्रस्तुत करने में कामयाब नहीं हो पाये या जिन पर गम्भीर आरोप नहीं हैं, उन्हें बिना जमानती के केवल पर्सनल बांड पर तत्काल रिहा करने के आदेश दिये गये थे।"

"याद है न वांछा, हमारी संसद ने एक बहुत ही जनोपयोगी कानून विधिक सेवा प्राधिकरण अधिनियम 1987 लागू किया था जिसके तहत गरीब वादकार अधिकारपूर्वक किसी भी कोर्ट से माँग कर सकते हैं कि चूँकि वे गरीब हैं इस नाते सरकारी खर्चे पर कानूनी सहायता फ्री में दिलायी जाये बशर्ते कि मामला सही व न्यायसंगत हो यानी जेन्यून हो परन्तु एक बार अपने पिता के साथ निःशुल्क सहायता माँगने आयी एक महिला अपने ससुरालवालों को सबक सिखाने के मकसद

से एक झूठा केस दायर करना चाहती थी ताकि वह अपने ससुराल वालों के खिलाफ दहेज उत्पीड़न का एकदम झूठा केस बनाकर उन्हें जेल की हवा खिला सके। तो सोचो, अच्छी कानूनी सुविधाओं का किस कदर दुरुपयोग किया जा सकता है, ये सब भी खूब होता है मगर जल्द ही लीगल एंड क्लीनिक चलाने का प्लान बनाया है मैंने जिससे आम जनों को कानूनी सुविधाओं की जानकारी मुहैया करायी जा सके।"

"ग्रेट दी, मैं भी आपके साथ इस मुहिम में शामिल हूँ।" कहते हुए वांछा ने कॉफी का अन्तिम घूँट हलक से नीचे उतारा।

अनायास उनकी नजरें तो दीवार पर उतरती हुई धूप के बीच बेमौसम शुरू हुई बूँदाबाँदी पर थम गयीं। अरसे बाद इस अप्रत्याशित बौछार को मुस्कराते हुए देखकर उनका मन किया कि क्यों न इन आड़ी टेढ़ी बौछारों में भीगने का जमकर लुत्फ उठाया जाये। इस तेज बारिश में उनके अंग-प्रत्यंग भीग रहे थे। उन्हें पानी में छप-छप करते देख ऐसा लगा जैसे न जाने कब से वे बस इसी समय का इन्तजार कर रही थीं कब वे आजाद होकर मनमर्जी से उड़ान भर सकें। काश कि तमाम बेगुनाह कैदी भी आजादी का स्वाद महसूस कर सकें।

"क्या सोचने लगी वांछा?" कुसुम जी ने उसकी तरफ ध्यान से देखते हुए अपनत्व से पूछा—"शादी कब तक कर रही हो?"

पहले ये प्रोजेक्ट तो पूरा हो। पता नहीं, कहाँ-कहाँ से कौन-कौन से किस्से उधेड़ने बुनने में समय निकलता जा रहा है। दो साल हो गये मगर काम अभी तक निबटा नहीं। कर लेंगे, ऐसी भी क्या जल्दी है?"

"नहीं वांछा, ज्यादा देर करना भी ठीक नहीं वरना आगे चलकर माँ बनने में जटिलताएँ पैदा होने लगती हैं।"

"अगले साल तक करने का सोचा है। बच्चे की बात से याद आया, कुसुम दी, ये एक बड़ी हकीकत है कि कई औरतें तो पहले से ही कई साल की सजाएँ काट चुकी हैं जिनके बच्चे उनकी गिरफ्तारी के समय इतने छोटे थे कि उन्हें माँ से अलग नहीं किया जा सकता था। वे अब जेल में ही बढ़ रहे हैं मगर वही बच्चे इन औरतें के चेहरे पर खुशी की वजह भी बनते हैं।" चिन्ता में डूबी आवाज सुनाई दी।

"हाँ, बिल्कुल ठीक कह रही हो। जेल के भीतर के हालात सचमुच असहनीय होते जा रहे थे जिन्हें देखकर अन्दर बाहर सब तरफ बवंडर उमड़ता रहता। साँसों की आवाजाही चलती रहती मगर सच्ची आजादी न जाने कब से अपना दम तोड़ चुकी थी उस परिसर में। पिछले कई सालों से सलाखों के पीछे धकेल दिये गये सैकड़ों बन्दिनों की तादाद दिनोंदिन बढ़ती ही जा रही है। हजारों कैदी सालों से बन्द हैं जिन्हें साल दर साल गुजर जाने के बावजूद आज तक ये नहीं बताया गया कि वे यहाँ क्योंकर बन्द हैं। सचमुच ये औरतें कितनी अभागन और लाचार नजर आतीं जिनमें से अधिकतर अपने मुकदमे चलने के लम्बे इन्तजार में दिन काटने की विवशता ढो रही हैं।" वे सोचते-सोचते बोलती जा रही थीं कि उनकी बात काटते

हुए वांछा बोल पड़ी–

"और कुछ कैदी तो ऐसी हैं जो बहुत छोटे से अपराध के चलते अन्दर सालों से सड़ रही हैं फिर चाहे जमीन-जायदाद से सम्बन्धित मसले हों या फिर छोटी मोटी चोरियाँ। उस मासूम बच्ची के बोल याद करके कलेजा चिरने लगता–काश कि हमारे अन्दर किसी ने अच्छे बीज डाले होते, अच्छे संस्कार दिये होते तो हमारे कदम गलत दिशा में न मुड़ते। माँ के कदम गलत दिशा की तरफ मुड़ चुके थे सो वे हमें भी ऐसा ही करके पेट भरने के लिए उकसाने लगी। उठा लो इसे, पार कर दो, क्या है, इतना डरती क्यों हो, घड़ी ही तो है, पूरे तीन सौ मिल जायेंगे। ऐसा करते-करते धीरे-धीरे चोरी करने की आदत पड़ती गयी। पर भुगतना तो हमें पड़ा न, वो सौतेली माँ तो अपनी जान बचाकर न जाने कहाँ गुम हो गयी?"

"और सुनो, जेल के अफसर कुछ जिम्मेदार पदों पर ऐसे कैदियों को तैनात कर देते जिन्हें लम्बी सजाएँ मिली हों। उन्हें लालच दिया जाता कि यदि उनका चालचलन अच्छा होगा तो उनकी सजा कम कर दी जायेगी। कई मामलों में ऐसा हुआ भी, सोचकर ये औरतें खूब मन लगाकर सच्ची भावना से अपना काम करती रहतीं। कुछ सफाई करतीं तो कुछ बागवानी या खाना बनाती रहतीं। ऐसी भी कई ऐसी औरतें हैं जो मौत की देहरी पर बैठकर भी गुनाह से जुड़े किस्से चटखारे ले लेकर सुनाती रहतीं, खास तौर पर जिस्मानी सम्बन्धों पर वे खुलकर मजा लेते हुए घटिया बातें करने लगतीं।"

रात गहराती जा रही थी। सर्दियों के दिन थे। ठंडी हवाएँ कँपा देतीं जिससे बचने के लिए वांछा ने कम्बल से मुँह तो ओढ़ लिया मगर भीतर विचारों का अन्धड़ चल रहा था। कभी ईशान के साथ बिताये पल तो कभी कॉलेज के पुराने दोस्त पुनीत की बातें तो कभी माँ की नसीहतें जिसमें जल्दी से शादी करने का दबाव दिनोंदिन बढ़ता ही जा रहा था। नींद नहीं आयी तो पास रखे अपने ही लिखे नोट्स पढ़ने लगी।

ऐसे ही किसी दिन शहर की व्यस्त सड़क से खुफिया पुलिस ने सीमान्त का अपहरण करके अवैध रूप से हिरासत में रखकर कई दिनों तक लगातार यातनाएँ दी गयीं। बाद में कई सौ किलोमीटर दूर किसी और जिले में यातनाएँ दी गयीं। बाद में कुछ और लोगों को इसी तरह किसी न किसी ऐसे मुकदमे में फँसा दिया गया जिसका कब फैसला होगा, कोई नहीं जानता। ये सच है कि पुलिस की ये कार्यवाही अपराध निवारण की न होकर राजनीतिक ही थी फिर उनके साथ राजनीतिक कैदियों की तरह व्यवहार क्यों नहीं किया गया? क्योंकर उनके साथ वही सब किया गया जो शातिर अपराधियों के साथ आम तौर पर किया जाता है जैसे कि मुकदमे के लिए गिरफ्तारी, बरामदगी, जुर्म इकबाली, झूठी कहानी गढ़ना और ईश्वर को साक्षी मानकर भरी अदालत में शपथ लेकर झूठे बयान दर्ज कराना। कई बार तो ऐसे दस्तावेज की बरामदगी फर्जी तौर पर दिखाई जाती है क्योंकि उन पन्नों पर गवाह के दस्तखत ही नहीं। वास्तविकता में बरामद सामानों की सूची में दस्तखत हैं। अदालत

यदि उन पन्नों को फर्जी मान लेगी तो ये झूठे आरोप कहीं टिक नहीं पायेंगे। जिन माओवादी नेताओं से सीमान्त के सम्पर्क बताये गये, वे सभी विचाराधीन कैदी के रूप में जेलों में बन्द हैं। जब कि सच तो ये है कि जिन लोगों को गिरफ्तार किया गया है, उन्हें अपने अपराध का पता तक नहीं।

हमारे देश की तमाम जेलों में ऐसे हजारों की संख्या में बन्दी हैं जिन पर तमाम झूठी धाराएँ लगाई गयी हैं। वकील कुसुम जैन के मुताबिक हजारों ऐसे बन्दी हैं जिनके मुकदमों की सुनवाई होना तो दूर, उन्हें यह भी नहीं पता कि उन पर आरोप क्या है।

ये कैसा देश है जहाँ आदिवासियों पर होने वाले जुल्म के खिलाफ आवाज उठाने वाले किसी रहनुमा को उम्रकैद की सजा सुना दी जाती है। इसी तरह पत्रकार को झूठा फँसाये जाने का विरोध करने वाली स्कूल अध्यापिका को भी आरोपी बनाकर सलाखों के पीछे धकेल दिया जाता है। हमारे देश में माओवादी गतिविधियों के दायरे में रखे जाने वाले बन्दियों की संख्या भी बारह से पन्द्रह हजार के आसपास होगी। इसी तरह कश्मीर से दूर शिक्षा या रोजी रोटी की तलाश में निकले तमाम युवाओं को झूठे आरोपों में दबोच लिया जाता है और उनका उठान पर जाते कैरियर पर सदा-सदा के लिए विराम लग जाता है। यहीं से शुरू होती हैं तमाम परिवारों की आर्थिक, सामाजिक, व्यक्तिगत एवं मनोवैज्ञानिक समस्याएँ भी। देश की सुरक्षा एजेंसी कितनी सफाई से मुकदमों की पैरोकारी में तमाम दाँवपेंच फँसाती चली जाती हैं कि बन्दी कश्मीरी लड़के एक बार जेल में पहुँच जायें फिर वहाँ से निकलना धीरे-धीरे नामुमकिन-सा होता चला जाता है। कई बार तो उन्हें 'हाई रिस्क' कहकर एकान्तवास में धकेल दिया जाता है जिससे वे निरपराध मासूम मानसिक रूप से टूटने लगते हैं। ऊपर से करेले पर नीम चढ़े ये कि उनके परिजनों को मुलाकात का मौका न देकर तमाम अड़चनें लगाकर मिलने से रोका जाता। इसी तरह साल दर साल निकलते चले जाते। देश भर में ऐसे बन्दियों की संख्या लगभग बीस हजार तक पहुँच चुकी है। आखिर इनके साथ कैसा सुलूक किया जाना चाहिए, एक भारी भरकम सवाल वांछा इस पूरे सिस्टम से करती हुई सोचती जाती। तमाम आर्थिक, सामाजिक या मानसिक मुद्दों पर समाधान के लिए राजनीतिक या अन्य तरीकों से संवाद को बढ़ावा देते हुए एक नयी ईमानदार पहल तो करनी ही होगी, तभी तो इन बेगुनाह कैदियों की रिहाई का रास्ता खुल पायेगा। इस विशाल देश की जटिल राजनीतिक व्यवस्था में फँसे बन्दियों की मुक्ति का रास्ता आखिर कैसे खुलेगा?

हजारों युवक-युवतियों को सालों-साल बन्द करके उनकी आँखों में पनपते सपनों को रौंदकर धीरे-धीरे उन्हें असमय बूढ़ा बनाने का आखिर क्या औचित्य है? कैसे समय पर उन्हें समुचित न्याय मुहैया हो पायेगा? वरना विलम्बित न्याय का कोई मतलब ही नहीं रह जाता। आज के राजनीतिक परिदृश्य में लोकतन्त्र की विरासत की बुनियाद मजबूत रखने के नुस्खे बतायेगा कोई? जहाँ आम आदमी चैन की नींद

सो सके और अपने साथ हो रहे अन्याय का दमदार तरीके से प्रतिरोध दर्ज करा सके, न कि डरकर छिपकर इस तर्क को गढ़ ले कि हमें किसी के साथ खड़े होकर कुछ नहीं बोलना वरना कहीं किसी झमेले में पुलिस ही न फँसा दे हमें...आजकल हर दूसरे व्यक्ति के मुख से यही तो सुनने को मिलता है—न, हमें नहीं पड़ना किसी के घनचक्कर में वरना कल के दिन क्या पता, हमारे साथ ही कोई बखेड़ा शुरू हो जाये। सोचकर सभी चुप साध लेते और अपने रास्ते पतली गली से चुपचाप निकल लेते। झूठी गवाही व झूठे सुबूतों के आधार पर गिरफ्तारी के खेल खूब खेले जा रहे थे। सो आम आदमी इन सबसे बचकर सुकून से अपनी जिन्दगी जीना चाहता था। आम आदमी के मन में पुलिस की यही छवि थी कि वे कैसा भी केस बना या बिगाड़ सकते हैं, कई मामलों में ऐसा होता भी यानी पैसे के दम पर वे बिकने को हरदम तैयार रहते, यह है हमारे विशाल देश की पुलिस की प्रशासनिक व्यवस्था, लंचर-पंजर, लस्टम-पस्टम और भगवान भरोसे। सख्त कानून जरूर थे मगर इन्हें लागू कराने वाला समूचा सिस्टम भ्रष्ट तन्त्र बनाम लोकतन्त्र बनाम भीड़तन्त्र का पर्याय बन चुका था।

वांछा रत्ना के लिखे आखिरी पन्ने तेजी से पलटने लगी जिनमें जेल जीवन की असहनीय यातनाएँ दर्ज थीं। समलैंगिक रिश्तों के बारे में कुछ महिला बन्दी आपस में कानाफूसी करती पायी जातीं क्योंकि वे अक्सर अगल-बगल एक ही कम्बल ओढ़कर खुसर-फुसर करती पायी जातीं। उनके सम्बन्धों के बारे में बाकी औरतें जान जातीं मगर वे ये सोचकर खामोश रहतीं, हमें क्या, अगर आज हम इनके बारे में मुँह खोलेंगी तो कल के दिन कहीं किसी मसले पर ये हमारे खिलाफ कोई शिकायत न लगा दें। वे एक-दूसरे की सूरत देखते हुए सोचती रहतीं या फिर मन ही मन अपने से, अपने रिश्तेदारों से या जान पहचान वालों से जलती भुनती कुढ़ती हुए सोचतीं कि वे तो किसी बियाबान कँटीले जंगल में गुम हो गयी हैं और हमेशा-हमेशा के लिए अपने घर के रास्ते से भटक गयी हैं सो अब यहीं मर खप जायेंगी वे, किसी एक रोज जिनकी मौत पर दो आँसू बहाने वाला भी कोई नहीं मिलेगा, सोचकर सभी अपने-अपने भगवान को याद करके, पूजा पाठ करके रूहानी ताकत बटोरने की कोशिश करती रहतीं और बात-बात पर किस्मत या तकदीर की ओट ले लेतीं।

वकील भी खूब पैसे बनाने वाले मिलते। मुफ्त कानूनी सहायता देने वाले कोई नहीं। पेशी पर जाते वक्त एक वकीलनी टकराई। सोचा, ये औरत है सो अनाप-शनाप पैसे नहीं ऐंठेगी मगर ये महज भ्रम साबित हुआ। उसने भी खूब पैसे ऐंठे। जमानत का आश्वासन दिया मगर अदालत पहुँचने पर पता चला कि उसने कोर्ट में रत्ना के गवाहों को बुलाने की अर्जी दी है यानी नये सिरे से पूछताछ शुरू करने का सुझाव दे रही थी वो। उसने हाईकोर्ट से रत्ना की जमानत कराने के बारे में भी झूठ का सहारा लिया, मतलब, रत्ना से ज्यादा से ज्यादा पैसे ऐंठने ठगने की बदनीयत से वह झूठ पर झूठ बोलने का खेल खेलना चाहती थी। उसे छोड़ा तो रत्ना

को एक नेपाली औरत ने हर तरह से मदद की ताकि वह कानूनी खर्च उठा सके।

जब अचानक कोई नयी कम उम्र की लड़की को जेल में देखती तो उसके मासूम चेहरे को पढ़ने लगती। किस कदर एक रईसजादी लड़की ने जेल में पैर धरते ही चीखना-चिल्लाना शुरू कर दिया था—आई कांट लिव हियर। ऐसे टॉयलेट तो हमारे यहाँ नौकरों तक के नहीं होते मगर महीने पन्द्रह दिनों बाद वहाँ एडजस्ट करना ही पड़ता। 21 या 22 साल में आयी थी यहाँ मगर देखते-देखते 10 साल गुजर गये। गुमसुम-सी पड़ी रहती बिस्तर पर। एक बार रात के अँधेरे में जाड़े के दिनों में वह कम्बल के नीचे कँप रही थी तो रत्ना ने उसके पास जाकर पूछा—"क्या बात है, तबीयत ठीक नहीं है, सुनते ही रुआँसी आवाज में फट पड़ी—अब और नहीं जिया जाता यहाँ। मुझे यहाँ से बाहर निकालो प्लीज, प्लीज..." उसकी मिन्नतें सुनकर कठकलेजा भी पिघल जाये मगर सभी तो असहाय थीं वहाँ। समझा-बुझाकर शान्त करना आता था उन्हें। बाहर से सख्त लगती अंग्रेजी गिटपिटाती लड़कियाँ भी अतीतगामी होकर रोना शुरू कर देतीं। सबके भीतर बसी थी भावुकता जो गाहे-ब-गाहे मौका पाकर बाहर वेग से आँसू बनकर झरने लगती। मगर जैसे-जैसे समय बीतता जाता, वैसे-वैसे खुद को त्रास पहुँचाना या शिकायतें करना अपने आप कम होता जाता।

सच तो ये था कि वहाँ औरतों के लिए कोई काम नहीं था। 1700 की जगह में चार हजार औरतें ठुँसी पड़ी थीं सो ऐसे में प्राइवेसी के बारे में सोचने का सवाल ही कहाँ उठता है। बैरक सुबह 6 बजे खुलता और रात 7 बजे गिनती करके बन्द हो जाता सो इतना सारा खाली समय पसरा रहता। बैठे-बैठे वे हर छोटी चीज के लिए आपस में लड़-झगड़कर समय बर्बाद करतीं। खाली दिमाग शैतान का घर, कहावत को चरितार्थ करते हुए। जेल में छोटे बच्चों को देखकर रत्ना के सीने में ईशान के प्रति दबा प्यार उमड़ने-घुमड़ने लगता सो वह बच्चों को पढ़ाने लगती। हाँ, इन मासूमों के लिए भी वहाँ अच्छे दूध का इन्तजाम नहीं था। ऐसे ही किसी दिन मीता नाम की बच्ची कहने लगी—आंटी, अम्मा कह रही थी, कल की तारीख में हमारी सजा सुनाई जायेगी। पता नहीं, फिर हम कहाँ जायेंगे, क्या करेंगे...ऐसे भीषण सवाल सुनकर रत्ना का कलेजा फुँकने लगता। इनका मासूम बचपन किस कदर नष्ट हो रहा है, समझ नहीं पाती, ऐसा क्या कर डालूँ कि इनके उदास चेहरे फिर से खिल उठें। बच्चों व स्तनपान कराने वाली औरतों को भी दूध नहीं मिल पाता बल्कि जेलर स्टाफ आपस में बन्दरबाँट करके माल गड़प कर जाते।

एक बार हिम्मत करके उसने जेलर साहिबा से मिन्नत करके अपनी जमा पूँजी से बच्चों के लिए किताबें और खिलौने मँगवाये थे। वैसे बच्चों की माताएँ ज्यादा मेहनत करके ज्यादा पैसे खुद कमा सकती थीं मगर वे वोकेशनल संस्थान में जाकर काम करने के बजाय निठल्ला-नकारा बैठकर गप्पें लड़ाना ज्यादा पसन्द करतीं। उस समय बहुत बुरा लगता जब वे देखतीं कि कुछ बन्दिनियाँ अपना सारा

समय जुआ खेलने में बर्बाद कर देतीं। बच्चों के कुछ माँगने पर उन्हें बुरी तरह पीट देतीं, झिड़क देती और आपस में गाली-गलौज करने लगतीं। दहेज-हत्या, मादक दवाओं की तस्करी और वेश्यावृत्ति जैसे आरोपों में कैद इन सजायाफ्ता कैदियों को बीससाला कहा जाता था।

बीमार होने पर अस्पताल जाना हो या चिकित्सा प्रमाणपत्र बनवाना हो, वे सब डॉक्टरों का घेराव कर लेतीं। डॉक्टर को पैसे देकर चिकित्सा प्रमाणपत्र बनवाना पड़ता। एक बार तो किसी महिला को तालाबन्दी के बाद प्रसव हुआ। ऐसे में डॉक्टर को सूचना भिजवाने के बाद भी वे नहीं आयीं। सुबह बैरक खोलने पर पता चला कि खून से लथपथ बन्दी पड़ी कराह रही थी। बच्चे की नाल काटने के लिए कहीं से एक ब्लेड का जुगाड़ करना मुसीबत बन गयी थी। किसी तरह जच्चा-बच्चा की जान बचायी जा सकी। उस घुटन भरे माहौल में भी वह जैसे-तैसे जीने की विवशता को ढोये जा रही थी क्योंकि मरना वहाँ जीने से मुश्किल था। शायद तनाव न झेल दिमागी परेशानियों के चलते 30 से 40 प्रतिशत औरतों में पागलपन के लक्षण नजर आने लगे थे। उमस भरे चिपचिपे मौसम में बैरकें भट्ठी-सी तपने लगतीं मगर इन मुसीबतों से कहाँ तक भागा जाये, सो बस एक ही चीज हाथ में बची रहती और वह है प्रार्थना, अपने आप हाथ प्रार्थना में जुड़ जाते और आँखें मुँद जातीं। बेचारी न वहाँ जिन्दा थीं, न पूरी तरह मुर्दा, किसी तरह रो-धोकर, ऊपर से हँस-हँसकर वक्त काटने का भरम बनाये रखती थीं।

"अरे, ये तो कमाल हो गया, इधर आपने भगवान को याद किया, उधर प्रभु ने हम पापिनों की भी प्रार्थनाएँ सुन लीं।" अनायास रिहाई की खबर सुनते ही महीनों से पेट दर्द व बुखार में पड़ी बीमार अफसाना बेगम फौरन अपनी लस्टम-पस्टम हालत से उबरकर खड़ी हो गयी। मुक्ति की खबर सुनकर कानों पर भरोसा नहीं हुआ मगर फिर उसने सबके पास जा-जाकर अपनी रिहाई की खबर सुनाई और सबके साथ मिलकर उस रात खूब जश्न मनाया गया। सारी रात हँसते, गाते, गप्पें मारते मस्ती करते बीती। अगली सुबह से तो वहाँ एक-एक पल काटना भारी हो गया था। इतने सालों बाद अम्मा को देखूँगी तो कैसा लगेगा उन्हें। पहले बच्ची थी मैं मगर अब तो बाल पक गये, चेहरे पर झुर्रियाँ बनने लगीं, सोचकर वह खुशी के मारे रोने लगी। उस रात सबने मिलकर गीत गाये और एक-दूसरे का हाथ पकड़कर सब नाचने लगीं। उसकी खुशी में हरेक का दिल खुशी से नाच रहा था। वे सोचतीं, काश कि हमारी भी जल्दी से रिहाई की खबर आ जाये, सोचकर वे उलझन में घिर जातीं। हमारी समस्याएँ सुलझाने के लिए किसी नये नेता के पास सहानुभूति के दो शब्द भी नहीं बचे। हे भगवान, इनसानियत बची भी है या नहीं। घबराकर वे फिर से अपने-अपने ईश्वर को पुकारने-जपने लगीं।

जिस तरह कुछ पुरानी बन्दिनियाँ बाहर जाती रहतीं, उसी तरह कुछ नयी का अन्दर आने का सिलसिला भी चलता रहता।

कितना दारुण व भयावह होता है जेल का परिदृश्य

तेजी से पन्ने पलटती जा रही है वह जेल डायरी के। जेल की चहारदीवारी को चाहे दूर से देखो, चाहे दीवारें लाँघकर अन्दर जाकर देखो मगर वहाँ सिवा दर्द और बेबसी के कुछ नहीं मिलेगा मगर इसके बावजूद हकीकत का एक पहलू ये भी थीं कि यहाँ की सामूहिकता, बराबरी की भावना, सुरक्षा का चाकचौबन्द माहौल और फक्कड़पन का साझापन जो यहाँ था, वो कहीं भी नहीं था। सो यहाँ मस्ती भी थी और पस्ती भी। फ्री में रहना, खाना, ओढ़ना-बिछाना या इलाज वगैरह भी मुफ्त में, और भला किसी को क्या चाहिए जिन्दगी से?

जो बन्दिनियाँ वाचाल हैं या जो सालों से गुमसुम हैं या जो जरूरत भर की जुबान हिलाती हैं मगर उनके मौन में कितनी व्यथा कथाएँ छिपी होती हैं। बन्दिनियों की कही-अनकही आवाजें अक्सर चीख-चीखकर वहाँ की दीवारों से टकरा-टकराकर लहूलुहान होती रहतीं। तन मन हारकर निराश होकर हताश मन के असंख्य टुकड़े धूल-धूसरित होकर गर्म रेत बनकर गर्म हवा संग सन्ताप पहुँचते रहते।

वहाँ के सीन याद आते रहते। कोई स्त्री क्यारियों में पानी दे रही थी तो कोई अपने कपड़े सुखा रही थी तो कोई जेल परिसर में बने स्कूल से लौटते बन्दिनियों के बच्चों के प्रति अपने अन्दर बची खुची ममता को लुटा रही थी तो कोई दड़वे में उसी मटमैले कम्बल को ओढ़े आँखें मूँदे जीते जी मुर्दा बनी सोने जागने के बीच की स्थिति में पड़ी थी। इनके लिए दिन-रात का अर्थ खत्म हो चुका था। दीवाल से चढ़ती-उतरती धूप से समय मापने जाँचने का हिसाब लगाती ये अक्सर भूल जातीं कि यहाँ रहते हुए इनकी उम्र के कितने पहाड़ जैसे भारी भरकम साल बिताना भारी पड़ता था। मुश्किलों भरे दिन-रात जो कटाये नहीं कटते थे। ये भला कैसे जान पायेंगी जीने का अर्थ? इनके लिए तो जीवन का पहिया बस यहीं थम गया सालों से। बस यही एक जगह एक ही धुरी पर टिकी है जस की तस उनकी जिन्दगी जैसे दलदल में फँस गया हो जिन्दगी का चलता पहिया। तभी तो अधिकांश औरतें अपनी सजा को अधिकतम मानकर बताती हैं।

"हमको यहाँ रहते हुए 18 साल पूरे हो रहे हैं। भाग्य की विडम्बना देखिए जरा, पहले तो सब कुछ था हमारे पास मगर अब...25 साल से तो यहाँ हैं। सब कुछ ऊपर वाले की मर्जी से होता है। यही किस्मत में बदा था और क्या कहें? भाग्य ने

ही मेरे जीवन के दरवज्जे भड़ाक से बन्द कर दिये ..तो कोई क्या कर पायेगा...” बताते हुए बन्दिनी सीमा का गला भर्राने लगा। बाकी काम आँसुओं ने कर दिया।

सोचती रही वह। इन बेचारियों ने क्या देखा, क्या जी पायीं? इनकी सोच के पंख कटे हैं। इन्होंने जो भी जाना, बूझा, यहीं इस चहारदीवारी से या आसपास के कुछ लोगों से ही तो जाना समझा। इनके पीले मुरझाये चेहरे पर यान्त्रिक किस्म के नपे तुले हाव भाव नजर आते। उनके बारे में जिरह करने के लिए मुँह खोलते ही—“नहीं, नहीं, एकदम गलत सोच रही हो तुम। न, कतई निर्दोष नहीं हैं ये। अरे, इनके भोले भाले चेहरे पर मत जाओ। कुछ न कुछ तो जरूर रहा होगा वरना ऐसे कैसे किसी बेगुनाह को जेल में ठूँस देगी पुलिस। आप इतने भावुक तरीके से मत सोचिए प्लीज। गुनाह आखिर गुनाह होता है। जानती हो?”

सीमा बन्दिनी बड़ी-बड़ी आँखें नचाते हुए चौड़ी करते हुए कहतीं। अनायास मुँह से निकल गया—किसी ने सच लिखा है—लमहों ने खता की, सदियों ने सजा पायी। यूँ तो हम सब कहीं न कहीं किसी न किसी देखे-अनदेखे पिंजरे में कैद रहते, चाहे वो पारिवारिक बन्दिशों का पिंजरा हो, चाहे रूढ़ियों या गली-सड़ी परम्पराओं के नाम पर बन्धक बनाया गया हो, चाहे किसी की ताउम्र गुलामी का जुआ ढोना पड़े मगर कैद तो वहाँ भी है ही।

हमारे घर-परिवार की तथाकथित इज्जत आबरू ढाँकने की कोशिश में न जाने कितना कुछ सहना पड़ता है औरतों को। मानसिक शारीरिक यन्त्रणा के कितने कठिन दौर से गुजरना पड़ता है इन्हें। सोचो जरा, इससे बड़ी विडम्बना और भला क्या हो सकती है कि ऐसी स्त्रियाँ जिन्होंने सीधे-सीधे कभी कोई अपराध किया ही नहीं लेकिन अपने सगे आत्मीयजनों के संग लपेट दी गयीं या उन्हें बचाने की खातिर कानून की चपेट में आ गयीं सो लम्बे समय से जेल में सड़ने के लिए अभिशप्त हैं। ये कितनी बड़ी अमानवीयता है कि जिनकी खातिर (कभी पति तो कभी भाई) वे सालों-साल सजा काट रही हैं, वही लोग इनकी सुध लेने तक नहीं आते। पता चला कि चार से छह साल तक तो मिलने जुलने वाले आते जाते रहते मगर उसके बाद सभी अपनी-अपनी जिन्दगी में व्यस्त होकर गुमनाम होकर न जाने कहाँ किस खोह में दुबक जाते और फिर सालों साल अपना चेहरा नहीं दिखाते। सबसे बड़ी त्रासदी तो ये कि इन्होंने हत्या जैसे जघन्य अपराध सीधे या अप्रत्यक्ष तौर पर किये ही नहीं मगर अपने अनकिये अपराध की सजाएँ काट रही हैं।

सच्चा झूठा का निर्णय तो अदालतें सुनाती हैं और ये किस हद तक कितने प्रतिशत सही गलत की परख सचमुच हो पाती है, कोई नहीं जान पाता। दरअसल कानूनों के मकड़जाल इतने महीन, बारीक और रहस्यमय से हैं कि वहाँ से निकल पाना बेहद दुष्कर होता आता है। मुश्किलें इतनी कि पग-पग पर बाधाओं की अनवरत लम्बी जटिल प्रक्रिया झेलते-झेलते ही उम्र निकल जाये। वाकई, तकलीफ

होती है ये सोचकर कि आज जिनकी उम्र 55 या 60 से ऊपर है, और ये 15-16 साल की सजाएँ काट चुकी हैं मगर इनकी खातिर कागजी कार्रवाई करने वाला कोई नहीं रहा। उनके बारे में उनके उन्हीं सगों को कोई फिक्र ही नहीं कि वे उन्हें वहाँ से वापस ले जाने के लिए कोई पहल करें। न तो वे उनसे मिलने सालों से वहाँ गये हैं और न ही जाना चाहते हैं। उनके घर वाले या तो उन्हें भूल चुके हैं या भूल जाना चाहते हैं। समाज या घर-परिवार की तथाकथित इज्जत के नाम पर वे जीते जी उन्हें मरा मानकर अपने-अपने जीवन के माया मोह में फँसे उन्हें उनके हाल पर छोड़ देते। शुरू-शुरू में वे उनके हालचाल लेने या उन्हें देखने आते रहे मगर बाद में उनकी खबर लेने वाला कोई नहीं बचा। या तो उनके अपने लोग मर-खप चुके होते या इस हाल में नहीं कि उनकी परवाह कर सकें। 14 से 18 साल की सजा काट चुकी ऐसी तमाम महिला कैदियों की दया याचिकाएँ सालों से लम्बित पड़ी हैं। उनके बारे में कुछ भी सकारात्मक करने की जहमत भला कौन उठायेगा? ये कैसी अमानवीयता है, सोचते ही दिल दहल उठता। सालों बाद यह अहसास जरूर कचोटता कि अपनी गलती के चलते किसी को दोष देने से अब क्या फायदा, जेल के योग केन्द्र पर उन्हें बार-बार यही समझाया जाता कि ये जगह तो एक दरिया है जहाँ हर रोज डूबने का डर सतायेगा मगर अपनी अन्दरूनी शक्ति के सहारे तैरना अपने आप आ जाता है जैसे क्षत-विक्षत टुकड़ों में बिखरे शरीर का ऑपरेशन कर दिया जाता है, ठीक उसी प्रकार मन का भी ऑपरेशन उस योग केन्द्र पर होता था पर रोज-रोज की वही बातें सुन-सुनकर वे ऊब भी जातीं। किसी को पारिवारिक रंजिश के चलते हत्या के आरोप में बन्द कर दिया गया तो किसी पर पड़ोसन के बच्चे को मार डालने का आरोप है। ऐसे अनगिनत मसले हैं जिनके बारे में मुँह खोलकर साफ-साफ बताने से वे परहेज करती हैं। जितनी तरह के चेहरे उतनी तरह के आरोप-प्रत्यारोप भी। विडम्बनाजनक पहलू तो यह भी पता चला कि यदि किसी की सजा पूरी भी हो जाती तो उन्हें कोई लेने नहीं आता। तो जेल प्रशासन का गार्ड उन्हें घर छोड़ने जाता है और यदि वहाँ कोई न मिले तो फिर से नारी निकेतन या नारी संरक्षण गृह जैसी संस्थाओं में भेजा जाता। हाँ, इन्हें यूँ ही अकेले नहीं छोड़ा जा सकता। बिना गार्जियनशिप के उन्हें खुली सड़क पर नहीं छोड़ा जा सकता। वाह रे नियम...

ओफ, किस तरह इनसे वहाँ कितनी तरह के काम कराये जाते। कोई अल्लाह को याद कर रहा तो कोई हनुमान चालीसा का पाठ। सच तो ये है कि जेल के बीच हम न हिन्दू रह जाते, न मुसलमान बल्कि हम सब अपने हालातों की शिकार बेबस मजबूर इनसान हैं बस। जेल में रहती उन औरतों की विभिन्न छवियाँ वांछा की स्मृति पर दस्तक देती रहीं। वहाँ की बैरकों में ठुँसी औरतों ने (चाहे जुर्म किया हो या नहीं मगर सजा तो काटनी है) अपनी जिन्दगी के तमाम बेशकीमती पल तो यूँ

ही गँवा दिये जिनकी भरपाई कभी नहीं हो सकती। इनके हितार्थ एनजीओ वगैरह कुछ क्यों नहीं कर रहे, सवाल उठते रहते लगातार।

फिर इस सम्बन्ध में बन्दिनों व जेलर के बीच हुई बातचीत के अंश याद आ गये—

"देखो, जेल का नाम सुनकर ही खौफ खाने लगते। जेल...सुनते ही आम आदमी की रूह काँप जाती और अनजाना किस्म का डर रेंगने लगता नसों में सो इन्हें जेल से निकालने की पहल करने में जोखिम तो है ही, समझ रही हो न?"

"हूँ, मगर इनकी हालत कभी एकदम से बिगड़ने लगे या इनका अन्तिम समय आ जाये अचानक से तो?" रिपोर्टर ने पूछा।

"हम तुरन्त अस्पताल भिजवाने की व्यवस्था करते हैं। वहाँ एसडीएम साहब पंचनामा तैयार करवाते हैं फिर इनके घर वालों को सूचित करके उन्हें सुपुर्द करने की कोशिश की जाती है। अगर किसी वजह से सम्भव न हो पाये तो एसडीएम साहब या जेल वाले अपने संसाधन से इनके धर्म नीति के मुताबिक अन्तिम संस्कार वगैरह अवश्य करवाते हैं।" जेलर साब साफगोई से जवाब देते हुए आगे बताने लगे—

"ये कटु सच है कि माँ-बाप, भाई-बहन या नाते-रिश्तेदार होते हुए उन्होंने सालोंसाल इन्हें भुलाये रखा है। एक बार सजायाफ्ता औरत का ठप्पा इनके ऊपर चस्पाँ हो जाये फिर तो दुनिया वालों की नजर में ये गुनहगार हो गयीं बस। और फिर इसी तरह चलती रहती जिन्दगानी। किसे समय है कि इनकी खातिर इतनी जहमत मोल ले? एक बार मनु नाम की जवान लड़की अपने प्रेमी की पत्नी के कत्ल की साजिश में जेल में आयी और बैरक देखकर ही जोर-जोर से चिल्लाना शुरू कर दिया—मैं यहाँ नहीं रह सकती, नहीं रह सकती। जस्ट इंपॉसिबल, उसका चीखना-चिल्लाना बदस्तूर चलता रहा। न वह खाना खाती, न पानी पीती। तंग आकर जेल प्रशासन को उसकी काउंसलिंग करानी पड़ी। सोचो जरा, कितनी बड़ी रईसजादी की बेटी थी मगर यहाँ आकर उसकी बोलती बन्द हो गयी।"

सवाल ही सवाल बर्रैयों की तरह उड़ते रहे मेरी आँखों के सामने। तथाकथित इज्जतदार लोग समाज के डर से अपनी ममता का गला रेत डालते। उनके लिए उनके बच्चे अभी उतने ही छोटे हैं जितना वे छोड़ आयी थीं। बच्चे की याद को सीने से चिपटाये वे बात-बात पर फफककर रोने लगतीं। उनके मासूम चेहरे और वे भोली बातें रह-रहकर याद आने लगीं। वो मीता थी जिनका बोलना और रोना साथ-साथ चल रहा था—

"हमारे दो बेटे हैं, पहला 11 का, दूसरा 9 साल का।"

"मगर अब तो वे बड़े हो गये होंगे?"

"हाँ, सो तो है..." वे सोच में पड़ जातीं मगर उनकी आँखों में वही बचपन के दृश्य रिवाइंड होते रहते। जहाँ जिस हाल में वे उन्हें छोड़ यहाँ आयीं, बस

बच्चा उतना-सा ही बनकर उनकी आँखों के एलबम में घूमता रहता। कभी उसकी अठखेलियाँ, शरारतें याद करके आँखें गीली करती तो कभी उनके मीठे-मीठे बोल रह-रहकर याद आते रहते।

"मिलने आते हैं वे कभी?"

सुनते ही वे अचानक खामोश हो गयीं। बिना कुछ बोले भी उनकी आँखें डबडबा आयीं। नीली साड़ी के पल्लू से सिर ढाँपते हुए निरीह आँखों से चारों तरफ देखती रहीं तभी जेलर साहिबा बोलीं—"देखिए, हमें तो हर हाल में न्यायालय का आदेश पालन करना होता है। हम तो कोर्ट के आदेशों के ताबेदार हैं बस।"

"हूँ, वो तो ठीक है मगर जब ये 14 साल की सजा काट चुकी हैं तो फिर दया याचिका पर सरकार विचार क्यों नहीं करती?"

फिर वही व्यवस्था से जुड़े कँटीले सवालों की घेराबन्दी। जितने विचलित कर देने वाले सवाल, उतने ही तटस्थ किस्म के ठंडे से उत्तर। मसलन, सेशन कोर्ट से केस खारिज हो गया तो अब हाईकोर्ट में जायेगा। अमुक के वकील को इतना इतना पैसा चाहिए, हमारी पैसा खर्चने की हैसियत नहीं सो हमारी जमानत नहीं हो पा रही यानी अनगिनत उलझनों वाली बातें।

बेशक हमारे देश में न्यायिक व्यवस्था है जहाँ कानून सबसे ऊपर जिसके तहत सबको बराबर न्याय मिले, ऐसी व्यवस्था है मगर कहीं भी समयबद्धता का अनुपालन नहीं हो पा रहा। कहीं कुछ तो समय की सीमा रेखा तय की जानी चाहिए कि अमुक-अमुक केस अधिकतम इतने समय तक निबट जायेगा। चूँकि ऐसा कुछ भी नहीं है जिसके लागू न किये जाने पर कुछ दाण्डिक प्रावधान तय किया गया हो। शायद यही वजह है कि ज्यादातर फाइलों पर 'लम्बित है' दर्ज रहता है सालोंसाल। अफसोस होता है ये सोचकर कि आखिर कब तक लम्बित रहेंगे उनके मसले। तो क्या उनकी अभ्यर्थना अनसुनी रह जायेगी? और वे वहीं रहते हुए मर-खप जायेंगी एक न एक दिन?

अब चम्पा को ही लो जो 9 सालों से यहाँ का नरक काट रही है जिस पर अपने पति के खून का आरोप था। घाव पर हाथ रखते ही जैसे समूची माला बिखर गयी हो—"अब क्या बतायें मैडम, बोलने को कुछ नहीं बचा। सौत और सौत की बेटी ने झूठी गवाही देकर फँसा दिया। पहले सोचती थी कि यहाँ से निकलूँगी तो उस चुड़ैल का गला दबाकर मार डालूँगी, बदला लेने की भावना चैन से जीने नहीं देती थी। मगर अब सब शान्त हो चुका। वैसी प्रतिशोध की भावनाएँ नहीं रहीं। कितना सुन्दर, सरस जीवन चल रहा था हमारा। हम तो महफिल की शान थे। हर फन में माहिर माना जाता था हमें। चाहे गीत संगीत की महफिल सजी हो, चाहे नाचने गाने का माहौल हो, चाहे देसी संगीत यानी भक्ति संगीत हो या बन्ना बन्नी गाना हो, ढोलक देखते ही मेरी उँगलियों को कुछ हो जाता था। हथेलियों की थाप

सुनकर बूढ़े भी जवानी की जोश में आ जाते थे, मरणासन्न के प्राण लौट आये थे एक बार तो। हाँ, कितनी जगहों पर देवी भजनों के लिए बुलाया जाता था जहाँ कई बार इनाम खिताब भी मिला मगर सजाएँ तो अकेले ही काटनी पड़तीं। न जाने किसका शाप मिला जो यहाँ पटक दी गयी फिर भी जिन्दा हूँ मगर उम्मीदें बची हैं अभी। शायद मेरी मातारानी के कानों में कभी तो मेरी पुकार पहुँचेगी वरना जो तकदीर में बदा है, भुगतना ही है।"

किसी बूढ़ी औरत ने प्रसंगवश बीच में ही टोक दिया—हवालात ऐसी ही जगह है कि यहाँ जो एक बार आ जाता है फिर तो चाहे वो कितना ही पाक साफ क्यों न हो, मगर कालिख की कोठरी में पैर धरो तो जिन्दगी भर के लिए माथे पर दाग तो पुत ही जायेगा...नहीं क्या?

सचमुच, कैसे और कब आजादी की हवा में साँस ले पायेंगी वे? हरेक की बस यही आखिरी तमन्ना है कि वे जल्द से जल्द आजाद हो जायें जिससे वे फिर से अपनों संग जीने का एक मौका दुबारा से हासिल कर सकें। हर बन्दिनी को बस उस सुनहरी जादुई घड़ी का इन्तजार मरते दम तक बना रहता जब पीछे मुड़कर जेल की चहारदीवारी उन्हें कभी न देखनी पड़े। जहाँ उन्होंने अपने जीवन के बेशकीमती समय को यूँ ही तिल-तिलकर गलाते-सड़ाते नाहक गँवा दिये महज एक मामूली-सी गलती की इतनी बड़ी सजा, ओफ...सच तो ये है कि बचपन में ही इन्हें अदब नहीं सिखाया गया सो बड़े होने पर कहाँ से कोई सद्गुण विकसित हो पायेंगे। गीली लकड़ी को चाहे जैसे मोड़ लो मगर सूखी लकड़ी को तो बस जलाया जा सकता है।

वांछा उनकी बातें ध्यान से गुनते हुए सोचने लगी, एक बार जरूर मैंने रत्नाजी के पीली रंगत वाले मुरझाये चेहरे पर कुछ रंग-बिरंगे फूल खिलते देखे थे जब मैं ईशान की बातें कर रही थी और बातें करते-करते अपने पर्स से ईशान की तस्वीरें निकाल दिखाने लगी थी। अभी भी उनकी आशाएँ मरी नहीं हैं, बस एक ही सपना आँखों में तैरता रहता कि कब वे यहाँ से मुक्त होकर बाहर की आजाद हवा संग मस्ती से जी सकें और अपनों संग जीते हुए फिर से अधूरी जिन्दगी को नये सिरे से पूरा कर सकें।

अरसे बाद रत्ना ने पर्स से एक और फोटो एलबम निकाला जो वांछा उसे देकर गयी थी जिसमें ईशान के बचपन के कुछ और फोटोज थे। स्कूल में मेडल लेकर रत्ना के संग हँसते हुए, फर्स्ट आने पर खिंचाई तस्वीर में हँसती रत्ना की फोटो। यादों के भँवर में खींचने की बहुतेरी कोशिशें करती रही वांछा मगर उसके सीने में सालों से जमी सिल कैसे भी हटती ही नहीं थी। अब उसने ईशान संग अपनी तस्वीरें दिखानी शुरू कीं। फिर रत्ना की सगाई की एक से एक बढ़कर तस्वीरें दिखाईं। जिसमें उसके हँसते हुए माँ-बाप, भाई-बहन और तमाम रिश्तेदार नजर आये। उसने

इन तस्वीरों पर उचटती नजर डाली और जमीन कुरेदते हुए साथी कैदी से निर्मम आवाज में कहा–"क्या फायदा अतीत की तरफ देखने से? अतीत तो ऐसा अन्धकूप बन गया है जिसे वक्त ने पूरी कठोरता से पाट दिया पथरीली चट्टानों से। अब कहाँ बचा पानी उस अतीत के कुएँ में, न, अब उसमें कोई सूरत नजर नहीं आ सकती। जो गुजर गया सो गया। वो दुबारा कभी अपने पहले रूप में नहीं लौट पाता। सर्र सर्र सरक गया सब कुछ मुट्ठी से सरकती रेत की तरह।"

"अरे, अरे, चलो जल्दी चलो। आज प्रवचन भी तो सुनने हैं, कोई महिमामयी माताजी आ रही हैं..."

"चलो," उसने भारी आवाज में कहा और वे उस बड़े लेक्चर हॉल में पहुँच गयीं जहाँ तमाम साथिनें बैठी हुई दत्तचित्त से सब सुन रही थीं।

बुरा वक्त छलाँग लगाकर घात लगाये बैठे चीते की तरह सीधे वार करता है बिना सँभलने का मौका दिये। हम सोचते रह जाते हैं कि, चीतानुमा वक्त अभी सोया पड़ा है मगर हमारी बेध्यानी का फायदा उठाते हुए अनमना दिखता चीता अचानक झपट्टा मारकर हमें घायल कर आगे निकल जाता है दूर किसी अनाम जंगल में, हमें यूँ ही क्षत-विक्षत टूटी-फूटी हालत में बेबस छोड़कर कन्नी काटकर निकल जाता है और हम बस तड़पते रह जाते हैं कि लो, चाहो तो सँभालो खुद को, चाहो तो उम्र भर कराहते रहो, यहाँ कौन तुम्हारी परवाह करता है? जीवन इसी का नाम है, गिरो, उठो, अपने आप उठो और फिर से चल पड़ो। जेल में बन्द हर कैदी की यही अनकही आवाजें हैं। आज धवल केश राशि वाली बड़ी बिन्दी लगाये माता जी का प्रवचन चल रहा है। हर कैदी पूरी तन्मयता से सुनने में डूबा है।

जैसे तेज रफ्तार गाड़ियाँ छोटे स्टेशनों को धता बताते हुए पूरे वेग से आगे निकल जाती हैं, ठीक उसी तरह वेग से भागते हैं अपनी धुन के धनी पक्के शूरवीर, अपने जीवन की छोटी बड़ी बाधाओं पर न रुकते हुए सीधे दूर दिशा की तरफ गन्तव्य बनाकर सीधे चल पड़ते हैं। सुनो, जिन्हें दूर जाना होता है, वे इन छोटे मोटे स्टेशनों पर रुककर, थमकर या बेवजह खड़े रहकर अपना बेशकीमती वक्त जाया नहीं करते। यह जानते हुए भी कि छोटे लक्ष्य कभी-कभार बड़े लक्ष्यों तक पहुँचाने में सहायक होते हैं मगर कई बार ये खतरनाक भी साबित होते हैं जब हम छोटे लक्ष्यों में ही उलझकर अपने पैरों में बेड़ियाँ डाल लेते हैं या ये हमारी उड़ान बाधित कर सकते हैं। सो लम्बी उड़ान भरने के लिए हमारी सोच भी लम्बी, ऊँची और बड़ी होनी चाहिए। ये सच है कि हमारे मन में हर रोज दिन-रात अच्छे-बुरे विचार लगातार आते-जाते रहते पर हमें अपने विवेक व संयम से बुरे विचारों को परे धकेलते हुए गुस्से को कंट्रोल करना सीखना पड़ता, यही तो फर्क है इनसान व जानवर में।

सपने हमेशा बड़े देखो फिर उनके पीछे भागने का जज्बा भी मजबूत करते रहो। तभी तो निर्बन्ध उड़ान भरकर दूरस्थ गन्तव्य तक पहुँच पायेंगे हम। ये छोटे

मोटे स्टेशन कहीं नहीं पहुँचाते हमें। हम अक्सर इन्हीं में फँसे फड़फड़ाते रहते। ये जो आपका घर द्वार छूटा, बालबच्चे या पति या पत्नी बिछड़े, यही हमारे छोटे मोटे स्टेशन थे जिनमें फँसे आप लोग कितने सालों तक माया मोह के बन्धन में फड़फड़ाते घिसटते रहे जो जीवन का सच्चा मार्ग कतई नहीं है। कभी-कभी रास्ते इतने उबाऊ, थकाऊ और बोझिल होते हैं तो यहाँ कटाये नहीं कटते होंगे। बेबस भाव में इन्तजार करने में समय जाया करने के अलावा हम कहीं के नहीं रह जाते। आपको ऐसा लगता होगा कि अपने अन्दर की इस विकल आतुरता को कहाँ पटक दें, क्या करें? बिना किसी सहारे के कैसे जियें या इस विवश अन्तहीन इन्तजार का क्या हल है? मगर यहाँ से आपको अपना ध्यान हटाना पड़ेगा। जितनी तेजी से जितना ज्यादा आप इन रास्तों के गुजर जाने की आतुरता से प्रतीक्षा करेंगे, अपनी परेशानी और ज्यादा बढ़ायेंगे, उतना ज्यादा तनाव और उतनी बेकरारी फिर अन्त में हताशा, निराशा और बेजार होकर गिरते आँसू...

प्यारे साथियो, महत्त्वाकांक्षा बुरी चीज नहीं है बल्कि इसके बीज यदि बचपन से सर्वजन हिताय, सर्वजनसुखाय रोपे जायें, तभी वे अपने अन्दर बड़ा स्पेस विकसित करते हुए बड़ा पेड़ बनने की सामर्थ्य हासिल कर पाते हैं। सो आपको खूब बड़ा बनना है बरगद की तरह, लम्बा, विस्तृत और दीर्घजीवी, बिना किसी से आशा या उम्मीद के, सिर्फ और सिर्फ अपने बूते जीने की कला विकसित करनी होगी, जो जरूरी रसायन है हम इनसानों के लिए वरना हममें और जानवरों में क्या फर्क? यही न, कि हम विवेकसम्पन्न हैं, दृष्टि सम्पन्न हैं, सचेत मनुष्य हैं जो सबको साथ लेकर चलने में यकीन करते हैं। अपने अन्दर का विश्वास कभी नहीं मरता, इसे हमेशा याद रखना। एक आखिरी बात, हर ठूँठ दिखते पेड़ के अन्दर भी तरलता होती है और अपनी उसी नमी के सहारे वह फिर से हरा भरा हो उठता है सो याद रखना, एक बार फिर से सुन्दर शानदार, हरा भरा वक्त आयेगा जो आपके खोये जीवन में फिर से खुशहाली भर देगा और आप सब फिर से हरे भरे हो उठेंगे, फिर-फिर खिलेंगे और ऐसे ही खिलते रहेंगे। पूरी तरह से कभी कोई चीज नष्ट नहीं होती, न व्यक्ति, न प्रकृति, न कोई और चीज। ज्ञान को कभी बाँधा नहीं जा सकता और संस्कार छिपाये नहीं जा सकते। ये तो हमारे भीतर सालों से यानी जन्म से पड़े हैं, खेत में पड़े बीज की तरह जो अवसर आने पर विपरीत हालातों से जूझने की ताकत देते हैं। चाहे आप जेल में रहें या जेल के बाहर मगर कुदरत तो किसी के साथ भेदभाव नहीं करती। अब देखो, हम सबके पास समय वाला विशाल खाता जरूर होता है न जिसमें सभी को बराबर-बराबर से वही 24 घंटे, 7 दिन का सप्ताह और 30 दिन का महीना और फिर 365 दिन वाली साल मिलती है। तो इस कीमती समय का सार्थक उपयोग करके ही आप सब अपने आगे के जीवन की बेहतरी की पटकथा जरूर लिख सकते हैं बशर्ते कि यहाँ पर गुजारे समय का भरपूर उपयोग करने के बारे में

आप सब क्या सोचते या योजनाएँ बनाते हैं। जिसके पास भविष्य का खाका होगा, वही यहाँ के अनिश्चित समय के विशाल समन्दर में से मोती चुन पायेगा।

एक आखिरी बात, सबके अन्दर सुन्दर सोच के बीज छिपे हैं जिन्हें बार-बार याद करने की जरूरत पड़ती है जैसे-जैसे जीवन खट्टे-मीठे अनुभवों से संवर्धित होता-जाता, वैसे-वैसे हम सुख-दुख को हैंडल करना सीखते जाते। सो अपने को प्यार करो, अपने को पहचानो, अपनी जड़ों को जिनसे सबने आकार-प्रकार लिया है तभी कैसे भी भूचाल आयें मगर हमारे पैर जमीन पर मजबूती से टिके रह पायेंगे। ज्ञान अनन्त आसमान है तो अनुभव सारी सीमाएँ लाँघकर उस असीम ज्ञान तक पहुँचा देगा। बचे संस्कार जो माँ-बाप के जरिये हमारे भीतर बचपन से रोपे जाते। उन संस्कारों को याद करते रहने से भीतर से हिम्मत आती है जिसके सहारे हम कैसे भी सुनामी जैसे तूफानों से निबट सकते हैं। सो हौसला रखो और ये सोचो कि जैसे हम सफलता मिलने पर खुशी से नाचते कूदते हैं वैसे ही असफलता को भी तहेदिल से स्वीकार करने से आप कभी पराजित महसूस नहीं करेंगे। तालियों की गड़गड़ाहट से सभी ने उसे पूरी गम्भीरता से सुना। कुछ की आँखें नम थीं तो कुछ रो रहे थे और कुछ के मुरझाये चेहरे खुशी के मारे खिल उठे थे जैसे बेमौसम बरसात से अचानक धरती के मुरझाये पेड़-पौधे खिल उठते हों और तेज धूप को धता बताकर अचानक दुपहर ने शाम का बाना पहन लिया हो जहाँ फैलती भीनी, गीली हवाओं से आसपास का माहौल रमणीय हो उठा।

इस प्रवचन को गुटकते हुए बन्दिनियों को एक सच्चाई का शिद्दत से अहसास हुआ कि हम अपने को बार-बार बदकिस्मत के मारे कहते रहते हैं पर हर बदकिस्मत की भी तो तकदीर होती है जिसमें कभी न कभी अच्छे अहसास आ ही सकते हैं जैसे वांछा का यहाँ आ जाना फिर ईशान की तस्वीरें देखकर दिल को कितना सुकून, कितनी तसल्ली मिली, उस खुशी को ठीक से शब्दों में बयाँ नहीं किया जा सकता। लगा जैसे किसी महकते खिलखिलाते दिन ने हमारी सोयी चेतना के दरवाजे खटखटाकर पूछा हो, तुम्हें चाहिए थीं न अनमोल खुशियाँ, सो मिल गयीं, अब तो खुश हो न? खुशियों को आया देखकर हम ठगे से रह गये। कितना बड़ा रहस्य है खुशियों का स्रोत तलाशना जो बाहरी चीजों से मिलती नहीं। बाहरी दुनिया में तो सिर्फ भटकन है, भ्रम है या समय भरने के पैसे जैसे तमाम माध्यम भी मगर तमाम लोग इन्हीं बाहरी चीजों से घर भरने के दुनियावी फेर में दिन-रात लगे रहते।

तभी जेलर साहिबा आकर समझाने लगीं—"हर बन्दिनी के पास विगत जीवन की यादें बची हैं मगर उनके अलावा उनका भविष्य भी बचा है सो क्यों न एक नयी शुरुआत की जाये? भविष्य की तरफ क्यों न आशा व विश्वास के सहारे देखा जाये? आखिर इस सकारात्मक सोच में बुराई क्या है? जीवन में बस तीन चीजें ही हमेशा हमारे काम आती हैं जिन्हें कोई नहीं छीन सकता और वो है, शिक्षा से

अर्जित आत्मविश्वास, प्रतिभा या हुनर, संस्कार और जीवन के हर मोड़ पर अर्जित अनुभवों के विशाल समुन्दर में से कुछ न कुछ सीखने की ललक।" समझ गयी न, क्यों रत्ना?

"जी, बस इन्हीं चीजों के सहारे वो लगातार यहाँ अपने वजूद के साथ जिन्दा है और अभी तक जिन्दगी की लड़ाई में हारी नहीं है। न, पलायन का भाव आता है, न दयनीयता का। वैसे तो सारे रिश्ते-नाते यहाँ इस मोड़ पर आकर दम तोड़ देते हैं, एकाध दो लोग ही ऐसे बचे खुचे होंगे जिनके मन में तुम्हें लेकर कोई कोमल भाव, मीठी-सी याद या पुराने साहचर्य का अहसास जिन्दा होगा। सो बस, हम भी जीए जा रहे हैं अपने दम खम पर और ऊपर वाले के रहमोकरम पर।

समय है बादशाह : लम्बित हैं केस

हवाएँ मन्थर गति से अपनी तयशुदा दिशा की तरफ चल रही थीं। वांछा ने सबसे पहले कई जगह फोन मिलाये फिर रत्ना से जुड़े मामलों की तहकीकात की। सेशन कोर्ट से आया था फैसला जिसके तहत जमानत नामंजूर कर दी गयी। फिर खिसकते गये बेशकीमती साल दर साल। मामला हाईकोर्ट तक पहुँच पाया? वहाँ क्या हुआ था? इसकी भी जाँच पड़ताल करनी होगी। ठीक से कुछ भी बता पाने की स्थिति में ही कहाँ है वो? बात-बात पर आँखें भर आतीं और ज्यादा कुरेदने पर चुप्पी साध लेती फिर तो उनके मुँह से कुछ भी कहलवा पाना मुश्किल होता। वे या तो हूँ, हाँ, करती रहती या रूखा-सा जवाब देकर पल्ला झाड़ लेती। मसलन—कई बार वकील धोखा दे जाते। दूसरे पक्ष से भी पैसा खाकर हमारा केस कमजोर कर देते। पूछने पर बदतमीजी से पेश आते—तुम क्या जानो मामले की कानूनी जटिलताओं के बारे में? ऐसे बोल रही हो जैसे कानून हमने नहीं, तुमने पढ़ा हो। क्या होगा अब? होना तो कुछ नहीं है, जिन्दगी तो पूरी यहीं बीतती रीतती जा रही है साल दर साल, जिन्दगी के बेशकीमती साल तो निकल गये जो अब वापस आने से रहे। जिन्हें हमने बच्चा देखा था, वे जवान हो गये और जो तब बूढ़े थे, वे अब मर-खप चुके। जर्जर कृशकाय पिताजी आये थे एक बार, कँपकँपाते हाथों से हथेली थामते हुए कहा था—"पता नहीं तेरे को दुबारा देख पाऊँगा या नहीं, मगर गलती तो हमसे हुई बेटी। हो सके तो मुझे माफ कर देना।" उनकी वो थरथराती आवाज सुनकर कलेजा चिरने लगा था, आज भी उनके बोल रात के अँधियारे में भी सुनाई पड़ते हैं।

वांछा ने आज अपने सीनियर वकील उदित वाली से गम्भीर चर्चा के लिए समय लिया था सो वे इससे जुड़ी एक-एक डिटेल पर चर्चा करने लगी। रत्ना और उसके बीच हुई रिकार्डेड बातचीत वे ध्यान से सुनने लगे ताकि समस्या के डिटेल्स जानकर उसकी तह पर पहुँच सकें। आवाजें और आवाजें यहाँ-वहाँ से प्रतिध्वनित होने लगीं—

"अब तो उम्मीदें भी नहीं बचीं। बेटी, तू अपनी जिन्दगी ईशान संग कायदे से जीना। मेरी जरा भी फिक्र मत करना। मैं जानती हूँ, गुनहगार तो हूँ मैं सो कभी नहीं आयेगा ईशान यहाँ मुझसे मिलने। वैसे भी उसकी रगों में तो उसके पवित्तर खानदान का खून बह रहा है न? अब किसी से मिलने वगैरह की उम्मीदें बची ही

नहीं वांछा। अब जब पीछे मुड़कर देखती हूँ तो बस यही लगता है काश, ये जिन्दगी का रफ पन्ना होता जिसे फाड़कर नये सिरे से नयी इबारत लिख सकते मगर जिन्दगी ऐसा मौका देती ही कहाँ?"

"आजीवन कारावास की सजा मिली थी न, कितने साल काट लिए यहाँ?" वे पूछने लगे।

"शायद 14 साल पूरे हो चुके। ठीक से याद नहीं। वे हमारी मैडम हैं न, वो सब जानती हैं।"

"हाँ, हाँ, बड़ी भली हैं वो। हमारी सच्ची हमदर्द और नेकदिल वाली। पहले वाली तो बड़ी दुष्ट थी, किसी न किसी बात पर जब संवासिनियाँ लड़तीं-झगड़ती तो वह समझाने के बजाय उल्टा हमें बुरी तरह पीटने लगती थी। कुछ गलत काम भी करवाती थी वह तभी तो उसकी शिकायत की गयी और वह शायद सस्पेंड हो गयी। मगर ये बहुत अच्छी हैं, हर बात पर हम सबका सपोर्ट करती हैं, उन्होंने तो क्षमादान अपील की बातें समझायी थीं हमें एक दिन, मगर..."

"हाँ, हाँ, बताओ न, फिर क्या हुआ? राज्यपाल या राष्ट्रपति द्वारा क्षमादान सम्भव है मगर क्षमा की अपील की थी?"

"उस दिन मरा साँप मिला था और पेशी से लौटते वक्त टिटहरी की आवाज सुनी थी यानी असगुन हो गया तो हम समझ गये कि अब कुछ भला होने वाला तो है नहीं।"

"क्या बतायें, हमारी किस्मत ही फूटी है, किससे क्या अपील करेंगे भला?"

"रोको जरा, इसे फिर से सुनना है...", रिकार्डेड बातचीत को बन्द करके वे बतियाने लगे।

उसे याद आया, जब सभी तरफ से निराश हो जायें या न्याय पाने के तमाम रास्तों से पूरी तरह निराश हो चुके हों तो राज्यपाल के पास क्षमायाचिकाएँ भेजी जाती हैं। गृहमन्त्रालय की कमेटी द्वारा रिपोर्ट माँगी जाती। कई मामलों में राष्ट्रपति/राज्यपाल द्वारा न्याय मिलता रहा है। गवर्नर ऐसी कमेटी को नामित करता है। कमेटी यदि संस्तुति दे दे और फिर महामहिम राज्यपाल जी अपनी विवेकाधीन शक्तियों के तहत विचार कर लें तो, बिगड़ी बात बन भी सकती है। उसने तुरन्त अपने वरिष्ठ अधिकारी से फोन पर बात की।

वे बोले—"वांछा, ये आसान जरिया तो कतई नहीं है। दो बातें साफ-साफ समझ लो, पहले इस मामले को हाईकोर्ट या सुप्रीम कोर्ट तक ले जाओ। अच्छा वकील करो और अगर फिर भी बात नहीं बनी तो इसे आखिरी उपाय समझकर अमल में लाना होगा।"

"यानी ये अन्तिम रास्ता बचा है। भारतीय संविधान में स्पष्ट तौर पर करुणा या दया के प्रावधान हैं। बेचारी बहुत सालों से सजा काट रही हैं, निर्दोष हैं फिर भी इतनी

सजा भुगत ली और इनसे समाज को कोई खतरा नहीं है। आप बतायें, अब और कितना प्रायश्चित्त करेंगी वो और कब तक?" उसकी आवाज में थकान भरी थी।

"सुनो, संवैधानिक तौर पर स्पष्ट प्रावधानों के बावजूद प्रोफेसर अमरेन्द्र के परिवार को उनकी रिहाई की उम्मीद नजर नहीं आती। उनकी दया याचिका पर पार्टी आलाकमान और राज्य के मुख्यमन्त्री की अनुशंसा के बावजूद राज्यपाल अपने नौकरशाही रवैये पर अड़े रहे। कागजी कार्रवाई पूरी होने के बावजूद 7 सप्ताह बीतने को हैं मगर प्रोफेसर साब की फाइल राज्यपाल के पास रखी है। याद है प्रोफेसर खलील चिश्ती साब का केस जो 1992 को अजमेर अपने भाई के घर पर थे। बिरादरी के एक परिवार की उनके परिवार से पुरानी रंजिश थी। हथियारों से लैस लोगों ने चिश्ती के घर पर हमला कर दिया जिसमें उनका भतीजा घायल हो गया और दूसरे पक्ष से किन्हीं सईद चिश्ती नामक आदमी की मौत हो गयी। पुलिस आयी और एफ.आई.आर. में डॉक्टर चिश्ती का नाम लिख लिया यानी डॉक्टर चिश्ती व उनके परिवार के कुछ सदस्यों पर धारा 302, 307 के तहत मामला दर्ज किया गया। उस परिवार की यही मंशा थी कि डॉक्टर चिश्ती ताउम्र अपने घर न लौट सकें लेकिन उनका पासपोर्ट ले लिया गया और उन्हें अजमेर न छोड़ने और 15 दिन में एक दफा पुलिस स्टेशन में हाजिर होने का आदेश हुआ। 19 साल के मुकदमे के बाद आखिरकार 2011 में उन्हें आजीवन कारावास की सजा हुई। 2011 में डॉक्टर चिश्ती के लिए दया याचिका दायर की गयी। तब से वे रिहाई का इन्तजार कर रहे हैं। सोच लो, कानून कितना अन्धा होता है, बहरा भी और पागल भी।" अचानक बीच में बात काटते हुए वांछा बोल पड़ी–

"कानून के अन्धे होने की मान्यता शायद इस नाते कि अदालत में किसी फैसले का निर्णय साक्ष्यों के आधार पर ही होता है सो यथोचित साक्ष्य न होने पर बड़े से बड़ा शातिर कानून के शिकंजे से बच निकलता यानी साक्ष्य की भूमिका कितनी अहम होती है...साथ में गवाहों की गवाही भी तो बहुत मायने रखती है। मान लो, यदि चश्मदीद गवाह की गवाही झूठी हो तो न्यायपूर्ण निर्णय कैसे मुमकिन है? जबकि हम सब जानते हैं कि मुकदमों में उन्हें खरीद लिया जाता है सो ऐसे में कितना बड़ा अनर्थ हो जाता है और बेचारे तमाम बेगुनाहों को सजा भुगतनी पड़ती है, है न?"

"कुछ साल पहले का एक किस्सा याद है जब परीक्षण अदालत में एक निर्दोष अभियुक्त इस आधार पर मुकदमा हार गया कि तीन-चार तथाकथित गवाहों ने इस बात की गवाही दी कि उसने मृतक की छाती में गोली मारी थी जब कि अभियुक्त् ने उच्च न्यायालय में अपील की कि उसने गोली नहीं मारी और वह पूरी तरह बेगुनाह है मगर हाईकोर्ट के जज ने तथाकथित चश्मदीद गवाहों की गवाही के आधार पर फैसला सुनाया था मगर मुसीबत का मारा बेचारा अभियुक्त मरता क्या न करता,

सोचकर उसने सुप्रीम कोर्ट में विशेष अनुमति याचिका प्रस्तुत कर अपील की। उसने हिम्मत न हारी और अपने दिल की आवाज सुनी कि भगवान के घर देर है अन्धेर नहीं, सोचकर उम्मीद का दामन न छोड़ा।"

"फिर, फिर क्या हुआ?" वांछा की व्यग्रता बढ़ती जा रही थी।

"भारत के मुख्य न्यायाधीश के सामने सुनवाई हुई। न्यायमूर्ति ने पूरी न्यायिक प्रक्रिया चलने दी और साथ ही मृतक की पोस्टमार्टम रिपोर्ट भी देखी तो उनके होश उड़ गये। पोस्टमार्टम रिपोर्ट देखने के बाद पता चला कि मृतक की छाती में गोली नहीं लगी थी, बल्कि पीठ पर लगी थी। उन्हें ताज्जुब हुआ कि निचली अदालतों का ध्यान इस तरफ क्यों नहीं गया सो उन्होंने यह ऐतिहासिक फैसला सुनाने में पल भर की देरी नहीं की कि मुलजिम निर्दोष है और तथाकथित चश्मदीद गवाहों ने गलत गवाही दी है। इस आधार पर मुलजिम को गुनहगार नहीं ठहराया जा सकता, अदालत उसे बरी करती है।"

"वाह, कितनी राहत मिली होगी उस बेचारे निर्दोष की आत्मा को जो पल-पल मरता, जीता, भाग्य को कोसता दिन काट रहा होगा। अगर ऐसा न हो पाता तो सोचो, क्या होता? ऐसे ही तमाम निर्दोष कैदी हमारी जेलों में बन्द अपने दिन गिन-गिनकर काट रहे होंगे। है न कितनी बड़ी नाइंसाफी की बात?"

"सचमुच एक सही फैसले से न्याय की पक्षधरता के साथ-साथ इनसानियत की रक्षा के प्रति हमारा कमिटमेंट भी तो पूरा होता है न, वैसे इस केस में पता करो, कोई अपील पेंडिंग तो नहीं? कोर्ट से पूरी तरह निराश होने पर ही हम इस तरफ सोचेंगे। इस बावत बनी कमेटी भी दो तीन जगहों से पूछताछ करती है। सबसे पहले वे डीएम से पूछताछ करेंगे कि इन्हें छोड़ने से कहीं कुछ संगीन अपराध तो नहीं बढ़ेंगे, फिर एसएसपी से आख्या माँगेंगे और फिर जेल विभाग से भी रिपोर्ट माँगी जाती है।" विधि विशेषज्ञ उदित वाली की सधी हुई आवाज में व्यवस्था के प्रति गहरा रोष साफ नजर आ रहा था।

"जहाँ तक मुझे पता है, कारागार का प्रमुख सचिव, उसी जेल से तो रिपोर्ट माँगेगा न, जहाँ वे हैं।"

"हाँ, हाँ, तो ठीक है। वहाँ की संस्तुति तो हर हाल में मिल ही जायेगी हमें। उनका आचरण बहुत अच्छा है। वैसे एक बात बताओ, क्या कभी ऐसा भी हुआ है कि राष्ट्रपति राज्यपाल ने सजा की अवधि कम की हो।"

"ये तो उनके विवेक पर निर्भर करता है लेकिन कई मामलों में जैसे, बीमारी की हालत या जिनके छोटे-छोटे बच्चे हों, वहाँ मृत्युदंड को आजीवन कारावास में बदला गया है, यहाँ तक कि सजा की अवधि कम कर देते हैं। कभी-कभी सजा का स्वरूप भी बदल दिया जाता है यानी इस मामले में वे आजीवन कारावास की सजा कम कर सकते हैं।"

"हूँ, मगर तभी जब याचिका खुद बन्दी द्वारा माँगी जाये तभी वो बात आगे बढ़ पायेगी।"

"शायद, वैसे सब पता करके बताऊँगी। हाँ, इतना पक्का है कि जब किसी की सजा हाईकोर्ट या सुप्रीम कोर्ट बरकरार रखता है तो राज्यपाल या राष्ट्रपति के पास क्षमादान याचिका भेजी जाती है और कई मामलों में बन्दी दोषमुक्त होकर बाहर आजादी से घूम भी रहे हैं।"

"चलो, आज दिलोदिमाग पर लदा बोझ कुछ तो कम हुआ। पता नहीं क्यों इस न्यायिक सिस्टम से मन भर गया मेरा तो। समूचा सिस्टम ही इतना धीमा, इतना मरियल बैल जैसा बन गया है कि मन भर गया इस सड़ी-गली आउटडेटेड लचर कानूनी व्यवस्था से। बेचारा कैदी जिन्दगी भर सलाखों के भीतर पड़ा-पड़ा खचुरता रहेगा भाग्य भरोसे और उसे बाहर लाने की किसी को फिक्र ही नहीं। रही सही कसर ये आउटडेटेड नियम कानून पूरी कर देते जिनके मकड़जाल में बँधे हाथ-पैर हैं उस सजायाफ्ता के जो मरने के दिन किसी तरह पूरा करने में जुटा है। ऐसी न्याय व्यवस्था में जरा भी विश्वास भला कैसे बचा रह पायेगा? यहाँ के हर कानून में झोल और हर झोल में से निकलने के सैकड़ों चोर रास्ते। सोचो जरा, ऐसे कितने गुंडे बदमाश, डकैत, हत्यारे हैं जो एक साथ 20 से ज्यादा मामलों में फँसे हैं मगर उनके खिलाफ डर के मारे कोई गवाह देने नहीं आता सो वे देर सवेर छूट जायेंगे मगर जिन्होंने जीवन में केवल एक अपराध किया या न भी किया हो, उनकी फाइलें सालों से घिसट रही हैं। मुझे याद है, एक बार मैं तिहाड़ गयी थी जहाँ मूँछों पर ताव देते कुख्यात गुंडे-बदमाश घूम रहे हैं मगर विवेक बेचारा अभी भी दहेज उत्पीड़न केस में आजीवन सजा काटने को अभिशप्त है जबकि लड़की के बाप ने खुद कहा था कि उसकी बेटी ने ये शादी अपने मन से की है सो ऐसे में दहेज माँगने का सवाल ही नहीं उठता मगर, वाह रे कानून...कोई साक्ष्य नहीं फिर भी विवेक सरीखे पढ़े-लिखे नौजवान सिर नीचा किये खड्डी पर बैठे हुए एक-एक दिन गिनते तेज धूप में जलती भट्ठी में सिर खपाने के लिए अभिशप्त हैं। अपने भाग्य पर कोसते हुए रोज-रोज जीना-मरना उनकी मजबूरी है। नामी वकील सब जानते हैं सो वे जो वकील न कर सकें या जिनकी समय पर ठीक से पैरवी न हो सके तो वे जिन्दगी भर सड़ते-सड़ते मर-खप जायेंगे एक दिन। यानी जिनके पास पैसे नहीं, वकील करने के संसाधन नहीं, वे बेचारी तो वहीं पड़े-पड़े गुमनाम मौत की खोह में चली जातीं। रोज-रोज आशा बँधती और रोज-रोज टूटती सो एक न एक दिन उनकी उम्मीदें मर नहीं जायेंगी क्या?" एक साँस में इतना सारा जहर उगलकर वो चुप हो गयी।

"रिलैक्स वांछा, रिलैक्स, विश्वास तो हमें करना ही पड़ेगा इस सिस्टम का। सब कुछ एकदम गलत हो रहा है या सभी भ्रष्ट हैं, ऐसा कहना अतिवाद होगा। हमें अपनी कोशिशें जारी रखनी होंगी। तभी काम बन सकते हैं। बेशक इस न्यायिक

सिस्टम में लाख खामियाँ हों मगर उससे आँखें मूँदकर तो हम नहीं रह सकते न? विश्वास करके ही तो कुछ हासिल होगा, प्लीज, आशाएँ जिन्दा रखो। आशा से आसमान बना है, याद है न?" विधि विशेषज्ञ उदित वाली ने फिर से उसे कन्विंस करने की कोशिश की।

"सो तो है। वैसे ठीक कह रही हो तुम। जिन बन्दिनों की मन चेतना यानी सोच विचार पर शिक्षा संस्कृति का गहरा असर रहा हो या जिसकी पृष्ठभूमि संस्कारी परिवार से हो, ऐसे लोगों को देखकर यही लगता जैसे ये चाहकर भी किसी को जानबूझकर चोट नहीं पहुँचा सकते, गुनाह करना दूर की बात है। वैसे अपवाद तो हर जगह होते हैं।" कुछ सोचते-सोचते रुक-रुककर बोलती रही वो।

हमें दया याचिका अन्तिम उपाय के तौर पर अपनानी होगी। ये उम्मीद की तरफ बढ़ता पहला कदम है जिसके सहारे ही लम्बे अँधेरे रास्तों को पार करके रोशनी तक पहुँचा जा सकता है और वही है हमारा गन्तव्य भी।...सालों से पड़ी दया याचिकाओं की फाइलें राज्यपाल कार्यालय से सरकारी कार्यालयों के चक्कर काटते-काटते थक जातीं मगर न्याय नहीं मिल पाता उन बेचारी निरपराधियों को। उसे याद आया, अखबार में छपी एक खबर का—"जिसकी हत्या में पत्नी सहित उम्रकैद काट रहा हूँ, वो जिन्दा है।" बीरवल नामक शख्स ने सुप्रीम कोर्ट में दलील देते हुए कहा कि उसे झूठे मामले में फँसाया गया है। उसके खिलाफ अपने पिता की हत्या का मुकदमा दर्ज कराने वाले ने लावारिस लाश के आधार पर उसके पूरे परिवार के खिलाफ हत्या का मुकदमा दर्ज करा दिया जिसमें अदालत ने उसे और उसकी पत्नी को उम्रकैद की सजा सुना दी। नाबालिग होने के कारण बेटे छोड़ दिये गये। कोर्ट के आदेश पर बीरवल ने मोतीलाल के जीवित होने का सुबूत माँगा। कोर्ट ने हलफनामा देखने के बाद ही दिल्ली सरकार को नोटिस जारी किया था। सुप्रीम कोर्ट ने उसकी याचिका पर संज्ञान लेते हुए उसके केस से सम्बन्धित सारे रिकार्ड तलब किये हैं। क्या सिस्टम है हमारा भी, ओफ, कितने निरपराध सालोंसाल जेल में फँसे-फँसे बेमौत मर जाते या मार दिये जाते। सचमुच, हजारों बन्दी ऐसे हैं जिनके मुकदमों की सुनवाई होना तो दूर, उन्हें यह भी पता नहीं कि उन पर आरोप क्या है। वाह रे लोकतन्त्र, क्या यही बुनियादी उसूल थे इस प्रजातान्त्रिक सिस्टम के यानी लोकतन्त्र की रक्षा के नाम पर पिछले 4-5 सालों में सलाखों के पीछे धकेल दिये गये बन्दियों की तादाद सैकड़ों से हजारों में पहुँच रही है।

अब वांछा की आँखों में रत्ना को बाहर निकालने के सपने तेजी से मूर्त रूप लेने लगे। उसका दिमाग इस दिशा में तेजी से काम करने लगा। वह प्राणपण से इस तरफ आगे कदम बढ़ाएगी। उन्होंने कितने सालों तक कितनी यातनाएँ झेली हैं यानी जो गुनाह किया ही नहीं, उसका प्रायश्चित्त कर लिया, न अब और नहीं सहेंगी वे।

"तुम ठीक कर रही हो, हमें उन्हें निकालना ही होगा बाहर तभी वे हर हाल में आज़ाद हवा में मुक्ति की साँस ले पायेंगी। उन्हें दोष मुक्त कराकर बाहर निकालने के लिए जो भी तरकीबें या जो भी कारगर उपाय होंगे, वह सब हमें करने होंगे।" अन्दर से आती आवाजें उसे हर रोज सुनाई पड़तीं और उसे चैन से जीने नहीं देती।

ऐसे कहीं खत्म होता है जीवन? सब कुछ खत्म होने के बावजूद कहाँ खत्म होता है सब कुछ?

रत्ना की आँखों में 6-7 घंटों की नींद कभी एक साथ नहीं आती। सोचते-सोचते न जाने कब आँख लग जाती और फिर सोते सोते-जगी हुई लेटी रहतीं। बच्चे की खबर मिलते ही पल भर में उनके मुर्दा शरीरों में जान आ जाती जैसे किसी ने संजीवनी पिला दी हो।

क्या ईशान की सूरत देख पायेगी वह जिसे देखने के लिए तरसती रहीं आँखें, घुटती रही अब तक। कोई दिन ऐसा नहीं गया जब उसे बेटे की याद न आयी हो। उसकी सचाई सुनकर भी यकीन करने से मना कर दे तो, मगर वांछा की बातों में आग है, दमदार तर्कों में ताकत है। कितने दिनों से और कितने भरोसे से वह उसे पैरोल पर बाहर ले जाने के लिए कानूनी कार्रवाई में जुटी है सो एक बार फिर से रत्ना की उजाड़ आँखों में उम्मीदों भरे खूबसूरत अक्स उभरने लगे हैं कि वांछा जैसी प्यारी लड़की उसके लिए पहली बार शॉल खरीद के लायी थी जिसे छूते हुए उसकी आँखें नम हो गयीं।

बेशक गतियाँ तय करती हैं दिशाएँ और आज जब गति ही नहीं तो जीवन दिशाहीन है। उड़ गये वे अहसास, नष्ट होती गयी कोमलता, उजड़ते गये जोशीले आवेग। उसकी कोमल भावनाओं को इतनी बार रौंदा गया कि वे फुर्र से उड़ती चिड़ियों की तरह अनन्त आकाश में खो गयीं गोया चहकती मीठी आवाज का जादू जगाती कोयल पर किसी शिकारी ने बेरहमी से बन्दूक चलाकर धाँय-धाँय कर दिया हो। एक दिन ऐसा आया कि सब कुछ खो गया, सब कुछ खत्म। हम लाख कोशिश कर लें कि अब सब कुछ खत्म, बस अब मर मिट चुका हमारा वजूद मगर नहीं, एक समय ऐसा आ धमकता है कि सब कुछ खत्म होने के बावजूद कुछ भी खत्म नहीं होता, ठीक उसी तरह कि जैसे सूखी धरती को देखकर हम उम्मीदें छोड़ देते हैं मगर उसी धरती को खोदते चले जाओ तो अन्दर कहीं न कहीं नमी बची रहती है, रत्ना के लिखे शब्दों को याद करके सोचते हुए वांछा को रत्ना का निष्कलुष मगर कान्तिहीन फीका निस्तेज चेहरा याद आने लगा।

सच तो ये है, जब से ईशान और वांछा की सगाई हुई है, वांछा अपने कॅरियर के साथ-साथ अपने परिवार और ईशान के परिवार से जुड़े हर तथ्यों को, हर पहलू को पूरे ध्यान से, पूरी जिम्मेदारी से जानना समझना चाहती। बेशक ईशान के बाबा के मन में ईशान की माँ के प्रति किंचित मात्र भी सहानुभूति नहीं बची, यही हाल

बुआ का भी है जबकि महज जिज्ञासावश वह पहली बार ईशान की माँ को देखने जेल गयी थी लेकिन उनकी भोली सूरत में इतनी निष्कलुषता थी, उस आवाज में इतनी मिठास और अपनेपन की गाढ़ी सुगन्ध से उसका पोर-पोर महकने लगा था। किसी साध्वी की तरह धीरे-धीरे शान्त लहजे में बतियाना, फिर किसी दार्शनिक की तरह सूत्रों में अपनी बात करना, किसी वीतरागी की तरह जीवन के झंझावातों से खुद को परे रखना और सबसे बड़ी बात—उन्हें किसी से न तो कोई मोह या राग रह गया था, न ही कोई अपेक्षा या किसी से कोई माँग बची थी। किसी सन्तुष्ट सन्तात्मा की तरह अनासक्त भाव से उन्होंने ऐसा देखा जैसे कोई पहुँचा हुआ दिव्य दृष्टि सम्पन्न ज्ञानी अपने भक्तों को समझाने वाले गूढ़ भाव से देखता रहा हो या जिसके आरपार का समूचा भविष्य नजर आने लगा हो।

"मैं अपनी तरफ से पूरी कोशिश करूँगी, प्रॉमिस?"...रत्ना की हथेलियों को अपनी हथेली में लेते हुए बोल पड़ी वांछा।

"ये सब करके भी क्या होगा वांछा? बाहर और भीतर, दोनों ही जगहें मेरे लिए एक जैसी हो गयी हैं। देह चाहे जेल के भीतर रहे, चाहे तुम इसे खींचकर बाहर ले जाकर डाल दो, क्या फर्क पड़ता है? जब यहाँ आयी थी तो कितना जबरदस्त अकेलापन खाने दौड़ता था मुझे। साल भर के भीतर ही लगा जैसे बाहर अब यहाँ रहते इतने सारे साल हथेली में रखे सरसों की तरह सरक गये कि अब तो जीवन किसी तरह तटस्थता से काटने की कोशिश करती हूँ। तुम्हारे जरिये ईशान के बचपन, किशोरावस्था और बाद के कॉलेज जाने वाली तस्वीरें देखकर सूखा मुरझाया मन हरा भरा हो उठा। जिन्दगी के वे पल तो कभी लौटकर आने से रहे, जो बीत गया सो गया, न कोई अफसोस, न ग्लानि, शायद यही हमारी नियति रही होगी।"

"ऐसा क्यों सोचती हैं आप? मैंने आपकी पूरी आत्मकथा पढ़ ली है। आप पूरी तरह निर्दोष हैं और मैं इसे साबित करके ही चैन से बैठूँगी।" एक शान्त मगर निर्भीक आवाज सतह पर उभर आयी अनायास।

"वांछा, किसे साबित करना बाकी रह गया है? इससे क्या फायदा? आखिरकार जीतती तो समय जैसी अमूर्त सत्ता ही है जिसे अपना पल अपना रूप बदलना पड़ता। कभी नाचते-कूदते फुदकते दिन तो कभी नीरस, उजाड़ दिन। जीने की जद्दोजहद या संघर्ष उतना बुरा नहीं है जितनी अटूट शान्ति। जिन्दगी को सरल सहज भाव से लेना सीख गयी हूँ कि ये जैसी भी है, जो भी है, उसे उसी रूप में स्वीकार करने के अलावा और कोई रास्ता है क्या किसी के पास? नहीं न, हम सभी जेल संवासियाँ इस तथ्य को स्वीकार कर चुकी हैं कि आजादी अभी भी कोसों दूर है। अब तो आजादी का सपना कोरा सपना लगता है सो ऐसे सपने देखने से डर लगता है। नियति नटी के खेल हैं ये सब तो। बाहर भी कौन हितैषी बैठा है हमारे लिए जिसके लिए हमारा होना मायने रखता हो, घर वाले हों या बाहर वाले, वे सब तो

हमें कब का मरा हुआ मान बैठे हैं, कब से कोई मिलने ही नहीं आया। इन्तजार करते-करते आँखें पथरा गयीं। अम्मा के गुजर जाने के बाद तो सारे रिश्ते-नाते जैसे खत्म ही समझो। अब तो यहीं जीना-मरना बदा है, सिर्फ मौत आनी शेष है, आ जायेगी किसी दिन वो भी, कोई पूछकर आती है मौत क्या?"...कहते हुए गला रुँध गया और उनके चेहरे पर निर्लिप्तता के भाव तिर आये। फिर पास आकर वांछा के सिर पर हाथ फेरते हुए कहने लगीं—"उसने जरूर कुछ पुण्यकर्म किये होंगे तभी तुम जैसी प्रतिभाशाली समझदार लड़की ईशान को मिली और हाँ, मेरे हिस्से भी कुछ अच्छे काम रहे होंगे तभी न तुमने खुद चलकर यहाँ तक मेरे पास आने की जेहमत उठायी। जरूर उस ऊपर वाले की मंशा है ये..." आसमान की तरफ उँगली उठाते हुए रत्ना ने पूरे लगाव व अपनेपन से उसकी आँखों में देखा—"तो तुम्हें कैसी लगी मेरी लम्बी-चौड़ी बेतरतीब कहानी, मेरी बच्ची? सच-सच बताना, क्या मेरी राइटिंग समझ में आयी?"

"अरे, कैसी बातें करती हैं आप? सौ परसेंट सच्ची। बेहद ईमानदार स्वीकारोक्तियाँ हैं उसमें। सहमत हूँ और पूरी ताकत से इस सच के साथ हूँ कि प्रेम करना कतई गुनाह नहीं होता। गुनहगार होती हैं हमारी बीमार सोच, हमारी दूषित निगाहें या हमारी वो रूढ़िबद्ध मान्यताएँ जिसके चलते हम परम्परागत पति-पत्नी के अलावा इतर स्त्री-पुरुष के बीच के रिश्ते को स्वीकारने के आदी नहीं हो पाये आज तक सो इसे अक्सर गुनाह के खाते में डाला जाता रहा है मगर अब हालात दिनोंदिन बदल रहे हैं और लिव इन पार्टनर से पैदा बच्चों को भी कानूनी संरक्षण मिलने लगा है। आज की दुनिया तेजी से बदलने लगी है फिर भी, अभी और समय लगेगा स्त्री-पुरुष सम्बन्धों के समान धरातल पर आने में..." बोलते-बोलते तेजी से सोचती जाती या सोचते-सोचते बोलने लगती।

सुनते ही उसकी आँखें भर आयीं जिसे अपनी नीली साड़ी के छोर से पोंछते हुए वे बोलीं—"अच्छा, कितनी सुन्दर सोच है तुम्हारी, हम सबकी जिन्दगी अलग-अलग खानों में बँटी है। सबके चेहरे अलग-अलग फ्रेमों में फिट हैं सो अलग-अलग रोल निभाने पड़ते हम सबको। पहले कमजोर थे मगर पत्थर जैसी कठोर जिन्दगी ने पहले से ज्यादा मजबूत बना दिया है और अपने बूते जीना सिखा दिया है। जब हम जीना चाहते थे तभी जिन्दगी ने निर्वासन का फैसला सुना दिया। अब तो कुछ भी नहीं बचा, तो क्या करें?"

"आपकी दया याचिका तो भेज दी गयी या नहीं? इसके बारे में सोचा है कभी आपने? इस दिशा में आगे कदम बढ़ाने हैं आपको, प्लीज मना मत करना। आपके सहयोग के बिना ये कैसे मुमकिन हो पायेगा, आप सुन रही हैं न?"

उस आवाज में एक आश्वासन था जैसे तेज धूप के बाद अचानक बादलों की आहटें सुनाई दीं। शाम होने का भ्रम देती दुपहर में अचानक बूँदें पड़ जायें और

तपती सड़क को गीला करके सूरज वापस आसमान की खोह में चला जाये, ऐसा समाँ बँध गया।

देखते-देखते आसमान में छिटकी बदलियों के टुकड़े एकत्रित होकर बूँदों की शक्ल में धरती को भिगोने लगे। वांछा ने बाहर की तरफ देखा, फिर रत्ना की तरफ सहमति पाने के लिए जैसे ही नजरें घुमायीं, वे सीधे-सीधे उसकी आँखों में देखते हुए पूछ बैठीं—"ईशान चाहता है क्या ये सब? अगर उसकी मर्जी होगी तभी कुछ सोचा जा सकता है, वरना क्या फायदा? किसके लिए ये सब करना? किसके लिए जीना मरना? ऐं? बोलो, गलत कह रही हूँ? यहाँ रहने वाली किसी कैदी के मुख से एक ही बात हम सबने आत्मसात कर ली है—न्याय चलत बिगरै कछू, तौ न करौ अफसोस।" उसने अपने सवाल वांछा की तरफ फेंक दिये।

"एकदम गलत बात कह रही हैं? एक बात बताओ, क्यूँ हमेशा सगे रिश्तों की दरकार रहती है आपको यानी यहाँ भी वही परम्परागत सोच, वही पुराना रूढ़िवादी नजरिया कि बेटा है सो अन्तिम संस्कार उसी के हाथों हो तभी आत्मा को चैन मिल पायेगा...वरना...नहीं, क्यों, यही है न सच?" इस बार वह गुस्से व आक्रोश में लगातार जोर-जोर से बोलती जा रही थी।

"कतई नहीं, वांछा, बल्कि पहली बार ये जानकर खुशी हो रही है कि आज की लड़कियों की सोच इतनी खुली है, इस कदर मजबूत हैं वे कि हमारे समय में ये सब तो कल्पनातीत था। आज वे सचमुच खुदमुख्तार हो रही हैं जैसी तुम हो। तुम्हें देखकर तो जी करता है कि बस वही करते चलें जैसा तुम चाहती हो या सोचती हो। जरूर पूर्वजन्म में कुछ सत्कर्म किये होंगे जो तुम्हारा साथ मिल पाया जिसने मरने से पहले मुझे समझने की कोशिश की। जब मैं न रहूँ तो अपने इन हाथों से जरूर दो फूल चढ़ा देना मेरी अर्थी पर, आत्मा को ठंडक मिलेगी..., मेरी बच्ची,..." भरे गले से बोलते हुए अनायास आँखें गीली हो उठीं।

"न, ये निगेटिव सोच है आपकी, आपको यहाँ से बाहर निकालना ही मेरे जीवन का पहला उद्देश्य होगा, सो हिम्मत नहीं हारना। यकीन है न मुझ पर? इससे ज्यादा अब और सूखापन आपको अपनी जद में नहीं ले सकता, मैं हूँ न?..." वांछा ने उनकी तरफ भरोसे से देखा।

"कैसी बातें करती हो वांछा, सच तो ये है कि अब तो मैं चैन से मर पाऊँगी कि कोई तो है जो मेरी मौत पर दो बूँद आँसू गिरायेगा। इस दुनिया में किसी एक ने तो मुझे समझने की तहेदिल से कोशिश की सो हमेशा शुक्रगुजार हूँ मैं तेरी और रहूँगी जिन्दगी भर। भले ही मैंने तुझे जन्म न दिया हो मगर मेरी बेटी से बढ़कर है तू अब से और हमेशा रहेगी।"

कहते हुए उन्होंने जैसे ही वांछा की तरफ देखा जहाँ भरोसे की खनक सुनाई दे रही थी। होठों ने मुस्कराने की कोशिश की मगर मुस्कान नहीं उतर पायी फिर भी

उस छुअन में एक गुनगुना अहसास था भरोसे का, एक भरोसे की कोख से ही दूसरा भरोसा जन्म लेता है। भरोसे से पनपते हैं सपने, सपनों का क्या, वे तो बेरोकटोक धड़धड़ाते हुए चलते ही रहते कि, पवित्तर आग की सुनहरी आँच के चारों तरफ सजे केले के सुन्दर पत्तों से तैयार मंडप के बीचोंबीच वह अपने बेटे बहू को देखने के सालों पुराने सपने को साकार होते देख रही है, कैसी तो सीताराम जैसी जोड़ी कितनी जँचेगी पर मेरी ये आँखें क्या सचमुच सँजो पायेंगी उन खूबसूरत लमहों को, पता नहीं? अगर वाकई ऐसा देख पायी फिर उसे और क्या चाहिए? उसके बाद अपने इस गले या रीते जीवन से उसे कोई गिला नहीं रहेगी, न ही मिट्टीनुमा देह के गल जाने से कोई शिकायत।

"इतना सारा पढ़ने के बाद मेरे सामने एक बहुत बड़ी दुनिया खुलती गयी जैसे कोई नयी दुनिया की खोज हो या पूरी ताकत से बन्द किये जीवन का कोई नया राज खुल गया हो। इसे पढ़कर सम्बन्धों की उलझनें या गाँठें खुलती गयीं, रियली ए ग्रेट जॉब यू हैव डन..." सराहना के शब्द सीधे सच्चे दिल से निकलकर आ रहे थे।

सुनते ही रत्ना ने उसे गले लगा लिया फिर बोली—"सच बात तो ये है कि हमारे अनुभव भी इसी सीमित घेरे में ही कैद होकर रह गये। याद नहीं है, कहाँ, किस किताब में पढ़ी थीं चन्द लाइनें जिन्हें अक्सर याद करके खुद का मन बहला लेती। आज तुम्हें सुना रही हूँ—वजन दिल पर न रख, न चल पायेगा, न हँस पायेगा। आज भर का ही तो हँसना है, कल तो तू भी चला जायेगा।"

बोलने के बाद वे रुकीं तो वांछा ने सवाल किया—"एक बात बतायें कि इतनी सारी खदबदाहट सालों से आपके भीतर उबल रही थी जिसे निकालते समय कैसा लगा आपको? किन-किन परेशानियों या मानसिक ऊहापोह से गुजरना पड़ा? प्लीज बतायें।"

"हूँ", एक धीमी आवाज गले से निकली—"हमने सच्चे मन से कोशिश की है कि जेल जीवन में सबके साझे सुख-दुख, बनती-मिटती उम्मीदें, हलचलें और चुहल वगैरह सबको पूरी ईमानदारी से शेयर किया जाये। हम चाहते हैं कि लोग जेल की इस दुनिया को कुरस या विरस वितृष्णा के भाव से न देखकर, मेरा मतलब, अपराध जगत की आम धारणा से कुछ हटकर समझें। सतह पर दिख रही चीजों को समूचेपन में देखने की कोशिश की। हमारी समस्याओं को सरसरी निगाह से न देखा जाये बल्कि हमारे बीच रह रही मासूम औरतों के प्रति हमदर्दी व दोस्ताना भाव रखा जाये ताकि बाहरी दुनिया वाले हमारी बन्द दुनिया को इनसानियत की नयी आँख से देख सकें। इस कथा को पढ़कर आमजन के मन में हम बन्दिनियों के प्रति सहानुभूति व बेचैनी पैदा हो और हमारे लिखे शब्द खोखले शब्द न रह जायें। ऐसे ही हमारे सम्बन्ध धीरे-धीरे पकते हुए समझदारी के अनजान क्षितिज को छूने लगें, बस इतनी सी ख्वाहिश है।" किसी सन्त की तरह बोलती जा रही थी वह।

"हाँ, ऐसा ही होगा पर एक बात बताओ, आपने ऐसी अच्छी भाषा में सधे ढंग से बोलना कब से शुरू कर दिया?"

"मुझे बचपन से ही पढ़ने का शौक था सो यहाँ रहकर खाली समय में इतनी सारी किताबें पढ़-पढ़कर घंटों बिता देती, फिर ऐसी जुबान में कब और कैसे बोलने लगी, सचमुच नहीं पता। हमसे और लोग भी ये सवाल पूछते रहते।" उसने मुस्कराते हुए कहा।

"अक्सर लोग मुझे ऐसा बोलते सुनकर चौकन्ने हो जाते। मगर बाहरी लोग तो तुम्हारी तरह नहीं सोच पाते। वे तो अपराध की क्रूरता या नृशंसता सुनकर ही थर्रा उठते। फिर वे इनसानों की परख महज उन भावावेशी लमहों की खता से जोड़कर नहीं करते। बस जजमेंटल होकर फैसला सुनाने लगते। हमें हेय दृष्टि से देखना भी उनका इकहरा एकपक्षीय नजरिया है। तो वांछा, इस डायरी को लिखते समय मैं तमाम भावावेगों, झंझावातों एवं विचलनों से गुजरी मगर फिर भी सबसे इसे साझा करने की ललक इतनी बलवती थी कि अपने को लिखने से रोक न सकी। इसे लिखते हुए एक अजीब सा जूनून दिमाग पर हावी था। कभी अपने विगत को देखना एक सम्मोहन जगाता और सबसे बड़ी बात खुद को कठघरे में खड़ा करके खुद से जवाब सवाल करना आसान नहीं था फिर भी एक जिद-सी थी कि अपने प्रति करुणा या दया का भाव न रखकर सख्ती बरती जाये, सोचकर अपने एवं आसपास की औरतों के प्रति चौकसी करते हुए उनके मन में चल रहे उठापटक तक पहुँचने की सोचा। उनकी कठोरताओं से विचलित भी हुई मगर लिखते वक्त हम सबके सुख-दुख व दर्द साझे थे। अब यह जो भी, जैसा भी लिख पायी, यहाँ-वहाँ सब जगह बिखरे रूप में ही आ पाया है।" बोलने के बाद वह वांछा की तरफ देखने लगी जो उसे ध्यान से सुन रही थी।

"हूँ..." सुनते-सुनते सोचने लगी वांछा।

थोड़ी देर चुप रहने के बाद वांछा की आँखों में सहमति महसूसते हुए वे फिर से बोलने लगीं—

"सच बताऊँ तो इन दड़बों के सीमित घेरे में रहते हुए अक्सर ऐसा लगता जैसे हमें किसी माचिस की डब्बी में बन्द कर दिया गया हो। मशीन की तरह अपने एकरस जीवन की धुरी पर गोल-गोल घूमते हुए कहीं न पहुँच पाने की तकलीफ में लिथड़ते हुए कितने असहाय हो चुके हैं हम। अक्सर भोर की पहली किरण फूटने से काफी पहले से जागती रहती और सबके उठने से पहले वाले लमहे अपने संग चैन सुकून से गुजारते हुए ये लिखने का काम पूरी एकाग्रता से करती रही। इस काम में इतना डूब जाती कि याद ही नहीं रहता कि कब सुबह की चहल-पहल शुरू हो गयी। हर रोज खुद को नये सिरे से समझाने लगती कि हमारे अन्दर अपनी सीमित दुनिया को बड़ा करने की बेचैनियाँ क्यूँकर घर करती जा रही हैं। सही है,

अपने-अपने कर्मों का हिसाब-किताब है जिन्दगानी सो जैसी करनी वैसी भरनी। भुगतना बदा है तो भुगतना पड़ेगा ही। प्रायश्चित्त करते-करते जीवन निकल गया। जब सहना ही नियति है सो सहती जा रही हूँ। पर हाँ, कमजोरी जरूर लगने लगी है अब, मनोबल सँभालते-सँभालते अक्सर भीतर से कुछ रिसने या रीतने लगता है...शायद उम्मीद धीरे-धीरे साथ छोड़ने लगी है..." रुँधे कंठ से टूट-टूटकर गिर रहे थे ये किताबी शब्द।

"अरे नहीं, ऐसा बिल्कुल मत सोचें। बेकार की निगेटिव बातें बार-बार सोचकर कमजोरी आती है, शरीर से कमजोर कतई नहीं, सो अपनी सोच को सकारात्मक दिशा दें आप। आज नहीं तो कल न्याय की देवी अपनी आँखों पर चढ़ी काली पट्टी जरूर खोलेंगी। एक नयी दुनिया के बन्द दरवाजे खोलने का साहस या पहल तो की है आपने जिसकी तहेदिल से कद्र करती हूँ मैं।" वांछा ने ललक भरी आवाज में कहा।

"सच बतायें वांछा, कई बार लगता जैसे कोई ऐसी अनदेखी शक्ति जरूर है जो इन अँधेरे में भी रोशनी बख्शती रहती। अगर मेरे नसीब में खुली हवा में साँस लेना बदा है तो जेल की दीवारें अपने अन्दर ताजिन्दगी नहीं रख पायेंगी और अगर यही मुकद्दर में बदा है तो कोई कुछ नहीं कर सकता। सो अब वैसी हड़बड़ाहटें नहीं रहीं। पहले की तरह अब दिन, महीने या साल गिनगिनकर नहीं काटती। कई सालों की कड़ियाँ बनती जायेंगी जो मेरी साँसों के थमने के साथ अपने आप ही टूट जायेंगी। इतने सालों की लम्बी यात्रा तय करने के बाद भी यदि हमारे अन्दर अभी भी उसी तरह की कुटिल चालें, साजिशें, दन्द फन्द, ईर्ष्या, लड़ाई झगड़े या कलह क्लेश वाले किस्से जिन्दा हैं तो समझ लीजिए, समय ने अपने तेज चलते चाक पर हमें पक्का नहीं किया। अपने से चलती वो लम्बी लड़ाई भी अब खत्म है। भीतर चलता संवाद भी धीरे-धीरे थमता जा रहा है। पहले रिहाई को लेकर एक धुन्ध-सी पसरी थी जो अपने आप साफ होती गयी। अपेक्षाएँ खत्म होने से वैराग आता है शायद, पर पूरी तरह नहीं। अपनी अन्दरूनी ताकत के साथ जिन्दा हूँ वही मेरा असली संग साथ है। दरअसल हम सब अपने ही बोझ तले इतने ज्यादा दबे हुए हैं कि अब हमें कोई और क्या दबायेगा, जैसे कुएँ में गिरे इनसान को कोई भला कैसे डुबो सकता है, वो तो खुद ही डूब रहा होता है। समय जरूर मेरा हाथ पकड़कर हमेशा आगे-आगे भगाता रहता जैसे कोई जिद्दी बच्चा आगे-आगे दौड़ता हुआ कह रहा हो, पकड़ो मुझे, दौड़कर उसे पकड़ पाने की कोशिशें ही मेरे जीवन को आगे बढ़ाती रही हैं...अब तक, बस..." बड़े सधे तरीके से बोले गये खनकदार शब्दों में जैसे समूचे जीवन का सत्य समा गया हो।

रत्ना के मुँह से ये सुनते ही अनायास उन दो जोड़ी आँखों में अनाम किस्म की खुशी के आँसू तैरने लगे। तभी आसमान में गड़गड़ाहट हुई और नन्ही-नन्ही बूँदें तेजी से मूसलाधार बारिश में तब्दील हो गयीं जिसमें सब कुछ धुलता जा रहा

था, राग-द्वेष, ईर्ष्या, क्रोध, प्रतिशोध, वैर, दंगा-फसाद, अपनी बेगुनाही को साबित करने का फितूर वगैरह न जाने क्या-क्या बहता जा रहा था। धीरे-धीरे वे शुद्ध पवित्तरात्मा की तरह धुली और उजली दिखने लगी। हाँ, उन्हें उनके अन्दरूनी अँधेरों से निकालकर रोशनी की तरफ खींच लाना ही मेरे जीवन का पहला प्रयोजन बन गया है और यही है मेरा एकमात्र ध्येय...सोचते हुए अनायास उनकी आँखें फिर से मिलीं तो ऐसा लगा जैसे उन आँखों में एक-दूसरे के लिए सालों से प्रगाढ़ स्नेह रहा हो जैसे बिजली चले जाने पर अचानक छाये काले घने अँधेरों के बावजूद उनकी आँखों से रोशनी फूटने लगी हो। हथेलियाँ भी आपस में अनायास जुड़ती गयीं गोया अनाम किस्म के भरोसे की डोर से बँध गयी हों वे। अरसे बाद उनके दो जोड़ी होंठ एक-दूसरे के प्रति आपसी समझ को महसूसते हुए मुस्कराने लगे। ऐन उसी समय आसमान में नारंगी रंग की आभा चमकती नजर आयी जिसकी खोह में से अगली सुबह का नया सूरज उदित होने वाला था।

□□